JURA INTENSIV

Skript
Grundfall
Klausurfall

STRAFRECHT AT I

Tatbestand des vorsätzlichen vollendeten Begehungsdelikts

Rechtswidrigkeit

Schuld

Strafausschließungs- und Strafaufhebungsgründe

Strafverfolgungshindernisse

Irrtumslehre

Versuch

Dr. Dirk Schweinberger

6. Auflage, Juli 2020

Herr **Dr. Dirk Schweinberger** ist Assessor und Franchisenehmer des Repetitoriums **JURA INTENSIV** in Frankfurt, Gießen, Heidelberg, Mainz und Marburg. Er wirkt seit über 19 Jahren als Dozent des Repetitoriums und ist Redakteur der Ausbildungszeitschrift RA – Rechtsprechungs-Auswertung. In den Skriptenreihen von **JURA INTENSIV** ist er Autor bzw. Co-Autor der Skripte: Strafrecht AT I und II, Strafrecht BT I und II, Irrtumslehre, Arbeitsrecht, Crashkurs Strafrecht, Crashkurs Strafrecht Bayern, Crashkurs Handelsrecht, Crashkurs Arbeitsrecht, Crashkurs Gesellschaftsrecht, Crashkurs Assex Strafurteil, Kompakt Strafrecht, Basis-Fälle Handelsrecht, Basis-Fälle Strafrecht AT, Basis-Fälle Strafrecht BT I und II.

Autor
Dr. Dirk Schweinberger

Verlag und Vertrieb
Jura Intensiv Verlags UG (haftungsbeschränkt) & Co. KG
Eschersheimer Landstr. 60 - 62
60322 Frankfurt am Main
info@verlag.jura-intensiv.de
www.verlag.jura-intensiv.de

Konzept und Gestaltung
Stefanie Körner

Druck und Bindung
Druckerei Busch GmbH, Raiffeisenring 31, 46395 Bocholt

ISBN 978-3-96712-020-2

VORWORT

Das Skript enthält eine systematische Darstellung des **Allgemeinen Teils des StGB**. Der vorliegende erste Band beinhaltet die Themen Tatbestand des vorsätzlichen vollendeten Begehungsdelikts, Rechtswidrigkeit, Schuld, Strafausschließungs- und Strafaufhebungsgründe, Strafverfolgungshindernisse, Irrtumslehre und Versuch. Die Darstellung orientiert sich an den Bedürfnissen von Studierenden. Das Skript wendet sich an Anfänger zur Vorbereitung auf universitäre Klausuren und Examenskandidaten gleichermaßen, indem es zunächst die Grundstrukturen erklärt, um sodann das examensnotwendige Detailwissen zu vermitteln. Didaktisches Ziel dieses Skripts ist es, Klausurwissen und Klausurtechnik zu vermitteln.

Zu diesem Zweck ist das Skript in vier Schritte unterteilt:

1. Schritt: Kurze Einführung zu jedem Thema

2. Schritt: Prüfungsschema
Allen Themengebieten sind Aufbauschemata vorangestellt, welche die Gliederung einer entsprechenden Klausur veranschaulichen. Die inhaltlichen Ausführungen orientieren sich am Prüfungsschema, damit stets deutlich ist, welches Problem an welcher Stelle im Gutachten zu behandeln ist.

3. Schritt: Details zu jedem Thema
Systematisch werden die klausurrelevanten Probleme und die gängigen Meinungsstreitigkeiten dargestellt.

4. Schritt: Hinweise zur gutachterlichen Falllösung
Alle Fälle sind im Gutachtenstil gelöst. Immer wieder werden Merksätze gebildet, Formulierungsbeispiele gegeben und Klausurhinweise zur Gutachtentechnik erteilt. Marginalien am Rande weisen auf Alternativen hin, ohne den Lesefluss zu stören.

Die Ausführungen sind mit stets anschaulichen Beispielen versehen. Definitionen und Merksätze sind besonders hervorgehoben. Über 1.000 Fußnoten geben vertiefende Hinweise auf aktuelle Rechtsprechung und Literatur.

Für Anregungen, Verbesserungsvorschläge und Kritik sind wir besonders dankbar. Sie erreichen uns im Internet unter **www.verlag.jura-intensiv.de** und per E-Mail über **info@verlag.jura-intensiv.de**.

Dr. Dirk Schweinberger

INHALT

EINFÜHRUNG

A. Strafrecht – Das dritte Teilgebiet des Rechts

Das Strafrecht ist systematisch ein Teilgebiet des Öffentlichen Rechts.[1] In Praxis, Forschung und Lehre hat sich das Strafrecht jedoch inzwischen soweit verselbstständigt, dass es angemessen ist, das Strafrecht neben dem Öffentlichen Recht und neben dem Zivilrecht als drittes Teilgebiet des Rechts anzuerkennen.[2] 1

B. Strafrecht und Rechtsgüterschutz

I. GRUNDLAGEN

Ein gedeihliches Zusammenleben innerhalb einer Gesellschaft setzt die Achtung des anderen und die Respektierung seiner Rechtsgüter voraus. Das Zivilrecht mit seinen Schadensersatzansprüchen kann insoweit keinen ausreichenden Schutz gewähren. Es versagt beim zahlungskräftigen Täter, der es sich finanziell leisten kann z.B. die Familienerbstücke seines Feindes zu zerstören. Erinnerung und Andenken sind zerstört, der finanzielle Schadensersatz ist nur ein schwacher Trost. Die Androhung von staatlich verhängter Freiheitsstrafe (vgl. § 303 StGB) wird jedoch auch den Reichen in der Regel von der Straftat abhalten. Somit dient das Strafrecht dem Rechtsgüterschutz und damit dem Schutz des öffentlichen Friedens, indem es nicht nur das Recht des Reicheren, sondern auch das Recht des Stärkeren bricht.[3] 2 Gedeihliches Zusammenleben

II. DER FRAGMENTARISCHE CHARAKTER DES STRAFRECHTS

Dennoch kann und soll das Strafrecht keinen umfassenden **Rechtsgüterschutz** gewähren. Der strafrechtliche Schutz jedes noch so marginalen Rechtsgutes würde ein Volk von Straftätern produzieren und die Strafrechtspflege (auch und gerade personell) hoffnungslos überfordern. Mithin ist es die Aufgabe des Gesetzgebers, eine wohlüberlegte Trennungslinie zu ziehen zwischen bloß ungehörigem oder bloß zivilrechtliche Schadensersatzansprüche auslösendem Verhalten einerseits und strafbarem Verhalten andererseits. 3

Zivilrechtliche Schadensersatzansprüche insbes. aus § 823 I BGB gewähren einen ausreichenden Schutz gegen Unachtsamkeiten, die zu Eigentumsverletzungen führen. Dies vor allem deshalb, weil die Beschädigung von Sacheigentum durch Geldersatz in der Regel problemlos kompensiert werden kann.[4] Deswegen ist in § 303 I StGB nur die vorsätzliche Sachbeschädigung (vgl. § 15 StGB) unter Strafe gestellt. Einen Straftatbestand der fahrlässigen Sachbeschädigung gibt es hingegen nicht. Dies ist gemeint, wenn vom „fragmentarischen" Charakter des Strafrechts gesprochen wird. Demgegenüber können z.B. Beeinträchtigungen der körperlichen Unversehrtheit durch Geldersatz häufig nicht kompensiert werden. Folglich ist auch die bloß fahrlässige Körperverletzung in § 229 StGB unter Strafe gestellt. 4 Strafrecht als ultima ratio

---

1 *Roxin, AT I, § 1 Rn 5*
2 *Heinrich, AT, Rn 1*
3 *Jescheck/Weigend, AT, § 1 I, III*
4 *Heinrich, AT, Rn 11*

MERKSATZ
Strafrechtlicher Schutz greift nur und erst als letztes Mittel (als „**ultima ratio**") ein, wenn andere Mittel der sozialen Konfliktlösung versagen.[5]

C. Strafrecht und Strafe (Straftheorien)

Absolute und relative Straftheorien

5 Der Sinn von staatlicher Strafe kann unterschiedlich bestimmt werden.[6] Man kann ihn gemäß dem Prinzip „Auge um Auge" in Rache und Vergeltung erblicken, so die sog. **absoluten Straftheorien**. Man kann ihn aber auch in der Verhinderung zukünftiger Straftaten, in der sog. Prävention erblicken, so die sog. **relativen Straftheorien**. Im Bereich der Prävention lassen sich unterscheiden die Spezialprävention und die Generalprävention. Bei der Spezialprävention geht es darum, den Straftäter selbst durch Strafe von der Begehung weiterer Straftaten abzuhalten. Demgegenüber verfolgt die Generalprävention das Ziel, anderen tatgeneigten Bürgern die Folgen strafbaren Verhaltens aufzuzeigen und sie dadurch von der Begehung von Straftaten abzuhalten.

Vereinigungstheorie

Das StGB basiert auf einer Kombination der unterschiedlichen Straftheorien, der sog. **Vereinigungstheorie**.[7]

6 Nach § 46 I 1 StGB ist die Schuld des Täters Grundlage für die Zumessung der Strafe. Das bedeutet, dass der Täter bei hoher Schuld auch eine hohe Strafe zu erwarten hat und umgekehrt. Hier kommt der Vergeltungsgedanke zum Ausdruck. § 46 I 2 StGB verlangt jedoch auch die Berücksichtigung der Wirkungen der Strafe für das künftige Leben des Täters in der Gesellschaft. Dieser **Resozialisierungsgedanke** dient der Spezialprävention, weil der resozialisierte Täter in Zukunft keine Straftaten mehr begehen wird. Schließlich kann nach § 47 I StGB eine kurze zeitige Freiheitsstrafe verhängt werden, wenn dies zur Einwirkung auf den Täter (Spezialprävention) oder zur Verteidigung der Rechtsordnung unerlässlich ist. Mit letzterem ist gemeint, dass ein Exempel statuiert wird, um das Signal auszusenden, dass eine Tat strafbar und kein Kavaliersdelikt ist. Hier findet sich der Gedanke der Generalprävention wieder.

Vergeltende Vereinigungstheorie

7 **MERKSATZ**
Ausgehend von § 46 I 1 StGB dominiert folglich der Strafzweck des gerechten Schuldausgleichs. Nur im Rahmen der schuldangemessenen Strafe dürfen präventive Zwecke verfolgt werden.[8]

D. Strafrecht und Verfassung

Art. 103 GG

8 Dem materiellen Strafrecht sind vor allem in Art. 103 GG mehrere verfassungsrechtliche Grenzen gezogen.

I. DAS PRINZIP DER GESETZLICHKEIT

Art. 103 II GG

9 Art. 103 II GG bestimmt: „Eine Tat kann nur bestraft werden, wenn die Strafbarkeit gesetzlich bestimmt war, bevor die Tat begangen wurde." § 1 StGB wiederholt diesen Grundsatz.

5 *BVerfGE 39, 1, 45; Roxin, AT I, § 2 Rn 97*
6 *Heinrich, AT, Rn 13-20; vertiefend Momsen/Rackow, JA 2004, 336 ff.*
7 *BVerfGE 45, 187, 253 ff.; BGHSt 28, 318, 326 f.; 24, 132, 133 f.*
8 *Jescheck/Weigend, AT, § 8 V 2; Krey/Esser, AT I, Rn 157 ff.; a.A. Roxin, AT I, § 3 Rn 51 ff.*

Die lateinische Fassung dieses fundamentalen Prinzips der Rechtsstaatlichkeit lautet: „**nulla poena sine lege** " (keine Strafe ohne Gesetz).[9] Aus Art. 103 II GG werden vier Gebote bzw. Verbote abgeleitet: Das Verbot strafbegründenden bzw. strafschärfenden Gewohnheitsrechts, das Bestimmtheitsgebot, das Rückwirkungsverbot und das Verbot strafbegründender bzw. strafschärfender Analogie.

Nulla poena sine lege

1. Das Verbot strafbegründenden Gewohnheitsrechts

Nur durch ein geschriebenes Gesetz kann die Strafbarkeit eines Verhaltens begründet und eine bestimmte Strafe als Rechtsfolge angedroht werden (**nulla poena sine lege scripta**).[10] Die Begründung oder Schärfung einer Strafbarkeit durch bloßes Gewohnheitsrecht ist unzulässig.[11] **Gewohnheitsrecht** ist ungeschriebenes Recht. Dieses ist aufgrund langer tatsächlicher Übung und durch allgemeine Anerkennung seiner Verbindlichkeit und Notwendigkeit entstanden.[12] 10

Nulla poena sine lege scripta

Der Grund für dieses Verbot wurzelt im **Rechtsstaatsprinzip**. Der Bürger soll Rechtssicherheit haben und vor richterlicher Willkür geschützt werden.

Rechtsstaatsprinzip

2. Das Bestimmtheitsgebot

Das Bestimmtheitsgebot (**nulla poena sine lege certa**) ist verletzt, wenn der Bürger vor dem Hintergrund des Gesetzestextes nicht mehr in der Lage ist, sich Klarheit zu verschaffen, ob ein bestimmtes Verhalten strafbewehrt ist oder nicht. Das schließt aber die Verwendung wertausfüllungsbedürftiger Tatbestandsmerkmale (sog. Generalklauseln) nicht aus.[13] Anderenfalls kann der Gesetzgeber der Vielgestaltigkeit des Lebens, dem (auch und gerade technologischen) Wandel der Verhältnisse und den Besonderheiten des Einzelfalles nicht gerecht werden. So ergibt sich z.B. die Fremdheit einer Sache bei den §§ 242, 246, 249 StGB in zulässiger Weise erst aus der Eigentumsordnung des Zivilrechts. Das Vorliegen des Mordmerkmals des „niedrigen Beweggrundes" in § 211 II 1. Gruppe StGB ergibt sich beispielsweise erst aus einer Gesamtwürdigung der Motivation des Täters, die als besonders verachtenswert erscheint.[14] 11

Nulla poena sine lege certa

In gleicher Weise gilt das Bestimmtheitsgebot auch für die Strafandrohung.[15] 12
Das Bestimmtheitsgebot dient ebenfalls der Rechtssicherheit und dem Schutz vor Willkür.

Strafandrohung

3. Das Rückwirkungsverbot

Das Rückwirkungsverbot (**nulla poena sine lege praevia**) verbietet die nachträgliche Schaffung eines Straftatbestandes, der bereits begangene Handlungen unter (härtere) Strafe stellt.[16] Ebenso ist die nachträgliche Aufhebung oder Einschränkung von Rechtfertigungsgründen, Entschuldigungsgründen, persönlichen Strafausschließungs- und Strafaufhebungsgründen verboten.[17] Schließich darf auch 13

Nulla poena sine lege praevia

---

9 *Zur historischen Entwicklung Heinrich, AT, Rn 24*
10 *BVerfGE 95, 96, 131; 78, 374, 382*
11 *BVerfGE 73, 206, 235; 71, 108, 115*
12 *Heinrich, AT, Rn 26 f.; Jescheck/Weigend, AT, § 12 IV 1*
13 *BVerfGE 92, 1, 12; 45, 363, 371*
14 *Joecks, StGB, § 211 Rn 21*
15 *Wessels/Beulke/Satzger, AT, Rn 72*
16 *BVerfG, NJW 2004, 739, 745; BGHSt 39, 1, 29*
17 *Rengier, AT, § 4 Rn 16*

Normen, die eine Garantenpflicht i.S.v. § 13 StGB begründen, keine Rückwirkung beigelegt werden.[18]

a) Die Radbruch´sche Formel

Geschriebenes Unrecht

14 Spätestens das Dritte Reich lieferte die Erkenntnis, dass es nicht nur geschriebenes Recht, sondern auch geschriebenes Unrecht geben kann. Geschriebenem Unrecht („unrichtigem Recht") kommt nach der Radbruch´schen Formel keine Geltung zu, vielmehr hat es der Gerechtigkeit zu weichen.[19]

Mauerschützen

15 **BEISPIEL:** Der Mauerschütze M hat den „Republikflüchtling" R erschossen. In der DDR fand keine Strafverfolgung statt, weil § 27 II DDR-GrenzG insofern einen Rechtfertigungsgrund enthielt. Kann M nach dem Zusammenbruch der DDR wegen Totschlags, § 212 StGB, bestraft werden?

Unter Rückgriff auf die Radbruch´sche Formel hat der BGH § 27 II DDR-GrenzG als geschriebenes Unrecht angesehen, weil in ihm ein offensichtlich grober Verstoß gegen Grundgedanken der Gerechtigkeit und Menschlichkeit zum Ausdruck kommt.[20] Das hat zur Folge, dass dieser Rechtfertigungsgrund schon zur Zeit der DDR keine Geltung hatte, sondern von den DDR-Strafverfolgungsorganen bloß zu Unrecht angewendet wurde. Ihn nunmehr (nach dem Zusammenbruch der DDR) nicht anzuwenden, stellt folglich keine verbotene Rückwirkung dar, sondern nur die Anwendung des schon immer geltenden Rechts.

b) Sonstige Fälle

Änderung der Rechtsprechung

16 Das Rückwirkungsverbot betrifft nur die Änderung des Gesetzestextes, nicht jedoch die Änderung seiner Auslegung. Dies folgt schon aus dem Wortlaut von Art. 103 II GG, der auf die gesetzliche Bestimmtheit abstellt. Somit gilt das Rückwirkungsverbot im Grundsatz nicht für die **Änderung höchstrichterlicher Rechtsprechung**.[21] Das BVerfG hat dies jedoch dahingehend eingeschränkt, dass die Änderung einer Rechtsprechung, die durch ein Mindestmaß an Kontinuität einen Vertrauenstatbestand begründen konnte, hinreichend begründet sein und sich im Rahmen einer vorhersehbaren Entwicklung halten muss.[22] Ebenso gilt das Rückwirkungsverbot nicht für das **Strafprozessrecht** oder die Strafverfolgungsvoraussetzungen, weil es insoweit kein Bedürfnis für Vertrauensschutz gibt.[23] So darf der Gesetzgeber z.B. vor der Verjährung einer Straftat die Verjährungsfristen verlängern.[24]

c) Rückwirkungsgebot

§ 2 III StGB: Meistbegünstigungsklausel

17 Für den Fall einer Gesetzesänderung, die eine Milderung oder gar eine Abschaffung einer Strafvorschrift zur Folge hat, ordnet § 2 III StGB ausnahmsweise ein Rückwirkungsgebot an. Diese Vorschrift regelt: „Wird das Gesetz, das bei Beendigung der Tat gilt, vor der Entscheidung geändert, so ist das mildeste Gesetz anzuwenden." Das bedeutet, dass derjenige, der sich wegen einer Vorschrift strafbar gemacht hat,

---

18 *BGH, NStZ-RR 2017, 282, 282*
19 *Radbruch, SJZ 1946, 105, 107*
20 *BGHSt 39, 1, 15 f.*
21 *BVerfG, NStZ 1990, 537, 537; BGHSt 37, 89, 90 ff.; Roxin, AT I, § 5 Rn 61; Satzger, JURA 2006, 746, 748*
22 *BVerfG, 2 BvR 1230/10 = Bosch, JK 1/12, GG Art. 103 II/6*
23 *Heinrich, AT, Rn 32; Satzger, JURA 2006, 746, 748*
24 *BVerfGE 25, 269, 289; Krey, AT I, Rn 73 ff.; Satzger, JURA 2006, 746, 749*

die vom Gesetzgeber vor der Aburteilung aufgehoben wird, gar nicht mehr bestraft werden kann.[25] Sollte sich das Gesetz zwischen der Tatbegehung und der Aburteilung mehrfach ändern, ist die insgesamt mildeste Fassung anzuwenden.[26]

4. Das Analogieverbot

Über die Strafwürdigkeit eines Verhaltens soll nach einer nüchternen Abwägung des Gesetzgebers und nicht aus der Entrüstung des Augenblicks geurteilt werden.[27] In diesem Sinne schützt das Analogieverbot den Bürger vor richterlicher Willkür.[28] 18

Der Begriff des Analogieverbots (**nulla poena sine lege stricta**) ist in dem Sinne gemeint, dass Analogien zum Zwecke der Rechtsneuschöpfung zum Nachteil des Täters unzulässig sind.[29] 19 Nulla poena sine lege stricta

BEISPIEL: § 2 StGB vom 28. Juni 1935 – Rechtsschöpfung durch entsprechende Anwendung des Strafgesetzes 20 § 2 StGB vom 28. Juni 1935

Bestraft wird, wer eine Tat begeht, die das Gesetz für strafbar erklärt oder die nach dem Grundgedanken eines Strafgesetzes und nach gesundem Volksempfinden Bestrafung verdient. Findet auf die Tat kein bestimmtes Strafgesetz unmittelbar Anwendung, so wird die Tat nach dem Gesetz bestraft, dessen Grundgedanke auf sie am besten zutrifft.

Von diesem historischen Beispielsfall verbotener Analogie ist zu unterscheiden das der juristischen Logik entsprechende Rückschlussverfahren. So erfasst z.B. § 315b I Nr. 3 StGB „einen ähnlichen, ebenso gefährlichen Eingriff" in den Straßenverkehr. Mit dieser Generalklausel sollen verkehrsfremde Eingriffe erfasst werden, die denjenigen in § 315b I Nrn. 1 und 2 StGB gleichkommen.[30] Dies verlangt einen wertenden Vergleich und damit eine zulässige, weil vom Gesetzgeber vorgeschriebene, Analogiebildung im Sinne eines juristischen Rückschlussverfahrens. Der oben zitierte § 2 StGB aus der Zeit der NS-Diktatur diente jedoch eindeutig der Rechtsneuschöpfung und stellte somit eine nach heutiger Rechtslage verbotene Analogie dar. 21

Massive Probleme bereitet die Grenzziehung zwischen noch zulässiger Auslegung eines Straftatbestandes und der verbotenen Analogie. Ist z.B. ein Lieferwagen ein „bespanntes Fuhrwerk, ein Kahn oder ein Lasttier" i.S.d. § 3 I Nr. 6 des preußischen Forstdiebstahlsgesetzes von 1880?[31] Ist ein Pilz eine „Pflanze" i.S.d. BtMG?[32] Oder ist eine EC-Karte eine „Scheck- oder Kreditkarte" i.S.d. § 266 I StGB?[33] 22

MERKSATZ 23 **Wortlautgrenze**

Stets stellt der mögliche Wortsinn die Grenze noch zulässiger Auslegung dar.

25 *BGHSt 20, 116, 119; Satzger, JURA 2006, 746, 749*
26 *BGH, NStZ 1992, 535, 536 („Ahndungslücke"); Satzger, JURA 2006, 746, 748 ff.*
27 *Jescheck/Weigend, AT, § 15 III 2 a)*
28 *BVerfG, NJW 2001, 1848, 1849*
29 *Jescheck/Weigend, AT, § 15 III 2 a)*
30 *BGHSt 25, 306, 307*
31 *Bejahend BGHSt 10, 375, 375 f.; verneinend Roxin, AT I, § 5 Rn 34*
32 *Bejahend BGH, NJW 2007, 524, 524 f.; Satzger, JK 5/07, GG Art. 103/2; verneinend OLG Koblenz, NStZ-RR 2006, 218, 219*
33 *Bejahend BGH, NStZ 2002, 544, 545; verneinend Eisele, BT II, Rn 927*

Wird über diese Grenze hinausgegangen, liegt eine strafbegründende (oder strafschärfende) und damit verbotene Analogie vor.[34]

II. DER ZWEIFELSSATZ – IN DUBIO PRO REO

Sachverhaltsunklarheit

24 In der gerichtlichen Praxis kann es Konstellationen geben, in denen auch nach Aufwendung aller Erkenntnismöglichkeiten des Gerichts, der Sachverhalt in Teilen unklar bleibt und nicht weiter aufgeklärt werden kann. Bleiben in einem solchen Fall mehrere unterschiedliche Sachverhaltsvarianten übrig, so muss zu Gunsten des Angeklagten diejenige Variante des Sachverhalts unterstellt werden, die für ihn vorteilhafter ist. Als Rechtsgrundlage hierfür werden Art. 103 II GG und Art. 6 II EMRK[35] sowie Prozessgewohnheitsrecht[36] genannt.[37]

III. DAS SCHULDPRINZIP

Strafe setzt Schuld voraus

25 Strafe setzt Schuld voraus. Schuld ist Vorwerfbarkeit. Mit dem Unwerturteil der Schuld wird dem Täter vorgeworfen, dass er sich nicht rechtmäßig verhalten, dass er sich für das Unrecht entschieden hat, obwohl er sich rechtmäßig verhalten, sich für das Recht hätte entscheiden können. Der **innere Grund des Schuldvorwurfes** liegt darin, dass der Mensch auf freie, verantwortliche, sittliche Selbstbestimmung angelegt und deshalb befähigt ist, sich für das Recht und gegen das Unrecht zu entscheiden, sein Verhalten nach den Normen des rechtlichen Sollens einzurichten und das rechtlich Verbotene zu vermeiden.[38]

26 Die wesentlichen Aspekte des Schuldprinzips fasst § 46 I 1 StGB in der prägnanten Formel zusammen: „Die Schuld des Täters ist Grundlage für die Zumessung der Strafe."[39]

„Schuld ist eine staatsnotwendige Fiktion." (Kohlrausch)

27 **KLAUSURHINWEIS**

Keinesfalls darf in der Klausur die philosophische Frage aufgeworfen werden, ob der Mensch in seinen Handlungen wirklich frei ist. Die Bejahung dieser Frage ist implizite Voraussetzung des StGB.[40]

IV. DAS VERBOT DER DOPPELBESTRAFUNG – NE BIS IN IDEM

Art. 103 III GG Strafklageverbrauch

28 Art. 103 III GG lautet: „Niemand darf wegen derselben Tat aufgrund der allgemeinen Strafgesetze mehrmals bestraft werden." Der einmal rechtskräftig verurteilte Täter kann wegen der gleichen Tat also kein zweites Mal angeklagt werden (sog. **Strafklageverbrauch**). Dieser Grundsatz dient der Rechtssicherheit. Der wegen einer Tat rechtskräftig verurteilte Bürger soll die Sicherheit haben, dass mit seiner Bestrafung seine Schuld nunmehr abgegolten ist. Von seinem Wortlaut her ist Art. 103 III GG jedoch zu eng gefasst, weil auch der rechtskräftige Freispruch zu einem Verbrauch der Strafklage führt.

---

34 *BVerfGE 73, 206, 234 ff.; BGHSt 35, 390, 395; Roxin, AT I, § 5 Rn 28*
35 *Heinrich, AT, Rn 1450*
36 *Jescheck/Weigend, AT, § 16 I 1*
37 *Einzelheiten hierzu im Kapitel „In dubio pro reo und Wahlfeststellung" im Skript Strafrecht AT II*
38 *So wörtlich der Große Senat des BGH in BGHSt 2, 194, 200*
39 *Einzelheiten hierzu im Kapitel „Schuld" ab Rn 582*
40 *Vgl. Joecks/Jäger, StGB, Vor § 13 Rn 62; sehr eingängig Fahl, JA 2003, 757, 757 f.*

V. ANSPRUCH AUF RECHTLICHES GEHÖR

Art. 103 I GG bestimmt: „Vor Gericht hat jedermann Anspruch auf rechtliches Gehör." 29
Diesem Gebot der Rechtsstaatlichkeit wird z.B. in § 243 IV 1 StPO („erstes Wort"), § 257 I StPO und § 258 II 2. HS StPO („letztes Wort") Rechnung getragen.

Art. 103 I GG

E. Grundbegriffe und Deliktsarten

Für das Verständnis der weiteren Ausführungen müssen einige Grundbegriffe 30
(„Vokabeln") bekannt sein. Deren Aufzählung beschränkt sich im Folgenden auf die absoluten Basisbegriffe. Speziellere Begriffe werden später in dem Zusammenhang erörtert, in dem sie verwendet werden.

I. VERBRECHEN UND VERGEHEN

§ 12 StGB teilt alle rechtswidrigen Taten nach der Schwere der Strafandrohung in 31
Verbrechen und Vergehen ein.

§ 12 StGB

DEFINITION

Verbrechen sind nach § 12 I StGB rechtswidrige Taten, die im Mindestmaß mit einer Freiheitsstraße von einem Jahr (vgl. z.B. § 249 I StGB) oder darüber (vgl. z.B. § 212 I StGB) bedroht sind.

Verbrechen

Alle sonstigen Taten sind nach § 12 II StGB bloße Vergehen (vgl. z.B. § 242 I StGB).
Diese Einteilung ist z.B. wichtig für die Frage nach der Strafbarkeit eines Versuchs. 32
Dieser ist gem. § 23 I StGB bei einem Verbrechen stets, bei einem Vergehen nur bei ausdrücklicher Anordnung (vgl. z.B. § 242 II StGB) strafbar.

Relevanz: Strafbarkeit des Versuchs

Auch die Verfahrenseinstellungen gem. §§ 153, 153a StPO sind nur bei Vergehen zulässig, nicht hingegen bei Verbrechen.

Relevanz: §§ 153, 153a StPO

Schärfungen oder Milderungen, die nach Vorschriften des Allgemeinen Teils (z.B. 33
§§ 21, 23 I, 27 II StGB) oder für besonders schwere (z.B. § 253 IV StGB) oder minder schwere Fälle (z.B. § 249 II StGB) vorgesehen sind, bleiben gem. § 12 III StGB für die Einteilung der Delikte in Verbrechen und Vergehen außer Betracht. Folglich ist auch der Raub in einem minder schweren Fall, § 249 I, II StGB, noch ein Verbrechen und die Erpressung in einem besonders schweren Fall, § 253 IV, kein Verbrechen.[41]

Irrelevant: Minder- oder besonders schwere Fälle

II. GRUNDDELIKT, QUALIFIKATION UND PRIVILEGIERUNG

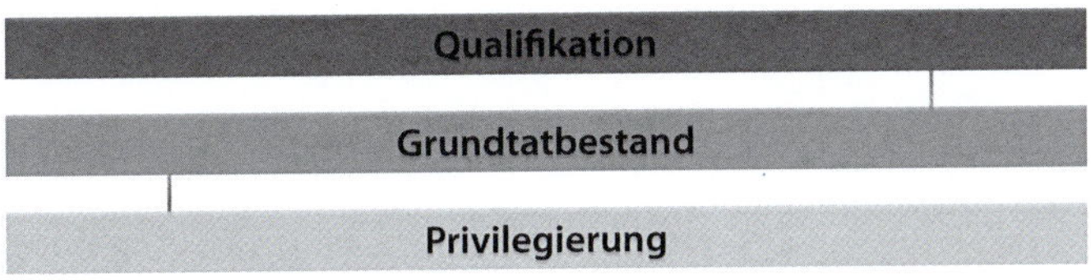

Das **Grunddelikt** ist der Tatbestand in seiner einfachsten Form. Diese Grundform 34
kann dann durch weitere Voraussetzungen verschlimmert oder abgemildert werden. So stellt z.B. der Totschlag, § 212 StGB, das Grunddelikt im Bereich der Tötungsdelikte dar. Im Verhältnis hierzu ist der Mord eine **Qualifikation**, weil er über die bloße

41 *Rengier, AT, § 9 Rn 6 ff.*

Tötung hinaus noch weitere zusätzliche, die Tat verschlimmernde Merkmale (z.B. grausam) beinhaltet. Demgegenüber ist die Tötung auf Verlangen, § 216 StGB, im Vergleich zum Totschlag eine **Privilegierung.**[42] Sie enthält über die bloße Tötung hinaus weitere, die Tat abmildernde Merkmale (das Bestimmtsein des Täters durch das Todesverlangen des Opfers).[43]

III. ALLGEMEIN-, SONDER- UND EIGENHÄNDIGE DELIKTE

35 Nicht jeder Straftatbestand erfasst jeden Täterkreis. Im Unterschied zum Diebstahl, der durch jedermann begangen werden kann (vgl. § 242 I StGB: „Wer ..."), kann die falsche uneidliche Aussage nach § 153 StGB nur ein Zeuge oder Sachverständiger und die Vorteilsnahme nach § 331 StGB nur ein Amtsträger begehen. Hiernach unterscheidet man wie folgt:

Allgemeindelikte

36 **DEFINITION**

Allgemeindelikte sind Straftatbestände, die von jedermann begangen werden können und keine besonderen Anforderungen an die Person des Täters stellen.

Diese Delikte beschreiben den Täter in der Regel mit „Wer ..." (z.B. §§ 212 I, 242 I, 267 I StGB).

Eigenhändige Delikte

37 **DEFINITION**

Eigenhändige Delikte sind Straftatbestände, die nur durch eine persönliche Tatausführung verwirklicht werden können.

So kann z.B. eine Trunkenheitsfahrt, § 316 StGB, nur derjenige begehen, der Führer des Fahrzeugs ist und einen Meineid, § 154 StGB, kann nur derjenige begehen, der selbst falsch schwört.

Sonderdelikte

38 **DEFINITION**

Sonderdelikte sind Straftatbestände, bei denen der Täter eine im Tatbestand eigens umschriebene Subjektsqualität, eine besondere Eigenschaft aufweisen muss.

Hierbei ist in den §§ 331, 332, 339, 344, 348 StGB an die Amtsträgereigenschaft und in § 203 StGB z.B. an die Stellung als Arzt zu denken.[44]

IV. ERFOLGS- UND TÄTIGKEITSDELIKTE

Relevanz: Versuch oder Vollendung

39 Bei den sog. **Erfolgsdelikten** verlangt der gesetzliche Straftatbestand den Eintritt eines bestimmten Erfolges. So muss z.B. bei der Sachbeschädigung, § 303 StGB, eine fremde Sache tatsächlich beschädigt oder zerstört worden sein. Bei den Tätigkeitsdelikten muss der Täter nur eine bestimmte im Gesetz beschriebene Tathandlung

---

42 *Ob es sich insoweit um selbstständige oder unselbstständige Privilegierungen bzw. Qualifikationen handelt, ist streitig, vgl. Skript Strafrecht BT II.*

43 *Heinrich, AT, Rn 177-184*

44 *Heinrich, AT, Rn 172-176; Wessels/Beulke/Satzger, AT, Rn 55*

vornehmen. So verlangt der Straftatbestand des Meineides, § 154 StGB, nur die Leistung des falschen Eides aber nicht, dass dadurch der lügende Zeuge auch ein bestimmtes Ziel (z.B. Freispruch seines Freundes) erreicht.[45] Wird bei einem Erfolgsdelikt nur die Tathandlung vorgenommen, so liegt allenfalls ein bloßer Versuch vor, wohingegen das **Tätigkeitsdelikt** bei Vornahme der Tathandlung bereits vollendet ist.

Die klassischen Problemfelder aus dem Bereich „Kausalität und Zurechnung" haben **40** nur bei den vollendeten Erfolgsdelikten Bedeutung.[46]

V. VERLETZUNGS- UND GEFÄHRDUNGSDELIKTE

Innerhalb der Erfolgsdelikte kann zwischen Verletzungs- und Gefährdungserfolgs- **41** delikten unterschieden werden. Bei der Sachbeschädigung, § 303 StGB, muss der Verletzungserfolg der Zerstörung oder Beschädigung der Sache eintreten. Bei den **Gefährdungsdelikten** wird nur vorausgesetzt, dass das geschützte Rechtsgut in Gefahr kommt. Diese Gefahr kann eine abstrakte oder eine konkrete Gefahr sein. Abstrakt gefährlich ist das Führen eines Fahrzeugs im Straßenverkehr im Zustand der alkoholbedingten Fahruntüchtigkeit, § 316 StGB. Konkret gefährlich wird diese Trunkenheitsfahrt, wenn dadurch z.B. ein Passant beinahe überfahren wird, § 315c StGB.[47] Tritt bei einem Verletzungsdelikt nur eine Gefährdung des Rechtsgutes ein, kann allenfalls ein Versuch vorliegen. Das Gefährdungsdelikt ist in diesem Fall demgegenüber vollendet.

Relevanz: Versuch oder Vollendung

VI. ZUSTANDS- UND DAUERDELIKTE

Zum Verständnis der Unterscheidung zwischen Zustands- und Dauerdelikten **42** müssen die Begriffe der Vollendung und der Beendigung der Tat verstanden worden sein.

DEFINITION

Vollendet ist eine Straftat in dem Zeitpunkt, in dem der gesetzliche Tatbestand (also sämtliche Tatbestandsmerkmale) formell verwirklicht wurde.

Beendet ist eine Tat in dem Zeitpunkt, in dem die Rechtsgutsverletzung materiell abgeschlossen ist.

Vollendung Beendigung

Ein Zustandsdelikt ist mit dem Erfolgseintritt bereits vollendet und in der Regel auch **43** beendet, z.B. die Sachbeschädigung, § 303 StGB, einer Vase mit deren Zerstörung. Im Unterschied hierzu ist z.B. das Dauerdelikt des Hausfriedensbruchs, § 123 StGB, mit der Verletzung des fremden Hausrechts vollendet, aber erst dann beendet, wenn der Täter beispielsweise die fremde Wohnung wieder verlassen hat.[48] Diese Unterscheidung hat z.B. Bedeutung bei der Frage, ob im Rahmen der Notwehr, § 32 StGB, ein Angriff noch gegenwärtig ist. Dies ist jedenfalls dann nicht mehr der Fall, wenn die Tat, die den Angriff darstellt, beendet ist.[49]

Relevanz: Gegenwärtigkeit des Angriffs

---

45 *Heinrich, AT, Rn 158-160; Wessels/Beulke/Satzger, AT, Rn 36-39*
46 *Seher, JURA 2001, 814, 814*
47 *Heinrich, AT, Rn 161-165; Wessels/Beulke/Satzger, AT, Rn 42-45*
48 *Heinrich, AT, Rn 166 f.; Wessels/Beulke/Satzger, AT, Rn 46-48*
49 *Roxin, AT I, § 15 Rn 28; vgl. auch die Falllösung von Baier, JA 2000, 630, 631*

VII. BEGEHUNGS- UND UNTERLASSUNGSDELIKTE

Relevanz: Anforderungen des § 13 I StGB

44 **Begehungsdelikte** werden durch aktives Tun des Täters erfüllt. Ein empörter Beobachter würde in diesem Falle rufen: „Warum tust Du das?!" **Unterlassungsdelikte** werden demgegenüber dadurch verwirklicht, dass jemand, wie bei der unterlassenen Hilfeleistung, § 323c StGB, oder einem Totschlag durch Unterlassen, §§ 212 I, 13 StGB, untätig bleibt.[50] Hier würde ein empörter Beobachter rufen: „Warum tust Du nichts?!" Relevanz erlangt die Unterscheidung über die im Bereich des § 13 I StGB zusätzlich zu prüfenden Tatbestandsmerkmale der Garantenstellung („rechtlich dafür einzustehen hat") und der Entsprechungsklausel.[51]

50 *Heinrich, AT, Rn 168-171; Wessels/Beulke/Satzger, AT, Rn 49-52*

51 *Einzelheiten hierzu bei den Unterlassungsdelikten im Skript Strafrecht AT II*

DER DREISTUFIGE DELIKTSAUFBAU

A. Einleitung und Grundlagen

Alle Erscheinungsformen der Straftat werden in einem dreistufigen Schema geprüft.[52] 45 **Dreistufiger Deliktsaufbau**

1. Tatbestand:	Bejahung von **Unrecht**, wenn die Voraussetzungen eines Tatbestandes des Besonderen Teils des StGB vorliegen.
2. Rechtswidrigkeit:	**Kompensation des Unrechts** nur, wenn ein Erlaubnissatz (Rechtfertigungsgrund) eingreift.[53]
3. Schuld:	Kein **persönlicher Vorwurf** an den Täter, wenn ein Entschuldigungs- oder ein Schuldausschließungsgrund eingreift.

BEISPIEL 1: O wird vom Blitz erschlagen. 46

BEISPIEL 2: A erschießt den Angreifer Z in Notwehr (§ 32 StGB).

BEISPIEL 3: B erschießt den Y im Zustand der Schuldunfähigkeit gem. § 20 StGB.

BEISPIEL 4: C erschießt seinen Feind X, um ihn endgültig los zu werden.

In den vier Beispielsfällen ist jeweils ein Mensch getötet worden. Soweit es um 47 die Frage nach der strafrechtlichen Verantwortlichkeit hierfür geht, weisen die Fälle jedoch grundlegende Unterschiede auf. Im Beispiel 1 liegt ein durch die Naturgewalten verursachtes Unglück vor. Hierfür kann niemand strafrechtlich verantwortlich gemacht werden, weshalb es schon am Tatbestand fehlt. Im Beispiel 2 ist die Tötung des Z durch A kein bloßes Unglück, sondern im Sinne des Totschlags, § 212 StGB, tatbestandliches Unrecht. Dieses Unrecht wird von der Rechtsordnung jedoch zugelassen, weil A in Notwehr, § 32 StGB, gehandelt hat. Im Unterschied hierzu kann B in Beispiel 3 die Tötung des Y wegen seiner Schuldunfähigkeit lediglich persönlich nicht vorgeworfen werden. Somit ist er für das von ihm begangene Unrecht strafrechtlich nicht verantwortlich. Der C schließlich hat sich im Beispiel 4 zumindest wegen Totschlags, § 212 StGB, an X strafbar gemacht.

---

52 *Kühl, AT, § 3 Rn 1 f. und § 10 Rn 2; Wessels/Beulke/Satzger, AT, Rn 134*

53 *Einen Sonderfall stellen die sog. „offenen Tatbestände" dar, bei denen das Gesetz eine spezielle Verwerflichkeitsprüfung verlangt. Bei diesen Delikten muss die Rechtswidrigkeit der Tat gesondert festgestellt werden (z.B. §§ 240 II und 253 II StGB).*

B. Der Tatbestand

48 In der ersten Wertungsstufe, dem sog. „**Tatbestand**", wird festgestellt, ob der Täter die Voraussetzungen eines gesetzlichen Straftatbestandes erfüllt und somit Unrecht begangen hat.[54]

Erfolgs- und Handlungsunrecht

49 Auf der **Ebene des Unrechts** ist zwischen dem sog. **Erfolgsunrecht** und dem sog. **Handlungsunrecht** zu unterscheiden. Sowohl bei der fahrlässigen, § 222 StGB, als auch bei der vorsätzlichen Tötung, §§ 212, 211 StGB, ist als Erfolgsunrecht ein Mensch getötet worden. Nur bei der vorsätzlichen Tötung weist der Täter mit dem Tötungsvorsatz auch das zusätzliche Handlungsunrecht des vorsätzlichen Delikts auf. Dieses wiegt wegen der bewussten Auflehnung gegen das Recht schwerer als das vom Fahrlässigkeitstäter verwirklichte Handlungsunrecht.[55] Bloßes Handlungsunrecht liegt demgegenüber beim Versuch vor, bei dem der tatbestandliche Erfolg nicht eingetreten ist, obwohl der Täter dies wollte. Somit ergibt sich die folgende Einteilung:

50 Erfolgs- und vorsätzliches Handlungsunrecht begründen das Unrecht des vollendeten vorsätzlichen Begehungs- bzw. Unterlassungsdelikts. Erfolgs- und bloß fahrlässiges Handlungsunrecht begründen das Unrecht des fahrlässigen Begehungs- bzw. Unterlassungsdelikts. Reines vorsätzliches Handlungsunrecht begründet das Unrecht des Begehungs- bzw. Unterlassungsversuchs. Isoliertes fahrlässiges Handlungsunrecht bleibt stets folgenlos, weil es keinen „fahrlässigen Versuch" gibt.[56] Daraus folgt:

51 **MERKSATZ**
Der **Vorsatz** ist als Unrechtsbestandteil im subjektiven Tatbestand zu prüfen.[57]

C. Die Rechtswidrigkeit

Der Tatbestand indiziert die Rechtswidrigkeit

52 „Die Tatbestandsmäßigkeit indiziert die Rechtswidrigkeit."[58] Der richtige Kern dieser Standard-Floskel liegt darin, dass nach der Bejahung des tatbestandlichen Unrechts die zweite Wertungsstufe der Rechtswidrigkeit nicht positiv festgestellt werden muss.[59] Vielmehr muss die Rechtswidrigkeit der Tat durch einen **Erlaubnissatz** ausgeschlossen werden. Greift kein Erlaubnissatz ein, ist die Tat „automatisch" rechtswidrig.[60] Als solche Erlaubnissätze kommen z.B. in Frage die Notwehr und die Nothilfe, § 32 StGB, der rechtfertigende Notstand, § 34 StGB, und das Festnahmerecht, § 127 I StPO. Liegt ein solcher Erlaubnissatz vor, wird das Unrecht der Tat „kompensiert".

54 *S/S-Eisele, StGB, Vorbem §§ 13 ff. Rn 51*
55 *Kühl, AT, § 3 Rn 5*
56 *Heinrich, AT, Rn 153-155; Roxin, AT I, § 10 Rn 88; Hohn, JuS 2008, 494, 495*
57 *Kühl, AT, § 3 Rn 7; Satzger, JURA 2008, 112, 119*
58 *BGHSt 35, 270, 275; Kühl, AT, § 6 Rn 2*
59 *Auf den Ausnahmefall der „offenen Tatbestände" wurde bereits hingewiesen, Fn bei Rn 45.*
60 *Wessels/Beulke/Satzger, AT, Rn 397*

KLAUSURHINWEIS
Die o.g. Floskel, dass die Tatbestandsmäßigkeit die Rechtswidrigkeit indiziert, sollte in einer Klausur nicht verwendet werden. Kommt ein Erlaubnissatz ernsthaft in Frage, so ist er zu prüfen. Ansonsten genügt bei der Rechtswidrigkeit z.B. die Formulierung: „Die Tat war rechtswidrig." 53

D. Die Schuld

„Jeder wird nach seiner Schuld bestraft." Auf diese Kurzformel lässt sich § 29 StGB bringen. § 29 StGB und das Menschenbild des Grundgesetzes beruhen auf der Prämisse, dass sich jeder frei für und gegen die Begehung einer Straftat entscheiden kann. Wer sich vor diesem Hintergrund für die Begehung der Straftat entschieden hat, bekommt dies persönlich zum Vorwurf gemacht. Schuld ist folglich die **Vorwerfbarkeit der Tat.**[61] 54 Schuld ist Vorwerfbarkeit

Auf der dritten Wertungsstufe des Deliktsaufbaus geht es mithin um die Frage, ob dem Täter die Verwirklichung des tatbestandlichen Unrechts auch persönlich vorgeworfen werden kann. Sollte dies ausnahmsweise nicht der Fall sein (vgl. §§ 19, 20, 35 StGB), verbietet das **Schuldprinzip** eine Bestrafung des Täters. Strafe setzt Schuld voraus.[62] 55 Nulla poena sine culpa

Das Schuldprinzip wird aus dem Rechtsstaatsprinzip[63] und dem Menschenbild des Grundgesetzes (Art. 1 I, 2 I GG)[64] abgeleitet und zumindest als Verfassungsgewohnheitsrecht angesehen.[65] 56 Schuldprinzip hat Verfassungsrang

---

61 BGHSt 2, 194, 200; Heinrich, AT, Rn 526
62 BVerfGE 20, 323, 331; Roxin, AT I, § 3 Rn 52
63 BVerfGE 20, 323, 331
64 BVerfGE 95, 96, 130; BVerfG, NJW 2004, 739, 745
65 Roxin, AT I, § 3, Rn 52

DER OBJEKTIVE TATBESTAND DES VORSÄTZLICHEN VOLLENDETEN BEGEHUNGSERFOLGSDELIKTS

A. Einleitung

57 Das vorsätzliche vollendete Begehungserfolgsdelikt (z.B. der Totschlag in § 212 StGB) ist die einfachste Grundform einer Straftat. An ihr sollen deshalb die Grundstrukturen strafrechtlicher Verantwortlichkeit erklärt werden.

B. Prüfungsschema

58 Das vorsätzliche vollendete Begehungserfolgsdelikt wird wie folgt geprüft:

PRÜFUNGSSCHEMA

I. Tatbestand
1. Objektiver Tatbestand
a) Eintritt des tatbestandlichen Erfolges
b) Handlung des Täters
c) Kausalität zwischen der Handlung und dem Erfolg
d) Objektive Zurechnung des Erfolges zur Handlung
2. Subjektiver Tatbestand
II. Rechtswidrigkeit
III. Schuld

Unterscheidung objektiver und subjektiver Tatbestand

59 **KLAUSURHINWEIS**

Vor jeder Prüfung eines Tatbestands müssen die einzelnen Merkmale des Tatbestands isoliert werden. In einem zweiten Schritt sind diese Merkmale dem objektiven oder dem subjektiven Tatbestand zuzuordnen.[66] Dies ist deshalb wichtig, weil nur objektive Merkmale tatsächlich vorliegen müssen. So verlangt z.B. der Tatbestand des Betrugs, § 263 I StGB, eine bloße Bereicherungsabsicht. Nicht ist zu prüfen, ob der Täter tatsächlich bereichert worden ist. In den Anfangssemestern sollte diese Unterscheidung zwischen objektivem und subjektivem Tatbestand im Gutachten „mitgeschrieben" und als weitere Gliederungsebene eingeführt werden. Der Examenskandidat mag sich diese Unterscheidung bloß noch „mitdenken" und auf die ausdrückliche Erwähnung dieser zusätzlichen Gliederungsebene im Gutachten verzichten. Stets sind jedoch die dem objektiven Tatbestand zugehörigen Merkmale vor denen zu prüfen, die dem subjektiven Tatbestand zuzuordnen sind.

---

66 Frister, AT, Rn 8/13; Heinrich, AT, Rn 117

C. Grundfall: Der störende Nachbar

SACHVERHALT

Rentner R hat einen unheimlichen Zorn auf seinen Nachbarn N, da dieser in seinem Garten stets seine Hunde frei herumlaufen lässt. Die Hunde sind sehr aggressiv, bellen jeden Passanten an und machen auch sonst einen kaum erträglichen Lärm. In seiner Wut beschließt er eines Tages, den N zu töten. Als N sich am nächsten Nachmittag auf seiner Terrasse sonnt, holt R seine Schrotflinte hervor und schießt gezielt auf den Kopf seines Nachbarn. N wird schwer verletzt in das nächste Krankenhaus gebracht. Während der sehr komplizierten Operation, bei der die Schrotkugeln aus dem Schädel entfernt werden sollen, kann der Arzt trotz größter Sorgfalt nicht verhindern, dass wichtige Zentren im Gehirn verletzt werden und N stirbt. Ohne Operation wäre N spätestens innerhalb der nächsten Stunde seinen schweren Verletzungen erlegen. **60**

Bei den Röntgenaufnahmen, die vor der Operation von Ns Kopf gemacht wurden, entdecken die Ärzte zudem einen inoperablen Tumor, an dem N ohnehin innerhalb der nächsten Wochen gestorben wäre. Strafbarkeit des R wegen Totschlags?

LÖSUNG

R könnte sich gem. § 212 I StGB strafbar gemacht haben, indem er mit der Schrotflinte auf den Kopf des N schoss.

A. Tatbestand

I. OBJEKTIVER TATBESTAND

1. Taterfolg

N, ein Mensch, ist tot. Damit ist der in § 212 StGB vorausgesetzte Erfolg eingetreten.

2. Tathandlung

Der Schuss auf den Kopf des N war für R vermeidbar. Somit hat R auch im strafrechtlichen Sinne gehandelt.

Füllsätze weglassen

> **KLAUSURHINWEIS**
> Keinesfalls sind **nichts sagende Füllsätze** zu verwenden. Zu unterlassen sind deshalb z.B. Textpassagen wie: „Zunächst müsste der Tatbestand verwirklicht sein. Dies setzt die Verwirklichung des objektiven und des subjektiven Tatbestands voraus. Im objektiven Tatbestand müssten Erfolg, Handlung, Kausalität und Zurechnung gegeben sein. § 212 StGB verlangt den Tod eines Menschen. A müsste ein Mensch sein. Ein Mensch ist ..." Wer so schreibt, füllt Seite um Seite mit leeren Floskeln und zeigt dadurch nur seine Unfähigkeit, Schwerpunkte in der Klausur richtig zu setzen.

3. Kausalität

Zwischen der Handlung und dem Erfolg muss ein Kausalzusammenhang bestehen. Nach der Äquivalenztheorie ist eine Handlung ursächlich für einen Erfolg, wenn sie nicht hinweg gedacht werden kann, ohne dass der tatbestandsmäßige Erfolg in seiner konkreten Gestalt entfiele.

riskante OP durch Arzt = fortwirkende/anknüpfende Kausalität

Hätte R nicht auf N geschossen, hätte dieser nicht im Krankenhaus behandelt werden müssen, und er wäre auch nicht bei der Operation gestorben. Die Handlung kann also nicht hinweggedacht werden, ohne dass der Tod des N entfiele.

Fraglich ist, wie die Tatsache zu beurteilen ist, dass der Arzt mit seiner riskanten Operation eine Ursache für den früheren Todeseintritt gesetzt hat. Nach der älteren Lehre vom Regressverbot, nach der bei jedem Dazwischentreten eines weiteren Täters der Kausalverlauf für den Ersttäter unterbrochen ist, läge hier keine Kausalität mehr vor. Aufgrund der Gleichwertigkeit aller Bedingungen bei der Äquivalenztheorie besteht der Kausalzusammenhang jedoch auch dann, wenn der Ersttäter eine Ursache setzt, die bis zum Erfolg fortwirkt. So ist es auch in diesem Fall. Der Schuss des R schlägt sich im Erfolg nieder, da erst durch ihn die Operation des Arztes notwendig wurde.

Problematisch ist weiterhin, dass N aufgrund seines Tumors ohnehin nicht mehr lange gelebt hätte. Es kommt beim Kausalzusammenhang jedoch nur auf den tatsächlichen Geschehensablauf, den konkreten Erfolg, an, da dieser unabhängig davon wirksam wird, dass sonst Reservebedingungen an seine Stelle getreten wären. Anderenfalls könnten sterbenskranke Personen straflos getötet werden. Deshalb müssen hypothetische erfolgsverursachende Kausalverläufe grundsätzlich außer Betracht bleiben. Nach der Äquivalenztheorie ist der Kausalzusammenhang also gegeben.

4. Objektive Zurechnung

Nach allgemeiner Ansicht führt die Äquivalenztheorie zu einer uferlosen Ausweitung der strafrechtlichen Haftung, sodass eine Einschränkung erforderlich ist. Die h.M. nimmt diese Korrektur bereits im objektiven Tatbestand vor, indem sie prüft, ob dem Täter der Erfolg auch als „sein Werk" objektiv zugerechnet werden kann.

Die objektive Zurechenbarkeit liegt vor, wenn der Täter eine rechtlich relevante Gefahr schafft und sich diese im Erfolg verwirklicht. Durch den Schuss mit der Schrotflinte auf den Kopf des N hat R ein rechtlich relevantes Risiko für dessen Tod geschaffen.

Fraglich ist jedoch, ob sich genau die von R geschaffene Gefahr auch im Erfolg verwirklicht hat. Zweifel könnten bestehen, da N durch die Operation Gehirnverletzungen erlitten hat, die seinen Tod beschleunigt haben. Es ist anerkannt, dass der Risikozusammenhang entfallen kann, wenn ein Dritter in den Kausalverlauf eingreift und ein neues, eigenes Risiko setzt. Allerdings reicht nicht jedes Eingreifen eines Dritten aus. Vielmehr muss der Dritte vorsätzlich, oder zumindest grob fahrlässig, eine neue Gefahr schaffen.

Der Arzt musste eine riskante Operation durchführen, weil das Leben des N sonst nicht zu retten gewesen wäre. Der Sachverhalt gibt jedoch keine Anhaltspunkte dafür, dass der Arzt besonders sorgfaltswidrig vorgegangen ist. Ganz im Gegenteil handelte es sich um Verletzungen, die trotz größter Sorgfalt eingetreten sind und mit denen bei solchen Operationen gerechnet werden muss.

Außerdem ging es dem Arzt ausschließlich darum, die durch R geschaffene Gefahr zu beseitigen. Die Tatsache, dass es ihm nicht gelungen ist, kann dem R nicht zugutekommen.

Der Tod des N kann dem R also objektiv zugerechnet werden. Der objektive Tatbestand ist somit erfüllt.

II. SUBJEKTIVER TATBESTAND

R müsste auch den subjektiven Tatbestand erfüllen, d.h. er müsste vorsätzlich gehandelt haben.

Vorsatz ist der Wille zur Straftatbestandsverwirklichung in Kenntnis aller objektiven Umstände einschließlich des Kausalverlaufs in seinen wesentlichen Zügen.

R wollte N durch einen Schuss mit der Schrotflinte töten. Problematisch erscheint aber, dass er nicht damit gerechnet hat, dass N durch eine spätere, missglückte Operation sterben würde. Allerdings kann der genaue Geschehensverlauf einer Tat eigentlich nie genau vorherbestimmt werden. Daher ist eine Abweichung vom vorgestellten Kausalverlauf nur dann erheblich, wenn mit ihr nach allgemeiner Lebenserfahrung überhaupt nicht zu rechnen war oder die Tat anders bewertet werden müsste. Es ist nicht ungewöhnlich, dass ein Opfer, gerade nach einem Schuss mit der Schrotflinte, nicht unmittelbar, sondern erst später an den Folgen seiner Verletzungen stirbt. Auch ist die Tat des R durch den letztendlich eingetretenen Verlauf nicht anders zu bewerten. Die Abweichung vom vorgestellten Kausalverlauf ist somit unbeachtlich.

R handelte vorsätzlich.

B. Rechtswidrigkeit

Die Tat des R war rechtswidrig.

C. Schuld

Mangels anderer Anhaltspunkte handelte R auch schuldhaft.

Ergebnis: R hat sich gem. § 212 I StGB strafbar gemacht.

FALLENDE

D. Systematik und Vertiefung

I. ERFOLGSEINTRITT

Der Prüfungspunkt des Erfolgseintritts bereitet in der Regel keine Probleme. Hier wird nur festgestellt, dass der vom zu prüfenden Tatbestand vorausgesetzte Erfolg eingetreten ist. 61

KLAUSURHINWEIS 62

Auf keinen Fall dürfen hier langatmige Ausführungen gemacht werden, wenn der Erfolg offensichtlich eingetreten ist. Wenn T den O erschießt, wird in der Klausur nur geschrieben: „O, ein Mensch, ist tot."

II. DIE HANDLUNG

1. Grundlagen

Strafrechtliche Verantwortlichkeit für eine Rechtsgutsverletzung setzt voraus, dass sie für den Täter in der konkreten Situation vermeidbar war. Anderenfalls liegt ein bloßes Unglück vor, für das niemand verantwortlich gemacht werden kann. 63

Handlung ist Vermeidbarkeit

Einschlaf-Fall

64 **BEISPIEL** (nach BGHSt 23, 156, „Einschlaf-Fall"): Der Autofahrer A ermüdet wegen der Monotonie des Fahrtverlaufes und schläft am Lenkrad ein. Das Fahrzeug gerät dadurch auf die linke Fahrbahnseite und stößt mit einem anderen Auto zusammen, dessen Fahrer F verletzt wird. Hat sich A wegen fahrlässiger Körperverletzung strafbar gemacht?

Wer, wie der A im obigen Beispiel, schläft handelt nicht mehr, weil er im Schlaf keine Möglichkeit mehr hat, Rechtsgutsverletzungen zu vermeiden. Gleiches gilt für die unkontrollierbaren Körperzuckungen eines Epileptikers.[67]

Handlungslehren irrelevant

65 Insoweit herrscht zwischen den verschiedenen strafrechtlichen Handlungslehren Einvernehmen. Für die Behandlung strafrechtlicher Fälle haben diese Lehren keine Relevanz, weil die Frage nach der Strafbarkeit nicht von der Entscheidung für einen bestimmten Handlungsbegriff abhängt.[68]

66 **KLAUSURHINWEIS**
Es ist überflüssig, dem Prüfer zur Klärung der „Frage", ob ein Schlafender handelt, fünf verschiedene Handlungslehren zu präsentieren. Die Antwort auf die gestellte „Frage" ist offensichtlich und deshalb einen Meinungsstreit nicht wert.

Nichthandlungen aussondern

67 Die Funktion des Handlungsbegriffs ist mithin eine negative: Es geht um die Aussonderung strafrechtlich von vornherein irrelevanten Verhaltens, von Nichthandlungen.[69]
Auszugehen ist von folgender Definition strafrechtlicher Handlung:

Handlung

68 **DEFINITION**
Handlung ist jedes menschliche Verhalten, das vom Willen beherrscht oder zumindest beherrschbar und damit auch vermeidbar ist.[70]

Obersatz an Handlung anknüpfen

69 **KLAUSURHINWEIS**
In einer Fallbearbeitung ist stets im Einleitungssatz deutlich zu machen, an welche konkrete Verhaltensweise die folgende Prüfung anknüpft. Also: „Indem der A das und das gemacht (oder unterlassen) hat, könnte er sich wegen (...) strafbar gemacht haben." Die Handlungsqualität der so beschriebenen Verhaltensweise ist nur zu thematisieren, wenn diese fehlt oder fraglich ist.[71] In diesen Fällen ist nur die Frage nach der Vermeidbarkeit zu stellen. Diese ist nach allen Theorien zum Handlungsbegriff die Mindestvoraussetzung, um eine Handlung bejahen zu können.

---

67 *BGH, NJW 1995, 795, 795 f.; OLG Schleswig, VRS 64 (1983) 429*
68 *Frister, AT, Rn 8/2 f.; Kühl, AT, § 2 Rn 1, 1a; Mitsch, JuS 2001, 105, 106*
69 *Joecks/Jäger, StGB, Vor § 13 Rn 17; S/S-Eisele, StGB, Vorbem §§ 13 ff. Rn 37; Kühl, AT, § 2 Rn 3*
70 *Rengier, AT, § 7 Rn 8; Wessels/Beulke/Satzger, AT, Rn 144; noch knapper: Joecks/Jäger, StGB, Vor § 13 Rn 16: „Vom Willen getragene Körperbewegung."*
71 *Heinrich, AT, Rn 212; Kühl, AT, § 2 Rn 3*

2. Fallgruppen fehlender Handlungsqualität

Die Vermeidbarkeit und damit die Handlungsqualität fehlt in den folgenden anerkannten Fallgruppen: 70

- **Bewegungen im Schlaf**
- bei **Bewusstlosigkeit**
- **krankheitsbedingt nicht beherrschbare Körperbewegungen** (z.B. Epilepsie)
- **Anwendung unwiderstehlicher Gewalt**, sog. „**vis absoluta**" (z.B. Stoß des Passanten P in die Blumen des Blumenhändlers B)
- **Reflexe**.[72]
- **Hypnotische Zustände** werden meist als Bewusstseinsstörung i.S.d. § 20 StGB und damit als Handlung angesehen.[73]

3. Problemfall: Reflex und Spontanreaktion

DEFINITION 71 Reflex

Ein **Reflex** ist eine Körperbewegung, die vom Willen nicht steuerbar ist und als Körperreaktion rein automatisiert abläuft.

Da Reflexe folglich nicht vermeidbar sind, stellen sie keine Handlung dar. Beispiele hierfür sind der Lidschlag des Auges und der Kniesehnenreflex. Demgegenüber sind Spontanreaktionen Handlungen. 72

DEFINITION 73 Spontanreaktion

Unter einer **Spontanreaktion** ist eine im konkreten Fall unbeherrschte, aber grundsätzlich beherrschbare Körperreaktion zu verstehen.

Damit unterscheidet sich die umgangssprachliche Verwendung des Wortes „Reflex" von seiner strafrechtlichen Bedeutung. Umgangssprachlich werden Reflex und Spontanreaktion gleichgesetzt, wenn z.B. der Sportreporter einen „tollen Reflex" des Tormanns lobt. Strafrechtlich wäre er aber für eine „tolle Spontanreaktion" zu loben, weil er sonst schlicht nicht gehandelt und Lob folglich auch nicht verdient hätte. 74

BEISPIEL (nach OLG Frankfurt, VRS 28 (1965), 364 und OLG Hamm, NJW 1975, 657, „Wespen-Fall"): B fährt mit seinem Auto durch die Stadt. Als ihm eine Wespe ins Auge fliegt, macht er eine hektische Abwehrbewegung mit der Hand und schlägt seinem Beifahrer G dadurch ins Gesicht. 75 Wespen-Fall

Handlung auch bei bloßer Beherrschbarkeit

Die Reaktion des B auf die Wespe stellt sich als eine spontane Verhaltensweise dar, bei der stets ein Rest an Steuerungsfähigkeit verbleibt und die deshalb als Handlung im strafrechtlichen Sinne zu bewerten ist.[74] Sofern die weiteren Voraussetzungen des § 229 StGB vorliegen, hat sich B wegen fahrlässiger Körperverletzung strafbar gemacht.

---

72 *S/S-Eisele, StGB, Vorbem §§ 13 ff. Rn 38-41; Rengier, AT, § 7 Rn 11-18*

73 *S/S-Eisele, StGB, Vorbem §§ 13 ff. Rn 39; Roxin, AT I, § 8 Rn 72*

74 *S/S-Eisele, StGB, Vorbem §§ 13 ff. Rn 40-42; Heinrich, AT, Rn 208*

Automatisierte Verhaltensweise

76 Gleiches gilt auch für die **automatisierten Verhaltensweisen**. Als Beispiele seien hier Kupplungs- und Schaltvorgänge sowie Ausweich- und Bremsreaktionen beim Autofahren genannt.[75]

77 **KLAUSURHINWEIS**

Im **Einschlaf-Fall** ist im Gutachten nach Ablehnung der Handlungsqualität im Zeitpunkt des Unfalls die Frage zu stellen und zu bejahen, ob der A wegen fahrlässiger Körperverletzung, § 229 StGB, bestraft werden kann, weil er – als andere Tathandlung - trotz Ermüdungserscheinungen die Fahrt fortgesetzt hat.[76]

U.U. vorgelagerter Fahrlässigkeitsvorwurf

78 **MERKSATZ**

Bleibt der Täter bei der „eigentlichen" Erfolgsherbeiführung straflos, so kann ihm unter Umständen ein zeitlich vorgelagertes sorgfaltspflichtwidriges Verhalten im Rahmen einer **Fahrlässigkeitstat** angelastet werden.[77]

Prüfung im objektiven Tatbestand

79 **KLAUSURHINWEIS**

Manche Lehrbücher empfehlen eine „Vorprüfung" noch vor dem objektiven Tatbestand und fragen dort, ob überhaupt eine „Handlung im strafrechtlichen Sinne" vorliegt.[78] Demgegenüber ist es vorzugswürdig, die Straflosigkeit bei fehlender Handlungsqualität strikt aus dem Gesetz, d. h. durch Verneinung gesetzlicher Merkmale, zu begründen. Die z.T. vorgeschlagene Vorprüfung ist abzulehnen, weil sie zu einer frei schwebenden und vom Gesetz gelösten Rechtsanwendung führt. Klarer ist es zu sagen, dass der Schlafende A im Einschlaf-Fall das Merkmal „Verursachung einer Körperverletzung" in § 229 StGB nicht verwirklicht, weil er den Körperverletzungserfolg mangels Vermeidbarkeit nicht durch eine Handlung verursacht hat. Folglich ist die Handlungsqualität im objektiven Tatbestand zu prüfen.[79]

Formulierungsbeispiel zum Einschlaf-Fall:

Indem A mit dem Wagen des F kollidierte, könnte er sich wegen fahrlässiger Körperverletzung gem. § 229 StGB strafbar gemacht haben. Dazu müsste er die Körperverletzung einer anderen Person, hier des F, verursacht haben. Dies ist nur dann der Fall, wenn er gehandelt hat. Handlung ist jedes menschliche Verhalten, das vom Willen beherrscht oder zumindest beherrschbar und damit auch vermeidbar ist. Im Zeitpunkt des Unfalls schlief A. Er war dadurch nicht in der Lage, den Unfall zu vermeiden. Es fehlt an einer Handlung des A, weshalb er die Körperverletzung des F nicht verursacht hat. A hat sich, indem er mit dem Wagen des F kollidierte, nicht wegen § 229 StGB strafbar gemacht.

75 *Frister, AT, Rn 8/5 ff.; Kühl, AT, § 3 Rn 8*
76 *BGHSt 23, 156, 165 ff.; vgl. auch BGHSt 40, 341, 343, für eine Autofahrt trotz Epilepsie-Leidens*
77 *Joecks/Jäger, StGB, Vor § 13 Rn 17; Heinrich, AT, Rn 204; Kühl, AT, § 2 Rn 6*
78 *Kühl, AT § 2 Rn 3; Wessels/Beulke/Satzger, AT, Rn 134*
79 *Frister, AT, Rn 8/1; Rengier, AT, § 12 Rn 6*

4. Besitzdelikte

Teilweise stellt das Gesetz den bloßen Besitz unter Strafe. Durchaus examensrelevant sind insoweit der **Besitz von Drogen**, § 29 I Nr. 3 BtMG, und **Waffen**, § 51 I WaffG. Keine Examensrelevanz hat hingegen der Besitz kinderpornographischer Schriften, § 184b IV 2 StGB. Insoweit ist streitig, wie sich diese Delikte mit dem dogmatischen Prinzip vereinbaren lassen, dass nur Handlungen (oder Unterlassungen) strafbar sein können.[80] **80** § 29 I Nr. 3 BtMG, § 51 I WaffG

III. DIE KAUSALITÄT

1. Grundlagen

Bei den Erfolgsdelikten genügt es nicht festzustellen, dass der Täter gehandelt hat und dass der Erfolg eingetreten ist. Hinzukommen muss für eine strafrechtliche Verantwortlichkeit, dass die Handlung den Erfolg auch verursacht hat, also die Kausalität. **81**

Im Strafrecht gilt insoweit nach h.M. die Äquivalenztheorie, die alle Bedingungen für den Erfolgseintritt als objektiv gleichwertig ansieht. Äquivalenztheorie

DEFINITION **82** Kausalität

Kausal für einen Erfolg ist eine Handlung, wenn sie nicht hinweggedacht werden kann, ohne dass der konkrete Erfolg entfiele.[81]

Für diese Theorie wird auch der Begriff der „**conditio-sine-qua-non-Formel**" verwendet, was wörtlich übersetzt bedeutet: „Bedingung, ohne die nicht" (der Erfolg eingetreten wäre). **83** Conditio sine qua non

Die Kausalität wird also durch ein Gedankenexperiment ermittelt. Es wird die dem Täter vorzuwerfende Handlung hinweggedacht und überprüft, ob in diesem Fall der Erfolg dennoch eingetreten wäre oder nicht. Im letzteren Fall ist die Handlung des Täters für den Erfolgseintritt ursächlich. **84** Gedankenexperiment

Dieses Gedankenexperiment führt jedoch zu dem Problem, dass dadurch die Gruppe der strafrechtlich verantwortlichen Verursacher nicht klar von der Gruppe der strafrechtlich nicht verantwortlichen Verursacher abgegrenzt werden kann. So kann nicht ernsthaft bestritten werden, dass die Mutter des späteren Mörders mit dessen Geburt eine Ursache für den späteren Tod des Mordopfers gesetzt hat. Dennoch kann sie allein deshalb natürlich nicht für die Tat ihres Sohnes strafrechtlich verantwortlich gemacht werden. **85** Uferlose Weite

Wegen dieser uferlosen Weite der Äquivalenztheorie kann durch sie keinesfalls abschließend die strafrechtliche Verantwortlichkeit für einen Erfolgseintritt bestimmt werden. Vielmehr kann diese Theorie nur eine negative Abgrenzung dergestalt vornehmen, dass sie diejenigen Bedingungen aussondert, die den Erfolg jedenfalls nicht verursacht haben. **86** Negative Abgrenzung

80 Vgl. hierzu mit weiteren Nachweisen Kühl, AT, § 2 Rn 11

81 St. Rspr. RGSt 1, 373, 374 bis 77, 17, 18; BGHSt 49, 1, 3; 24, 31, 34; 1, 332, 333; Heinrich, AT, 218; Wessels/Beulke/Satzger, AT, Rn 228

87 Aber auch mit diesem reduzierten Anspruch stößt die Äquivalenztheorie an Grenzen. Die Äquivalenztheorie ist nämlich nicht geeignet, Ursachenzusammenhänge zu beweisen, sie setzt sie vielmehr voraus.

Äquivalenztheorie liefert keinen Kausalitätsnachweis

88 In den „**Contergan**"-**Fällen**[82] ging es z.B. um die Frage, ob die Missbildungen der Kinder durch das Medikament „Contergan" verursacht worden waren. Genau dies konnte aber naturwissenschaftlich nicht eindeutig belegt werden. Wird vor diesem Hintergrund bei den Schwangeren die Einnahme des Medikaments hinweggedacht, kann nicht gesagt werden, dass in diesem Fall auch die Missbildung entfiele.[83] Dieser Kritikpunkt relativiert sich jedoch insoweit, als es nicht die Aufgabe einer strafrechtlichen Kausalitätstheorie sein kann, biologische, chemische, physikalische oder sonstige naturwissenschaftliche Kausalitätsnachweise zu liefern. Dies muss Aufgabe der jeweiligen empirischen Naturwissenschaft bleiben.[84]

Lehre von der gesetzmäßigen Bedingung

89 Deswegen bringt aber auch die in der Literatur verbreitet vertretene **Lehre von der gesetzmäßigen Bedingung**[85] keinen Erkenntnisgewinn.[86] Wenn sich ihr Gewinn im Vergleich zur Äquivalenztheorie darin erschöpft, genau diese Schwäche (kein Beweis des Ursachenzusammenhangs) nicht zu verschleiern[87], so rechtfertigt schon dies nicht, von der gängigen Kausalitätstheorie abzuweichen. Vor allem aber verlangt die Lehre von der gesetzmäßigen Bedingung komplizierte und letztlich gekünstelte wirkende Begründungsansätze.[88]

Gutachten

90 **KLAUSURHINWEIS**

In einer Fallbearbeitung sollten Sie nur die **Äquivalenztheorie** prüfen, ohne auf weitere Kausalitätstheorien einzugehen.[89] Bei den wirklichen Kausalitätsproblemen, die noch behandelt werden, führt die Lehre von der gesetzmäßigen Bedingung nämlich zu keiner weiteren Aufklärung.[90]

2. Hypothetische Kausalität und Reserveursachen

Verbot des Hinzudenkens von Reserveursachen

91 Eine Handlung kann auch dann nicht hinweggedacht werden, ohne dass der Erfolg entfiele, ist also ursächlich für den Erfolg, wenn die Möglichkeit oder die Wahrscheinlichkeit besteht, dass ohne die Handlung des Täters ein anderer eine – in Wirklichkeit jedoch nicht geschehene – Handlung vorgenommen hätte, die ebenfalls den Erfolg herbeigeführt haben würde. Die gegenteilige Ansicht würde z.B. dazu führen, dass ein Mafia-Killer Straffreiheit erlangen könnte, wenn und weil sonst ein anderer Mafia-Killer den Mord am Opfer ausgeführt hätte.[91] Die Rechtsordnung kann ihre Verbote jedoch nicht bloß deshalb zurücknehmen, weil auch ein anderer zu ihrer Übertretung bereit war.[92]

---

82 *LG Aachen, JZ 1971, 507. Ähnlich gelagert waren der Lederspray-Fall (BGHSt 37, 106, mit Bespr. Beulke/Bachmann, JuS 1992, 737) und der Holzschutzmittel-Fall (BGH, JZ 1996, 315 mit Anm. Puppe).*

83 *Gropp, AT, § 5 Rn 18-22; Jescheck/Weigend, AT, § 28 II 4; Seher, JURA 2001, 814, 815*

84 *Vgl. BGHSt 37, 106, 111 (Lederspray); Lackner/Kühl-Heger, StGB, Vor § 13 Rn 11*

85 *S/S-Eisele, StGB, Vorbem §§ 13 ff. Rn 75; Jescheck/Weigend, AT, § 28 II 4; Kühl, AT, § 4 Rn 22 ff.; Roxin, AT I, § 11 Rn 15*

86 *Frister, AT, Rn 9/7 f.; Seher, JURA 2001, 814, 815*

87 *Roxin, AT I, § 11 Rn 15*

88 *Heinrich, AT, Rn 226; vgl. auch Kühl, AT, § 4 Rn 23*

89 *Heinrich, AT, Rn 226 Fn 32; Kudlich, JA 2010, 681, 682*

90 *Vgl. hierzu Frister, AT, Rn 9/8; Kühl, AT, § 4 Rn 24-26*

91 *BGHSt 2, 20, 24 f.*

92 *Joecks/Jäger, StGB, Vor § 13 Rn 46; Roxin, AT I, § 11 Rn 59*

BEISPIEL (nach BGHSt 2, 20, „KZ-Fall"): Der Angeklagte A war nach 1936 Polizeipräsident in W. Durch seine entsprechenden Anträge beim Reichssicherheitshauptamt brachte er drei jüdische Kaufleute ins KZ, wo sie später ums Leben kamen. Er war wegen schwerer Freiheitsberaubung, § 239 III, IV StGB n.F., angeklagt. Das Tatgericht hatte A mit der Begründung freigesprochen, sein Verhalten sei für den Erfolg nicht ursächlich gewesen. Die Opfer wären auch ohne den Antrag des A ins KZ gekommen und dort umgekommen. **92** KZ-Fall

Der BGH hat den Freispruch entsprechend der obigen Grundsätze aufgehoben.
Probleme bereitet trotz des scheinbar eindeutigen Grundsatzes, dass keine Reserveursachen hinzugedacht werden dürfen, aber schon die Lösung des folgenden Falles: **93**

BEISPIEL (nach Hruschka, StrafR, S. 72, „Boot-Fall"): Das Spielzeugboot des Kindes K droht im See zu versinken, wodurch es zerstört werden würde. Vater V will es deshalb aus dem Wasser holen. Der Badegast B, den das Boot schon die ganze Zeit stört, hält V fest, bis das Boot untergegangen ist. Ist das Verhalten des B für die Sachbeschädigung, § 303 I StGB, ursächlich? **Boot-Fall**

Die Kausalität könnte auf der Basis der Äquivalenztheorie wie folgt bejaht werden: Hätte B den V nicht festgehalten, hätte V das Boot rechtzeitig aus dem Wasser holen können, sodass es nicht untergegangen wäre.[93] Bei genauer Betrachtung läuft dies jedoch auf die Prüfung eines hypothetischen Kausalverlaufs hinaus. Damit die Sachbeschädigung an dem Boot entfällt muss nämlich die Rettungshandlung des V hinzugedacht werden. Die Bejahung der Kausalität in derartigen Fällen entspricht gleichwohl der allgemeinen Auffassung.[94] Der Unterschied zwischen dem KZ- und dem Boot-Fall liegt darin, dass im KZ-Fall vom Tatgericht in unzulässiger Weise ein **erfolgsverursachender Kausalverlauf** hinzugedacht wurde, wohingegen es im Boot-Fall um das Hinzudenken eines **erfolgshindernden Kausalverlaufes** geht. **94** Erfolgsverursachende und erfolgshindernde Kausalverläufe

Vor allem aber wird im Boot-Fall das Verhalten des Täters nicht durch einen völlig anderen Kausalverlauf ersetzt (was stets unzulässig ist), sondern es wird bloß der normale Lauf der Dinge in Rechnung gestellt.[95] Gleiches gilt für den Fall, dass der Täter ein Schlauchboot zurückhält, das auf einen Ertrinkenden zutreibt, der sich durch das Boot selbst hätte retten können. Auch hier ist die Kausalität zu bejahen. **95**

MERKSATZ **96**

Beim **vorsätzlichen Begehungserfolgsdelikt** dürfen keine hypothetischen erfolgsverursachenden Kausalverläufe und keine Reserveursachen an die Stelle des tatsächlichen Geschehens gesetzt werden. Bei der Kausalitätsprüfung ist nur darauf abzustellen, ob zwischen dem konkreten Erfolg und dem wirklichen Geschehen eine ursächliche Verbindung besteht.[96] Erfolgshindernde hypothetische Kausalverläufe müssen demgegenüber hinzugedacht werden.[97]

---

93 *So Hruschka, StrafR, S. 74*

94 *Gropp, AT, § 5 Rn 32; Kühl, AT, § 4 Rn 17 f.*

95 *Roxin, AT I, § 11 Rn 34, spricht gleichbedeutend von einer bloßen „Ergänzung" des Kausalverlaufs.*

96 *S/S-Eisele, StGB, Vorbem §§ 13 ff. Rn 80, 97; Kühl, AT, § 4 Rn 12*

97 *Joecks/Jäger, StGB, Vor § 13 Rn 35; Kühl, AT, § 4 Rn 18; Roxin, AT I, § 11, Rn 33 f.*

Sonderfall: Fahrlässigkeit und Unterlassungsdelikte

97 Das strikte Verbot des Hinzudenkens hypothetischer Kausalverläufe gilt außerdem nicht bei den Fahrlässigkeitsdelikten und auch nicht bei den Unterlassungsdelikten. Bei den fahrlässigen Erfolgsdelikten wird in diesem Zusammenhang auf den Pflichtwidrigkeitszusammenhang zurückzukommen sein. Dieser entfällt nach h.M., wenn ein rechtmäßiges Alternativverhalten ebenso zum Erfolg geführt hätte. In der Sache stellt dies eine hypothetische Ersatzursache dar. Bei den Unterlassungsdelikten wird sowieso von einer hypothetischen Kausalität ausgegangen, weil für deren Prüfung die Vornahme der gebotenen Handlung hinzugedacht werden muss.[98]

3. Abgebrochene und überholende Kausalität

98 Die Fallgruppe **abgebrochener bzw. überholender Kausalität** zeichnet sich dadurch aus, dass eine zeitlich früher gesetzte Ursachenkette keine Wirkung mehr entfalten kann, weil eine zeitlich spätere Ursachenkette ihre Wirkung früher und unabhängig von der ersten Ursachenkette entfaltet. In derartigen Fällen ist die zeitlich früher vorgenommene Handlung für den Erfolgseintritt nicht mehr ursächlich, sondern allein die zeitlich später gesetzte Ursache. Wegen der Vornahme der zeitlich früheren Handlung kommt aber eine Bestrafung wegen Versuchs in Betracht.

99 **BEISPIEL:** O hat sich viele Feinde gemacht. A und B trachten ihm gar nach dem Leben. A verabreicht dem O eine langsam wirkende Dosis Gift. Bevor das Gift seine Wirkung entfalten kann, wird O von B erschossen.

Hypothetischer Kausalverlauf unbeachtlich

Der Schuss des B ist ursächlich für den Tod des O. Auf den erfolgsverursachenden hypothetischen Kausalverlauf, dass der O auch ohne den Schuss des B am Gift des A verstorben wäre, kann B sich nicht berufen. Demgegenüber ist die Verabreichung des Giftes durch den A für den Tod des O nicht ursächlich geworden, weil B völlig unabhängig von der Vergiftung des O auf diesen geschossen hat.

100 Die von A in Gang gesetzte Ursachenkette „Gift" ist abgebrochen, weil die Ursachenkette „Schuss" unabhängig von ihr und schneller den Erfolg hervorgerufen hat. Insofern hat die Ursachenkette „Schuss" die Ursachenkette „Gift" überholt. Abgebrochene und überholende Kausalität sind folglich nicht zwei Fälle, sondern es handelt sich um den gleichen Fall aus der Perspektive von zwei Tätern. Die Ursachenkette des A bricht ab, weil sie von derjenigen des B überholt wird.[99] Der A kann somit nur wegen versuchten Totschlags (oder Mordes) und wegen vollendeter gefährlicher Körperverletzung, §§ 223 I, 224 I Nr. 1 (und u.U. Nr. 5) StGB, verurteilt werden.

101 **KLAUSURHINWEIS**

Im Gutachten sollte dieser Fall nicht chronologisch, sondern vom Tatnächsten her geprüft werden. Folglich wäre im obigen Beispiel mit der Strafbarkeit des B zu beginnen. Dann erst sollte die Strafbarkeit des A behandelt werden.

---

98 *Vgl. Wessels/Beulke/Satzger, AT, Rn 241*

99 *Heinrich, AT, Rn 235; Jescheck/Weigend, AT, § 28 II 5; Kühl, AT, § 4 Rn 33; Roxin, AT I, § 11 Rn 30*

4. Anknüpfende und fortwirkende Kausalität

Eine **anknüpfende bzw. fortwirkende Kausalität** ist gegeben, wenn die erste Ursachenkette bereits eine Veränderung in der Außenwelt herbeigeführt hat, und die zweite Ursachenkette sich an diese Veränderung anschließt, sie sich zunutze macht. 102

Aus dem Verbot des Hinzudenkens erfolgsverursachender hypothetischer Kausalverläufe folgt, dass auch ein Täter, der den tatbestandsmäßigen Erfolgseintritt bloß beschleunigt, diesen verursacht hat.[100] Der Täter, der die erste Handlung vorgenommen hat, hat den Erfolg jedoch ebenfalls verursacht, weil derjenige Täter, der die zweite Handlung vorgenommen hat, mit seiner Handlung an die vorgefundene Sachlage anknüpft.[101] Ob nun beide Täter wegen Vollendung bestraft werden können, hängt von der später zu klärenden Frage nach der objektiven Zurechenbarkeit des Erfolgseintritts ab. 103 Beschleunigung des Erfolgseintritts

BEISPIEL 1: T gibt dem O eine tödliche Dosis eines langsam wirkenden Gifts. Als O durch die Wirkung des Gifts bereits widerstandsunfähig am Boden liegt, wird er von seiner Putzfrau P gefunden. Diese sieht eine einmalige Gelegenheit, sich für die jahrelange schikanöse Behandlung durch O zu rächen und schlägt den am Boden liegenden O mit einem Kerzenständer tot. 104

P hat eine für den Tod des O ursächliche Handlung vorgenommen. Der hypothetische Kausalverlauf, dass O wohl auch am Gift des T gestorben wäre, ist unbeachtlich. Ursächlich für den Tod des O ist jedoch auch die Handlung des T. P hat ihre Tötungshandlung nämlich nur vorgenommen, weil O bereits durch die Wirkung des von T verabreichten Gifts widerstandsunfähig am Boden lag. Es liegt somit ein Fall vor, in dem die 1. Ursachenkette „Gift" fortwirkt, weil der zweite Täter mit seiner Ursachenkette „Kerzenständer" an die vorgefundene Sachlage anknüpft. Mithin sind auch anknüpfende und fortwirkende Kausalität nicht zwei Fälle, sondern wiederum ein Fall aus der Perspektive von zwei Tätern. 105

KLAUSURHINWEIS 106

Auch hier empfiehlt sich (wie bei der abgebrochenen/überholenden Kausalität) eine umgekehrt chronologische Prüfung, die mit der Strafbarkeit desjenigen beginnt, der die Zweitursache gesetzt hat.

Etwas komplizierter wird die Sachlage, wenn **Sachverhaltsunklarheiten** hinzutreten, vor allem, wenn nicht mehr geklärt werden kann, ob die zweite Handlung den Erfolgseintritt beschleunigt hat. 107 In dubio pro reo

100 *Kühl, AT, § 4 Rn 14; Wessels/Beulke/Satzger, AT, Rn 240*
101 *Frister, AT, Rn 9/15; Heinrich, AT, Rn 234*

Pflegemutter-Fall

108 **BEISPIEL 2** (nach BGH, NStZ 2001, 29, „Pflegemutter-Fall"): Im Konkurrenzkampf um die Zuneigung der gemeinsamen Pflegemutter hatte A die C niedergestochen. Anschließend suchte A den B auf und berichtete ihm, dass sie die C erstochen habe. Beide begaben sich zum Tatort zurück. Während A draußen blieb, betrat B das Haus, um die Spuren zu beseitigen. Er fand die C blutüberströmt reglos am Boden liegen. Als er sie leise röcheln hörte, suchte er nach einem Gegenstand, um die bereits Sterbende zu töten und damit „dem Ganzen ein Ende zu setzen". Mit einer beidhändig gehaltenen Wasserflasche schlug er mehrmals auf ihren Kopf ein, sodass ihr Stirnbein zersplitterte. C starb infolge der Messerstiche durch Verbluten. Ob die Schläge mit der Wasserflasche den Sterbevorgang verkürzt haben, steht nicht fest.

Keine Ursächlichkeit der zweiten Handlung

109 B hat keine kausale Tötungshandlung vorgenommen. Es steht nämlich nicht fest, ob die Schläge mit der Flasche den Todeseintritt beschleunigt haben. In dubio pro reo muss folglich der für B günstigere Sachverhalt (keine Beschleunigung) unterstellt werden. B hat sich folglich nur wegen Versuchs strafbar gemacht.

Fortwirkende Kausalität der ersten Handlung

110 Hinsichtlich A gilt bezüglich der erwähnten Sachverhaltsunklarkeit ebenfalls der Grundsatz in dubio pro reo. Selbst wenn B aber den Todeseintritt beschleunigt hätte, so hat A dessen Schläge durch ihr vorheriges Verhalten veranlasst. Mit anderen Worten: Wenn A die C nicht niedergestochen und B nicht zur Spurenbeseitigung mit an den Tatort genommen hätte, hätte B nicht auf C eingeschlagen.[102] Folglich wirkt die Handlung der A fort und ist für den Erfolgseintritt ursächlich.

Bratpfannen-Fall

111 **BEISPIEL 3** (nach BGH, NJW 1966, 1823, „Bratpfannen-Fall "): Die Angeklagte T schlug mit einer schweren Bratpfanne ihrem Stiefvater V mit voller Wucht mindestens dreimal auf den Hinterkopf. Dieser fiel schon nach dem ersten Schlag zu Boden. Während T fortlief, um die Polizei anzurufen, schlug Frau M mindestens einmal mit der Bratpfanne auf ihren Mann ein. Als T vom Telefonieren zurückgekehrt war, schlug sie ihrem – noch röchelnden – Stiefvater erneut mindestens einmal mit der Pfanne heftig ins Gesicht. Danach starb S. Welcher Schlag oder welche Schläge den Tod herbeigeführt haben, war jedoch nicht festzustellen.

112 Auch im Bratpfannen-Fall kann die als zweite in das Geschehen eingreifende M nur wegen Versuchs verurteilt werden, weil nicht geklärt werden kann, ob ihr Schlag den Todeseintritt beschleunigt hat.

113 Bei der T liegt demgegenüber wieder ein Fall der fortwirkenden Kausalität vor, weil M nicht geschlagen hätte, wenn nicht zuvor T zugeschlagen hätte. Auch hier wirkt also die Kausalkette der T deswegen fort, weil M an sie anknüpft.[103]

114 **KLAUSURHINWEIS**

Auch in diesem Fall bleibt es bei der obigen Aufbauempfehlung einer **umgekehrt chronologischen Prüfung**.

---

102 BGH, NStZ 2001, 29, 30; Trüg, JA 2001, 365, 365 f.

103 Anders beurteilt vom BGH, der jedoch Kausalitäts- und Zurechnungsfragen vermischt. Zutreffend Wessels/Beulke/Satzger, AT, Rn 245

Ein Fall fortwirkender Kausalität kann auch dann vorliegen, wenn die Anknüpfung an die erste Ursachenkette nicht vorsätzlich, sondern bloß fahrlässig erfolgt. An der Kausalität der ersten Ursache für den späteren Erfolgseintritt ändert sich dadurch nichts.[104] 115 Fahrlässige Anknüpfung

Die im Rahmen der Strafbarkeit des Ersthandelnden zu behandelnde Frage nach der objektiven Zurechenbarkeit in den obigen Beispielsfällen führt zu der später[105] zu behandelnden **Fallgruppe des eigenverantwortlichen Dazwischentretens eines Dritten**. 116 Objektive Zurechnung

5. Kumulative Kausalität

Ein Fall kumulativer Kausalität liegt vor, wenn zwei unabhängig voneinander vorgenommene Handlungen erst durch ihr Zusammenwirken den Erfolg herbeiführen. In diesem Fall führt das Hinwegdenken jeweils einer Handlung jeweils zum Entfallen des Erfolges. Sind somit beide Handlungen für den Erfolg ursächlich, so entfällt doch in der Regel die Vollendungsstrafe, weil der Erfolg auf atypische Weise eingetreten ist, was die objektive Zurechnung des Erfolges ausschließt.[106] 117

BEISPIEL: A und B fassen voneinander unabhängig den Entschluss, den O zu vergiften. Die Giftmengen sind jeweils für sich genommen nicht tödlich. Gemeinsam führen sie jedoch zum Tod des O. 118

Da bei Hinwegdenken jeweils einer der Giftmengen der Tod des O entfiele, sind beide Tathandlungen für den Tod des O ursächlich. Allerdings fehlt es an der Zurechenbarkeit, weil der Kausalverlauf atypisch ist.[107] Zwar hat A (ebenso wie B) eine rechtlich relevante Gefahr geschaffen, diese hat sich jedoch in der gleichzeitigen (kumulativen) Wirkung beider Gifte gerade nicht verwirklicht. A und B sind wegen versuchten Totschlags (oder Mordes) und gefährlicher Körperverletzung, §§ 223 I, 224 I Nr. 1 StGB, zu bestrafen.

KLAUSURHINWEIS 119

Hier ist es egal, mit welchem der Tatbeteiligten die Prüfung beginnt, da die Prüfung bei beiden Tatbeteiligten gleich abläuft.

6. Alternative Kausalität/„Doppelkausalität"

Die Fallgruppe alternativer Kausalität liegt vor, wenn zwei Ursachenketten völlig unabhängig voneinander zeitgleich den gleichen Erfolg herbeiführen. In diesen Fällen kann jeweils die eine Erfolgsursache hinweggedacht werden, ohne dass der Erfolg entfiele, weil stets die andere Ursache den Erfolg zeitgleich herbeiführt. Die h.M. nimmt in diesem Fällen im Ergebnis dennoch die Ursächlichkeit beider Handlungen für den Erfolg an, weil den Tätern nicht der Zufall zugutekommen soll, dass eine andere Ursachenkette zeitgleich den Erfolg ebenfalls herbeigeführt hätte.[108] Die Begründung dieses Ergebnisses bereitet jedoch Probleme, was an zwei Beispielen verdeutlicht werden soll. 120 H.M.: Ursächlichkeit beider Handlungen

---

104 BGH, BeckRS 2008, 04671, Rn 21(insoweit in NStZ 2008, 395 f. nicht abgedruckt)
105 Unten ab Rn 148
106 Kühl, AT, § 4 Rn 21
107 Hierzu ausführlich ab Rn 143
108 S/S-Eisele, StGB, Vorbem §§ 13 ff., Rn 82

Mafia-Fall

121 **BEISPIEL 1** (nach Gropp, AT, § 5 Rn 25, „Mafia-Fall"): Die Mafia-Bosse A und B wollen unabhängig voneinander den Staatsanwalt S ausschalten. Sie lassen durch Auftragskiller je eine Bombe am Auto des S anbringen. Beide Bomben zünden bei Betätigung des Zündschlüssels. Beide haben eine tödliche Wirkung.

Einbrecher-Fall

BEISPIEL 2 (nach BGHSt 39, 195, „Einbrecher-Fall"): Der Einbrecher E stirbt am Zusammentreffen der Verletzungsfolgen zweier Schüsse, die vom Hausherren im Abstand von 5 Minuten abgefeuert wurden. Jeder Schuss für sich wäre schon tödlich gewesen.

122 Ohne die Bombe des A wäre S an der Bombe des B gestorben und umgekehrt. Ohne den ersten Schuss wäre E an den Folgen des zweiten Schusses gestorben und umgekehrt. Diese Befunde schließen nach der grundlegenden Äquivalenztheorie die Ursächlichkeit der jeweiligen Tathandlungen eigentlich aus. Zumindest wenn die jeweilige Zweitursache wie im Mafia-Fall zeitgleich (!) wirksam wird, kann die Kausalität auch nicht mit dem bloßen Hinweis auf das verbotene Hinzudenken eines hypothetischen erfolgsverursachenden Kausalverlaufs bejaht werden, weil die Zweitursache wegen der zeitgleichen Wirkung eben nicht hypothetisch bleibt.[109] Auch kann die Kausalität nicht mit dem Hinweis auf den durch zwei Ursachen beschleunigten Erfolgseintritt gestützt werden.[110] Der schnellere Todeseintritt ist im Mafia-Fall schlicht auszuschließen und im Einbrecher-Fall eine Sachverhaltsunterstellung. Das Ergebnis wären deshalb jeweils Bestrafungen wegen bloßen Versuchs.[111] Zur Vermeidung dieses recht offensichtlich unbilligen Ergebnisses modifiziert die h.M. in diesem Fall die Äquivalenztheorie wie folgt:

Modifizierte Äquivalenzformel

123 **DEFINITION**

Von mehreren Handlungen, die zwar alternativ, aber nicht kumulativ hinweggedacht werden können, ohne dass der Erfolg entfiele, sind beide ursächlich.[112]

124 **KLAUSURHINWEIS**

Im Gutachten bedeutet dies, dass zunächst mit der klassischen Definition der Äquivalenztheorie eine Lösung gesucht werden muss. Kommt man aus den genannten Gründen zur Ablehnung der Kausalität, muss die Unbilligkeit der Bestrafung wegen bloßen Versuchs aufgezeigt werden. Dann erst erfolgt die Modifikation der Äquivalenztheorie mit der Folge, dass die Kausalität im Ergebnis doch zu bejahen ist.

7. Kausalität bei Gremienentscheidungen

125 Probleme ergeben sich auch bei der Feststellung der Kausalität bei Gremienentscheidungen. Wenn bei derartigen Gremienentscheidungen das Mehrheitsprinzip gilt, so könnte sich jeder, der die Entscheidung mitgetragen hat, darauf berufen, dass der Mehrheitsbeschluss auch ohne seine Stimme zustande gekommen wäre.

109 *Nicht überzeugend deshalb Kühl, AT, § 4 Rn 20*
110 *So aber Gropp, AT, § 5 Rn 25a mit Fn 50*
111 *So Frister, AT, Rn 9/11-13; Roxin, AT I, § 11 Rn 25; krit. Satzger, JURA 2014, 186, 190*
112 *Heinrich, AT, Rn 229; Wessels/Beulke/Satzger, AT, Rn 232; im Ergebnis auch BGHSt 39, 195, 198*

Unabhängig von der Frage, ob dogmatisch ein Unterfall der alternativen Kausalität[113] oder ein solcher der kumulativen Kausalität vorliegt[114], ist die Kausalität der einzelnen Stimmabgabe nach beiden Modellen zu bejahen.[115]

BEISPIEL: Bei der Seuchen-GmbH gilt auf Gesellschafterebene bei Abstimmungen das Mehrheitsprinzip. Alle drei Gesellschafter stimmen für die unerlaubte Einleitung von Abwässern in den Main.

Alle drei Gesellschafter haben sich wegen Gewässerverunreinigung, § 324 StGB, strafbar gemacht.

8. Generelle Kausalität

Im Bereich **strafrechtlicher Produkthaftung** geht es um den Nachweis der Kausalität eines Produkts für die Schädigungen bei dessen Verwender. Nach der Rechtsprechung ist der Ursachenzusammenhang zwischen der Beschaffenheit eines Produkts und Gesundheitsbeeinträchtigungen seiner Verwender auch dann rechtsfehlerfrei festgestellt, wenn offen bleibt, welche Substanz des Produkts den Schaden ausgelöst hat, aber andere in Betracht kommende Schadensursachen auszuschließen sind.[116] **126** Strafrechtliche Produkthaftung

IV. DIE ZURECHNUNG

1. Grundlagen

Wegen ihrer uferlosen Weite kann die Äquivalenztheorie nicht alleine über die Bejahung oder Verneinung strafrechtlicher Verantwortlichkeit entscheiden. Für den Fall der Bejahung der Kausalität muss vielmehr eine zweite Prüfungsebene folgen, auf welcher der Frage nachgegangen wird, ob der vom Täter verursachte Taterfolg auch als ein „**Werk des Täters**" oder – und dann entfällt die Zurechnung – als ein „Werk des Zufalls", oder eines Dritten oder des Opfers selbst[117], also als ein „Unrecht" oder als ein „Unglück"[118] erscheint. **127** Werk des Täters

Die notwendige Verbindung zwischen dem Taterfolg und der Tathandlung wird somit nicht alleine durch die Feststellung einer Kausalbeziehung, sondern durch ein normatives Zurechnungsurteil hergestellt.[119] Dabei sind die in Frage kommenden Fallgestaltungen derart vielfältig, dass es nicht gelingen kann, die „Weltformel der Zurechnung" zu finden. Jedoch hat sich inzwischen eine „Grundformel" herausgebildet, die weithin anerkannt ist. Diese Prüfungsebene wird von der ganz h.L. als „Lehre von der objektiven Zurechnung" bezeichnet.[120] **128** „**Grundformel**": Gefahrschaffung und Gefahrverwirklichung

113 *Heinrich, AT, Rn 238; Kühl, AT, § 4 Rn 20b*

114 *Roxin, AT I, § 11 Rn 19; kombinierend Satzger, JURA 2014, 186, 193 (und ihm folgend Abraham, JA 2020, 105, 114): Die Ja-Stimmen stehen im Verhältnis kumulativer Kausalität zueinander. Zusätzlich besteht zwischen der mehrheitsbegründenden Stimme und der (für die Mehrheit nicht erforderlichen) Überhangsstimme alternative Kausalität.*

115 *Abraham, JA 2020, 105, 113*

116 *BGHSt 41, 206, 216 (Holzschutzmittel-Fall); 37, 106, 111 f. (Lederspray-Fall); LG Aachen, JZ 1971, 507 (Contergan-Fall); nähere Nachweise bei Kühl, AT, § 4 Rn 6a*

117 *Rengier, AT, § 13 Rn 48; Roxin, AT I, § 10 Rn 55*

118 *Rönnau/Faust/Fehling, JuS 2004, 113, 115*

119 *Kretschmer, JURA 2000, 267, 272 („normative Wertung"); Seher, JURA 2001, 814, 815; vgl. auch Rönnau/Faust/Fehling, JuS 2004, 113, 115*

120 *Grundsätzlich kritisch Schumann, JURA 2008, 408 ff.*

129 **DEFINITION**

Dem Täter ist ein Erfolg **objektiv zuzurechnen**, wenn er durch seine Handlung eine rechtlich relevante Gefahr geschaffen hat, die sich im konkreten Erfolg verwirklicht hat.[121]

130 Keinen inhaltlichen Unterschied bedeutet es, wenn z.T. auch von „rechtlich missbilligter" oder „unerlaubter" Gefahr gesprochen wird. Der hier gewählte Begriff der „rechtlich relevanten" Gefahr soll vor allem Verwechslungen mit der Wertungsebene der Rechtswidrigkeit vorbeugen.[122]

Zurechnung des Erfolgs zur Handlung erfolgt in zwei Schritten

131 **KLAUSURHINWEIS**

Die Beantwortung der Frage, ob ein Täter für einen Erfolg verantwortlich gemacht werden kann, vollzieht sich in **zwei Schritten**:

(1.) Kausalität und
(2.) objektive Zurechnung.[123]

Diese könnte man unter der Überschrift **„Zurechnung des Erfolgs zur Handlung"** zusammenfassen. Bei fehlender Kausalität scheidet die Zurechnung von vornherein aus. Die Kausalität ist notwendige Bedingung für die Zurechnung und gleichzeitig auch die äußerste Grenze möglicher Zurechnung.[124]

Die Zurechenbarkeit des Erfolges ist kein Prüfungspunkt, der immer angesprochen werden muss. Nur wenn es Anlass gibt, an der Zurechenbarkeit zu zweifeln, ist hierauf näher einzugehen. Bei einzelnen Delikten ist seine Prüfung gar sinnlos. Wenn z.B. D dem E eine Sache wegnimmt, stellt sich die Frage, ob dem D diese Wegnahme auch zuzurechnen ist, von vornherein nicht.

2. Einzelfälle fehlender Zurechenbarkeit

132 Die klassischen Problemfelder aus dem Bereich der objektiven Zurechnung lassen sich nach der oben gegebenen Definition in Probleme aus dem Bereich der Gefahrschaffung und solche aus dem Bereich der Gefahrverwirklichung unterscheiden.

133 **MERKSATZ**

Diese Einordnung soll bloß der Systematisierung dienen. Einige Problemfelder werden von anderen Darstellungen an anderen Stellen der Grundformel eingeordnet, ohne dass dies einen inhaltlichen Unterschied begründen würde.[125]

---

121 *Kühl, AT, § 4 Rn 43; Rengier, AT, Rn 46; Roxin, AT I, § 11 RN 47; Wessels/Beulke/Satzger, AT, Rn 261*

122 *S/S-Eisele, StGB, Vorbem. §§ 13 ff. Rn 92a; Kühl, AT, § 4 Rn 43; Seher, JURA 2001, 814, 815*

123 *Kühl, AT, § 4 Rn 4; Seher, JURA 2001, 814, 816*

124 *S/S-Eisele, StGB, Vorbem §§ 13 ff. Rn 72, 91; Roxin, AT I, § 11 Rn 46*

125 *Seher, JURA 2001, 814, 816*

a) Fallgruppen mangelnder Gefahrschaffung

aa) Von einem Menschen nicht beherrschbare Geschehensabläufe

Hier geht es um Geschehensabläufe, die nicht mehr im beherrschbaren Machtbereich des Normadressaten liegen. Derartige Geschehensabläufe mögen durch ein bestimmtes Verhalten i.S.d. Äquivalenztheorie noch „hervorgerufen" worden sein, sie sind jedoch mangels Beherrschbarkeit dem Täter nicht zuzurechnen. Es fehlt bereits an der Schaffung einer rechtlich relevanten Gefahr.[126] **134**

BEISPIEL („Blitzschlag-Fall"): A schickt B bei einem heraufziehenden Gewitter zu einem Spaziergang in den Wald. Dabei hofft er darauf, dass B vom Blitz erschlagen werde, was auch geschieht. **135** **Blitzschlag-Fall**

Hätte A den B nicht zum Spazieren geschickt, hätte ihn der Blitz nicht getötet. Die Handlung des A war für den Tod des B folglich kausal. Vom Blitz getroffen zu werden ist jedoch ein allgemeines Lebensrisiko. Dieses wird von A in keiner Weise beherrscht, also nicht geschaffen. Der Tod des B ist mithin ein „Werk des Zufalls", ein Unglück, sodass dem A der Tod des B objektiv nicht zugerechnet werden kann.

bb) Erlaubtes Risiko

Normative Grundvoraussetzung für die Zurechnung eines Erfolges ist, dass der Täter durch seine für den Erfolg kausale Handlung überhaupt eine rechtlich relevante Gefahr geschaffen hat.[127] Hieran fehlt es, wenn ein Fall des erlaubten Risikos vorliegt. Zum erlaubten Risiko sind die Fallkonstellationen zu rechnen, in denen der Täter zwar ein gewisses Gefährdungspotential schafft, dieses aber das **allgemeine Lebensrisiko** nicht übersteigt und deshalb bei genereller Betrachtung erlaubt ist.[128] **136** Allgemeines Lebensrisiko

BEISPIEL: Der Autofahrer F fährt unter Beachtung sämtlicher Verkehrsregeln durch die Stadt. Als ihm plötzlich das Kind K vor das Auto springt, kann er nicht mehr bremsen. K wird verletzt. **137**

Die Fahrt des F ist natürlich ursächlich für die Verletzung von K. Auch begründet der Straßenverkehr schon an sich Gefahren für Leib und Leben und für Sachgüter. Gleichwohl gestattet der Gesetzgeber im Rahmen gewisser Sorgfaltsregeln (z.B. StVG und StVO) den Straßenverkehr im überwiegenden Interesse des Gemeinwohls.[129] Damit hat sich hier kein rechtlich relevantes, sondern ein erlaubtes Risiko verwirklicht, welches die Zurechnung der Verletzung des Kindes an F als „sein Werk" ausschließt. Straßenverkehr

Gleiches gilt für den Fall, in dem T den O in der Hoffnung zu einer Flugreise verlasst, er möge abstürzen.[130] Anders ist dies aber, wenn T von einer an Bord deponierten Bombe weiß, weil das überlegene Sachwissen des T dazu führt, dass dieser das Geschehen steuert und keine freiverantwortliche Selbstgefährdung des O mehr **138** **Flugreise-Fall**

---

126 *Rengier, AT, § 13 Rn 53; Roxin, AT I, § 11 Rn 44, 47*
127 *Seher, JURA 2001, 814, 816*
128 *Wessels/Beulke/Satzger, AT, Rn 268; vgl. auch Roxin, AT I, § 11 Rn 66, der jedoch ein relevantes Risiko bejaht*
129 *Kühl, AT, § 4 Rn 48; Roxin, AT I, § 11 Rn 66*
130 *Rengier, AT, § 13 Rn 52; Roxin, AT I, § 11 Rn 68*

gegeben ist.[131] Das letzte Beispiel ist ein deutlicher Hinweis darauf, dass auch im Bereich der objektiven Zurechnung Raum für subjektive Komponenten ist.

Sozialadäquanz

139 **KLAUSURHINWEIS**
Teilweise wird der Fall des erlaubten Risikos auch als ein Fall **„sozialadäquaten Verhaltens"** behandelt. Die Fallgruppe der Sozialadäquanz ist bei genauer Betrachtung jedoch eher ein Überbegriff mit dem z.B. auch Glücksspiele mit ganz kleinen Einsätzen nicht dem § 284 StGB zugeordnet werden.[132] Es wird deshalb empfohlen, den Begriff des erlaubten Risikos als insoweit präziseren Begriff zu verwenden.

cc) Risikoverringerung

Abmilderung bestehender Gefahr

140 Bei den Fällen der Risikoverringerung geht es um Konstellationen, in denen der Täter nicht eine neue Gefahr für das Rechtsgut schafft, sondern eine bereits bestehende Gefahr, für die er keine Verantwortung trägt, reduziert. Auch in diesem Fall ist dem Täter der eingetretene Erfolg objektiv nicht zuzurechnen.[133]

BEISPIEL: T will O erschießen. A stößt O zur Seite. Dadurch trifft die Kugel des T den O nicht in der Brust, sondern nur am Arm.

In diesem Fall kann an der Kausalität der Handlung des A für die Verletzung am Arm des O nicht gezweifelt werden. Dennoch kann diese dem A nicht zugerechnet werden, weil er für die körperliche Unversehrtheit des O keine relevante Gefahr geschaffen, sondern die bereits bestehende, von T ausgehende, Gefahr lediglich abgemildert hat.

Schaffung neuer Gefahr

141 Schafft der Täter demgegenüber eine neue aber mildere Gefahr, so wird ihm diese zugerechnet.

Im obigen Beispiel stürzt O durch den Stoß und schürft sich die Hand auf.

In der Verletzung an der Hand hat sich eine neue Gefahr, die Sturzgefahr, verwirklicht. Diese Gefahr ist eine neue, von A geschaffene Gefahr. Diese Verletzung ist dem A daher als „sein Werk" zuzurechnen. A kann auch nicht durch Nothilfe, § 32 StGB, gerechtfertigt werden, da bei Notwehr und Nothilfe gerade keine Rechtsgutsverletzung des Angegriffenen gerechtfertigt werden kann.[134] Er ist jedoch durch mutmaßliche Einwilligung[135] oder jedenfalls wegen Notstandshilfe, § 34 StGB,[136] gerechtfertigt.

b) Fallgruppen mangelnder Gefahrverwirklichung

142 Sofern der Täter eine rechtlich relevante Gefahr für das verletzte Rechtsgut geschaffen hat, stellt sich schließlich die Frage, ob es auch gerade diese Gefahr

131 *Rengier, AT, § 13 Rn 55; Wessels/Beulke/Satzger, AT, Rn 268; Freund, JuS 2000, 754, 756*
132 *Ausführlich Roxin, AT I, § 10 Rn 33 ff. (vor allem Rn 38-40); zur Frage der Sozialadäquanz religiös motivierter Beschneidungen: LG Köln, NJW 2012, 2128, 2128*
133 *Wessels/Beulke/Satzger, AT, Rn 295; Seher, JURA 2001, 814, 816*
134 *Unzutreffend deshalb Jescheck/Weigend, AT, § 28 IV 2*
135 *Seher, JURA 2001, 814, 817*
136 *Wessels/Beulke/Satzger, AT, Rn 297*

war, die sich in der Rechtsgutsverletzung verwirklicht hat. Nur wenn auch dies zu bejahen ist, kann dem Täter der Erfolgseintritt als „sein Werk" zugerechnet werden. Probleme ergeben sich in den folgenden Fallgruppen:

aa) Atypische Kausalverläufe

Ein Kausalverlauf ist **atypisch**, wenn er so außerhalb aller Lebenserfahrung liegt, dass mit ihm nicht gerechnet werden kann. Kommt es dennoch zu einem derartigen Kausalverlauf, hat sich im Erfolg nicht die vom Täter ursprünglich gesetzte Gefahr, sondern eine andere Gefahr verwirklicht. Insofern handelt es sich dann nicht mehr um ein vom Täter zu verantwortendes „Unrecht", sondern um ein vom Zufall hervorgerufenes „Unglück".[137] **143** Unrecht oder Unglück

BEISPIEL: T schießt mit Tötungsvorsatz auf O. Dieser wird verwundet, überlebt aber zunächst den Mordanschlag. Den Tod findet O dennoch, weil **144**
a) im Krankenhaus durch einen Kabelbrand ein Feuer ausbricht, welches O tötet.
b) der Fahrer des Krankenwagens wegen der schweren Verletzungen des O schnell das Krankenhaus erreichen muss, deshalb eine rote Ampel überfährt und dabei mit dem Wagen des W kollidiert. Bei diesem Unfall erleidet O weitere Verletzungen, die alleine geeignet sind, den Tod herbeizuführen. **Kranken-wagen-Fall**

In beiden Fallvarianten kann die Kausalität des Schusses des T für den Tod des O nach der Äquivalenztheorie nicht bestritten werden. Auch hat T durch seinen Schuss eine Gefahr für das Leben des O geschaffen. Diese hätte sich auch unproblematisch in seinem Tod verwirklicht, wenn er verblutet oder an einer Wundinfektion gestorben wäre. In Variante a) ist O jedoch Opfer einer ganz anderen Gefahr geworden. In seinem Tod hat sich das allgemeine Lebensrisiko verwirklicht, Opfer eines zufälligen Brandes zu werden. Diese Gefahr ist in einem Schuss auf einen Menschen nicht angelegt.[138] Folglich kann T der Tod des O nicht zugerechnet werden. Er ist wegen versuchten Totschlags (oder Mordes) in Tateinheit, § 52 StGB, mit gefährlicher Körperverletzung zu bestrafen. **145**

Problematischer ist die Variante b). Zwar ist es auch ein allgemeines Lebensrisiko, Opfer eines Verkehrsunfalls zu werden. Jedoch stellt sich die Frage, ob T dieses Risiko für O nicht in signifikanter Weise erhöht hat. Das Überfahren der roten Ampel geschah nämlich nur wegen der schweren Verletzungen des O, die einen schnellen Transport des O ins Krankenhaus erforderlich machten. Ob in diesen Fällen der Realisierung des sog. „Blaulichtrisikos" die Zurechnung zu bejahen ist, ist streitig.[139] Hiergegen spricht § 1 II StVO, wonach sich jeder Verkehrsteilnehmer so zu verhalten hat, dass kein anderer geschädigt, gefährdet oder mehr, als nach den Umständen unvermeidbar, behindert oder belästigt wird. Dies gilt auch für Einsatzfahrzeuge mit Blaulicht. Ein spezifisches zurechenbares „Blaulichtrisiko" ist deshalb nicht anzuerkennen. Auch in der Variante b) ist T nur wegen versuchten Totschlags (oder Mordes) in Tateinheit, § 52 StGB, mit gefährlicher Körperverletzung zu bestrafen. **146** „Blaulichtrisiko"

137 *Kühl, AT, § 4 Rn 60*
138 *Kühl, AT, § 4 Rn 61*
139 *Dafür Heinrich, AT, Rn 249; Geppert, JURA 2001, 490, 494, 495; dagegen Jescheck/Weigend, AT, § 28 IV 3; Kühl/Hinderer, JuS 2010, 697, 698, 670; Puppe, ZJS 2008, 600, 604 f.; offen gelassen in BGHSt 1, 332, 334*

Autobahnraser-Fall

147 Demgegenüber liegt kein atypischer Kausalverlauf vor, wenn eine Autofahrerin einem „Raser" mit tödlichem Ausgang infolge einer „Schreckreaktion" ausweicht.[140] Der Raser ist deshalb wegen fahrlässiger Tötung, § 222 StGB, zu bestrafen.

bb) Dazwischentreten eines vorsätzlich handelnden Dritten bei vorsätzlich handelndem Ersttäter

148 Die Fallgruppe des eigenverantwortlichen Dazwischentretens eines Dritten stellt nur dann ein Problem der objektiven Zurechenbarkeit dar, wenn der Dritte an die vorgefundene Ursachenkette anknüpft. Anderenfalls liegt schon ein Fall der abgebrochenen bzw. überholenden Kausalität vor. Liegt ein Fall **fortwirkender Kausalität** vor, stellt sich die Frage nach der Zurechenbarkeit des Erfolges für den vorsätzlich handelnden Ersttäter.

Grundregel

149 **MERKSATZ**

Eine **Zurechenbarkeit** scheidet aus, wenn der an die erste Handlung anknüpfende Täter vollverantwortlich eine neue, selbstständig auf den Erfolg hinwirkende Gefahr begründet, die sich dann allein im Erfolg realisiert.[141] Ausnahmsweise ist die Zurechenbarkeit jedoch zu bejahen, wenn das Verhalten des Dritten so spezifisch mit der Ausgangsgefahr verbunden ist, dass es als bereits typischerweise in der Ausgangsgefahr begründet erscheint.[142]

Pflegemutter-und Bratpfannen-Fall

150 Nach diesen Grundsätzen wird im Pflegemutter-Fall[143] die Ersttäterin A wegen vollendeter Tötung zu bestrafen sein, im Bratpfannen-Fall die Ersttäterin T hingegen nur wegen Versuchs.[144] Dies hat seinen Grund darin, dass die Mutter M im Bratpfannen-Fall einen eigenständigen Entschluss zu weiteren Tötungshandlungen gefasst hat, wohingegen im Pflegemutter-Fall der B nur auf Veranlassung der A zur Spurenbeseitigung mit zum Tatort genommen wurde und dort deren Werk vollendete. Mit anderen Worten: Wer einen Menschen schwer verletzt hat, muss grundsätzlich nicht damit rechnen, dass andere dies ausnutzen, um das Opfer ihrerseits zu töten. Das ändert sich jedoch, wenn der Täter sich zur Beseitigung von Tatspuren Hilfe holt.[145]

Verhalten des Zweittäters wird eingeplant

151 Auch diese Überlegungen belegen, dass die **Lehre von der objektiven Zurechnung** nicht frei ist von subjektiven Erwägungen. Dies zeigen vor allem die Fälle, in denen der Ersttäter das vollverantwortliche Verhalten des Zweittäters erwartet und für seine Ziele einplant.[146] So z.B. wenn T von einer auf einem Schiff deponierten Bombe weiß und deshalb dem O eine Kreuzfahrt auf diesem Schiff schenkt. Stirbt O bei der Explosion, ist T wegen Mordes strafbar.

---

140 LG Karlsruhe, NJW 2005, 915, 916

141 OLG Rostock, NStZ 2001, 199 m. Anm. Geppert, JK 01, StGB § 13/32 unter 4.; Heinrich, AT, Rn 253; Wessels/Beulke/Satzger, AT, Rn 286

142 Wessels/Beulke/Satzger, AT, Rn 287

143 Vgl. oben Rn 107 f. die Sachverhalte bei „anknüpfender bzw. fortwirkender Kausalität".

144 Wessels/Beulke/Satzger, AT, Rn 287; so im Ergebnis auch der BGH in den genannten Urteilen; auch im Pflegemutter-Fall für Versuch Otto, JK 01, StGB Vor § 13/13.

145 Trüg, JA 2001, 365, 367

146 Kudlich, PdW AT, Fall 45 unter b); Seher, JURA 2001, 814, 817 (für atypische Kausalverläufe)

MERKSATZ
Wer Kenntnis von Umständen oder Tatplänen Dritter hat und diese für seine eigene Tat erfolgreich einplant, kann sich nicht auf mangelnde Zurechnung berufen.

Schließlich ist noch darauf hinzuweisen, dass die Zurechnung ebenfalls zu bejahen ist, wenn der Ersttäter eine rechtlich relevante Gefahr durch die Verletzung von Sicherheitsvorschriften schafft, die gerade dem Schutz vor Vorsatz- oder Fahrlässigkeitstaten Dritter dienen (z.B. § 36 WaffG über die Aufbewahrung von Waffen in verschlossenen Behältnissen).[147] 152 Verletzung von Sicherheitsvorschriften

cc) Sonderfall: Dazwischentreten durch einen Mittäterexzess
Von besonderer Prüfungsrelevanz ist die Frage, ob ein Exzess eines Komplizen, welcher die Zurechnung gem. § 25 II im Rahmen des Vorsatzdelikts ausschließt, dennoch in dem Sinne vorhersehbar sein kann, dass eine Strafbarkeit der anderen Tatbeteiligten gem. §§ 222 oder gar 227 in Betracht kommt. 153 Exzess eines Komplizen

BEISPIEL (nach BGH, NStZ 2013, 280): A, B und C prügeln und treten in brutaler Weise wie verabredet abwechselnd auf den Obdachlosen O ein. Plötzlich fasst B Tötungsvorsatz und tötet O.

Der BGH geht – zutreffend – davon aus, dass bei von den Mittätern gemeinsam zu verantwortenden enthemmten Eskalationsatmosphären zumindest eine Strafbarkeit wegen fahrlässiger Herbeiführung der Exzessfolgen in Betracht kommt. Es handelt sich insoweit nicht um die Eröffnung einer neuen Kausalkette aufgrund vorsätzlichen Dazwischentretens einer dritten Person. So wären im Beispiel auch A und C – neben § 224 I Nr. 3, 5 – wegen § 222 zu bestrafen. 154 Vorhersehbarer Exzess

Allerdings kommt sogar eine Bestrafung von A und C wegen § 227 in Betracht. 155 § 227

KLAUSURHINWEIS
Das ist der entscheidende Plot! Prüfungsaufgaben haben nicht den Sinn, Banalitäten abzufragen. Es „kann nicht sein", dass eine Prüfungsaufgabe alleine damit gelöst ist, A und C wegen Exzesses des B nicht gem. §§ 212, 211 zu bestrafen und dann § 224 zu bejahen.

Ob der für eine Zurechnung gemäß § 227 erforderlichen spezifischen Unrechtszusammenhang vorliegt, ist streitig. Dies hängt von dem Streit ab, ob die schwere Folge bei § 227 alleine aus dem Taterfolg der Körperverletzung resultieren darf (sog. Letalitätstheorie[148]) oder ob auch an die spezifische Gefährlichkeit der Tathandlung angeknüpft werden kann (sog. Handlungstheorie[149]). Die Tötungshandlung des B selbst ist im Beispiel eine Exzesshandlung, weshalb sie A und C – auch im Rahmen des § 227 – nicht zugerechnet werden kann. Deshalb führt die Letalitätstheorie zur Ablehnung des § 227.[150] Da aber die enthemmte Eskalationsatmosphäre (spezifische Gefährlichkeit der Tathandlung) den Tötungsvorsatz des Exzesstäters befördert, können nach der Handlungstheorie A und C auch gem. § 227 bestraft werden.[151] 156 Handlungstheorie kontra Letalitätstheorie

147 *Heinrich, AT, Rn 254; Wessels/Beulke/Satzger, AT, Rn 287*
148 *Krey/Hellmann/Heinrich, BT 1, Rn 298; Roxin, AT I, § 10 Rn 115*
149 *BGHSt 31, 96, 99; Eisele, BT I, Rn 372; Rengier, BT 2, § 16 Rn 11*
150 *Vgl. insoweit Heinrich, NStZ 2005, 95, 96 f. und auch Jäger, JA 2013, 312, 314*
151 *BGH, NStZ 2013, 280, 281; 2005, 93, 94*

Parallel: Exzess des Haupttäters

Die parallele Rechtsfolge kann bei der Teilnahme eintreten, wenn der Haupttäter einen „vorhersehbaren Exzess" begeht. Auch dann kommt für den Haupttäter eine Strafbarkeit gem. §§ 212, 211 und für den Teilnehmer eine solche z.B. gem. §§ 223 I, 224, 26 in Tateinheit mit §§ 227, 26 in Betracht.[152]

157 **KLAUSURHINWEIS**

Der **spezifische Gefahrzusammenhang** (oder auch „Unmittelbarkeitszusammenhang") bei den Erfolgsqualifikationen ist stets ein größeres Problem. Näheres hierzu generell erfahren Sie im Skript AT II, speziell zu §§ 226, 227 im Skript BT II.

dd) Selbstgefährdung des Opfers

Relevanz vor allem bei Fahrlässigkeit

158 Der Sinn von Straftatbeständen liegt nicht darin, das Opfer vor sich selbst zu schützen. Vielmehr geht es darum, das Opfer vor einer vorsätzlichen oder fahrlässigen Fremdverletzung seiner Rechtsgüter zu bewahren. Deswegen sind **freiverantwortliche Selbstschädigungen** des Opfers dem Täter grundsätzlich nicht zuzurechnen. Probleme in diesem Zusammenhang treten ebenfalls primär im Bereich der Fahrlässigkeitsdelikte auf, weshalb auch dieses Thema erst dort vertieft behandelt wird.

ee) Pflichtwidrigkeitszusammenhang

Relevanz bei Fahrlässigkeit

159 Der Pflichtwidrigkeitszusammenhang hat ausschließlich Bedeutung im Bereich des fahrlässigen Delikts und wird deshalb erst bei den Fahrlässigkeitsdelikten näher behandelt. Hier sei nur kurz mitgeteilt, dass es sich dabei um Konstellationen handelt, in denen die Pflichtwidrigkeit des Täters in keinem Zusammenhang mit dem Erfolg steht, weil der Erfolg auch bei pflichtgemäßem Verhalten eingetreten wäre.

BEISPIEL: A fährt berauscht mit Tempo 30 durch eine Tempo-30-Zone. Plötzlich läuft ihm ein Kind vor das Auto und A kann den Zusammenstoß nicht mehr verhindern. Wäre er nüchtern gewesen, hätte er ebenfalls nicht mehr bremsen können. Folglich kann A nicht gem. § 229 StGB bestraft werden.

ff) Schutzzweck der Norm

Relevanz vor allem bei Fahrlässigkeit

160 Auch die Fälle der mangelnden Betroffenheit des Schutzzwecks der Norm berühren primär die Fahrlässigkeitsdelikte. Auch auf dieses Problem wird daher erst bei den Fahrlässigkeitsdelikten näher eingegangen. Hierbei geht es um Fallkonstellationen, in denen der Täter eine Sorgfaltspflicht verletzt und dadurch ein Erfolg eintritt, der durch die Sorgfaltsnorm gar nicht verhindert werden sollte.

BEISPIEL: A fährt mit Tempo 50 über eine rote Ampel. 200 m später läuft ihm ein Kind vor das Auto. Zwar hätte A das Kind nicht angefahren, wenn er an der roten Ampel gehalten hätte. Jedoch ist es nicht der Schutzzweck einer roten Ampel, dass die Autofahrer einen bestimmten Ort später erreichen. Es geht alleine darum, diejenigen nicht zu verletzen, die gerade Grün haben.

---

152 *BGH, JuS 2016, 364, 366 = RA 2016, 104, 108*

3. Kein Regressverbot

Nach der überholten Lehre vom Regressverbot wird jeder Kausalzusammenhang durch die Vorsatztat eines anderen unterbrochen.[153] Diese Lehre ist schon deshalb abzulehnen, weil sie mit dem Wesen der Äquivalenztheorie unvereinbar ist.[154] Ein Kausalzusammenhang besteht oder er besteht nicht, er kann aber nicht „unterbrochen" werden. Unterbrochen werden kann allenfalls der Zurechnungszusammenhang. Auch lässt die Lehre vom Regressverbot den Fall der fortwirkenden Kausalität außer Acht.[155] **161**

BEISPIEL (nach RGSt 61, 318, „Architekten-Fall"): Der Architekt A baut ein Haus so, dass im Brandfalle keiner der Dachgeschossbewohner aus dem Haus herauskommen kann. T setzt das Haus vorsätzlich in Brand. Der Dachgeschossbewohner D kommt mangels Fluchtmöglichkeit ums Leben. **162** Architekten-Fall

Kausalität gegeben

Zwar kommt für A nur eine Bestrafung wegen fahrlässiger Tötung, § 222 StGB, in Frage, jedoch soll dieser Fall wegen seiner grundsätzlichen Bedeutung bereits hier behandelt werden. Die von A gesetzte Ursache wirkte an der Tötung des D mit, denn ohne den Konstruktionsfehler des A wäre D in den Flammen nicht ums Leben gekommen.[156]

163 Zurechnungsproblem

Damit ist zur Zurechenbarkeit des Erfolges noch nichts gesagt. Im Bereich der objektiven Zurechnung hat denn auch die Grundidee der Lehre vom Regressverbot nach wie vor ihre Bedeutung: Mit dem Fehlverhalten Dritter ist nur zu rechnen, wenn dafür konkrete Anhaltspunkte gegeben sind.[157] Die Zurechenbarkeit könnte man mit dem Hinweis auf den Sinn von feuerpolizeilichen Vorgaben für den Bau von Wohngebäuden bejahen. Schließlich sind auch Diskothekenbesitzern die Todesfälle zurechenbar, zu denen es im Brandfalle wegen verschlossener und zugestellter Fluchtwege kommt.

164 Umfassende Argumentation

KLAUSURHINWEIS

Für die bisher angesprochenen Fallgruppen herrscht Einigkeit, dass der Täter den Tatbestand nicht verwirklicht hat. Unterschiede herrschen nur in der Begründung. Der Streit um die „richtige" Kausalitäts- und Zurechnungstheorie (als weitere Ansichten gibt es noch die Adäquanz- und die Relevanztheorie) ist es in der Klausur deshalb nicht wert, geführt zu werden.[158]Doch auch die Lehre von der objektiven Zurechnung ist noch im Fluss. Viele Fallgruppen werden mal dem Kriterium der Gefahrverwirklichung, mal dem der Gefahrschaffung zugeordnet. Vor diesem Hintergrund sollte in einer Fallbearbeitung möglichst umfassend argumentiert werden. Z.B im Blitzschlag-Fall sollte deshalb die objektive Zurechnung abgelehnt werden, weil (1.) der Blitzschlag ein vom menschlichen Verhalten nicht beherrschbarer Geschehensablauf ist, (2.) die Überredung zu einem Spaziergang keine rechtlich relevante Gefahr schafft, (3.) sich im Blitzschlag nicht die Gefahr eines Überredens zu einem Spaziergang verwirklicht und (4.) das Opfer sich mit der Entscheidung, bei schlechtem Wetter spazieren zu gehen, selbst gefährdet hat.[159]

---

153 *Nachweise bei Roxin, AT I, § 11, Rn 28 Fn 67*
154 *Jescheck/Weigend, AT, § 28 II 3 Fn 15; ablehnend auch RGSt 64, 316, 318; 63, 382, 387; 61, 318, 320; BGH, GA 1960, 111, 112*
155 *Roxin, AT I, § 11 Rn 28; Kretschmer, JURA 2000, 267, 273*
156 *RGSt 61, 318, 320*
157 *Geppert, JURA 2001, 490, 491*
158 *Vgl. Joecks/Jäger, StGB, Vor § 13 Rn 23, 27*
159 *Kühl, AT, § 4 Rn 97; Kretschmer, JURA 2000, 267, 273*

4. Die Rechtsprechung des BGH

BGH: subjektive Zurechnung

165 Im Bereich der Vorsatzdelikte neigt der BGH dazu, die Frage, ob der Erfolg dem Täter zuzurechnen ist, im subjektiven Tatbestand als Problem des Irrtums über den Kausalverlauf zu behandeln.[160] Diese **subjektive Zurechnungslehre** führt zu keinen anderen Ergebnissen als die Lehre von der objektiven Zurechnung.[161] Von der Verortung des Zurechnungsproblems im Deliktsaufbau kann und darf das Zurechnungsergebnis auch nicht abhängen. Im Übrigen neigt der BGH vor allem bei den Fahrlässigkeitsdelikten zu einer Verlagerung von Zurechnungsproblemen in den Bereich der Kausalität, also in den objektiven Tatbestand.[162]

Ausgangspunkt im Gutachten

166 **KLAUSURHINWEIS**

Gehen Sie im Deliktsaufbau ohne Problematisierung von der Kausalität i.S.d. **Äquivalenztheorie** und von der **Lehre von der objektiven Zurechnung** aus. Trennen Sie beide Punkte sauber und vermeiden Sie unbedingt Vermengungen, wie sie der BGH zum Teil vornimmt. Gelangen Sie beim Vorsatzdelikt zu einer Ablehnung der objektiven Zurechenbarkeit, können Sie wie folgt formulieren: „Wollte man in der hier behandelten Fragestellung ein Problem des subjektiven Tatbestandes, des Irrtums über den Kausalverlauf (sog. **subjektive Zurechnung**) erblicken, ergäbe sich nichts anderes."

---

160 *Beim Vorsatzdelikt nimmt der BGH einen Zurechnungsausschluss im objektiven Tatbestand bisher allein unter dem Gesichtspunkt der eigenverantwortlichen Selbstgefährdung an, vgl. BGHSt 32, 262, 264 f.; BGH, NJW 2001, 1802, 1803; 2000, 2286, 2287.*

161 *S/S-Eisele, StGB, Vorbem §§ 13 ff. Rn 85; Gropp, AT, § 5 Rn 42*

162 *S/S-Eisele, StGB, Vorbem §§ 13 ff. Rn 86*

DER SUBJEKTIVE TATBESTAND

A. Einleitung

Sowohl beim Totschlag, § 212 StGB, als auch bei der fahrlässigen Tötung, § 222 StGB, ist in objektiv zurechenbarer Weise ein Mensch getötet worden. Dies wird im objektiven Tatbestand festgestellt. Der entscheidende Unterschied zwischen beiden Straftatbeständen ist der beim Totschlag zusätzlich vorliegende Tötungsvorsatz des Täters. Dieser Unterschied wirkt sich bereits im Unrechtstatbestand aus und nicht erst in der Schuld. Anderenfalls könnte man beispielsweise auf Tatbestandsebene auch eine vorsätzliche Sachbeschädigung, § 303 StGB, nicht von einer straflosen fahrlässigen Sachbeschädigung unterscheiden. **167** Vorsatz ist Tatbestandsmerkmal

MERKSATZ

Der **Vorsatz** des Täters ist ein subjektives Tatbestandsmerkmal.[163]

Das Gesetz sieht in der vorsätzlichen Tatbegehung den Regelfall. Fahrlässiges Handeln ist nur strafbar, wenn das Gesetz dies ausdrücklich anordnet, § 15 StGB. **168** § 15 StGB

Eher rein dogmatischer Natur ist der Streit, ob zwischen Vorsatz und Fahrlässigkeit ein normatives Stufenverhältnis besteht[164], ob ein Plus-Minus-Verhältnis vorliegt (Vorsatzdelikt ein Spezialfall des fahrlässigen Delikts)[165] oder ob ein Aliud-Verhältnis besteht[166]. Bleibt im Prozess offen, ob der Täter vorsätzlich gehandelt hat, ist jedenfalls (in dubio pro reo) wegen fahrlässiger Tat zu verurteilen.[167] **169** In dubio pro reo nur Fahrlässigkeit

B. Grundfall: „Onkel ade"

SACHVERHALT

170 A will seinen reichen Onkel O umbringen, um so bereits in jungen Jahren in den Genuss des ihm zugedachten Erbteils zu gelangen. Nach monatelangem Grübeln hat er die Idee, seine Erfahrungen als Automechaniker sinnvoll zu nutzen. Im Privatjet des O will er den Motor und die Benzinleitungen so manipulieren, dass das Flugzeug nach wenigen Minuten in der Luft abstürzen muss. Er hofft, dass das Ganze dann wie ein Unfall aussehen wird.

A weiß, dass O niemals allein, sondern nur mit seinem erfahrenen Freund und Piloten P fliegt. Er findet P eigentlich sehr sympathisch und daher tut es ihm leid, auf diese Weise auch ihn töten zu müssen, doch eine andere Lösung fällt dem A nicht ein. Die Tatsache, dass manchmal auch seine Tante T mit im Flugzeug sitzt, kommt dem A ebenfalls zu Bewusstsein. Doch falls es auch sie erwischen sollte, so wäre es ihm egal, da er T ohnehin nicht mag.

A führt seinen Plan am darauffolgenden Wochenende aus. Der Jet des O stürzt während eines Rundflugs ab mit der Folge, dass das Flugzeug am Boden zerschellt und ausbrennt. O, P und auch T kommen dabei ums Leben.

Strafbarkeit von A? Die Mordmerkmale der 2. Gruppe sind nicht zu prüfen.

---

163 *Rengier, AT, § 14 Rn 1; Roxin, AT I, § 10 Rn 62-69*

164 *S/S-Sternberg-Lieben/Schuster, StGB, § 15 Rn 4*

165 *Lackner/Kühl, StGB, § 15 Rn 56; Puppe, AT I, § 15 Rn 4; Mitsch, JuS 2001, 105, 107*

166 *Der Sorgfaltspflichtverstoß sei ein eigenständiger Vorwurf, so z.B. MK-Duttke, StGB, § 15 Rn 105*

167 *BGHSt 32, 48, 57; S/S-Sternberg-Lieben/Schuster, StGB, § 15 Rn 4*

LÖSUNG

A. §§ 212 I, 211 II 1. Gruppe StGB

KLAUSURHINWEIS
Völlig uneinheitlich wird die Zitierung des Mordtatbestands gehandhabt. Dahinter steckt der Streit, ob der Mord ein eigenständiges Delikt, oder bloß eine Qualifikation des Totschlags darstellt. In der Lehre wird überwiegend die Zitierung „§§ 212 I, 211" gewählt.[168] Teilweise wird auch „§§ 211, 212 I" zitiert.[169] Andere wollen den Totschlag separat vor dem Mord prüfen,[170] wieder andere prüfen den Mord separat (Zitierung nur § 211) vor dem Totschlag.[171] Das Prüfungsergebnis hängt hiervon nicht ab. Dennoch sollte auf eines geachtet werden: Wer den Mord mit §§ 212 I, 211 zitiert, der sollte im weiteren Verlauf seiner Klausur nicht die Auffassung vertreten, dass der Mord ein eigenständiges Delikt sei, weil sich dann das Gutachten selbst widerspricht.

A könnte sich gem. §§ 212 I, 211 II 1. Gruppe StGB wegen tateinheitlich begangenen dreifachen Mordes strafbar gemacht haben, indem er den Privatjet zum Absturz brachte.

KLAUSURHINWEIS
In einem Fall wie dem vorliegenden macht es wenig Sinn, bezüglich jedes Opfers separat einen Mord zu prüfen. Die Prüfungen würden zu ständigen Wiederholungen führen.

I. TATBESTAND

1. Objektiver Tatbestand

O, P und T sind durch die von A vorgenommene Manipulation an den Benzinleitungen in kausaler und zurechenbarer Weise getötet worden.

KLAUSURHINWEIS
Im „Kleinen Schein" (Anfängerübung) wird in der Regel noch verlangt, dass alle Merkmale des objektiven Tatbestands kurz angesprochen werden. Spätestens ab dem „Großen Schein" (Fortgeschrittenenübung) und zwingend in der Examensklausur ist dies jedoch strikt zu unterlassen, wenn der objektive Tatbestand des Totschlags so eindeutig vorliegt wie hier. Formulierungen wie „fraglich ist" sind vorliegend auf jeden Fall zu unterlassen, weil hier im objektiven Tatbestand gar nichts fraglich ist.

Der objektive Tatbestand des § 212 I StGB ist demnach erfüllt.

2. Subjektiver Tatbestand

a) Vorsatz zum Grunddelikt, § 212 I StGB

Im subjektiven Tatbestand müsste A vorsätzlich gehandelt haben. Vorsatz ist der Wille

168 *Ambos, JURA 2004, 492, 493; Kudlich, JuS 1999, L85, L87; Norouzi, JuS 2005, 914, 915*
169 *Hellmann, JuS 1990, L61, L64; Meurer/Dietmeier, JuS 2001, L36, L38*
170 *Kühl/Hinderer, JuS 2010, 697, 698; Otto, JURA 1994, 96, 98*
171 *Käßner/Seibert, JuS 2006, 810, 811*

zur Tatbestandsverwirklichung in Kenntnis aller seiner objektiven Tatumstände.[172]
Das primäre Ziel des A war es, durch den Flugzeugabsturz seinen Onkel O umzubringen, um an die Erbschaft zu gelangen. Diesbezüglich handelte er absichtlich, also mit dolus directus 1. Grades.
Weiterhin wusste A, dass O niemals allein, sondern immer in Begleitung von P flog. Obwohl er P sehr mochte und dessen Tod eigentlich gar nicht wollte, hat A seinen Tatplan durchgezogen. Er hat die sichere, aber an sich unerwünschte Nebenfolge in Kauf genommen, da ihm keine andere Möglichkeit einfiel, den O „unauffällig" umbringen zu können. Hinsichtlich des Todes des P handelte A daher mit dolus directus 2. Grades.
Die Tatsache, dass auch T mit im Flugzeug saß, hatte A ebenfalls vage eingeplant. Er hatte die Möglichkeit erkannt, durch den Absturz eventuell auch T umzubringen, allerdings hat er trotzdem weitergehandelt. Ihr Tod war ihm eigentlich völlig egal, und er hat sich deshalb mit ihm abgefunden. Bezüglich T handelte A also mit dolus eventualis.
Der erforderliche Tötungsvorsatz ist somit für alle drei Opfer gegeben.

b) Mordmerkmal Habgier, § 211 II 1. Gruppe StGB
Weiterhin könnte A auch habgierig gehandelt haben. Nach h.M. handelt es sich bei den Mordmerkmalen der 1. und 3. Gruppe um besondere subjektive Merkmale.
Unter Habgier versteht man das abstoßende Streben nach materiellem Gewinn um jeden Preis, auch um den Preis eines Menschenlebens.[173] A hat O getötet, um an dessen Erbschaft zu gelangen. Die Nettigkeit des O, seinen Neffen im Testament zu bedenken, wird letztendlich noch bestraft. Darüber hinaus war A so versessen auf das Geld, dass er sogar vor der Tötung von zwei weiteren Menschen nicht zurückgeschreckt ist.
Die Habgier ist deshalb zu bejahen.

II. RECHTSWIDRIGKEIT
A handelte rechtswidrig.

III. SCHULD
A handelte auch schuldhaft.
A hat sich wegen Mordes gem. §§ 212 I, 211 II 1. Gruppe StGB strafbar gemacht.

B. § 303 I StGB
A könnte sich auch gem. § 303 I StGB wegen Sachbeschädigung strafbar gemacht haben, indem er den Privatjet zum Absturz brachte.

I. TATBESTAND

1. Objektiver Tatbestand
Als Tatobjekt müsste eine fremde Sache betroffen sein.
Eine Sache ist gem. § 90 BGB jeder körperliche Gegenstand. Eine Sache ist fremd, wenn der Täter nicht Alleineigentümer ist und die Sache nicht herrenlos ist. Bei dem

172 *Ausführlicher Fortsetzungsaufsatz zum Vorsatz: Sternberg-Lieben, JuS 2012, 884 ff.*
173 *Joecks/Jäger, StGB, § 211 Rn 17*

Flugzeug handelt es sich um einen körperlichen Gegenstand, der im Eigentum des O steht. Damit liegt eine fremde Sache vor.
Diese müsste A beschädigt oder zerstört haben.
Unter einer Beschädigung einer Sache versteht man das teilweise Aufheben der bestimmungsgemäßen Brauchbarkeit. Eine Zerstörung liegt vor, wenn die Sache so wesentlich beschädigt ist, dass sie für ihren bestimmungsgemäßen Gebrauch völlig untauglich ist.[174] Nachdem A den Motor und die Benzinleitung manipuliert hat, ist das Flugzeug abgestürzt, und die Wrackteile sind ausgebrannt. Folglich ist eine Zerstörung gegeben.
Die Handlung des A war äquivalent kausal für den Deliktserfolg. Auch hinsichtlich der objektiven Zurechenbarkeit bestehen keine Zweifel.

2. Subjektiver Tatbestand

A müsste vorsätzlich gehandelt haben.
A wollte in erster Linie den O töten. Um dieses Ziel zu erreichen, fiel ihm nichts anderes ein, als ihn bei einem Flugzeugabsturz umkommen zu lassen. Die Tatsache, dass natürlich gleichzeitig auch der Jet zerstört würde, mag dem A zwar leidtun, allerdings steckte doch genau diese Absicht hinter seiner Manipulation an Motor und Benzinleitungen. Er handelte daher mit dolus directus 1. Grades.
Der subjektive Tatbestand ist ebenfalls erfüllt.

II. RECHTSWIDRIGKEIT

A handelte rechtswidrig.

III. SCHULD

A handelte auch schuldhaft.
A hat sich gem. § 303 I StGB strafbar gemacht.

C. Gesamtergebnis

A hat sich gem. §§ 212 I 211 II 1. Gruppe StGB und § 303 I StGB strafbar gemacht. Die Delikte wurden durch eine Handlung verwirklicht, sie schützen jedoch unterschiedliche Rechtsgüter, sodass Idealkonkurrenz gem. § 52 I StGB vorliegt.

FALLENDE

C. Systematik und Vertiefung

I. DIE ELEMENTE DES VORSATZES

1. Die Wissenskomponente

§ 16 I 1 StGB

171 § 16 I 1 StGB lautet: „Wer bei Begehung der Tat einen Umstand nicht kennt, der zum gesetzlichen Tatbestand gehört, handelt nicht vorsätzlich." Daraus folgt im Umkehrschluss, dass vorsätzlich nur derjenige handelt, der die Umstände des Tatbestandes kennt. Der Totschläger muss also z.B. wissen, dass er auf einen Menschen schießt. Anderenfalls kann ihm allenfalls der Vorwurf fahrlässiger Tötung gemacht werden, vgl. § 16 I 2 StGB.

---

174 Joecks/Jäger, StGB, § 303 Rn 7

MERKSATZ 172

Aus § 16 I 1 StGB ergibt sich im Umkehrschluss, dass der Vorsatz zumindest eine **Wissenskomponente** aufweist.[175]

BEISPIEL: A will auf dem Acker des Bauern B in der Morgendämmerung eine Schießübung auf eine Vogelscheuche machen. Die vermeintliche Vogelscheuche ist jedoch B, der tot zusammenbricht. 173

Tatbestands-bzw. Tatumstands-irrtum

A wusste nicht, dass sein Ziel ein Mensch ist. Fehlt dem Täter die Wissenskomponente des Vorsatzes gem. § 16 I 1 StGB spricht man von einem den Vorsatz ausschließenden Tatbestands- oder Tatumstandsirrtum.[176] Methodisch ebenso zulässig wäre jedoch die Begründung, dass A den Tatumstand „Tötung eines Menschen" i.S.d. § 212 I StGB nicht kennt, und er folglich gem. § 16 I 1 StGB ohne Vorsatz handelt.[177]

KLAUSURHINWEIS 174

Unabhängig vom gewählten Begründungsweg ist die Anknüpfung der Lösung an die gesetzliche Regelung in § 16 I 1 StGB entscheidend.

2. Die Wollenskomponente

Vorsatz ist Wissen und Wollen

Nach überwiegender Auffassung hat der Vorsatz darüber hinaus aber noch eine weitere Komponente, die Wollenskomponente. Diese wird von der h.M. aus der 175
Gegenüberstellung von Vorsatz und Fahrlässigkeit in § 15 StGB abgeleitet.[178] Schon ein vorjuristisches Verständnis ergibt, dass sich der Fahrlässigkeitstäter gegen den Vorsatzvorwurf mit den Worten verteidigen wird: „Das habe ich nicht gewollt." Je nach Art des Vorsatzes sind die beiden Komponenten des Vorsatzes unterschiedlich stark ausgeprägt.

MERKSATZ 176

Das **Wissenselement** ist gegenüber dem **Wollenselement** logisch vorrangig. Nur was man weiß, kann man auch wollen.[179]

In seiner knappsten Definition ist Vorsatz das Wissen und Wollen der Tatbestandsverwirklichung.[180] Präziser und für die Klausur zu empfehlen ist die folgende Definition:

DEFINITION 177

Vorsatz ist der Wille zur Tatbestandsverwirklichung in Kenntnis aller seiner objektiven Tatumstände.[181]

Beschränkung auf Tathandlung und Taterfolg

Im Bereich der Wollenskomponente des Vorsatzes ist zu beachten, dass sie sich nur 178
auf die Tathandlung des Täters und auf den Taterfolg bei Erfolgsdelikten beziehen

175 *Joecks/Jäger, StGB, § 15 Rn 6; S/S/Sternberg-Lieben/Schuster, StGB, § 15 Rn 7*
176 *Ausführlich zum Tatumstandsirrtum im Kapitel „Irrtumslehre", ab Rn 715*
177 *Kudlich, PdW AT, Fall 60*
178 *S/S-Sternberg-Lieben/Schuster, StGB, § 15 Rn 7; Jescheck/Weigend, AT, § 29 II 2*
179 *Satzger, JURA 2008, 112, 113*
180 *RGSt 70, 257, 258; 51, 305, 31; Rönnau, JuS 2010, 675, 676*
181 *BGHSt 19, 295, 298, Joecks, StGB, § 15 Rn 7; Wessels/Beulke/Satzger, AT, Rn 316*

kann. Dies hat seinen Grund darin, dass es schon begrifflich nicht möglich ist, bereits vorhandene Umstände zu „wollen". So macht es z.B. bei einem räuberischen Diebstahl, § 252 StGB, wenig Sinn, nach dem Willen des Täters, „auf frischer Tat betroffen" zu sein zu fragen. Der Täter kann nicht den „Willen" haben, auf frischer Tat betroffen zu sein. Sinnvoll kann hier nur darauf abgestellt werden, ob er wusste, dass er auf frischer Tat betroffen ist. Gleiches gilt z.B. beim sexuellen Missbrauch „an einer Person unter vierzehn Jahren", § 176 StGB. Das Alter des Opfers kann der Täter nicht „wollen", weil das Opfer so alt ist, wie es ist. Zur Bejahung des Vorsatzes genügt, wenn der Täter weiß, dass das Opfer unter vierzehn Jahren alt ist.[182]

179 **MERKSATZ**
Das **Wollenselement** hat nur Bedeutung hinsichtlich der Tathandlung und hinsichtlich des Taterfolgs (bei Erfolgsdelikten).

II. VORSATZ UND RECHTSWIDRIGKEIT

§ 17 StGB

180 Aus § 17 StGB ist zu folgern, dass der Vorsatz nicht das Bewusstsein der Rechtswidrigkeit der Tat voraussetzt. Denn beim vermeidbaren Verbotsirrtum ist nach § 17 S. 2 StGB aus dem Vorsatzdelikt zu bestrafen, wenn auch mit der Möglichkeit der Strafmilderung.[183]

181 Vorsicht ist jedoch geboten, wenn im gesetzlichen Tatbestand das Merkmal „rechtswidrig", „widerrechtlich" oder „unbefugt" auftaucht. Es gibt Tatbestände, die überhaupt erst durch diese Merkmale ihren Unrechtsgehalt begründen. In solchen Fällen handelt es sich um echte Tatbestandsmerkmale, auf die sich auch der Vorsatz des Täters beziehen muss.

182 **BEISPIEL:** § 132 StGB (Amtsanmaßung) bestraft denjenigen, der sich unbefugt mit der Ausübung eines öffentlichen Amtes befasst.

Die Ausübung eines öffentlichen Amtes an sich kann natürlich nicht strafbar sein, weshalb es sich insoweit bei dem Merkmal „unbefugt" um ein echtes Tatbestandsmerkmal handelt.[184]

Allgemeines Verbrechensmerkmal

183 Im Unterschied hierzu gibt es auch Tatbestände, die die Sozialwidrigkeit des Verhaltens auch ohne das Merkmal „rechtswidrig" hinreichend beschreiben. In diesen Fällen handelt es sich bei dem Merkmal „rechtswidrig" um ein überflüssiges „allgemeines Verbrechensmerkmal", das kein Tatbestandsmerkmal darstellt und auf das sich folglich auch der Vorsatz nicht beziehen muss.

BEISPIEL: Wegen Sachbeschädigung, § 303 StGB, macht sich strafbar, wer rechtswidrig eine fremde Sache zerstört.

Schon die Zerstörung einer fremden Sache an sich bezeichnet die Sozialwidrigkeit des Verhaltens hinreichend. Das Merkmal der Rechtswidrigkeit ist also bloß allgemeines Verbrechensmerkmal.

---

182 *Heinrich, AT, Rn 265; Kühl, AT, § 5 Rn 6; Rönnau, JuS 2010, 675, 676; Satzger, JURA 2008, 112, 113*
183 *S/S-Sternberg-Lieben/Schuster, StGB, § 15 Rn 7; Jescheck/Weigend, AT, § 29 II 2*
184 *S/S-Sternberg-Lieben/Schuster, StGB, § 132 Rn 11, 14*

III. VORSATZ UND SCHULD

Die Regelungen der §§ 20, 21 StGB belegen, dass eine seelische Störung nicht den Vorsatz des Täters, sondern allenfalls seine Schuld ausschließen kann. Überlegtes oder gar zielgerichtetes Handeln und erheblich verminderte Steuerungsfähigkeit schließen sich grundsätzlich nicht aus.[185] 184 §§ 20, 21 StGB

IV. DER VORSATZ BEZÜGLICH DESKRIPTIVER UND NORMATIVER MERKMALE

Im Bereich des Wissenselements des Vorsatzes wird neben der Kenntnis der Tatumstände auch vorausgesetzt, dass der Täter eine gewisse Bedeutungskenntnis hat. Hinsichtlich der Anforderungen im Einzelnen wird gemeinhin zwischen **deskriptiven** und **normativen Tatbestandsmerkmalen** differenziert. 185 Tatumstands- und Bedeutungskenntnis

Wegen Sachbeschädigung, § 303 StGB, wird bestraft, wer eine fremde Sache beschädigt oder zerstört. Das Merkmal der Sache ist ein sog. deskriptives Merkmal, denn dieser Begriff aus der Umgangssprache beinhaltet keine spezifisch juristische Wertung. 186 Deskriptive Tatbestandsmerkmale

DEFINITION

Deskriptive Tatbestandsmerkmale sind der sinnlichen Wahrnehmung zugänglich und verdeutlichen durch bloße Beschreibung, was konkret unter Strafe gestellt ist. Sie enthalten keine spezifisch juristische Bewertung.[186]

Demgegenüber ist das Merkmal „fremd" ein normatives Merkmal. Normative Merkmale bedürfen einer juristischen Wertung. M.a.W.: Eine Sache als in fremdem Eigentum stehend zu erkennen ist kein Akt sinnlicher Wahrnehmung, sondern auch und gerade ein Akt geistigen Verstehens. 187 Normative Tatbestandsmerkmale

DEFINITION

Normative Tatbestandsmerkmale sind wertausfüllungsbedürftig, weil die Entscheidung über ihr Vorliegen von einer rechtlichen (oder außerrechtlichen) Bewertung abhängt.[187]

Genau hier liegt aber das Problem. Der Vorsatz in Bezug auf einen Akt geistigen Verstehens darf nicht dazu führen, dass sich nur noch rechtskundige Bürger strafbar machen können. Deshalb lässt die h.M. insoweit eine **„Parallelwertung in der Laiensphäre"** zur Bejahung des Vorsatzes genügen. Damit ist gemeint, dass es ausreicht, wenn der Täter die Wertung des Gesetzgebers in seiner eigenen Verstandesebene nachvollzieht.[188] Dies setzt voraus, dass der Täter die maßgeblichen tatsächlichen Umstände kennt. Daher fehlt es z.B. am Vorsatz hinsichtlich des Merkmals „fremd", wenn der Täter die eigene Sache mit einer fremden verwechselt.[189] In einem zweiten Schritt muss sich der Täter dann durch einen Akt geistigen Verstehens den das 188 „Parallelwertung in der Laiensphäre"

185 *BGH, NStZ-RR 2003, 8, 9; S/S/Perron/Weißer, StGB, § 20 Rn 28*

186 *S/S-Sternberg-Lieben/Schuster, StGB, § 15 Rn 18; Heinrich, AT, Rn 125*

187 *S/S-Sternberg-Lieben/Schuster, StGB, § 15 Rn 19; Satzger, JURA 2008, 112, 114*

188 *S/S-Sternberg-Lieben/Schuster, StGB, § 15 Rn 43a; Jescheck/Weigend, AT, § 29 II 3 a); Rönnau, JuS 2010, 675, 676; ablehnend Puppe, AT I, § 15 Rn 11 ff.*

189 *S/S-Sternberg-Lieben/Schuster, StGB, § 15 Rn 41*

Unrecht der Tat ausmachenden Charakter des Merkmals verdeutlicht haben. Man kann dies die **Bedeutungskenntnis** von den Tatbestandsmerkmalen nennen.[190]

189 **KLAUSURHINWEIS**
Die Grenzziehung zwischen normativen und deskriptiven Merkmalen ist alles andere als eindeutig, weil nahezu jedes deskriptive Merkmal zumindest in Grenzbereichen auch eine juristische Wertung enthält. So wird z.B. erst über die juristische Wertung des § 90a BGB ein Tier zur Sache.[191] Rein deskriptiv sind nur Zahlen und naturwissenschaftliche Formeln.[192]

„Bierdeckel-Fall"

190 **BEISPIEL** („Bierdeckel-Fall"): A sitzt in der Kneipe und trinkt. Für jedes weitere Bier macht ihm der Wirt W einen weiteren Strich auf den Bierdeckel. Kurz vor dem Bezahlen radiert A ein paar Striche weg, um weniger Zeche zahlen zu müssen. A lässt sich vor Gericht dahin ein, dass er nie gedacht habe, dass das „Gekrakel auf dem Deckel" eine Urkunde sei. Strafbarkeit wegen Urkundenfälschung, § 267 StGB?

Subsumtionsirrtum

191 Objektiv hat A eine echte Urkunde verfälscht, § 267 I 2. Var. StGB.[193] Diesbezüglich müsste er auch vorsätzlich gehandelt haben. Dazu müsste er gewusst haben, dass es sich bei den Strichen auf dem Bierdeckel um eine Urkunde handelt. Eine Urkunde ist eine verkörperte Gedankenerklärung, die zum Beweis im Rechtsverkehr bestimmt und geeignet ist und ihren Aussteller erkennen lässt.[194] Mit **„Parallelwertung in der Laiensphäre"** ist nun gemeint, dass A nicht die Definition von „Urkunde" kennen muss, um vorsätzlich zu handeln. Es genügt, dass er erkannt hat, dass der Wirt anhand des Bierdeckels abrechnen wird und er durch das Ausradieren einiger Striche so tun will, als hätte er weniger getrunken als er tatsächlich getrunken hat. Dass A nicht dachte, dass das „Gekrakel" eine Urkunde sei, stellt vor diesem Hintergrund einen bloßen **Subsumtionsirrtum** dar.[195] Das bedeutet, dass sich der Täter, trotz zutreffender Bedeutungskenntnis (Hier: Die Striche auf dem Bierdeckel dienen dem Nachweis der Höhe der Zeche.) nicht unter einen einschlägigen Tatbestand subsumiert (Hier: Das „Gekrakel" sei keine Urkunde.). In Frage kommt in diesen Fällen wegen der fehlerhaften rechtlichen Wertung ein (hier vermeidbarer) Verbotsirrtum nach § 17 StGB.[196]

192 Man darf die Lehre von der „Parallelwertung in der Laiensphäre" also nicht in dem Sinne (miss)verstehen, dass der Täter die Wertungen des Gesetzgebers tatsächlich nachvollzieht. Notwendig, aber auch ausreichend, ist in der Regel, dass der Täter die Tatsachen kennt, die die tatbestandsmäßige Wertung begründen.

Ausnahmsweise Vorsatzausschluss

193 Jedoch können im Einzelfall auch Rechtsirrtümer zum Ausschluss des Vorsatzes führen.[197] Dies ist ausnahmsweise der Fall, wenn der soziale Sinngehalt der Tat ohne

---

190 S/S-Sternberg-Lieben/Schuster, StGB, § 15 Rn 43; El-Ghazi, JA 2020, 182, 187
191 S/S-Sternberg-Lieben/Schuster, StGB, § 15 Rn 20, 39; Heinrich, AT, Rn 127
192 Satzger, JURA 2008, 112, 114
193 Vgl. schon RG, DStZ 1916, 77; Joecks/Jäger, StGB, § 267, Rn 54
194 S/S-Heine/Schuster, StGB, § 267 Rn 2
195 Roxin, AT I, § 12 Rn 102; El-Ghazi, JA 2020, 182, 187; Satzger, JURA 2008, 112, 114
196 Näher hierzu S/S- S/S-Sternberg-Lieben/Schuster, StGB, § 15 Rn 43 f.
197 Lehrreicher Fall bei Kudlich, JuS 2003, 243 ff.; vgl. auch BGH, 1 StR 331/17, RA-Telegramm 2018, 42, zur Stellung als „Arbeitgeber" i.S.v. § 266a StGB.

die zutreffende rechtliche Einordnung nicht verstanden werden kann. Wenn z.B. der Täter eines Diebstahls in Unkenntnis des zivilrechtlichen Abstraktionsprinzips[198] davon ausgeht, das Tatobjekt gehöre ihm bereits infolge der Kaufpreiszahlung, so handelt er ohne Vorsatz. Denn er hat auch in laienhafter Weise nicht verstanden, dass die Sache einem anderen gehört.[199] Gleiches gilt, wenn der Alteigentümer dem gutgläubigen Erwerber die erworbene Sache wegnimmt, weil er die Regelungen zum gutgläubigen Eigentumserwerb, §§ 932 ff. BGB, nicht kennt und sich folglich immer noch für den Eigentümer hält.[200]

V. DIE ARTEN DES VORSATZES

Es werden drei unterschiedliche Arten des Vorsatzes unterschieden. Diese Unter- **194**
scheidung ist wichtig, weil das StGB bei einigen Delikten eine bestimmte Vorsatzart verlangt.

1. Wissentlichkeit (Direkter Vorsatz/dolus directus 2. Grades)

Z.B. in § 164 I StGB und in § 187 StGB wird verlangt, dass der Täter „wider besseres **195**
Wissen" handelt. Zur Verwirklichung von z.B. § 226 II StGB und § 344 StGB muss der Täter „wissentlich" handeln. Beide Anforderungen an den Vorsatz des Täters sind inhaltlich identisch. Der Täter muss zumindest den sog. dolus directus 2. Grades, den direkten Vorsatz aufweisen. Dieser ist wie folgt definiert:

DEFINITION **196** direkter Vorsatz

Der Täter handelt mit **direktem Vorsatz**, wenn er sicher weiß, dass der tatbestandliche Erfolg eintreten wird und er sich mit diesem Erfolg derart abfindet, dass er ihn zumindest billigend in Kauf nimmt. Dabei kann ihm der Erfolgseintritt sogar unerwünscht sein.[201]

Der Schwerpunkt beim direkten Vorsatz liegt mithin auf der Ebene des Wissens. Schwerpunkt: Wissen

MERKSATZ **197**

Verlangt das Gesetz in Abweichung von § 15 StGB, dass der Täter mit direktem Vorsatz gehandelt hat, so ist dadurch der **dolus directus 1. Grades**, die sog. **Absicht**, mit erfasst und nur der Eventualvorsatz ausgeschlossen.[202]

2. Absicht (dolus directus 1. Grades)

Im StGB finden sich verschiedene Formulierungen, die eine **Absicht** des Täters, den **198**
sog. **dolus directus 1. Grades** verlangen. Es sind dies „Absicht" (z.B. §§ 242, 263 StGB), „um zu" (§ 252 StGB) oder „zur" (§ 316a StGB).

198 *Im deutschen Zivilrecht wird das schuldrechtliche Verpflichtungsgeschäft (z.B. der Kaufvertrag) strikt vom dinglichen Verfügungsgeschäft (der Eigentumsübertragung an der Kaufsache) getrennt. Wer den Kaufpreis als Käufer bezahlt hat, erwirbt somit nur einen Anspruch auf die Übertragung des Eigentums, aber nicht schon das Eigentum selbst.*

199 *S/S-Sternberg-Lieben/Schuster, StGB, § 15 Rn 43a; Roxin, AT I, § 12 Rn 103*

200 *Satzger, JURA 2008, 112, 114 f.; ebenso El-Ghazi, JA 2020, 182, 188, für vom Nachbargrundstück überhängende Äpfel.*

201 *Rengier, AT, § 14 Rn 9; Geppert, JURA 2002, 55, 56*

202 *Roxin, AT I, § 12 Rn 5*

Absicht

199 **DEFINITION**

Der Täter handelt mit **Absicht**, wenn es ihm gerade auf die Herbeiführung des tatbestandlichen Erfolges ankommt, dessen Eintritt er zumindest für möglich hält.[203]

Schwerpunkt: Wollen

Der Schwerpunkt bei der Absicht liegt auf der Ebene des Wollens.

200 Leider verwendet der Gesetzgeber die o.g. Absichts-Begriffe nicht immer einheitlich. Teilweise ist trotz der Verwendung dieser Begriffe im Gesetz keine Absicht verlangt. Für die Gesetzesauslegung hilfreich ist die folgende Regel:

Auslegungsregel

201 **MERKSATZ**

Eine Absichts-Formulierung im Gesetz ist im Sinne des **dolus directus 1. Grades** zu verstehen, wenn das Handeln des Täters auf eine Begünstigung gerichtet ist. (Beispiel: Die Bereicherungsabsicht in § 263 StGB.)

Eine Absichts-Formulierung im Gesetz ist im Sinne des d**olus directus 2. Grades** zu verstehen, wenn das Handeln des Täters auf eine Schädigung gerichtet ist. (Beispiel: Die „Absicht einem anderen Nachteil zuzufügen" in § 274 I Nr. 1 StGB.)[204]

3. Eventualvorsatz (dolus eventualis/Bedingter Vorsatz)

Begriff „bedingter Vorsatz" vermeiden

202 **KLAUSURHINWEIS**

Der verbreitet gebräuchliche Begriff des „**bedingten Vorsatzes**" ist sprachlich und juristisch unsinnig, weil ein bloß unter gewissen Bedingungen bestehender Vorsatz noch gar kein Vorsatz ist.[205] Es wird deshalb empfohlen, den Begriff des bedingten Vorsatzes zu vermeiden.

Abgrenzungsproblem zur bewussten Fahrlässigkeit

203 Nach h.M. sind bei der schwächsten Form des Vorsatzes, dem Eventualvorsatz, die schwache Wollenskomponente der Wissentlichkeit und die schwache Wissenskomponente der Absicht kombiniert. Dieser Verzicht auf die „starken" Komponenten der direkten Vorsatzformen führt den Eventualvorsatz dicht an die **bewusste Fahrlässigkeit** heran. Dies erklärt, warum über die Anforderungen an den Eventualvorsatz und über seine Abgrenzung zur bewussten Fahrlässigkeit ein heftiger Meinungsstreit herrscht, dem später nachgegangen wird.[206] Trotz dieses Streits soll bereits vorab die Definition des Eventualvorsatzes nach h.M. mitgeteilt werden:

204 **DEFINITION**

Mit **Eventualvorsatz** handelt, wer die Möglichkeit des tatbestandsmäßigen Erfolgseintritts erkennt und ernst nimmt und sich mit dem Erfolg in der Weise abfindet, dass er ihn billigend in Kauf nimmt, mag ihm der Erfolg an sich auch unerwünscht sein.[207]

---

203 *Rengier, AT, § 14 Rn 7; Geppert, JURA 2002, 55, 56*
204 *S/S-Sternberg-Lieben/Schuster, StGB, § 15 Rn 70*
205 *Eingehend Roxin, AT I, § 12 Rn 24; ebenso S/S-Sternberg-Lieben/Schuster, StGB, § 15 Rn 72*
206 *Ab Rn 223*
207 *BGHSt 36, 1, 9; Roxin, AT I, § 12 Rn 27; Wessels/Beulke/Satzger, AT, Rn 339, 343*

KLAUSURHINWEIS 205

Bei den meisten Tatbeständen des StGB genügt gem. § 15 StGB, dass der Täter vorsätzlich handelt. Welche der genannten drei Vorsatzformen vorliegt, ist dabei bedeutungslos. Sofern im konkreten Fall offenkundig Absicht oder direkter Vorsatz vorliegt, sollte dies eindeutig festgestellt werden. Anderenfalls genügt die Feststellung, dass der Täter zumindest mit Eventualvorsatz gehandelt hat.

4. Zusammentreffen verschiedener Vorsatzarten

Wenn der Täter eine Tathandlung vornimmt, die zur Verwirklichung mehrerer Tatbestände führt, kann bezogen auf die unterschiedlichen Tatbestände jeweils eine andere Art des Vorsatzes vorliegen. 206

BEISPIEL: T will seinen Feind F töten, indem er ihn hinter dem Steuer seines Cabrios erschießt. Dass dabei auch das dann führerlose Cabrio zu Schaden kommen wird, hält er für unausweichlich. Dass durch den führerlosen Wagen Passanten verletzt werden, hält T für möglich, hofft aber, dass es dazu nicht kommt.

Hinsichtlich der Tötung des F handelt T mit Absicht, weil es ihm gerade auf dessen Tötung ankommt. Die Sachbeschädigung am Cabrio sieht er als sichere Folge seines Tuns voraus. Insoweit handelt er mit direktem Vorsatz. Die Verletzung von Passanten erkennt er als möglich und findet sich mit dem eigentlich unerwünschten Erfolg ab, um sein Hauptziel zu erreichen. Er handelt also diesbezüglich mit Eventualvorsatz.

MERKSATZ 207 Bezugspunkt des Vorsatzes

Die Frage nach der Art des Vorsatzes ist nicht auf die Handlung des Täters zu beziehen, sondern auf den jeweiligen Straftatbestand.

5. Sonstige subjektive Merkmale

Neben dem Tatbestandsvorsatz erfordern einige Tatbestände zusätzlich das Vorliegen weiterer subjektiver Merkmale. Es handelt sich dabei um zusätzliche subjektive Tatbestandsmerkmale, die keine objektive Entsprechung haben. 208

So verlangt der Diebstahl, § 242 StGB, subjektiv die Zueignungsabsicht, aber objektiv nicht die Zueignung. Der Betrugstatbestand, § 263 StGB, verlangt subjektiv die Bereicherungsabsicht, aber objektiv nicht den Eintritt der Bereicherung. Schließlich seien noch die Mordmerkmale der 1. und 3. Gruppe des § 211 I StGB erwähnt. Diese sind subjektive Tatbestandsmerkmale ohne objektive Entsprechung. So liegt z.B. ein Mord aus Habgier auch dann vor, wenn beim Täter die erstrebte Bereicherung nicht eingetreten ist. 209 Mordmerkmale 1. und 3. Gruppe, besondere Absichten

VI. SONDERFORMEN DES VORSATZES

1. Das Prinzip der Gleichzeitigkeit (Koinzidenzprinzip)

Der Vorsatz des Täters muss nach § 16 I 1 StGB „bei Begehung der Tat" vorliegen. Das bedeutet, dass der Täter den Tatvorsatz zeitgleich mit der Tatbegehung aufweisen muss.[208] 210 Vorsatz bei Begehung der Tat

---

208 BGH, JZ 1983, 864, 864; Heinrich, AT, Rn 289; zum „Berliner Raser-Fall" Bechtel, JuS 2019, 114, 114 f.

Gleichzeitigkeitsprinzip

211 Ähnliche Regelungen gibt es auch für andere Wertungsstufen des Deliktsaufbaus. So muss der Täter nach § 17 S. 1 StGB „bei Begehung der Tat" die Einsicht haben, Unrecht zu tun. Auf Schuldunfähigkeit nach § 20 StGB kann sich der Täter nur berufen, wenn die seelische Störung „bei Begehung der Tat" vorgelegen hat. Dies kann man das **Prinzip der Gleichzeitigkeit**, oder auch **Koinzidenzprinzip**, oder auch **Simultaneitätsprinzip** nennen. An der Gleichzeitigkeit von Tathandlung von Tatvorsatz fehlt es in den folgenden beiden Konstellationen.

a) Der dolus antecedens (Vorzeitiger Vorsatz)

Vorsatz im Vorbereitungsstadium unbeachtlich

212 Der Vorsatz des Täters muss „bei Begehung der Tat" vorliegen. Der „Vorsatz" im bloßen Tatvorbereitungsstadium, sog. **dolus antecedens**, ist folglich nicht strafbar.[209] Vielmehr muss der Täter (mindestens) das Stadium des Versuchs erreicht und in diesem mit dem erforderlichen Vorsatz gehandelt haben.[210]

213 **BEISPIEL:** T will seinen Feind F in einer emotionalen Gefühlsaufwallung erschießen. T macht sich mit dem Auto auf den Weg zur Wohnung des F. Auf der Fahrt verfliegt seine Wut und er gibt den Tötungsvorsatz auf. Über seinen Sinneswandel erstaunt, achtet er nicht auf den Verkehr und überfährt einen Fußgänger. Der getötete Fußgänger ist F.

Zwar hatte T als er losfuhr den „Vorsatz" zur (zukünftigen) Tötung des F. Die Fahrt zum Tatort stellt jedoch eine bloße Vorbereitungshandlung dar. Als T den F getötet hat, lag dieser Tötungsvorsatz jedoch nicht mehr vor. Folglich hat T keinen Vorsatz zur Tötung gehabt, als er „bei Begehung der Tat" war. T hat sich bloß wegen fahrlässiger Tötung strafbar gemacht.

Vorsatz bei Vornahme der Tathandlung

214 Hieraus darf jedoch nicht geschlossen werden, dass der Vorsatz des Täters vom Versuchsbeginn bis zur Vollendung durchgängig, vorliegen muss. Notwendig, aber auch ausreichend, ist, dass der Vorsatz des Täters bei der Vornahme der tatbestandlichen Ausführungshandlung vorliegt. Der Vorsatz muss nicht bis zum Zeitpunkt des Erfolgseintritts fortbestehen. Dies folgt schon aus den Regelungen zum Rücktritt vom Versuch in § 24 I StGB, die allenfalls die Strafbarkeit, nicht aber den Vorsatz ausschließen.[211]

215 **BEISPIEL:** A gibt dem B ein langsam wirkendes Gift, um ihn zu töten. Als sich B unter jämmerlichen Schmerzen am Boden windet, tut dem A seine Tat leid und er wünscht sich, die Dosis Gift möge nicht tödlich sein. B verstirbt aber dennoch.

Als A dem B das Gift verabreicht hat, lag der Tötungsvorsatz vor. Dass er im Zeitpunkt des Erfolgseintritts nicht mehr vorlag, ist bedeutungslos. A hat sich wegen vorsätzlicher Tötung strafbar gemacht.

b) Der dolus subsequens (Nachzeitiger Vorsatz)

216 Rechtlich unbeachtlich ist auch derjenige „Vorsatz" des Täters, der der Tathandlung nachfolgt, weil auch dieser nicht i.S.d. § 16 I StGB „bei Begehung der Tat" vorlag.[212]

---

209 *Heinrich, AT, Rn 290 f.; Roxin, AT I, § 12 Rn 89*
210 *Frister, AT, Rn 11/11*
211 *Roxin, AT I, § 12 Rn 90*
212 *Frister, AT, Rn 11/5; Satzger, JURA 2008, 112, 118*

BEISPIEL 1 (nach BGH, 2 StR 377/18): T schlägt O äußerst brutal zusammen. Nach einem Tritt fiel O „wie eine Bahnschranke" auf den Boden und schlug deutlich hörbar mit dem Hinterkopf auf der Straße auf. Das Tatgericht begründete den Tötungsvorsatz u.a. mit dem wahrnehmbaren Geräusch. 217

Dolus subsequens ist unbeachtlich

Mit dieser Begründung scheidet die Annahme von Tötungsvorsatz aus. Ein vorsätzliches Begehungsdelikt setzt voraus, dass der Täter ab Entstehen des Tatentschlusses noch eine Handlung vornimmt, die den Erfolg herbeiführt.[213]

Ku´damm-Raser-Fall

BEISPIEL 2 (nach BGH, DAR, 2018, 216 = RA 2018, 273, „Ku´damm-Raser-Fall"): Das LG Berlin hat den Tötungsvorsatz der Raser bzgl. der durch den Unfall getöteten Autofahrerin u.a. damit begründet, dass die Raser zu einem bestimmten Zeitpunkt erkannt hätten, dass andere Verkehrsteilnehmer zu Tode kommen könnten. Weiterhin hat das LG jedoch festgestellt, dass genau zu diesem Zeitpunkt die Raser den Erfolg (durch Bremsen) nicht mehr verhindern konnten.

Hatten die Angeklagten indes den Tötungsvorsatz erst zu einem bestimmten Zeitpunkt gefasst, kann ihre Verurteilung wegen eines vorsätzlichen Tötungsdelikts nur dann Bestand haben, wenn sie nach diesem Zeitpunkt noch eine Handlung vornahmen, die für den tödlichen Unfall ursächlich war, oder eine gebotene Handlung unterließen, bei deren Vornahme der Unfall vermieden worden wäre. Dies war jedoch nicht der Fall. Wegen diesen schweren Begründungsfehlers wurde das Urteil des LG Berlin aufgehoben.[214]

Abgrenzung: Irrtum über Kausalverlauf

KLAUSURHINWEIS 218

Diese Fallkonstellation darf nicht mit dem Fall verwechselt werden, in dem der Täter den von ihm gewollten Todeserfolg anders als geplant erreicht. Beispiel: Das gewürgte Opfer erstickt nicht wie geplant, sondern stirbt an einem durch die Todespanik hervorgerufenen Herzinfarkt (**Irrtum über den Kausalverlauf**).[215]

Tateinheit, § 52 StGB

2. Der dolus cumulativus (Kumulativer Vorsatz)

Ein sog. **dolus cumulativus** liegt vor, wenn der Täter zumindest billigend in Kauf nimmt, dass er nebeneinander mehrere Tatbestände verwirklichen wird. In diesem Fall ist der Täter (in Tateinheit, § 52 StGB) wegen sämtlicher vollendeten bzw. versuchten Straftaten zu verurteilen.[216] 219

BEISPIEL: T wirft eine Bombe in eine Versammlung, um möglichst viele Menschen zu töten und zu verletzen. T tötet 12 und verletzt 34 Menschen.

Im Beispiel wird der Täter also wegen tateinheitlich begangenen zwölffachen Mordes und tateinheitlich begangenen 34-fachen Mordversuches jeweils in Tateinheit mit gefährlicher Körperverletzung, §§ 223 I, 224 I Nr. 2 und 5 StGB, bestraft.

---

213 *BGH, 2 StR 377/18, RA-Telegramm 2019, 66 (Im konkreten Fall wurde zur erneuten Sachverhaltsaufklärung an ein anderes Tatgericht zurückverwiesen.)*

214 *Für einen Mord z.B. bei einer Verfolgungsjagd BGH, 4 StR 345/18 = RA 2019, 213, 214*

215 *Zu diesem Problem ausführlich im Kapitel „Irrtumslehre" ab Rn 740*

216 *S/S-Sternberg-Lieben/Schuster, StGB, § 15 Rn 91; Roxin, AT I, § 12 Rn 92*

3. Der dolus alternativus (Alternativer Vorsatz)

220 Streitig ist die Behandlung von Fällen, in denen der Täter gleichzeitig die Verwirklichung mehrerer Delikte in seinen Vorsatz aufnimmt, aus tatsächlichen Gründen jedoch nur eine der in Erwägung gezogenen Taten verwirklicht werden kann.

Streitig, ob Tateinheit

221 Nach h.M. ist beim dolus alternativus aus jedem der alternativen Tatbestände zu bestrafen. Dabei wird der verwirklichte Tatbestand als vollendetes und der nicht erfüllte als versuchtes Delikt zugerechnet.[217] Hieran wird kritisiert, dass sich bei dieser Lösung (alle Vollendungen und Versuche stehen in Tateinheit) der Fall des **dolus alternativus** im Schuldspruch nicht mehr vom Fall des **dolus cumulativus** unterscheiden lasse. Damit werde der Täter beim dolus alternativus, der ja stets nur ein einziges Rechtsgut habe verletzen können, im Vergleich zum Täter beim dolus cumulativus zu hart bestraft.[218] Dieser Aspekt rechtfertigt jedoch keinen anderen Schuldspruch, sondern kann bei der Strafzumessung hinreichend berücksichtigt werden.[219]

Reh-Fall

222 **BEISPIEL** (nach RGSt 39, 427, 433, „Reh-Fall"): Der Täter T eignet sich ein in einem Stall untergebrachtes Reh zu. Dieses war als Kitz gefunden worden und wurde auf dem Bauernhof groß gezogen. T weiß nicht, ob das Reh fremdem Jagdrecht unterliegt, § 292 StGB, oder in fremdem Eigentum steht, § 242 StGB.

Sollte im obigen Beispiel das Reh tatsächlich fremdem Jagdrecht unterliegen, so wäre der T nach h.M. wegen § 292 StGB in Tateinheit, § 52 StGB, mit versuchtem Diebstahl zu bestrafen. Nach der M.M. kommt nur eine Bestrafung wegen Jagdwilderei, § 292 StGB, in Betracht.

VII. ABGRENZUNG VON EVENTUALVORSATZ UND BEWUSSTER FAHRLÄSSIGKEIT

Berliner Ku´damm-Raser-Fall

BEISPIEL (nach LG Berlin, NStZ 2017, 471): Illegales Autorennen auf dem Berliner Kürfürstendamm. Aufgrund der erreichten Geschwindigkeit, des Befahrens des Kreuzungsbereichs bei Rot und der aufgrund baulicher Gegebenheiten nicht bestehenden Möglichkeit der Einsicht in die Kreuzung kollidierte R – absolut unfähig noch zu reagieren – im Scheitelpunkt der Kreuzung mit dem Fahrzeug des W, der regelkonform bei Grün in den Kreuzungsbereich eingefahren war. Unmittelbar danach kollidierte das Fahrzeug des R auch noch mit dem Wagen des N. Als Folge der Zusammenstöße verstarb W noch am Unfallort, der einem „Schlachtfeld" glich. K erlitt schwere Verletzungen.[220]

217 *LK-Hillenkamp, StGB, § 22 Rn 37; Jescheck/Weigend, AT, § 29 III 4; Roxin, AT I, § 12 Rn 94; Stratenwerth/Kuhlen, AT, § 8 Rn 122; zu anderen Lösungsansätzen S/S-Sternberg-Lieben/Schuster StGB, § 15 Rn 91*

218 *S/S-Sternberg-Lieben/Schuster, StGB, § 15 Rn 91*

219 *Rengier, AT, § 14 Rn 52; Böhm/Stürmer, JA 2017, 272, 276 (als Klausur!); Jeßberger/Sander, JuS 2006, 1065, 1066 f.; für eine Differenzierung auf Konkurrenzebene Wessels/Beulke/Satzger, AT, Rn 352 ff.; Satzger, JURA 2008, 112, 119*

220 *Das LG Berlin hat einen Mord mit gemeingefährlichen Mitteln angenommen. Zustimmend Kubiciel/Hoven NStZ 2017, 439 ff.; a.A. Jäger, JA 2017, 786; aufgehoben vom BGH, DAR, 2018, 216 = RA 2018, 273, wegen eines schweren Begründungsfehlers (dolus subsequens!). Dazu oben Rn 217. Mord bejaht bei Verfolgungsjagd von BGH, 4 StR 345/18, RA 2019, 213.*

KLAUSURHINWEIS 223

Die Abgrenzung von Eventualvorsatz und bewusster Fahrlässigkeit gehört zu den klassischen Standardproblemen und muss sicher beherrscht werden.

1. Problemeinleitung

Nach h.M. handelt der Täter bewusst fahrlässig, wenn er die Möglichkeit des Eintritts des tatbestandlichen Erfolges erkennt, aber im pflichtwidrigen Vertrauen auf das Ausbleiben des Erfolges dennoch handelt.[221] In diesem „Fürmöglichhalten" überschneiden sich der Eventualvorsatz und die bewusste Fahrlässigkeit. Gleichzeitig wird für den Eventualvorsatz nach einhelliger Auffassung weder verlangt, dass der Täter den Erfolg erstrebt, noch dass er ihn als sicher vorhersieht.[222] In dieser Annäherung von Eventualvorsatz und bewusster Fahrlässigkeit liegt der Kern des Abgrenzungsproblems. Dessen praktische Bedeutung kann gar nicht hoch genug eingeschätzt werden. Die meisten Straftatbestände sind nur vorsätzlich begehbar, während fahrlässiges Verhalten nach § 15 StGB die Ausnahme bleibt. Gleichzeitig kann dem Täter in der gerichtlichen Praxis nicht „in den Kopf geschaut" werden. Dies wirft die Frage auf, wie der Vorsatz als innere Tatsache bewiesen werden soll. 224 Unstreitig nötig: Wissenselement

Die Meinungsvielfalt zur Frage, wann der Täter schon mit Eventualvorsatz handelt und wann er noch (bewusst) fahrlässig handelt, ist kaum noch zu überblicken.[223] Vor diesem Hintergrund ist es dringend geboten, sich auf die Kernpunkte zu konzentrieren. Festzuhalten ist zunächst, dass wegen des Umkehrschlusses aus § 16 I 1 StGB der Eventualvorsatz ein Wissenselement (das sog. „kognitive Element") aufweist.[224] Streitig ist, ob darüber hinaus auch ein Wollenselement (das sog. „voluntative Element") vorliegen muss. 225 **Streitig:** Wollenselement

KLAUSURHINWEIS 226

Bei der Befassung mit den Meinungen zum Eventualvorsatz ist stets darauf zu achten, dass die Theorien in zwei große „Lager" eingeteilt werden: Die rein kognitiven (oder intellektuellen) Theorien, die ein Wollenselement ablehnen, und die voluntativen Theorien (oder auch „Einwilligungstheorien"), die neben dem Wissens- auch ein Wollenselement verlangen.[225] Anderenfalls droht sowohl beim Lernen als auch bei der Darstellung in der Klausur jede Übersichtlichkeit verloren zu gehen.

2. Die Wissenstheorien (Kognitive Theorien)

Nach einer (in vielen Varianten vertretenen) Mindermeinung erschöpft sich der Eventualvorsatz in der Wissenskomponente. Eine zusätzliche Wollenkomponente sei nicht notwendig. Die Kernaussage dieser **Wissenstheorien** ist: Wer das Wissen um die drohende Tatbestandsverwirklichung habe und dennoch handele, der handele vorsätzlich. 227 M.M.: Wissenskomponente ausreichend

221 *S/S-Sternberg-Lieben/Schuster, StGB, § 15 Rn 203*
222 *Roxin, AT I, § 12 Rn 2*
223 *Bei Hillenkamp/Cornelius, AT, 1. Problem, finden sich z.B. zehn Untermeinungen, die zwei Hauptmeinungen zugeordnet werden. Bei Roxin, AT I, § 12 Rn 21 ff., sind zwölf Meinungen zu zählen.*
224 *S/S-Sternberg-Lieben/Schuster, StGB, § 15 Rn 73*
225 *Kühl, AT, § 5 Rn 46, 51; Brüning, ZJS 2008, 419, 419 f.; Vavra/Holznagel, ZJS 2018, 559, 561; so auch die Darstellung bei Hillenkamp/Cornelius, AT, 1. Problem*

Wahrscheinlichkeitstheorie

228 Nach der sog. **Wahrscheinlichkeitstheorie** handelt derjenige mit Eventualvorsatz, der den Eintritt des tatbestandlichen Erfolges für mehr als nur möglich aber weniger als überwiegend wahrscheinlich hält und dennoch handelt.[226]
Das Kriterium der Wahrscheinlichkeit ist augenscheinlich unpraktikabel und nicht trennscharf, weil zwischen Möglichkeit und Wahrscheinlichkeit keine akzentuierte Grenze besteht.[227] Dieser Meinung kann deshalb nicht gefolgt werden.

Möglichkeitstheorie

229 Nach der sog. **Möglichkeitstheorie** handelt derjenige eventualvorsätzlich, der die Möglichkeit des tatbestandsmäßigen Erfolgseintritts erkannt und ernst genommen hat und dennoch handelt.[228]

KLAUSURHINWEIS
Im Bereich der Wissenstheorien ist die Möglichkeitstheorie die wichtigste Theorie. Sie darf in einem Gutachten nicht fehlen. Auf sie beschränkt sich deshalb auch die weitere Darstellung.

3. Die Willenstheorien (Voluntative Theorien)

Billigungs- bzw. Ernstnahmetheorie

230 Demgegenüber verlangt die h.M. auch beim Eventualvorsatz zusätzlich ein Wollenselement. Nach der – auch und gerade von der Rechtsprechung vertretenen – **Billigungstheorie** (oder auch Ernstnahmetheorie) liegt Eventualvorsatz vor, wenn der Täter die Möglichkeit des tatbestandsmäßigen Erfolgseintritts erkennt und ernst nimmt und sich mit dem Erfolg in der Weise abfindet, dass er ihn billigend in Kauf nimmt, mag ihm der Erfolg an sich auch unerwünscht sein.[229]

Begriff der „Billigung"

231 **KLAUSURHINWEIS**
Der Begriff der „Billigung" ist unpräzise. Er darf nicht im Sinne von „gutheißen" verstanden werden. Treffender sind Begriffe wie „sich abfinden" oder „Hinnehmen". Der BGH spricht deswegen auch von einem „Billigen im Rechtssinne".[230]

Präziser hat der BGH in jüngerer Zeit definiert, dass Eventualvorsatz vorliegt, wenn der Täter den Eintritt des tatbestandlichen Erfolges als möglich und nicht ganz fern liegend erkennt und dass er ihn billigt oder (!) sich um des erstrebten Zieles willen mit der Tatbestandsverwirklichung abfindet.[231]

4. Stellungnahme

Gefühlsregungen

232 Weitgehende Einigkeit herrscht dahingehend, dass bloße Gefühlsregungen (z.B. Mitleid oder Gefühlskälte) den Eventualvorsatz weder belegen noch widerlegen. Sie taugen allenfalls als (entkräftbare) Indizien bei der Vorsatzfeststellung.

---

226 *Aus der aktuelleren Literatur: Kargl, Vorsatz (1993), S. 67 ff.; ähnlich Prittwitz, JA 1988, 486, 486 ff.*
227 *S/S-Sternberg-Lieben/Schuster, StGB, § 15 Rn 76; Gropp, AT, § 5 Rn 106*
228 *Frister, AT, Rn 11/24 f.; Dalemann/Heuchemer, JA 2004, 460, 466; Lesch, JA 1997, 802, 809; Schmidhäuser, JuS 1980, 241 ff.; 87, 373 ff.*
229 *BGHSt 36, 1, 9; 7, 363, 369; BGH, NStZ-RR 2016, 79, 80; Roxin, AT I, § 12 Rn 27; Wessels/Beulke/Satzger, AT, Rn 339, 343*
230 *BGHSt 7, 363, 369; Kühl, AT, § 5 Rn 74; Roxin, AT I, § 12 Rn 36-39; Geppert, JURA 2001, 55, 58*
231 *BGH, NStZ-RR 2010, 178, 179*

Vielmehr geht es – auch bei den Vertretern rein kognitiver Theorien[232] - um die Frage, ob sich der Täter mit seiner Tat gegen das tatbestandlich geschützte Rechtsgut entschieden hat.[233] Wenn dies der Fall ist, was nach unterschiedlichen Kriterien festgestellt wird, wird Eventualvorsatz angenommen. 233

Maßgebend: Entscheidung gegen das Rechtsgut

BEISPIEL: A kommt spät von der Disco nach Hause. Er ist müde und will ins Bett. Da kaum Menschen auf der Straße sind, nerven ihn die dauernd roten Ampeln. Als er schon wieder an einer roten Ampel steht, verliert er die Geduld. Er weiß zwar, dass jemand die Kreuzung passieren könnte, dennoch fährt er los. A verletzt den Radfahrer R, der Grün hatte. 234

A weiß von der Gefahr, dass jemand die Kreuzung passieren könnte. Er hat die Gefahr erkannt und ernst genommen und dennoch gehandelt. Nach der Möglichkeitstheorie müsste deshalb ein Eventualvorsatz zur Körperverletzung angenommen werden. Sofern diese Konsequenz in vergleichbaren Fällen nicht gezogen wird,[234] stellt dies bereits wieder eine Abwendung von der „reinen" Möglichkeitstheorie dar. Nach der Billigungstheorie müsste man zu dem Ergebnis kommen, dass sich A mit dem Körperverletzungserfolg nicht abgefunden hat. Das zeigt sich schon daran, dass sein Ziel (schnell nach Hause zu kommen) durch einen Verkehrsunfall nicht gerade befördert wird. Nach dieser Auffassung würde ein Fall der bewussten Fahrlässigkeit vorliegen. 235

Eine konsequente Anwendung der Möglichkeitstheorie führt somit im Ergebnis dazu, die Existenz der Fallgruppe der bewussten Fahrlässigkeit schlicht zu leugnen und diese Fälle dem Bereich des Vorsatzes zuzuordnen.[235] Hiernach gibt es dann nur noch die Fallgruppe der unbewussten Fahrlässigkeit.[236] Diese massive Ausdehnung der Vorsatzstrafe spricht entscheidend gegen die Möglichkeitstheorie.[237] Weiterhin ist ein voluntatives Element notwendig, weil vorsätzlich begangenes Unrecht nur unter der Voraussetzung bejaht werden kann, dass das Verhalten des Täters Ausdruck einer Entscheidung gegen das Rechtsgut ist.[238] 236

Nach Möglichkeitstheorie gibt es keine bewusste Fahrlässigkeit

KLAUSURHINWEIS 237

Problematisch ist vor diesem Hintergrund das in der Literatur verbreitete[239] und in Klausuren nahezu durchgängig zu findende Argument, dass die Möglichkeitstheorie nicht in der Lage sei, zwischen Eventualvorsatz und bewusster Fahrlässigkeit abzugrenzen. Es droht zum Zirkelschluss zu werden, weil vorausgesetzt wird, was zu beweisen ist, dass es nämlich die Fallgruppe der bewussten Fahrlässigkeit überhaupt gibt.

5. Die Abgrenzung in der Klausur

Die Masse an Theorien droht dazu zu führen, dass sich der Prüfling in der Klausur zu sehr mit den Theorien und ihrer Darstellung und zu wenig mit dem Sachverhalt und seiner Auswertung beschäftigt. 238

---

232 *Vgl. die Einschätzung bei Kühl, AT, § 5 Rn 70*
233 *Kühl, AT, § 5 Rn 54 f.*
234 *Frister, AT, Rn 11/24 f.*
235 *So z.B. Schmidhäuser, GA 1957, 305, 312*
236 *So z.B. Schröder, Sauer-FS (1949), 207, 245*
237 *Vgl. S/S-Sternberg-Lieben/Schuster, StGB, § 15 Rn 75; Heinrich, AT, Rn 299; Jescheck/Weigend, AT, § 29 III 3 d bb*
238 *S/S-Sternberg-Lieben/Schuster, StGB, § 15 Rn 80*
239 *Vgl. Heinrich, AT, Rn 299*

HIV-Fall

239 **BEISPIEL:** T ist HIV-infiziert. Vom Arzt wurde er ausführlich über die Ansteckungsgefahren aufgeklärt. Um sich unangenehme Fragen zu ersparen, sagt er seiner Frau nichts von seiner Infektion und führt mit ihr weiterhin ungeschützten Geschlechtsverkehr aus. Dabei vertraut er darauf, dass sie sich nicht infizieren werde. Liegt eine versuchte gefährliche Körperverletzung, §§ 223 I, 224 I Nr. 1, 5, 22, 23 I StGB, vor?

Der Sachverhaltshinweis auf das Vertrauen des Täters wird vom Prüfling häufig dahingehend fehlinterpretiert, dass damit nach h.M. bloß bewusste Fahrlässigkeit vorliege, weil A darauf vertraut habe, dass die Infektion nicht eintrete und nach den rein kognitiven Theorien Vorsatz gegeben sei. Folglich kommt der Prüfling dann zügig zur vermeintlich notwendigen Stellungnahme. Dieses Vorgehen ist jedoch falsch, weil es auf einem falschen Verständnis der bewussten Fahrlässigkeit basiert.

bewusste Fahrlässigkeit

240 **DEFINITION**

Bewusste Fahrlässigkeit liegt vor, wenn der Täter mit der als möglich erkannten Tatbestandsverwirklichung nicht einverstanden ist und ernsthaft – nicht nur vage – darauf vertraut, der tatbestandliche Erfolg werde nicht eintreten.[240]

241 Notwendig ist also kein bloßes Vertrauen auf den Nichteintritt des Erfolges, sondern ein ernsthaftes. Dass ein solches ernsthaftes Vertrauen beim Täter vorliegt, ist jedoch mit dem obigen Hinweis im Sachverhalt nicht gesagt, sondern ist eine Frage, die vom Prüfling beantwortet werden muss.

Gesamtschau

Diese „Arbeit am Sachverhalt" verlangt auch der BGH, wenn er zur Feststellung des voluntativen Vorsatzelements ausführt, dass eine Gesamtschau aller objektiven und subjektiven Tatumstände geboten ist. Hierbei können je nach der Eigenart des Falles unterschiedliche Wertungsgesichtspunkte im Vordergrund stehen. Für den Nachweis bedingten Vorsatzes kann insbesondere an die vom Täter erkannte objektive Größe und Nähe der Gefahr angeknüpft werden.[241]

Eventualvorsatz bei „Gottvertrauen"

242 **MERKSATZ**

Bei der vom BGH verlangten „**Gesamtschau**" geht es darum, ein ernsthaftes Vertrauen des Täters, das eine bloße Fahrlässigkeit begründet, von einem den Vorsatz begründenden vagen Hoffen abzugrenzen. Maßgebend ist insoweit die Frage, ob die Situationseinschätzung des Täters, dass der Erfolg nicht eintreten werde, durch Tatsachen fundiert ist.[242] Ist dies nicht der Fall, liegt beim Täter also nur ein vages Vertrauen auf den Nichteintritt des Erfolges vor (bloßes „Gottvertrauen", bloßes Hoffen), so handelt er vorsätzlich.[243]

243 Stellt man sich nun auf den Standpunkt, dass zumindest beim ungeschützten Geschlechtsverkehr das Vertrauen auf den Nichteintritt der HIV-Infektion ein bloßes

---

240 BGHSt 36, 1, 9; BGH, HRRS 2011 Nr. 375 Rn 35

241 BGHSt 36, 1, 9; die Bedeutung der Arbeit am Sachverhalt betonen – zutreffend – z.B. auch Jäger, AT, Rn 82b; Heghmanns, ZJS 2012, 826, 830; Vavra/Holznagel, ZJS 2018, 559, 566

242 MK-Schneider, StGB, § 212 Rn 11

243 LG Leipzig („Heer von Schutzengeln"), zitiert nach BGH, HRRS 2010 Nr. 270, Rn 19; S/S-Sternberg-Lieben/Schuster, StGB, § 15 Rn 87; Kühl, AT, § 5 Rn 77; Roxin, AT I, § 12 Rn 27 („Draufankommenlassen"); Rönnau, JuS 2010, 675, 677

„Gottvertrauen" ist, so kommt man auch nach h.M. zur Bejahung des Körperverletzungsvorsatzes. Insofern hat man nun aber kein anderes Ergebnis als nach der M.M., weshalb eine Stellungnahme zum Meinungsstreit überhaupt nicht notwendig ist.

KLAUSURHINWEIS 244 Sachverhaltshinweise

Findet sich im Sachverhalt der Hinweis, dass der Täter den Erfolg billigend in Kauf genommen hat, so ist der Vorsatz vom Prüfer vorgegeben. In diesem Fall darf der Streit zur Abgrenzung von Eventualvorsatz und bewusster Fahrlässigkeit nicht ausgebreitet werden.

Findet sich im Sachverhalt demgegenüber der Hinweis, dass der Täter die Möglichkeit erkannt, aber auf das Ausbleiben des Erfolges vertraut ist, ist der Streit darzustellen. Sauber zu prüfen ist in diesem Fall die Frage, ob ein **ernsthaftes Vertrauen** (dann bewusste Fahrlässigkeit) oder ein **bloß vages Vertrauen** („Gottvertrauen") vorliegt (dann Eventualvorsatz).

6. Zum Umgang mit weiteren Mindermeinungen in der Klausur

Als weitere Mindermeinungen werden z.B. vertreten die Theorie von der Manifestation des Vermeidewillens und die Theorie von der (un-)abgeschirmten Gefahr. 245 Vermeidewille/abgeschirmte Gefahr Nach ersterer liegt kein Vorsatz vor, wenn der Täter Handlungen vorgenommen hat, die zeigen, dass er den Erfolgseintritt vermeiden möchte.[244] Nach letzterer fehlt es am Vorsatz, wenn der Täter Vorkehrungen getroffen hat, um die von seiner Handlung ausgehende Gefahr für andere Rechtsgüter abzuschirmen.[245] Ziel dieser Theorien ist die Entwicklung von Kriterien, um im Strafverfahren den Vorsatz justizförmig feststellen zu können und ihn nicht bloß zuschreiben zu müssen.[246]

KLAUSURHINWEIS 246

Es wird empfohlen diese Theorien nicht als eigenständige Theorien darzustellen, sondern sich von ihnen Argumente zu leihen für die elementar wichtige Arbeit am Sachverhalt im Rahmen der vom BGH verlangten „Gesamtschau" aller objektiven und subjektiven Tatumstände.[247] So könnte sich z.B. in einem HIV-Fall unter Verwendung eines Kondoms im Rahmen der versuchten Körperverletzung die Frage nach dem Vorsatz (dem sog. „Tatentschluss") stellen (wenn man nicht schon ein erlaubtes Risiko annehmen will[248]). Einen Fall bloßen „Gottvertrauens" könnte man dann z.B. mit dem Argument ablehnen, dass der Täter mit der Verwendung des Kondoms seinen Vermeidewillen manifestiert und die Infektionsgefahr, die von seinem Sperma ausgeht, abgeschirmt habe.[249]

---

244 *A. Kaufmann, ZStW (1958), 64 ff.; Schroth, JuS 1992, 1, 8*

245 *Herzberg, JuS 1986, 249, 253 ff.*

246 *Geppert, JURA 2001, 55, 57; Rönnau, JuS 2010, 675, 677*

247 *So auch BGHSt 36, 1, 11; LG Berlin, NStZ-RR 1997, 362; S/S-Sternberg-Lieben/Schuster, StGB, § 15 Rn 78, 87b; Roxin, AT I, § 12 Rn. 35 ff., 53, 68; Geppert, JURA 2001, 55, 58; Rönnau, JuS 2010, 675, 677*

248 *Vgl. Knauer, GA 1998, 439 ff.*

249 *Falsch deshalb die Bejahung des Körperverletzungsvorsatzes durch den BGH im 1. HIV-Urteil (BGHSt 36, 1 ff.). Ebenso Puppe, AT I, § 16 Rn 14; Roxin, AT I, § 12 Rn 83*

7. Fazit: Die Vorsatzindikatoren im Rahmen der Gesamtschau

Vorsatzindikatoren

247 **MERKSATZ**

Die h.M. in Rechtsprechung und Lehre bestimmt den Vorsatz nicht monokausal über ein einziges Kriterium, sondern bedient sich einer Vielzahl an **Vorsatzindikatoren**.[250] Hierbei geht es darum, den einzelnen Abgrenzungstheorien ihren Absolutheitsanspruch zu nehmen, ihren indiziellen Wert für die Vorsatzermittlung jedoch anzuerkennen.

Folglich wird der Vorsatz von der h.M. wertend ermittelt. Für diesen Akt normativer Zuschreibung gibt es eine Vielzahl an Vorsatzindizien, die in der Klausur in Auswertung des Sachverhalts heranzuziehen sind. Es sind dies z.B.:[251]

- Wahrnehmungsfähigkeit (getrübt oder gesteigert) für die Gefahrensituation
- erkannte Wahrscheinlichkeit der Risikorealisierung
- Risikogewöhnung und Vorerfahrungen guten oder schlechten Ausgangs
- (fehlende) Betätigung eines Vermeidewillens/Abschirmung der Gefahr
- Selbstverletzung des Täters im Falle des Erfolgseintritts
- Handeln in emotionaler Aufwallung
- Bedeutung des eigentlichen Handlungsziels für den Täter
- Vorleben des Täters und Äußerungen vor und nach der Tat

Arbeit am Sachverhalt

248 **KLAUSURHINWEIS**

Diese „Gesamtschau" („Arbeit am Sachverhalt") muss auch in der Klausur geleistet werden. Sie ist viel wichtiger als das Abspulen möglichst vieler auswendig gelernter Theorien zum Eventualvorsatz.

8. Sonderproblem: Tötungsdelikte und Hemmschwellentheorie

249 Im Bereich der Tötungsdelikte hat die Abgrenzung von Eventualvorsatz und bewusster Fahrlässigkeit besondere Bedeutung. Dies zeigt sich, wenn man den Strafrahmen der fahrlässigen Tötung (§ 222 StGB – Geldstrafe bis maximal fünf Jahre Freiheitsstrafe) mit dem Strafrahmen von Mord (§ 211 StGB – lebenslange Haft) und Totschlag (§ 212 StGB – fünf bis 15 Jahre Haft) vergleicht. Vor allem der BGH verlangt vor diesem Hintergrund besondere Sorgfalt bei der entsprechenden Prüfung und ergänzt die „normale" Vorsatzprüfung durch den Hinweis auf die sog. „Hemmschwellentheorie ".[252] Hiernach steht vor der Tötung eines Menschen eine besonders hohe Hemmschwelle, deren Überwindung durch den Täter im Einzelfall nachgewiesen werden muss.

---

250 *BGH, StV 2004, 74-76 (3 Entscheidungen); NStZ 2003, 259, 260; Roxin, AT I, § 12 Rn 88*

251 *S/S-Sternberg-Lieben/Schuster, StGB, § 15 Rn 87b; Kühl, AT, § 5 Rn 87*

252 *Seit BGH, StV 1982, 509 (Durchbrechen einer Polizeisperre) st. Rspr.; BGH, NStZ-RR 2010, 178, 179*

MERKSATZ

Die „**Hemmschwellen-Theorie**" bedeutet aber nicht, dass der Tötungsvorsatz anderen inhaltlichen oder dogmatischen Vorgaben folgt als der Vorsatz bei anderen Delikten. Das Tatgericht (und somit auch der Prüfling) hat lediglich (schon wegen des hohen Strafrahmens) die entsprechenden Voraussetzungen besonders sorgfältig zu prüfen. In Praxis ist die „Hemmschwellentheorie" damit eigentlich nur ein Verweis auf § 261 StPO und verlangt eine besonders sorgfältige Beweiswürdigung.[253]

Verweis auf § 261 StPO

Nach dem BGH liegt es bei gefährlichen Gewalthandlungen zwar nahe, dass der Täter mit der Möglichkeit, das Opfer könne dabei zu Tode kommen, rechnet und, weil er gleichwohl sein gefährliches Handeln fortsetzt, auch einen solchen Erfolg billigend in Kauf nimmt. Deshalb ist in derartigen Fällen ein Schluss von der objektiven Gefährlichkeit der Handlungen des Täters auf bedingten Tötungsvorsatz grundsätzlich möglich. Angesichts der hohen Hemmschwelle gegenüber einer Tötung ist jedoch immer auch die Möglichkeit in Betracht zu ziehen, dass der Täter die Gefahr der Tötung nicht erkannt oder jedenfalls darauf vertraut hat, ein solcher Erfolg werde nicht eintreten. Insbesondere bei einer spontanen, unüberlegten, in affektiver Erregung ausgeführten Einzelhandlung kann aus dem Wissen von einem möglichen Erfolgseintritt nicht allein ohne Berücksichtigung der sich aus der Persönlichkeit des Täters und der Tat ergebenden Besonderheiten geschlossen werden, dass auch das – selbstständig neben dem Wissenselement stehende – voluntative Vorsatzelement gegeben ist.[254] Nach dem BGH wird aber in der Regel das Vertrauen auf ein Ausbleiben des tödlichen Erfolges dann zu verneinen sein, wenn der vorgestellte Ablauf eines Geschehens einem tödlichen Ausgang so nahe ist, dass nur noch ein glücklicher Zufall diesen verhindern kann.[255] 250

Tötungsvorsatz liegt bei gefährlichen Gewalthandlungen nahe

KLAUSURHINWEIS 251

Im Sinne der oben dargestellten „Gesamtschau" geht es dem BGH auch hier ersichtlich darum, nicht ein einziges Kriterium, die Tatgefährlichkeit, absolut zu setzen und alleine über die Frage des Tötungsvorsatzes entscheiden zu lassen.[256]

Gesamtschau

Es ist zu begrüßen, dass in der Rechtsprechung eine klare Tendenz besteht, bei äußerst gefährlichen und brutalen Formen der Gewaltanwendung den Tötungsvorsatz zu bejahen und das Regel-Ausnahmeverhältnis wiederherzustellen: Liegt eine besonders gefährliche Gewaltanwendung vor, so müssen Umstände benannt und bewertet werden, die begründen, warum dennoch kein bedingter Tötungsvorsatz vorliegt.[257] 252

Aktuelle Tendenzen der Rechtsprechung

Ein Verkehrsteilnehmer, der bei einem **illegalen KfZ-Rennen** mit einem Pkw innerorts mit deutlich überhöhter Geschwindigkeit einen anderen Menschen tötet, **kann** wegen Mordes (Heimtücke, gemeingefährliches Mittel, niedriger Beweggrund) zu bestrafen sein.[258]

Raser-Fälle

---

253 *BGH, NStZ 2018, 206, 207; 2012, 384, 386*

254 *BGH, NStZ-RR 2013, 169, 169 f.; NStZ 2009, 629, 630; 2009, 503, 504*

255 *Vgl. BGH, HRRS 2010 Nr. 620, Rn 19; NStZ 2007, 331, 331 f.; 150, 151*

256 *Verrel, NStZ 2004, 309, 309; vgl. auch Fahl, JuS 2013, 499, 501*

257 *Vgl. BGH, 5 StR 685/18 = RA 2019, 384, 386; NStZ 2014, 35, 36; so auch die Einschätzung von S/S-Sternberg-Lieben/Schuster, StGB, § 15 Rn 87; Fahl, JuS 2013, 499, 501; Vavra/Holznagel, ZJS 2018, 559, 566*

258 *BGH, JuS 2018, 492 = JA 2018, 468 = RA 2018, 273; BGH, 4 StR 345/18 (Verfolgungsjagd), RA 2019, 213*

253 **KLAUSURHINWEIS**

In der Klausur sollte mit dem Hemmschwellenargument gearbeitet und der Bezug zu § 261 StPO hergestellt werden. Sein richtiger Kern liegt in der Betonung der Bedeutung des Tötungsvorsatzes vor dem Hintergrund der massiven Strafandrohung für die vorsätzliche Tötung.[259] Der richtige gutachtentechnische Kern liegt in der Betonung der Bedeutung der „Arbeit am Sachverhalt".

254 Die dogmatische Vorgehensweise des BGH bei der Klärung der Frage, ob Tötungsvorsatz vorliegt, wird als „Beweisumkehr" gekennzeichnet.[260] In der Sache ist damit gemeint, dass eine Auseinandersetzung mit möglichen „Gegenindizien" verlangt wird, die den nahe liegenden Schluss von der erkannten hohen Gefährlichkeit auf das voluntative Element in Frage stellen könnten. Dabei ist die „Hemmschwelle" selbst kein den Vorsatz u.U. ausschließender Umstand.

255 **MERKSATZ**

Unterlassungsdelikte

Keine Anwendung findet die Hemmschwellentheorie auf die **Tötung durch Unterlassen**. Bei der bloßen Unterlassung gibt es keine psychologisch vergleichbare Hemmschwelle wie beim aktiven Tun.[261]

D. Klausurfall: „Ein spannungsgeladener Auszug"[262]

SACHVERHALT

A, ein gelernter Elektriker, hatte eine Wohnung von V gemietet. Er geriet mit V in Streit, sodass dieser einen rechtskräftigen Räumungstitel gegen ihn erstritt.

256 Aus Verärgerung und um den Vermieter in Verruf zu bringen, nahm A, bevor er auszog, mehrere Veränderungen an der Elektroinstallation vor. Dadurch bewirkte A, dass beim späteren Anschluss eines mit einem Schutzleiter ausgestatteten Elektrogeräts an eine dieser Steckdosen sofort eine Spannung von 230 Volt auf das Gehäuse des angeschlossenen Geräts übertragen werden konnte. Er wollte erreichen, dass ein nachfolgender Nutzer des Hauses, mit dem er am nächsten Tag rechnete, beim bestimmungsgemäßen Gebrauch der manipulierten Steckdosen einen Stromschlag erhält. Tatsächlich wurde der Nachmieter N getötet. Strafbarkeit des A?

LÖSUNG

A. Strafbarkeit des A nach §§ 212 I, 211 II 1. und 2. Gruppe StGB

Indem A die Steckdosen manipulierte, könnte er sich wegen Mordes strafbar gemacht haben.

I. TATBESTAND

1. Objektive Voraussetzungen des Totschlags, § 212 I StGB

N, ein Mensch ist tot. Dieser Erfolg wurde durch die von A durchgeführten Manipulationen an den Steckdosen in zurechenbarer Weise herbeigeführt. A hat den N somit getötet.

---

259 *Vgl. Jäger, AT, Rn 82b; Geppert, JURA 2001, 55, 59; Gründel, ZJS 2019, 211, 215 f.*

260 *Puppe, JR 2012, 477, 479 (wohlgemerkt: nicht Beweis**last**umkehr); ähnlich MK-Schneider, StGB, § 212 Rn 46; Verrel, NStZ 2004, 309, 310*

261 *BGH, NStZ 1992, 125; diese Beschränkung ablehnend MK-Schneider, StGB, § 212 Rn 48; Roxin, AT I, § 12 Rn 79*

262 *In Anlehnung an BGH, NStZ 2001, 475 = RA 2001, 540*

KLAUSURHINWEIS

Es gibt einen Streit um die Frage, ob hier ein Fall mittelbarer Täterschaft gegeben ist, weil das Opfer quasi zum „Werkzeug gegen sich selbst" gemacht werde. Zutreffend ist es jedoch, in derartigen Fällen von schlichter Einzeltäterschaft nach § 25 I 1. Alt. StGB auszugehen. Die Zurechnungsvorschrift des § 25 I 2. Alt. StGB wird nur in den Fällen benötigt, in denen ein Dritter (das Werkzeug) vom mittelbaren Täter zur Verletzung des Opfers missbraucht wird.[263]

2. Subjektive Voraussetzungen des Totschlags

A müsste Vorsatz bezüglich aller Elemente des objektiven Tatbestandes gehabt haben. In Betracht kommt allenfalls ein Eventualvorsatz, der gem. § 15 StGB jedoch auch bei § 212 StGB ausreichend ist.

Aus einem Umkehrschluss aus § 16 I 1 StGB folgt, dass der Täter auch beim Eventualvorsatz zumindest wissentlich handeln muss. Nach einer Ansicht liegt das notwendige Wissen vor, wenn der Täter die Möglichkeit des Erfolgseintritts erkennt und ernst nimmt. Nach anderer Ansicht muss der Täter den Eintritt des Erfolges für mehr als nur und weniger als überwiegend wahrscheinlich gehalten haben. Als gelernter Elektriker muss dem A klar gewesen sein, dass ein Stromschlag aus der Steckdose für einen Menschen eine tödliche Wirkung haben kann. Nach beiden Ansichten weist A das Wissenselement des Eventualvorsatzes auf.

Streitig ist, ob darüber hinaus auch ein voluntatives Element für den Eventualvorsatz notwendig ist. Nach einer Ansicht ist dies zu verneinen. Mithin genüge das Wissen um die Möglichkeit (sog. Möglichkeitstheorie) oder die Wahrscheinlichkeit (sog. Wahrscheinlichkeitstheorie) des Erfolgseintritts, wenn der Täter in diesem Wissen die Handlung dennoch vornehme, für die Annahme von Eventualvorsatz. Nach beiden Theorien hätte A mithin mit Tötungsvorsatz gehandelt.

Nach anderer Ansicht folgt aus § 15 StGB und aus der sonst nicht möglichen Abgrenzung zur bewussten Fahrlässigkeit, dass zusätzlich auch ein voluntatives Element vorliegen muss. Nach dieser sog. Billigungs- oder Ernstnahmetheorie liegt Eventualvorsatz vor, wenn der Täter die Möglichkeit des tatbestandsmäßigen Erfolgseintritts erkennt und ernst nimmt und sich mit dem Erfolg in der Weise abfindet, dass er ihn billigend in Kauf nimmt, mag ihm der Erfolg an sich auch unerwünscht sein.

Ob dieser Auffassung gefolgt werden kann, kann dahinstehen, wenn auch das von dieser Ansicht zusätzlich geforderte Wollenselement bei A vorliegt. Ob A einen Menschen töten wollte, ist dem Sachverhalt nicht eindeutig zu entnehmen. Zwar ist die Tötung eines Menschen mit einer erhöhten Hemmschwelle im Gegensatz zur Begehung anderer Delikte verbunden, sodass stets sorgfältig zu prüfen ist, ob der Täter den Tötungserfolg zwar als möglich voraussehen, aber gleichwohl ernsthaft und nicht nur vage darauf vertrauen konnte, er werde nicht eintreten. Auf der anderen Seite schließt dies aber einen berechtigten Schluss von der Gefährlichkeit einer bestimmten Handlung auf das Vorsatzelement nicht aus, sondern verlangt nur nach einer im Einzelfall sorgfältigen Prüfung. Hierbei ist vorliegend zu berücksichtigen, dass A ein gelernter Elektriker war, der um die Folgen seines Tuns und deren Auswirkungen durch Anfassen des Gehäuses eines an den stromführenden

---

263 *Näheres hierzu im Kapitel „Täterschaft und Teilnahme" im Skript Strafrecht AT II*

Leiter angeschlossenen Gerätes Bescheid wusste und so bewusst eine Handlung vornahm, die mit Todesgefahren für einen etwaigen Nachmieter verbunden war. Weiterhin hat A keine Handlungen vorgenommen, die einen tödlichen Ausgang verhindern sollten, wie z.B. eine Reduktion der Stromstärke, und mithin keinen Vermeidewillen gezeigt. Aufgrund der hohen Gefährlichkeit ist somit zu folgern, dass A sich mit den tödlichen Wirkungen seines Tuns abgefunden hatte und den Tod des N wollte. Auch nach der Billigungs- (bzw. Ernstnahme-) Theorie liegt Tötungsvorsatz des A vor.
A hat N vorsätzlich getötet.

3. Mordmerkmal Heimtücke
In Betracht kommt die Begehung einer heimtückischen Tat. Heimtücke ist die bewusste Ausnutzung der auf Arglosigkeit beruhenden Wehrlosigkeit des Opfers in feindseliger Willensrichtung.

KLAUSURHINWEIS
Streitig ist, ob das Merkmal der feindseligen Willensrichtung zur Grunddefinition der Heimtücke zu zählen ist[264], oder ob dies eine eigenständige Auffassung (des BGH) zur restriktiven Auslegung des Mordmerkmals darstellt.[265]

Arglos ist, wer sich zum Zeitpunkt der Tat keines Angriffs von Seiten des Täters versieht und wehrlos, wer infolge seiner Arglosigkeit in seiner natürlichen Abwehrbereitschaft und -fähigkeit eingeschränkt ist. Ein Nachmieter würde nicht damit rechnen, dass die Steckdosen manipuliert sind und das Gehäuse Strom führen würde, sodass er auch keine geeigneten Abwehrhandlungen durchführen könnte. An der feindseligen Willensrichtung ist nicht zu zweifeln. Ist die Heimtücke-Definition damit an sich erfüllt, so ist zu berücksichtigen, dass Mord mit lebenslanger Freiheitsstrafe eine absolute Strafandrohung enthält, sodass aus verfassungsrechtlichen Gesichtspunkten eine restriktive Auslegung der Mordmerkmale geboten ist.[266] Dem wird bei der Heimtücke in der Weise nachgekommen, dass eine Ansicht in krassen Fällen analog § 49 I StGB den Strafrahmen öffnet und auf die Verhängung lebenslanger Freiheitsstrafe verzichtet[267] während andere einen besonders verwerflichen Vertrauensbruch als zusätzliches Kriterium fordern.[268]
A einem besonderen Vertrauensverhältnis zwischen A und N würde es fehlen, weshalb das Mordmerkmal der Heimtücke abzulehnen wäre. Gegen letzteres spricht aber, dass hierdurch der typische Fall des Meuchelmörders gerade nicht mehr unter die Heimtücke fallen würde. Dies führt zu einer Privilegierung gegenüber Taten innerhalb der Familie, für die keine Rechtfertigung ersichtlich ist. Gerade diese Taten sind eher strafwürdiger als jene, die mit besonderer Emotionalität geprägt sind, wie auch der vorliegende Fall verdeutlicht. A handelte heimtückisch.
Da A die die Heimtücke ausmachenden Umstände im Falle eines Nachmieters bewusst waren, hatte er auch Vorsatz bezüglich einer heimtückischen Tötung.
A hat das Mordmerkmal der Heimtücke erfüllt.

264 *So S/S-Eser/Sternberg-Lieben, StGB, § 211, Rn 23; Rengier, BT II, § 4 Rn 23, 37*
265 *So Joecks, StGB, § 211, Rn 32, 39*
266 *BVerfGE 45, 187 ff.*
267 *BGHSt 30, 105, 120*
268 *Jakobs, JZ 1984, 996, 997*

4. Mordmerkmal niedriger Beweggrund

Zudem könnte A niedrige Beweggründe bei seiner Tat gehabt haben. Beweggründe sind niedrig, wenn sie nach allgemeiner sittlicher Wertung auf tiefster Stufe stehen und damit als verwerflich, ja verachtenswert anzusehen sind. Rache ist hierbei nur dann ein niedriger Beweggrund, wenn sie selbst auf niedrigen Beweggründen beruht, also die Existenz von Rachegefühlen beim Täter nicht verständlich ist.[269] A war verärgert, nachdem der Vermieter gegen ihn einen rechtskräftigen Räumungstitel erstritten hat. Zwar sind die genaueren Umstände des Rechtsstreits nicht bekannt, weshalb nicht abschließend bewertet werden kann, ob seine Verärgerung insoweit berechtigt war. Hiervon unabhängig muss jedoch berücksichtigt werden, dass der nachfolgende Nutzer des Hauses, der N, mit der vorhergehenden Mietstreitigkeit nicht das Geringste zu tun hatte. Den Nachmieter töten zu wollen, um dem Vermieter einen Rufschaden zuzufügen, steht sittlich auf tiefster Stufe.
A handelte aus niedrigen Beweggründen.

II. RECHTSWIDRIGKEIT

A handelte rechtswidrig.

III. SCHULD

A handelte schuldhaft.

IV. ERGEBNIS

Er hat sich somit nach §§ 212 I, 211 II 1. und 2. Gruppe StGB strafbar gemacht.

B. Strafbarkeit des A nach § 303 I StGB

Durch die Manipulationen an der Steckdose, insbesondere das Abklemmen des Schutzleiters, hat A diese in ihrer Substanz beschädigt und damit eine fremde Sache beschädigt, was er vorsätzlich, rechtswidrig und schuldhaft tat und sich so auch nach § 303 I StGB strafbar gemacht hat.

C. Konkurrenzen

Der Mord sowie die vollendete Sachbeschädigung erfolgten mit einer Handlung. Beide Delikte stehen in Idealkonkurrenz (Tateinheit, § 52 I StGB).

D. Ergebnis

A hat sich damit nach §§ 212 I, 211 II 1. und 2. Gruppe; 303 I; 52 I StGB strafbar gemacht.

FALLENDE

269 *Vgl. BGH, StV 1998, 25, 25 f.; 1995, 301, 302*

DIE RECHTSWIDRIGKEIT

A. Einleitung

Kompensation von Unrecht

257 Mit der Feststellung, dass der Täter einen gesetzlichen Straftatbestand verwirklicht hat, ist noch nicht gesagt, dass er sich damit auch strafbar gemacht hat. Das durch den Tatbestand verwirklichte **Unrecht** kann nämlich durch das Vorliegen eines Rechtfertigungsgrundes **kompensiert** werden.

258 **KLAUSURHINWEIS**

Das Vorliegen eines Rechtfertigungsgrundes ist der **Ausnahmefall**. In der Regel genügt im Gutachten bei der Rechtswidrigkeitsprüfung die Feststellung, dass die Tat rechtswidrig war, weil es keine Hinweise auf Rechtfertigungsgründe gibt.

Ungeschriebene Rechtfertigungsgründe

259 Da sich die Rechtfertigungsgründe zum Vorteil des Täters auswirken, gilt bei ihnen nicht das **Prinzip der gesetzlichen Normierung**. Folglich gibt es auch ungeschriebene Rechtfertigungsgründe, z.B. die mutmaßliche Einwilligung und die Pflichtenkollision bei den Unterlassungsdelikten.

260 Die **prüfungsrelevantesten Rechtfertigungsgründe** sind:

- die Notwehrund die Nothilfe, § 32 StGB,
- der rechtfertigende Notstand, § 34 StGB,
- das Festnahmerecht, § 127 I StPO,
- die (auch mutmaßliche) Einwilligung (vgl. § 228 StGB),
- die Pflichtenkollision bei den Unterlassungsdelikten,
- sowie die zivilrechtlichen Notstandsregelungen in den §§ 228 und 904 BGB.

Weniger große Bedeutung haben:

- die Selbsthilferechte nach den §§ 229, 562, 859, 1029 BGB
- und die Wahrnehmung berechtigter Interessen, § 193 StGB.

Rechtfertigungsgründe in ZPO und StPO

261 Besondere Beachtung verdient das **Prinzip der Einheit der Rechtsordnung**. Das führt dazu, dass Eingriffe, die nach den Regeln des Prozessrechts, des bürgerlichen oder des öffentlichen Rechts erlaubt sind, auch strafrechtlich erlaubt sein müssen.[270] Gewähren also z.B. die StPO und die ZPO diverse Eingriffsrechte, so stellen diese strafrechtlich einen Rechtfertigungsgrund dar.[271]

BEISPIEL: Auf polizeiliche Anordnung entnimmt Arzt A dem F eine Blutprobe zur Feststellung seiner BAK.

---

270 *Vgl. RGSt 61, 242, 247; BGHSt 11, 241, 244 f.*

271 *Gropp, AT, § 6 Rn 176-179; Roxin, AT I, § 14 Rn 32*

Die Entnahme einer Blutprobe stellt eine tatbestandsmäßige Körperverletzung im Sinne des § 223 I StGB dar. Der sie vornehmende Arzt ist jedoch über § 81a StPO gerechtfertigt, wenn dessen Voraussetzungen vorliegen.

Überaus schwierig gestaltet sich die Suche nach einem gemeinsamen Prinzip aller Rechtfertigungsgründe. Bei aller gebotenen Vorsicht kann man jedoch sagen, dass alle Rechtfertigungsgründe durch einen Abwägungsvorgang geprägt sind. So hat in einigen Fällen der Gesetzgeber selbst die Abwägung getroffen, dass dem angegriffenen Interesse vor dem Interesse des Angreifers ein genereller Vorrang gebührt. Zu nennen sind hier die Notwehrrechte, § 32 StGB und § 227 BGB. In anderen Fällen muss der Richter eine Abwägung im Einzelfall vornehmen. Dies kommt vor allem in Betracht, wenn von keiner Seite ein Angriff vorliegt, so z.B. beim strafrechtlichen Notstand, § 34 StGB, und den zivilrechtlichen Notständen, §§ 228, 904 BGB. Schließlich kann auch das Opfer selbst die Abwägung treffen, dass er an der Erhaltung seines Rechtsguts kein Interesse mehr hat. Hier ist an die rechtfertigende Einwilligung zu denken.[272] 262 Gemeinsames Prinzip

B. Prüfungsschema

Die Tat des Täters ist gerechtfertigt, wenn ein Rechtfertigungsgrund eingreift. Greifen mehrere Rechtfertigungsgründe ein, so bringt dies dem Täter keinen weiteren Vorteil, schadet ihm aber natürlich auch nicht. Jedoch wirft dies die Frage auf, in welcher Abfolge die unterschiedlichen Rechtfertigungsgründe zu prüfen sind. Dabei lassen sich folgende Regeln aufstellen, die stets zu beachten sind. 263 Spezielle Rechtfertigungsgründe zuerst prüfen

MERKSATZ 264

Subsidiäre **Rechtfertigungsgründe** treten hinter speziellen Rechtfertigungsgründen zurück und dürfen deswegen erst nach diesen geprüft werden.

Als Beispiel mag die mutmaßliche Einwilligung dienen, die nur dann in Betracht kommt, wenn eine ausdrückliche Einwilligung z.B. wegen Bewusstlosigkeit des Rechtsgutsträgers ausscheidet. Greift der vorrangige Rechtfertigungsgrund ein, entfällt die Prüfung des nachrangigen Rechtfertigungsgrundes.

MERKSATZ 265 Mehrere Rechtfertigungsgründe

Greifen mehrere Rechtfertigungsgründe ein, die zueinander gleichrangig sind, sind alle zu prüfen und u.U. zu bejahen.

So kann eine Tat beispielsweise sowohl durch Notwehr als auch durch das Festnahmerecht nach § 127 I StPO gerechtfertigt sein.[273]

272 *Roxin, AT I, § 14 Rn 41; Wessels/Beulke/Satzger, AT, Rn 411 ergänzt noch das Prinzip der Solidarität und das Autonomie- bzw. Verantwortungsprinzip.*

273 *Roxin, AT I, § 14 Rn 45*

266 **KLAUSURHINWEIS**
Im Einzelfall mag es sinnvoll sein, bei gleichrangigen Rechtfertigungsgründen zunächst diejenigen zu prüfen, die im Ergebnis nicht zu einer Rechtfertigung führen und erst am Schluss den- oder diejenigen, die eingreifen. Dadurch bleibt die Prüfung für den Leser „spannender". Nur in Fällen großer Zeitnot sollte sofort und nur der einschlägige Rechtfertigungsgrund geprüft und bejaht werden.

Grundlegendes Prüfungsschema

267 Grundsätzlich sollte die Prüfung eines Rechtfertigungsrundes in drei Schritten erfolgen:

PRÜFUNGSSCHEMA

I. Objektive Voraussetzungen
  1. Rechtfertigungslage (Die Frage nach dem „Ob")
  2. Rechtfertigungshandlung (Die Frage nach dem „Wie")
II. Subjektive Voraussetzungen

Rechtfertigungslage und -handlung

268 Bei der Rechtfertigungslage geht es darum festzustellen, ob und dass dem Täter ein bestimmter Rechtfertigungsgrund „an sich" zur Seite steht. Bei der Rechtfertigungshandlung schließt sich dann die Frage an, ob der Täter auch konkret Handlungen vorgenommen hat, die von diesem Rechtfertigungsgrund gedeckt sind. Als letztes sind dann die subjektiven Voraussetzungen zu prüfen.

269 **KLAUSURHINWEIS**
Bei fast allen Rechtfertigungsgründen lässt sich die Prüfung derart gliedern. Beispielsweise bei der Einwilligung und der mutmaßlichen Einwilligung ist es jedoch nicht möglich, Lage und Handlung sauber zu trennen.

C. Grundfall: „Haltet den Dieb"

SACHVERHALT

270 Der Ladenbesitzer L beobachtet, wie D sich eine teure Dose Kaviar einsteckt und schnell den Laden verlässt. L nimmt sofort die Verfolgung auf. Da er schneller und stärker ist als D, kann er diesen nach ca. 100 Metern in einen festen Polizeigriff nehmen. Umstehende Passanten bittet L, sie mögen die Polizei rufen. Bis diese nach fünf Minuten eintrifft, hält L den fluchenden D weiterhin in Schach. Als die Polizei kommt, übergibt er den Beamten den D und schildert den Vorfall. Die Beamten geben dem L die Dose Kaviar zurück und nehmen D mit aufs Revier. Hat sich L wegen Freiheitsberaubung strafbar gemacht?

LÖSUNG

Indem L den D fünf Minuten lang in einem festen Polizeigriff hielt, könnte er sich wegen Freiheitsberaubung gem. § 239 I StGB strafbar gemacht haben.

A. Tatbestand

I. OBJEKTIVER TATBESTAND

1. Tatobjekt
Zunächst müsste D ein Mensch sein, der im natürlichen Sinne die Fähigkeit hat, willkürlich seinen Aufenthaltsort zu verändern. Dies ist bei D der Fall.

2. Tathandlung
L könnte D in sonstiger Weise der Freiheit beraubt haben. Hiervon ist auszugehen, wenn dem Opfer die Möglichkeit der Fortbewegung genommen wird. D befand sich fünf Minuten im Polizeigriff und hatte in dieser Zeit keine Möglichkeit der Fortbewegung. Somit hat L den D in sonstiger Weise der Freiheit beraubt.

II. SUBJEKTIVER TATBESTAND
L handelte mit dem Willen zur Tatbestandsverwirklichung in Kenntnis aller objektiven Tatumstände, also vorsätzlich.

B. Rechtswidrigkeit
Die Tat des L könnte gerechtfertigt sein.

I. NOTWEHR, 32 StGB
In Betracht kommt zunächst eine Rechtfertigung wegen Notwehr, § 32 StGB.

1. Objektive Voraussetzungen

a) Notwehrlage
Eine Notwehrlage ist gegeben, wenn sich das Opfer einem gegenwärtigen, rechtswidrigen Angriff gegenüber sieht.
Angriff ist jede Bedrohung rechtlich geschützter Güter oder Interessen durch menschliches Verhalten. Hier bedroht D das Eigentums- und das Besitzrecht des L an der Dose Kaviar.
Gegenwärtig ist jeder Angriff, der unmittelbar bevorsteht, gerade stattfindet oder noch andauert. Der auf der Flucht verfolgte Dieb hat an dem Diebesgut noch keinen gesicherten Gewahrsam. Der Diebstahl des D ist somit vollendet, jedoch nicht beendet. Mithin dauert der Angriff des D noch an und ist folglich gegenwärtig.
Rechtswidrig ist ein Angriff, der objektiv im Widerspruch zur Rechtsordnung steht und nicht seinerseits durch einen Rechtfertigungsgrund gedeckt ist und den der Betroffene auch nicht aus anderen Gründen zu dulden braucht. Eine Rechtfertigung des D ist nicht ersichtlich. Mithin ist der Angriff auch rechtswidrig.
Eine Notwehrlage des L ist gegeben.

b) Notwehrhandlung
Die Notwehrhandlung muss zur Abwehr des Angriffs geeignet, erforderlich und geboten sein.
Zur Abwehr des Angriffs ist jede Handlung geeignet, die nicht von vornherein als völlig abwehruntauglich erscheint. Da der Angriff des D schließlich sogar abgewehrt werden konnte, war der Polizeigriff eine geeignete Notwehrhandlung.

Die Verteidigung ist erforderlich, wenn sie das relativ mildeste Mittel unter mehreren gleichermaßen sicher den Angriff abwehrenden Mitteln darstellt. Dem Sachverhalt ist nicht zu entnehmen, dass D auch ohne Polizeigriff freiwillig das Eintreffen der Polizei abgewartet und die Dose Kaviar herausgegeben hätte. Auch sonst sind mildere ebenso sichere Mittel nicht ersichtlich, sodass der Polizeigriff erforderlich war.
Geboten ist die Verteidigung, wenn sie keinen Fall des Rechtsmissbrauchs darstellt. Hieran könnte allenfalls gezweifelt werden, wenn die gestohlene Sache einen marginalen Wert gehabt hätte. Da die Dose Kaviar jedoch teuer war, liegt kein Fall des Rechtsmissbrauchs vor.
Die Notwehrhandlung des L war geeignet, erforderlich und geboten.

2. Subjektive Voraussetzungen
L handelte auch in Kenntnis des Angriffs und um sich und seine Rechtsgüter zu verteidigen.

Die durch L begangene Freiheitsberaubung ist durch Notwehr gerechtfertigt.

II. 127 I StPO
Als weiterer Rechtfertigungsgrund kommt das Festnahmerecht gem. § 127 I StPO in Betracht.

KLAUSURHINWEIS
Grundsätzlich stehen alle Rechtfertigungsgründe gleichrangig nebeneinander. Dies ist nur dann anders, wenn ein Rechtfertigungsgrund spezieller ist als ein anderer. Greifen mehrere gleichrangige Rechtfertigungsgründe ein, sind alle zu prüfen und zu bejahen.[274] Da § 32 StGB kein spezieller Fall des § 127 I StPO ist, kann das Festnahmerecht neben der Notwehr zur Anwendung kommen.[275]

1. Objektive Voraussetzungen

a) Festnahmelage
Eine Festnahmelage ist gegeben, wenn die festzunehmende Person auf frischer Tat betroffen oder verfolgt ist und ein Festnahmegrund vorliegt.
D müsste zunächst auf frischer Tat betroffen worden sein. Eine Tat gem. § 127 I StPO ist nur eine zumindest rechtswidrige Tat i.S.d. § 11 I Nr. 5 StGB. D könnte einen rechtswidrigen Diebstahl begangen haben. Indem er die Dose Kaviar, die für ihn eine fremde bewegliche Sache ist, eingesteckt hat, hat er sie in seinen engsten persönlichen Herrschafts- und Machtbereich verbracht und dadurch eine sog. Gewahrsamsenklave begründet. Dadurch hat er den fremden Gewahrsam des L gebrochen und eigenen neuen Gewahrsam begründet. Mithin liegt eine Wegnahme des Kaviars vor. Dabei handelte D auch vorsätzlich und mit der Absicht rechtswidriger Zueignung, was er ebenfalls wusste und wollte. Da keine Rechtfertigungsgründe für seine Tat ersichtlich sind, hat D die rechtswidrige Tat des Diebstahls begangen.

---

274 *Heinrich, AT, Rn 332; Roxin, AT I, § 14 Rn 45 ff.*
275 *Roxin, AT I, Rn 45; a.A. wohl Heinrich, AT, Rn 332, da § 32 StGB derjenige Rechtfertigungsgrund sei, welcher die meisten Rechte gewähre*

KLAUSURHINWEIS
Weil nur nach der Strafbarkeit des L gefragt ist, muss die Strafbarkeit des D wegen Diebstahls an dieser Stelle inzident geprüft werden. Da hier ein eindeutiger Fall eines Diebstahls vorliegt, sollte die Prüfung nicht zu langatmig ausfallen.

Auf frischer Tat betroffen ist, wer bei Begehung einer rechtswidrigen Tat oder unmittelbar danach am Tatort oder in dessen unmittelbarer Nähe gestellt wird. D wurde ca. 100 Meter entfernt vom Tatort in den Polizeigriff genommen. Damit befindet er sich nicht mehr in unmittelbarer Nähe zum Tatort.
Auf frischer Tat verfolgt ist der Täter, wenn er sich zwar bereits vom Tatort entfernt hat, aber sichere Anhaltspunkte auf ihn als Täter hinweisen und seine Verfolgung zum Zwecke der Ergreifung aufgenommen wird. L hat den Diebstahl des D beobachtet und gehandelt, um ihn später der Polizei zu übergeben. Mithin wurde D von L auf frischer Tat verfolgt.
Festnahmegründe sind der Fluchtverdacht und die Unmöglichkeit der sofortigen Identitätsfeststellung.
Fluchtverdacht liegt vor, wenn die gerechtfertigte Annahme besteht, der Betroffene werde sich der Verantwortung durch Flucht entziehen, wenn er nicht alsbald festgenommen wird. Hieran bestehen bei D, der die Flucht bereits angetreten hat, keine Zweifel.
Die Identität des Betroffenen ist dann nicht sofort feststellbar, wenn sie nicht augenblicklich und an Ort und Stelle so festgestellt werden kann, dass der weiteren zügigen Strafverfolgung insoweit nichts im Wege steht. D ist dem L nicht persönlich bekannt, sodass eine sofortige Feststellung der Identität des flüchtenden D unmöglich war.
Mithin ist D auf frischer Tat verfolgt worden und es liegen die Festnahmegründe des Fluchtverdachts und der mangelnden Identitätsfeststellung vor. Eine Festnahmelage ist folglich gegeben.

b) Festnahmehandlung
Die Festnahmehandlung muss in einem angemessenen Verhältnis zum Festnahmezweck stehen. Dabei ist zur Durchsetzung der Festnahme auch die Anwendung körperlicher Gewalt grundsätzlich zulässig. Darunter fällt auch ein festes Zupacken, mag es auch Schmerzen verursachen. Vor dem Hintergrund der teuren Diebesbeute steht der fünfminütige Polizeigriff in einem angemessenen Verhältnis zum Festnahmezweck.

2. Subjektive Voraussetzungen
L handelte in Kenntnis und aufgrund der Festnahmelage.
Die von L begangene Freiheitsberaubung ist auch durch das Festnahmerecht des § 127 I StPO gerechtfertigt.

C. Ergebnis

FALLENDE

L hat sich nicht wegen Freiheitsberaubung gem. § 239 I StGB an D strafbar gemacht.

D. Systematik und Vertiefung

I. DAS SUBJEKTIVE RECHTFERTIGUNGSELEMENT

271 Alle Rechtfertigungsgründe zeichnen sich beim Vorsatzdelikt durch objektive und subjektive Komponenten aus. Stets beschreibt der Rechtfertigungsgrund objektiv die Voraussetzungen, die für eine Rechtfertigung gegeben sein müssen. Zusätzlich muss der Täter dann auch die subjektiven Anforderungen erfüllen.

Kompensation des Handlungsunrechts

272 Die Existenz subjektiver Rechtfertigungselemente an sich wird heute kaum mehr bestritten[276] und ergibt sich aus der folgenden Überlegung. Ein Rechtfertigungsgrund kompensiert vom Täter begangenes Unrecht. Dabei kompensiert das objektive Vorliegen des Rechtfertigungsgrundes das objektive Unrecht der Tat, das Erfolgsunrecht, welches im objektiven Tatbestand festgestellt wird. Damit der Täter beim vorsätzlichen Delikt straflos bleiben kann, muss jedoch auch das im subjektiven Tatbestand zu prüfende Handlungsunrecht kompensiert werden. Deshalb ist beim Vorsatzdelikt zur Rechtfertigung ein subjektives Rechtfertigungselement erforderlich.[277] Fraglich ist nur, wie dieses konkret ausgeprägt sein muss.

273 **BEISPIEL:** A sieht, wie sein Feind D einer alten Frau die Handtasche wegreißt und flüchtet. Um D eins auszuwischen, nimmt A die Verfolgung auf und tritt D von hinten in die Beine. D stürzt und verletzt sich. Objektiv gab es keine mildere Möglichkeit, den D zu stellen.

Kenntnistheorie

274 Nach einer Ansicht (sog. „Kenntnistheorie“) ist erforderlich, aber auch ausreichend, dass der Täter das tatsächliche Vorliegen der Voraussetzungen für einen Rechtfertigungsgrund erkennt. Darüber hinaus müsse der Täter nicht auch das Motiv der Rechtsgutsverteidigung haben. Dies lasse sich in der Praxis ohnehin kaum feststellen und führe zu bloßem Gesinnungsstrafrecht.[278] Hiernach wäre A zumindest wegen Nothilfe, § 32 StGB, gerechtfertigt.

Nach h.M. nötig: Verteidigungswille

275 Demgegenüber verlangt die herrschende Gegenauffassung, dass der Täter das – wenn auch nicht alleinige – Motiv hat, das Rechtsgut zu verteidigen, sog. „Lehre vom Verteidigungswillen“.[279] Hierfür spreche neben dem Wortlaut des § 34 StGB („um ... zu“) auch die Symmetrie zum subjektiven Tatbestand, welcher ebenfalls eine Wissens- und eine Wollenskomponente umfasse. Mithin werde das Handlungsunrecht bei bloßer Kenntnis der rechtfertigenden Umstände nicht ausreichend kompensiert. Nach dieser Ansicht scheidet eine Rechtfertigung des A aus. Es bleibt nach dieser Ansicht jedoch die Folgefrage zu klären, wie sich der zumindest objektiv vorliegende Rechtfertigungsgrund auf die Strafbarkeit des A auswirkt.

MERKSATZ

Der **subjektive Tatbestand eines Rechtfertigungsgrundes** verlangt ein Handeln in Kenntnis der rechtfertigenden Sachlage und (nach h.M.) zusätzlich das Motiv, zumindest auch aufgrund der dadurch verliehenen Befugnis zu handeln.

---

276 *Ablehnend z.B. Schmitt, JuS 1963, 64, 65; Schroeder, JZ 1991, 682, 683*

277 *Wessels/Beulke/Satzger, AT, Rn 412; Kretschmer, JURA 2002, 114, 117; Rönnau, JuS 2009, 594, 595*

278 *S/S-Perron/Eisele, StGB, § 32 Rn 263 ff.; MK-Erb, StGB, § 32 Rn 241; S/S-Perron, StGB, § 32 Rn 63; Roxin, AT I, § 14 Rn 97 ff.; Hoven, JuS 2016, 631, 634; Mitsch, ZJS 2014, 192, 194; Rönnau, JuS 2009, 594, 596*

279 *BGH, NJW 2013, 2133, 2144; NStZ 2005, 332, 334; Heinrich, AT, Rn 389; Rengier, AT, § 18 Rn 108; Wessels/Beulke/Satzger, AT, Rn 415 f.*

II. FOLGEN DES FEHLENDEN SUBJEKTIVEN RECHTFERTIGUNGSELEMENTS

276 Umgekehrter Erlaubnistatbestandsirrtum

Probleme ergeben sich, wenn sich beim Vorsatzdelikt objektive und subjektive Rechtfertigung nicht decken. Dabei ist zunächst an den Fall zu denken, dass der Täter zwar objektiv gerechtfertigt ist, dies aber gar nicht weiß.

277 **Vollendungslösung**

Es wird die Auffassung vertreten, dass zur Rechtfertigung alle Voraussetzungen des jeweiligen Rechtfertigungsgrundes vorliegen müssen. Fehle eine dieser Voraussetzungen, egal ob es sich um eine objektive oder um eine subjektive handele, sei der Täter nicht gerechtfertigt und aus dem vollendeten vorsätzlichen Delikt zu bestrafen (sog. Vollendungslösung).[280]

278 **h.M.: Versuchslösung**

Auf der anderen Seite wird der Standpunkt vertreten, dass das objektive Vorliegen der Voraussetzungen eines Rechtfertigungsgrundes zur Kompensation des objektiven Unrechts, des Erfolgsunrechts führe. Es bliebe dann nur nicht kompensiertes Handlungsunrecht übrig. Damit entspreche die Sachlage derjenigen des Versuchs, sodass der Täter in direkter oder analoger[281] Anwendung wegen Versuchs zu bestrafen sei (sog. Versuchslösung).[282] Auch beim Versuch werde der Täter alleine wegen des verwirklichten Handlungsunrechts bestraft. Soweit der Versuch nicht mit Strafe bedroht ist, führt dies zur Straflosigkeit.

279 Stellungnahme

Für die Bestrafung wegen vollendeten Delikts spricht zwar, dass der Täter von der für ihn rein zufälligen objektiven Rechtfertigungslage nicht soll profitieren können. Jedoch muss beachtet werden, dass sich der Zufall bei der Beurteilung strafrechtlicher Sachverhalte grundsätzlich nicht ausschließen lässt. Ob z.B. das Opfer eines Mordanschlags eine Notoperation überlebt oder nicht, ist für den Täter auch ein rein zufälliger Umstand, von dem er aber dennoch insoweit profitiert, als er im Fall des Überlebens nicht wegen Vollendung bestraft werden kann. Vor diesem Hintergrund spricht entscheidend für eine Bestrafung wegen bloßen Versuchs, dass es für die Beurteilung der Tat keinen Unterschied macht, ob der Erfolg objektiv schon gar nicht eintritt, oder ob der Erfolg zwar eintritt, sein Eintritt aber objektiv durch einen Rechtfertigungsgrund kompensiert ist.

280

BEISPIEL: A sieht, wie sein Feind D, dessen aktuelle Wohnadresse er nicht kennt, wegrennt. A denkt, D habe Angst vor ihm und wolle einem Konflikt aus dem Weg gehen. Dadurch angespornt verfolgt A den D, nimmt ihn in den Schwitzkasten und drückt ihn zu Boden. A staunt nicht schlecht, als kurz danach der etwas übergewichtige Polizeibeamte P hinzukommt und ihn überschwänglich für seinen mutigen Einsatz lobt, der zur Festnahme des Straßenräubers A geführt habe.

281

Objektiv liegen die Voraussetzungen der Nothilfe, § 32 StGB, vor. Da A allerdings von der Nothilfelage nichts wusste, fehlt ihm der erforderliche Nothilfewille.
Weiterhin kommt eine Rechtfertigung aus dem Festnahmerecht, § 127 I StPO, in Betracht. Die Tatsache, dass D dem A bekannt ist, dürfte daran nichts ändern, da § 127 I StPO nicht nur zur Feststellung der Identität, sondern – als notwendige Folge aus dem weiteren Festnahmegrund „Fluchtverdacht" – auch zur vorläufigen

280 *Heinrich, AT, Rn 392; Ritz, JuS 2018, 254, 258; Stemler, ZJS 2010, 347, 356*

281 *Hierbei handelt es sich dann um eine zulässige Analogie zugunsten des Täters. Nach Graul, JuS 2000, L 41, L 43, ein „Streit um des Kaisers Bart", der deshalb nicht vertieft werden sollte.*

282 *BGHSt 38, 144, 155; BGH, NJW 2017, 1186, 1188; Kühl, AT, § 6 Rn 16; Rengier, AT, § 17 Rn 18; Brüning, ZJS 2013, 511, 516; Ernst, ZJS 2011, 382, 384; Hoven, JuS 2016, 631, 634; Nestler, JA 2014, 264, 267*

Anwesenheitssicherung berechtigt, wenn die Gefahr besteht, der Täter werde sich andernfalls der Strafverfolgung entziehen.[283] Allerdings fehlt auch hier der Festnahmewille.
Nach der Vollendungslösung wäre A wegen Körperverletzung zu bestrafen, nach der Versuchslösung nur wegen versuchter Körperverletzung.

Verortung im Gutachten

282 **KLAUSURHINWEIS**
Das Problem ist im subjektiven Tatbestand des Rechtfertigungsgrundes anzusprechen.[284] Wer der Vollendungslösung folgt, bejaht die Rechtswidrigkeit und prüft als nächstes die Schuld. Wer der Versuchslösung folgt, beendet die Prüfung des vollendeten Delikts mit dem Hinweis, dass sich der Täter hieraus nicht strafbar gemacht hat. Es schließt sich dann eine Prüfung der Strafbarkeit des Täters wegen Versuchs an. Im Rahmen der gängigen Vorprüfung ist beim Prüfungspunkt der Nichtvollendung auf das fehlende Erfolgsunrecht hinzuweisen. Man kann dies einen „rechtlichen Fall der Nichtvollendung" nennen.

Umgekehrter Fall ist Irrtum über Vorliegen eines Rechtfertigungsgrundes

283 Im umgekehrten Fall stellt sich der Täter eine Rechtfertigung zwar subjektiv vor, jedoch liegen deren objektive Voraussetzungen nicht vor. Diese Konstellation stellt einen Irrtum über das Vorliegen eines Rechtfertigungsgrundes dar. Dieses Problem wird im Rahmen der Irrtumslehre näher behandelt.[285]

III. RECHTFERTIGUNG UND TEILNAHME

284 Die Rechtfertigung der Tat hat nicht nur die Konsequenz, dass der Täter straflos bleibt, sondern sie wirkt sich auch auf andere Tatbeteiligte aus. Eine Strafbarkeit wegen Teilnahme an einer fremden Haupttat setzt nämlich sowohl im Fall der Anstiftung, § 26 StGB, als auch im Fall der Beihilfe, § 27 StGB, eine „rechtswidrige" Haupttat voraus. Hieran fehlt es, wenn der Täter gerechtfertigt ist.

IV. „OFFENE" TATBESTÄNDE

Verwerflichkeitsprüfung

285 Die Erpressung, § 253 StGB, und die Nötigung, § 240 StGB, sind sog. „offene" Tatbestände. Bei diesen Tatbeständen liefert die Tatbestandsmäßigkeit des Verhaltens alleine kein Indiz für die Rechtswidrigkeit der Tat. Vielmehr ist darüber hinaus stets die Frage zu stellen, ob die Androhung des Übels oder die Anwendung der Gewalt zu dem angestrebten Zweck verwerflich ist, vgl. §§ 240 II, 253 II StGB. Dabei ist die Prüfung der allgemeinen Rechtfertigungsgründe vorrangig, weil nicht verwerflich sein kann, was schon gerechtfertigt ist.[286]

V. EINVERSTÄNDNIS UND EINWILLIGUNG

1. Abgrenzung

286 Die Abgrenzung zwischen Einverständnis und Einwilligung ist zugleich die Grenzziehung zwischen Tatbestandsausschluss und Rechtfertigung.[287] Deshalb wird die Darstellung der Rechtfertigungsgründe mit diesem „Grenzfall" begonnen.

---

283 BayObLG, NStZ-RR 2002, 336, 336; KK-Schultheis, StPO, § 127 Rn 16; a.A. wohl RGSt 67, 351, 353
284 Graul, JuS 2000, L 41, L 43
285 Rn 801 ff.
286 Näher dazu im Skript Strafrecht BT I (§ 253 StGB) und II (§ 240 StGB)
287 BGHSt 23, 1, 3; 8, 273, 276; Amelung/Eymann, JuS 2001, 937, 938; a.A. Roxin, AT I, § 13 Rn 11

MERKSATZ
Die „Gestattung" durch den Berechtigten hat die Wirkung eines tatbestandsausschließenden Einverständnisses, wenn der Tatbestand einer Straftat gerade eine Tatbegehung ohne oder gegen den Willen des Rechtsgutsträgers verlangt. Ansonsten liegt allenfalls eine rechtfertigende Einwilligung vor.[288] 287

Abgrenzungskriterium: Der Wille des Rechtsgutsträgers

BEISPIEL 1: Oma O bekommt Besuch von ihrem Enkel E. Als er klingelt, bittet sie ihn in die Wohnung. 288

Tatbestandsausschließendes Einverständnis

E könnte den Tatbestand des Hausfriedensbruchs, § 123 I StGB, verwirklicht haben. Dazu hätte er in die Wohnung seiner Oma „eindringen" müssen. Ein Eindringen im Sinne von § 123 I StGB liegt nur vor, wenn der vom Hausrecht geschützte Bereich ohne oder gegen den Willen des Hausrechtsinhabers betreten wird.[289] Daran fehlt es, weil O ihren Enkel hereingebeten hat. Die Gestattung der Oma schließt folglich als Einverständnis schon den Tatbestand des Hausfriedensbruchs aus.

Die Gestattung durch den Rechtsgutsträger wirkt auch bei den folgenden Tatbeständen tatbestandsausschließend, die ihren deliktischen Charakter gerade durch das Handeln gegen oder ohne den Willen des Rechtsgutsträgers erhalten: §§ 177, 239, 240, 242, 248b, 249, 252, 253, 255 StGB. 289

BEISPIEL 2: T hilft seinem Nachbarn N beim Ausmisten des Kellers. Als sie ein Bild von Ns Ex-Schwiegermutter zutage fördern, sagt N zu T, er möge das Bild vernichten. Daraufhin verbrennt T das Bild. 290

Rechtfertigende Einwilligung

T hat eine fremde Sache zerstört und könnte sich deshalb wegen Sachbeschädigung, § 303 I StGB, strafbar gemacht haben. Das Merkmal der Zerstörung liegt auch nicht etwa deswegen nicht vor, weil N dem T gestattet hatte, das Bild zu vernichten. Die Zerstörung des Bildes in seiner physischen Substanz tritt unabhängig vom Willen des Eigentümers ein. Damit kann die Gestattung des N nur die Wirkung einer rechtfertigenden Einwilligung haben. Der Tatbestand der Sachbeschädigung ist jedoch verwirklicht.

2. Tatbestandsausschließendes Einverständnis

a) Prüfungsschema

PRÜFUNGSSCHEMA

291

1. **Natürliche Willensfähigkeit des Betroffenen**
2. **Zustimmung zu der verletzenden Handlung**
3. **Zustimmung im Tatzeitpunkt**

288 *Rönnau, JuS 2007, 18, 18*
289 *Joecks/Jäger, StGB, § 123 Rn 18 ff.*

292 **KLAUSURHINWEIS**
Da das Einverständnis zum Ausschluss des Tatbestands führt, erfolgt seine Prüfung im Rahmen des objektiven Tatbestands beim auszuschließenden Merkmal.[290] Im Fall des Hausfriedensbruchs (vgl. oben Beispiel 1) müsste die Prüfung z.B. beim Merkmal des „Eindringens" erfolgen.

b) Natürliche Willensfähigkeit des Betroffenen

Rein tatsächlicher Charakter

293 Das tatbestandsausschließende Einverständnis hat einen rein tatsächlichen Charakter. Deswegen kommt es für seine Wirksamkeit nur auf die natürliche Willensfähigkeit des Betroffenen und nicht auf dessen Einsichts- oder Geschäftsfähigkeit an.[291]

BEISPIEL: T fragt den 6-jährigen K, ob er mal dessen Ball haben dürfe. K reicht dem T den Ball.

Im Beispiel scheidet die Annahme eines Diebstahls aus, weil T dem K den Ball jedenfalls nicht weggenommen hat. Eine Wegnahme i.S.v. § 242 StGB setzt nämlich den „Bruch" fremden Gewahrsams voraus. Dies verlangt eine Gewahrsamsaufhebung ohne oder gegen den Willen des Berechtigten.[292] K hatte der Gewahrsamsverschiebung jedoch zugestimmt.

c) Zustimmung zu der verletzenden Handlung

Tatsächliches Vorliegen des Einverständnisses genügt

294 Der Rechtsgutsträger muss der Verletzung seines Rechtsguts bewusst und freiwillig zustimmen. Dabei muss dieser Wille nicht nach außen kundgetan worden sein. Er kann auch rein innerlich geblieben sein.[293] Daher ist auch die Kenntnis des Täters vom Vorliegen des Einverständnisses nicht nötig.

295 **BEISPIEL 1:** E besitzt einen kleinen Tante-Emma-Laden. Als der Landstreicher L den Laden betritt, tut ihr der heruntergekommene Mann leid. Sie beschließt, nicht einzuschreiten, falls L sich Lebensmittel einstecken sollte. L steckt sich mehrere Packungen BiFi ein und zahlt an der Kasse nur zwei Dosen Bier. E kassiert und lässt ihn gehen.

L hat vom objektiv vorliegenden Einverständnis der E keine Kenntnis. Das ändert jedoch nichts daran, dass er keinen Gewahrsam der E mehr brechen konnte, da E mit dem Gewahrsamsverlust einverstanden war. Eine Strafbarkeit wegen Diebstahls scheidet folglich aus. Jedoch hat sich L wegen seines Tatentschlusses zum Diebstahl und seines unmittelbaren Ansetzens hierzu eines versuchten Diebstahls strafbar gemacht.[294]

Willensmängel unbeachtlich

296 Fraglich ist, wie sich **Willensmängel** auf das Einverständnis auswirken. Zur Beantwortung dieser Fragen sei nochmals an folgende Punkte erinnert: Ein tatbestandsausschließendes Einverständnis hat einen rein tatsächlichen Charakter und gibt es nur bei Tatbestandsmerkmalen, die ein Handeln ohne oder gegen den Willen des

---

290 *Gropp, AT, § 6 Rn 63*
291 *BGHSt 23, 1, 3; Gropp, AT, § 6 Rn 61; Rengier, AT, § 23 Rn 45*
292 *Joecks/Jäger, StGB, § 242 Rn 11*
293 *Gropp, AT, § 6 Rn 62; Rengier, AT, § 23 Rn 46; Rönnau, JuS 2007, 18, 19; a.A. Roxin, AT I, § 13 Rn 76 f.*
294 *Vgl. Wessels/Beulke/Satzger, AT, Rn 563. Eine Bestrafung wegen Unterschlagung, § 246 I StGB, scheitert an der hier ebenfalls vorliegenden rechtfertigenden Einwilligung in die Zueignung.*

Rechtsgutsträgers voraussetzen. Folglich ändert der vorliegende Willensmangel nichts daran, dass das Einverständnis faktisch gegeben ist. Mithin führt auch das auf einem Willensmangel beruhende Einverständnis zum Ausschluss des Tatbestands. Daraus folgt eine weitere wichtige Regel:

MERKSATZ 297

Das **tatbestandsausschließende Einverständnis** ist wirksam, auch wenn es durch eine Täuschung erschlichen wurde. Maßgeblich ist allein der natürliche Wille des Rechtsgutsträgers.[295]

BEISPIEL 2: Der Betrüger B begehrt unter einem Vorwand Einlass in die Wohnung der Rentnerin R. Die vertrauensselige R bittet B herein. 298

Hätte R von den wahren Absichten des B gewusst, hätte sie ihn nicht in die Wohnung gelassen. Deshalb kommt eine Strafbarkeit des B wegen Hausfriedensbruchs, § 123 I StGB, in Frage. Dieser liegt nur vor, wenn der Täter in die Wohnung des Opfers „eindringt". Ein Eindringen verlangt jedoch ein Betreten des vom Hausrecht geschützten Bereichs ohne oder gegen den Willen des Hausrechtsinhabers. Dieser Wille ist in einem natürlichen Sinne zu verstehen. Wenn die Rentnerin R den B freiwillig in die Wohnung bittet, liegt schon begrifflich kein „Eindringen" des B in die Wohnung der R mehr vor. B hat sich folglich wegen des Einverständnisses der R nicht gem. § 123 I StGB strafbar gemacht.

Anders ist jedoch der Fall zu beurteilen, in dem der Rechtsgutsträger keine im natürlichen Sinne freie Entscheidung mehr trifft, da er sich aus seiner Sicht vollstreckender Staatsmacht beugt.[296] 299 (Angebliche) Vollstreckung

BEISPIEL 3: Der Betrüger B hat sich eine richterliche Anordnung für eine Hausdurchsuchung gefälscht. Er klingelt bei R und sagt auf ihr Öffnen hin: „Kriminalpolizei! Ich habe einen Durchsuchungsbefehl! Darf ich mal reinkommen?" Verschüchtert tritt R zur Seite und lässt B in die Wohnung. 300

Beispiel 3 unterscheidet sich von Beispiel 2 hinsichtlich der Freiwilligkeit der Entscheidungsfindung der R. In Beispiel 3 liegt keine Zustimmung des Rechtsgutsträgers im Sinne eines Einverständnisses mehr vor. B hat sich wegen Hausfriedensbruchs strafbar gemacht.
Wäre B tatsächlich Kriminalbeamter, wäre sein tatbestandlicher Hausfriedensbruch gem. §§ 102 f. StPO gerechtfertigt.

MERKSATZ 301

Beugt sich der Rechtsgutsträger tatsächlicher oder vermeintlicher Staatsmacht, liegt keine freie Entscheidung und mithin auch kein Einverständnis mehr vor.

---

295 *BGH, VRS 48, 175, 175 f.; Heinrich, AT, Rn 447; Wessels/Beulke/Satzger, AT, Rn 560*
296 *Vgl. S/S-Sternberg-Lieben, StGB, Vorbem §§ 32 ff. Rn 32 f.*

d) Zustimmung im Tatzeitpunkt

Nötig bei Beginn der Tatausführung

302 Ein Einverständnis ist nur gegeben, wenn es bei Beginn der Tatausführung vorliegt.

BEISPIEL: Die Tante-Emma-Laden-Besitzerin E beobachtet den Landstreicher L beim Diebstahl. Zunächst ist sie empört, dann aber tut ihr der alte Mann leid und sie schreitet nicht ein.

L hat sich wegen Diebstahls, § 242 StGB, strafbar gemacht. Die spätere Gestattung der E kann daran nichts mehr ändern.

3. Rechtfertigende Einwilligung

Autonomie des Rechtsgutsträgers

303 Ziel des Rechtsinstituts der Einwilligung ist es, dem Berechtigten einen autonomen Umgang mit seinen Gütern zu ermöglichen.[297] Damit hat der Berechtigte die Möglichkeit, seine Rechtsgüter zu selbst gewählten Zwecken preiszugeben. Der Eingreifende erhält durch eine wirksame Einwilligung die Erlaubnis, fremde Güter in einer Weise zu beeinträchtigen, die ihm sonst bei Strafe verboten ist.

Ungeschriebener Rechtfertigungsgrund

304 Die Einwilligung ist ein ungeschriebener Rechtfertigungsgrund. Das Gesetz regelt in den §§ 216 und 228 StGB nur Grenzen der Einwilligung, nicht aber deren Voraussetzungen. Sie wurden deshalb von Rechtsprechung und Lehre entwickelt.

a) Prüfungsschema Einwilligung

PRÜFUNGSSCHEMA

305
I. Objektive Voraussetzungen
1. **Dispositionsbefugnis**
2. **Kundgabe vor der Tat**
3. **Einwilligungsfähigkeit**
4. **Keine Willensmängel**
5. **Keine Sittenwidrigkeit (nur bei Körperverletzung, § 228 StGB)**

II. Subjektive Voraussetzungen

306 **KLAUSURHINWEIS**

Für die Prüfungspunkte 1. – 5. gibt es keine zwingende Reihenfolge. Dies ist letztlich die Folge der Tatsache, dass bei der Einwilligung die Einteilung in „Einwilligungslage" und „Einwilligungshandlung" nicht sinnvoll möglich ist.

b) Objektive Voraussetzungen

aa) Dispositionsbefugnis

Art des Rechtsguts

307 Zunächst muss der Einwilligende Dispositionsbefugnis haben. Diese fehlt grundsätzlich bei Rechtsgütern der Allgemeinheit, z.B. der staatlichen Rechtspflege und der Sicherheit des Straßenverkehrs. Aber auch bei Individualrechtsgütern fehlt im

297 *Amelung/Eymann, JuS 2001, 937, 938 f.; Rönnau, JURA 2002, 595, 595*

Einzelfall die Dispositionsbefugnis. So folgt z.B. aus der Strafbarkeit der Tötung auf Verlangen, § 216 StGB, dass es keine Dispositionsbefugnis des lebensmüden Tatopfers hinsichtlich der vorsätzlichen Verletzung des Rechtsguts Leben durch einen Dritten gibt. Jedoch muss die Straftat des § 216 StGB abgegrenzt werden zum straflosen Behandlungsabbruch bei der Sterbehilfe.[298]

Schützt ein Tatbestand mehrere Rechtsgüter, ist streitig, ob schon die zulässige Disposition über eines von ihnen zur Straffreiheit führt. Die Frage hierauf kann nicht generell gegeben werden, sondern hängt von den Besonderheiten des einzelnen Tatbestands ab und stellt folglich ein Problem des besonderen Teils dar, dem hier nicht weiter nachgegangen werden kann.[299] **308**

Träger des Rechtsguts

Die Dispositionsbefugnis fehlt weiterhin auch, wenn der Einwilligende selbst gar nicht Träger des Rechtsguts ist und auch sonst nicht rechtswirksam über das fremde Rechtsgut verfügen kann.[300] **309**

bb) Kundgabe der Einwilligung vor der Tat

Notwendig ist weiterhin, dass der zustimmende Wille nach außen (sei es auch nur konkludent) kundgetan worden ist. Durch diese Anforderung soll das Risiko verringert werden, dass die Rechtsgüter eines anderen verletzt werden, weil irrig von einer Zustimmung ausgegangen wird.[301] **310**

Die Einwilligung muss vor der Tat erfolgen. Eine nachträgliche Einwilligung kann an der bereits begründeten Strafbarkeit nichts mehr ändern, weil dadurch der Ungehorsam des Täters gegenüber der rechtsschützenden Norm nicht mehr aus der Welt geschafft werden kann.[302] **311**

BEISPIEL (nach BGH, 1 StR 530/12, „SM-SMS-Fall"): Opfer einer SM-Praktik erklärt erst nachträglich in einer SMS, dass ihr das Vorgehen des Täters gefallen und Befriedigung verschafft habe.

MERKSATZ **312**

Im Unterschied zur Einwilligung ist beim Einverständnis die Kundgabe nicht erforderlich. Beide müssen aber bei Tatbeginn vorgelegen haben.

cc) Einwilligungsfähigkeit

Verstandesreife

Die Einwilligung wird als Ausdruck praktizierter Selbstbestimmung eingeordnet. **313**
Deshalb darf die Einwilligung nicht an Fehlern leiden, die zu einer „inneren" Unfreiheit führen.[303] Folglich ist nur einwilligungsfähig, wer nach seiner sittlichen und geistigen Reife imstande ist, Bedeutung und Tragweite des gestatteten Eingriffs zu erkennen und sachgerecht zu beurteilen.[304] Hierbei gilt eine rein individuelle Betrachtung. Die §§ 105 ff. BGB haben insoweit keine strafrechtliche Bedeutung.[305]

298 *Vgl. hierzu unten bei Rn 351*
299 *Zum Streit bei § 315c StGB vgl. z.B. die Nachweise bei Joecks/Jäger, StGB, § 315c Rn 22 ff.*
300 *Amelung/Eymann, JuS 2001, 937, 939 f.*
301 *Roxin, AT I, § 13 Rn 71; Amelung/Eymann, JuS 2001, 937, 941; Rönnau, JuS 2007, 18, 19; ablehnend Joecks/Jäger, StGB, Vor § 32 Rn 25 f.*
302 *BGH, StV 2013, 548, 549; Amelung/Eymann, JuS 2001, 937, 941; Rönnau, JuS 2007, 18, 19*
303 *Rönnau, JuS 2007, 18, 19*
304 *BGHSt 23, 1, 4*
305 *RGSt 41, 392, 394; Otto, JURA 2004, 679, 681; Rönnau, JuS 2007, 18, 19*

Dies gilt nach h.M. auch für Eigentums- und Vermögensdelikte.[306] Bei mangelnder Einsichtsfähigkeit bedarf es der Zustimmung des gesetzlichen Vertreters.[307]

314 **MERKSATZ**

Beim **Einverständnis** genügt die natürliche Willensfähigkeit. Bei der **Einwilligung** ist darüber hinaus Verstandesreife erforderlich.

315 Fraglich ist, ob aus diesen Grundsätzen abgeleitet werden kann, dass jeder geistig gesunde Geschäftsfähige auch einwilligungsfähig ist.

Zahnextraktions-Fall

316 **BEISPIEL** (nach BGH, NJW 1978, 1206 ff., „Zahnextraktions-Fall"): Patientin P besteht gegenüber ihrem Zahnarzt Z auf der Extraktion sämtlicher Zähne, weil sie auf ihre Zähne ihre dauernden Kopfschmerzen zurückführt.

Der BGH hat dies implizit verneint. Weil P in laienhaftem Unverstand beharrlich an der von ihr selbst gestellten Diagnose festgehalten habe, sei ihre Einwilligung unwirksam gewesen.

317 Dem kann jedoch nicht gefolgt werden, weil ein geistig normaler Erwachsener für seine Entscheidungen die alleinige Verantwortung übernimmt und damit den Entscheidungsempfänger von seiner Verantwortung befreit. Anderenfalls wird die Einwilligung von einem Mittel der Ermöglichung von Autonomie zu einem Mittel der Bevormundung.[308] Einwilligungsunfähig ist folglich nur derjenige, der des Schutzes vor sich selbst bedarf, weil er wegen eines psychischen Defekts auch nicht subjektiv vernünftig mit seinen Gütern umgehen kann.[309]

Ärztliche Heileingriffe

318 Ist somit zwar jeder geistig gesunde Geschäftsfähige grundsätzlich als einwilligungsfähig anzusehen, so ergibt sich dennoch eine Sondersituation bei ärztlichen Heileingriffen. Hier ist der Patient in der Regel nicht in Lage, die medizinischen Rahmenbedingungen eigenständig zu erfassen. Er bedarf deshalb ausführlicher und inhaltlich zutreffender Aufklärung durch den Arzt.[310] Ist die Aufklärung unzutreffend oder unzureichend, ist die Einwilligung des Patienten unwirksam und der Arzt macht sich wegen Körperverletzung strafbar.[311]

dd) Keine Willensmängel

Wesentlichkeit des Willensmangels

319 Weiterhin muss die Einwilligung frei von wesentlichen Willensmängeln erteilt worden sein. Streitig ist jedoch, wann ein Willensmangel wesentlich ist.

Streitig, ob Irrtum rechtsgutsbezogen sein muss

320 Nach einer Ansicht liegt ein wesentlicher Willensmangel, der eine wirksame Einwilligung ausschließt, nur vor, wenn er „rechtsgutsbezogen" ist. Schutz verdiene nur derjenige, der sein Rechtsgut unfreiwillig aufgebe, weil er zu dessen Aufopferung genötigt oder über Art und Umfang der an diesem Gut eintretenden Beeinträchtigung getäuscht werde.[312]

---

306 *a.A. S/S-Lenckner, StGB (27. A.), Vorbem §§ 32 ff., Rn 39*
307 *Amelung/Eymann, JuS 2001, 937, 940; Wessels/Beulke/Satzger, AT, Rn 568*
308 *Amelung/Eymann, JuS 2001, 937, 942; Otto, JURA 2004, 679, 681*
309 *Amelung/Eymann, JuS 2001, 937, 942; Hruschka, JR 1978, 519, 520 ff.*
310 *BGHSt 43, 306, 309; BGH, NStZ 2004, 442, 442*
311 *Zur Frage, ob ärztliche Heileingriffe überhaupt tatbestandsmäßige Körperverletzungen darstellen, näher im Skript Strafrecht BT II*
312 *S/S-Sternberg-Lieben, StGB, Vorbem §§ 32 ff. Rn 46 f.; Kühl, AT, § 9 Rn 37 ff.; Wessels/Beulke/Satzger, AT, Rn 573*

Nach anderer Ansicht führt grundsätzlich jeder Willensmangel zur Unwirksamkeit der Einwilligung.[313] Wenn und weil es bei der Einwilligung um den Schutz der Autonomie des Rechtsgutsträgers gehe, müsse diesem auch die täuschungsfreie Entscheidung über seine Rechtsgüter obliegen. **321**

Stellungnahme

Die letztgenannte Auffassung verdient schon wegen der völlig unklaren Abgrenzung, wann ein Irrtum nun „rechtsgutsbezogen" ist,[314] den Vorzug. Eventuell auftretende Härten können dadurch ausgeglichen werden, dass der Einwilligungsempfänger nur dann bestraft werden kann, wenn ihm auch Vorsatz oder – sofern ein entsprechender Fahrlässigkeitstatbestand existiert – Fahrlässigkeit vorgeworfen werden können.[315] **322**

BEISPIEL 1: S spendet Blut für einen angeblich wohltätigen Zweck. In Wahrheit wird die Blutspende kommerziell verwertet. **323**

BEISPIEL 2: Mutter M spendet Blut, weil ihr Kind sonst angeblich nicht überleben werde. In Wahrheit wird die Blutspende kommerziell verwertet.

Sofern man mit dem BGH von der Tatbestandsmäßigkeit des ärztlichen Heileingriffs im Rahmen der Körperverletzungsdelikte ausgeht,[316] wird der jeweilige Arzt nur dann nicht gem. § 223 I StGB bestraft, wenn eine Einwilligung vorliegt. Dies ist in den Beispielen fraglich, weil S für einen wohltätigen Zweck spenden wollte und M nur spendete, um das angeblich bedrohte Leben ihres Kindes zu retten. **324**

Nach erstgenannter Ansicht ist die Einwilligung des S in Beispiel 1 wirksam, da die autonome Entscheidung des S über sein Rechtsgut durch die Täuschung über die Verwendung der Spende nicht beeinträchtigt werde. Demgegenüber wäre die Einwilligung der M in Beispiel 2 unwirksam, weil die vermeintliche Lebensgefahr für ihr Kind einen nötigungsähnlichen Zwang erzeugt, der ihre freie und autonome Entscheidung ausschließt.[317] Nach der letztgenannten Meinung wäre die Einwilligung in beiden Beispielen unwirksam. **325**

MERKSATZ **326**

Das Einverständnis ist wirksam, auch wenn es durch Täuschung erschlichen wurde. Die Einwilligung ist in diesem Fall unwirksam.

ee) Bei Körperverletzungen: Keine Sittenwidrigkeit nach § 228 StGB

Verstößt die Körperverletzung trotz der Einwilligung gegen die guten Sitten, so handelt der Täter dennoch rechtswidrig. Aus dieser Regelung des § 228 StGB folgt eine relative Einwilligungssperre bei sittenwidrigen Körperverletzungen.[318] Wegen **327**

---

313 *OLG Stuttgart, NJW 1982, 2266, 2267; Stratenwerth/Kuhlen, AT, § 9 Rn 26; Rönnau, JuS 2007, 18, 19; vgl. auch BGHSt 32, 267, 269*

314 *Vgl. z.B. Gropp, AT, § 6 Rn 44 und Jescheck/Weigend, AT, § 34 V 5, die als Vertreter der Rechtsgutsbezogenheit eine Ausnahme für den Fall der Nichterreichung des „altruistischen Zwecks" (vgl. Beispiel 1) machen wollen.*

315 *Amelung/Eymann, JuS 2001, 937, 944*

316 *Vgl. die Fälle BGHSt 43, 306; 16, 309; 11, 111*

317 *S/S-Sternberg-Lieben, StGB, Vorbem § 32 ff. Rn 47; Kühl, AT, § 9 Rn 39*

318 *Rönnau, JuS 2007, 18, 19*

seiner verfassungsrechtlich problematischen Unbestimmtheit ist die Sittenwidrigkeitsklausel in § 228 StGB restriktiv auszulegen. Dennoch bleibt fraglich, wie die Sittenwidrigkeit konkret zu bestimmen ist.

Sittenwidrigkeit

328 **DEFINITION**

Eine **sittenwidrige Einwilligung** liegt vor, wenn das Anstandsgefühlt aller billig und gerecht Denkenden verletzt ist.[319] Die Verletzung des Anstandsgefühls aus der Perspektive einzelner Gruppen oder des Gerichts genügt nicht.[320]

Schweregrad der Verletzung entscheidend

329 Ausweislich des Gesetzeswortlauts ist insoweit auf die Körperverletzung (also den Taterfolg) und nicht auf die Einwilligung selbst abzustellen. Mithin unterfallen nicht die Tatmotive dem Sittenwidrigkeitsurteil. Die moralische Bewertung der Tat hat folglich an dieser Stelle keine Relevanz. Maßgebend ist allein, ob der Eingriff in die körperliche Integrität eines anderen in so schwerer Weise stattfindet, dass die Folgen weder für den Einzelnen noch für die Rechtsgemeinschaft abzusehen sind. Das hat zur Konsequenz:

Die **ex ante** betrachtet bestehende Gefahr der genannten Verletzungen ist stets ausreichend

330 **MERKSATZ**

Zumindest bei Verletzungen oder der vorausschauend betrachtet konkreten Gefahr von Verletzungen, die im Schweregrad den in § 226 StGB genannten entsprechen, **bei schweren Verstümmelungen und Entstellungen** oder bei Eintritt einer **konkreten Todesgefahr** ist die Rechtfertigung durch Einwilligung ausgeschlossen.[321]

Lebensgefährdung, § 222 StGB

331 Diese Grundsätze hat der BGH auf die Fälle übertragen, in denen das spätere Opfer in das Risiko des eigenen Todes eingewilligt und sich dieses anschließend – im Rahmen des von der Einwilligung „gedeckten" Geschehensablaufs – verwirklicht hat. Auch in diesen Fällen scheide eine Rechtfertigung der Tat durch die Einwilligung des Opfers bei konkreter Todesgefahr aus.[322] Für gefährliches Handeln im Straßenverkehr (z.B. konkrete Todesgefahr des Beifahrers bei einem illegalen Autorennen) gilt nichts anderes.[323]

Verletzungen im Sport

332 Bei Verletzungen im Sport liegt eine Einwilligung wegen Sittenwidrigkeit dann nicht mehr vor, wenn bewusst regelwidrige Schädigungen herbeigeführt werden.[324]

Sado-Maso-Fall

333 **BEISPIEL** (nach BGHSt 49, 166 ff. = RA 2004, 582 ff., „Sado-Maso-Fall"): Die Ehefrau F zog besondere sexuelle Befriedigung aus sado-masochistischen Würgespielen. Auf ihr Drängen hin würgte ihr Mann M sie ohne Tötungsvorsatz mit einem Metallrohr. Dabei brach er ihr den Kehlkopf, weshalb sie erstickte. Strafbarkeit des M wegen § 223 I StGB oder gar § 227 StGB?

---

319 *Kindhäuser, StGB, § 228 Rn 10*

320 *Gropp, AT, § 6 Rn 52*

321 *BGHSt 49, 34, 44 („Heroininjektions-Fall"); BGH, NStZ 2015, 270, 272 f.; Otto, JURA 2004, 679, 681; zusammenfassend Bott, JA 2009, 421, 421 ff.; Trüg, JA 2004, 597, 598 f.*

322 *BGHSt 49, 166, 175*

323 *BGH, NStZ 2009, 148, 150*

324 *Kett-Straub/Linke, JA 2010, 25, 28 („Beißen des Gegners à la Mike Tyson")*

Nach obigen Maßstäben kommt es nicht auf die moralische Bewertung Sado-Masochistischer-Sexualpraktiken an. Alleine wegen der konkret lebensgefährlichen Behandlung der F durch M scheidet eine Rechtfertigung des M wegen der Sittenwidrigkeit der Einwilligung aus.

334 Über die o.g. Fallgruppen der Sittenwidrigkeit hinaus hat der BGH zu **verabredeten Schlägereien z.B. von Fußball-Hooligans** entschieden, dass die mit derartigen Tätlichkeiten typischerweise verbundene Eskalationsgefahr zu berücksichtigen sei.[325] Beteiligen sich mehrere Personen an einer körperlichen Auseinandersetzung, so kann darüber hinaus dem § 231 StGB entnommen werden, dass auch die konkrete Gefahr einer schweren Gesundheitsbeschädigung zur Sittenwidrigkeit der Tat führt. Die Einwilligung in solche Handlungen hat schon deshalb keine rechtfertigende Wirkung, weil § 231 StGB auch den Schutz unbeteiligter Personen bezweckt, die durch Angriff oder Schlägerei in Gefahr gebracht werden können.[326]

Eskalationsgefahr bei verabredeten Schlägereien („3. Halbzeit")

Für die Beurteilung der Sittenwidrigkeit kommt es also auch darauf an, ob gesetzliche Vorschriften verletzt werden, die dem Schutz von Universalrechtsgütern dienen, zugleich aber auch den Schutz von Individualrechtsgütern mitbewirken. Der BGH schränkt dies aber für den Bereich der **indirekten Sterbehilfe** ein, da hier die Freiheit zur Disposition über das Rechtsgut der körperlichen Unversehrtheit besondere Bedeutung habe: Die Verabreichung von Morphin bei einem Sterbenden durch eine Pflegekraft kann deshalb auch dann durch erklärte oder mutmaßliche Einwilligung gerechtfertigt sein, wenn sie nicht der ärztlichen Verordnung entspricht. Ein zugleich vorliegender Verstoß gegen § 29 I 1 Nr. 6 b BtMG steht dem nicht zwingend entgegen.[327]

Indirekte Sterbehilfe

335 **KLAUSURHINWEIS**

Nach einer M.M. ist § 228 StGB wegen Unbestimmtheit verfassungswidrig.[328] Hier gilt für die Klausur der Grundsatz, dass aus einer Strafrechtsklausur keine Verfassungsrechtsklausur gemacht werden darf. Probleme der Verfassungswidrigkeit einer Norm wegen mangelnder Bestimmtheit sind nur anzusprechen, wenn der Sachverhalt ausdrücklich auf dieses Problem hinweist. Das ist in der Regel jedoch nicht der Fall.

c) Subjektive Voraussetzungen

336 Der Täter muss in Kenntnis und aufgrund der Einwilligung gehandelt haben.

4. Mutmaßliche Einwilligung

337 Die mutmaßliche Einwilligung ist ein ungeschriebener Rechtfertigungsgrund, der gewohnheitsrechtlich anerkannt ist.[329]

Gewohnheitsrechtlich anerkannt

325 BGH, NStZ 2013, 342, 343 = RA 2013, 265, 268

326 BGH, NStZ 2015, 270, 274 f. = RA 2015, 216, 221 f.; Sternberg-Lieben, JZ 2013, 953, 956

327 BGH, JuS 2020, 80; zustimmend Kudlich, JA 2019, 953, 955

328 Sternberg-Lieben, Schranken der Einwilligung, 1997, S. 121 ff., 162; BGH, NStZ 2015, 270, 273: „Der mithin zu konstatierenden Unbestimmtheit des Begriffs der guten Sitten ist dadurch zu begegnen, dass er in § 228 StGB strikt auf das Rechtsgut der Körperverletzungsdelikte bezogen und auf seinen Kerngehalt reduziert wird."

329 BGHSt 45, 219, 221; 16, 309, 312

338 **MERKSATZ**

Die **mutmaßliche Einwilligung** steht dogmatisch zwischen der Einwilligung und dem rechtfertigenden Notstand, § 34 StGB. Von der Einwilligung unterscheidet sie sich dadurch, dass sie eine Willensäußerung nicht voraussetzt. Vom rechtfertigenden Notstand unterscheidet sie sich dadurch, dass es nicht auf eine objektive Interessenabwägung, sondern auf die Ermittlung des hypothetischen Willens des Berechtigten ankommt. Dennoch werden sich hypothetischer Wille und objektive Interessenabwägung häufig entsprechen.[330]

Subsidiarität

339 Die mutmaßliche Einwilligung ist subsidiär. Sie ist nur denkbar, wenn weder eine ausdrückliche Einwilligung erteilt wurde, noch eine solche explizit abgelehnt wurde; sie ist ein „Einwilligungssurrogat".[331]

340 **KLAUSURHINWEIS**

Die mutmaßliche Einwilligung hat grundsätzlich die gleichen Wirksamkeitsvoraussetzungen wie die Einwilligung. Der Unterschied liegt alleine darin, dass es an der ausdrücklichen oder zumindest konkludenten Einwilligungserklärung fehlt.[332]

a) Prüfungsschema mutmaßliche Einwilligung

PRÜFUNGSSCHEMA

341 **I. Objektive Voraussetzungen**
  1. Vorliegen eines disponiblen Rechtsguts
  2. Kein Vorliegen einer Einwilligung
  3. Kein erkennbar entgegenstehender Wille des Rechtsgutsträgers
  4. Einwilligungsfähigkeit des Betroffenen
  5. • Handeln im materiellen Interesse des Betroffenen
    • (oder) Handeln, ohne schutzwürdige Interessen zu berühren
II. Subjektive Voraussetzungen

b) Fallgruppe: Handeln im Interesse des Betroffenen

342 Die mutmaßliche Einwilligung wird in zwei Fallgruppen relevant.

Zwei Fallgruppen

In der **ersten Fallgruppe** geht es um Fälle, in denen der Täter im materiellen Interesse des Betroffenen handelt.
In der **zweiten Fallgruppe** geht es demgegenüber um Fälle, in denen ein eigennütziges Handeln des Täters vorliegt.

Ermittlung des wahren Willens des Berechtigten

343 In Fällen, in denen der Täter im materiellen Interesse des Betroffenen handelt, kommt eine mutmaßliche Einwilligung nur in Betracht, wenn es nicht möglich war,

330 *Roxin, AT I, § 18 Rn 4 f.*
331 *Heinrich, AT, Rn 475; Roxin, AT I, § 18 Rn 10*
332 *Heinrich, AT, Rn 476; Roxin, AT I, § 18 Rn 4*

vorher eine Einwilligung einzuholen.[333] U.U. muss z.B. eine laufende Operation abgebrochen werden, um bei neuer Sachlage dem Patienten die Möglichkeit zu einer selbstbestimmten Entscheidung zu geben.[334] Bei der Bestimmung des mutmaßlichen Willens geht es nicht darum, zu ermitteln, was ein verständiger Dritter wollen würde, sondern alleine um die Ermittlung des wahren Willens des Berechtigten, mag dieser Wille auch objektiv unvernünftig sein.[335] Nur wenn keinerlei Anhaltspunkte dafür vorliegen, was der Berechtigte gewollt hätte, wenn man ihn hätte fragen können, ist davon auszugehen, dass sein hypothetischer Wille mit dem übereinstimmt, was üblicherweise als normal und vernünftig angesehen wird.[336]

Vor dem Hintergrund dieser generellen Regel lassen sich mit der sachgebundenen, **344** der persönlichkeitsgebundenen und der existentiellen Entscheidung drei unterschiedliche Fallgestaltungen unterscheiden: Sachgebundene, persönlichkeitsgebundene und existenzielle Entscheidungen.

Sachgebundene Entscheidungen

Sachgebundene Entscheidungen berühren ausschließlich oder doch überwiegend nur **345** Sachinteressen. Sie werden in der Regel nicht nach individuellen, sondern nach generalisierbaren Abwägungen getroffen. Deswegen lässt sich folgende Regel aufstellen:

MERKSATZ **346**

Bei **sachgebundenen Entscheidungen** liegt eine mutmaßliche Einwilligung schon dann vor, wenn bei objektiver Abwägung dem eindeutig überwiegenden Interesse des Rechtsgutsträgers Rechnung getragen wird. Dies gilt nur dann nicht, wenn der Handelnde von gegenteiligen Indizien Kenntnis hat.[337]

BEISPIEL 1: Nachbar M betritt den Garten des N, um dessen polsterbezogene Gartenmöbel vor einem heraufziehenden Gewitter in Sicherheit zu bringen. Er stellt diese auf die überdachte Terrasse. Strafbarkeit wegen Hausfriedensbruchs, § 123 I StGB? **347**

In Beispiel 1 wird der besonders schutzwürdige Bereich höchstpersönlicher Lebensgestaltung allenfalls am Rande betroffen. Die Entscheidung des M, das Eigentum des N vor dem Regen in Sicherheit zu bringen, berührt ausschließlich oder doch überwiegend nur Sachinteressen. Sie ist folglich „sachgebunden“. Mithin ist M gerechtfertigt. Das gilt selbst dann, wenn sich später herausstellen sollte, dass N mit dem Betreten seines Grundstücks durch M tatsächlich nicht einverstanden war.[338]

Persönlichkeitsgebundene Entscheidungen

Bei persönlichkeitsgebundenen Entscheidungen ist der Bereich persönlicher **348** Lebensgestaltung betroffen. Es kommt in derartigen Fällen alleine auf die individuelle Ansicht des Rechtsgutsträgers an, ob er in derartigen Fällen den Eingriff wünscht. Generalisierbare Maßstäbe lassen sich in diesem Bereich, der die Persönlichkeit des Betroffenen in besonderer Weise berührt, deutlich schwerer aufstellen als bei sachgebundenen Entscheidungen. Folglich gilt:

333 *Heinrich, AT, Rn 477*
334 *Vgl. BGHSt 11, 111, 114 f.*
335 *Gropp, AT, § 6 Rn 205; Heinrich, AT, Rn 477*
336 *BGHSt 45, 219, 221; 35, 246, 249 f.*
337 *Roxin, AT I, § 18 Rn 20; zust. Jäger, AT, § 4 Rn 146*
338 *Heinrich, AT, Rn 477; Roxin, AT I, § 18 Rn 20*

349 **MERKSATZ**

Bei **persönlichkeitsgebundenen Entscheidungen** darf der Täter grundsätzlich nicht von einer mutmaßlichen Einwilligung ausgehen. Nur wenn besondere Umstände vorliegen ist nach besonders gewissenhafter Prüfung durch den Täter von einer mutmaßlichen Einwilligung ausgehen.

350 **BEISPIEL 2:** Nachbar M betreut das Haus des N während dessen Urlaubs. Als ein Brief von der Stadtverwaltung im Briefkasten liegt, der den Vermerk „dringend" trägt, öffnet M den Brief nach längerem Zögern, um eventuellen Schaden von N abzuwenden. Zu seiner Überraschung kommt der Brief von der bei der Stadt beschäftigten heimlichen Geliebten des N. Strafbarkeit wegen Verletzung des Briefgeheimnisses, § 202 I StGB?

In Anwendung obiger Grundsätze hat sich M in Beispiel 2 nicht gem. § 202 I StGB strafbar gemacht, da die Öffnung des Briefes ex ante im Interesse des N lag und M die Interessenlage gewissenhaft geprüft hat.[339]

Existentielle Entscheidungen

351 Bei der Fallgruppe der existentiellen Entscheidungen geht es schließlich um Entscheidungen über Leben und Tod, die vor allem bei der Operation Bewusstloser auftreten. Weil der Tod des Patienten unumkehrbar ist, ist grundsätzlich von einer mutmaßlichen Einwilligung im Hinblick auf lebensrettende Maßnahmen auszugehen.[340]

352 **MERKSATZ**

Bei **existentiellen Entscheidungen** ist grundsätzlich von einer mutmaßlichen Einwilligung auszugehen.

353 **BEISPIEL 3:** Der Motorradfahrer F wird nach einem schweren Verkehrsunfall bewusstlos in die Uniklinik eingeliefert. Sein Leben kann nur durch eine sofortige Notoperation gerettet werden. Diese wird von den Ärzten umgehend durchgeführt. F überlebt. Strafbarkeit wegen Körperverletzung gem. § 223 I StGB?

Die Ärzte haben sich wegen mutmaßlicher Einwilligung des F nicht wegen Körperverletzung, § 223 I StGB, strafbar gemacht.

Behandlungsabbruch Fall der Sterbehilfe

354 Hiervon zu unterscheiden sind die gegenteilig gelagerten Fälle einer mutmaßlichen Einwilligung in einen **Behandlungsabbruch** im Fall der Sterbehilfe.[341] Sofern es einen entsprechenden (gemutmaßten) Patientenwillen gibt (vgl. § 1901a f. BGB), kommt eine mutmaßliche Einwilligung unter folgenden Voraussetzungen in Betracht: (1.) Die betroffene Person muss lebensbedrohlich erkrankt sein, (2.) die abgebrochene Maßnahme muss medizinisch zur Erhaltung oder Verlängerung des Lebens geeignet gewesen sein und (3.) muss ein objektiver und subjektiver Zusammenhang des Abbruchs mit dieser medizinischen Behandlung bestehen.[342] Schließlich ist zu beachten, dass ein Behandlungsabbruch sowohl durch Unterlassen als auch durch aktives Tun vorgenommen werden kann.[343]

---

339 *Heinrich, AT, Rn 477a; Wessels/Beulke/Satzger, AT, Rn 604; a.A. Roxin, AT I, § 18 Rn 21*

340 *Jäger, AT, § 4 Rn 146; Roxin, AT I, § 18 Rn 24*

341 *Rönnau/Meier, JuS 2018, 851, 854 f.*

342 *BGH, NStZ 2010, 630, 632*

343 *BGH, NStZ 2010, 630, 631*

Als Fazit ist zu betonen, dass eine mutmaßliche Einwilligung auch vorliegen kann, wenn die Rechtsverletzung objektiv (ex post) nicht im Interesse des Berechtigten lag, also trotz gewissenhafter Prüfung der tatsächliche Wille des Berechtigten nicht richtig gemutmaßt wurde.[344] 355 Gewissenhafte Prüfung

c) Fallgruppe: Eigennütziges Handeln des Täters

Die zweite relevante Fallgruppe betrifft Fälle, in denen ein eigennütziges Handeln des Täters vorliegt, das keine schutzwürdigen Interessen des Opfers berührt. Grundsätzlich kommt auch in Fällen eigennützigen Handelns eine mutmaßliche Einwilligung in Betracht. Der hypothetische Wille, das eigennützige Verhalten zu gestatten, kann sich aus Freundschaft, Großzügigkeit, völlig mangelndem Interesse oder Hilfsbereitschaft ergeben, muss aber sorgfältig geprüft werden.[345] Auf die Frage, ob eine Einwilligung zuvor einholbar gewesen wäre, kommt es in den Fällen völlig mangelnden Interesses des Berechtigten nicht an.[346] 356

BEISPIEL 1: N ist für mehrere Wochen in Urlaub gefahren. Das Fallobst im Garten des N droht folglich zu verderben. Deswegen betritt Nachbar M den Garten des N und sammelt das Obst zum eigenen Verzehr ein. Hat er sich wegen Hausfriedensbruchs, § 123 I StGB, und Diebstahls, § 242 StGB, strafbar gemacht? 357

BEISPIEL 2: Der Zivildienstleistende Z geht für Frau F zur Bank, um dort in ihrem Auftrag Geld vom Sparbuch abzuheben. Er tauscht einen druckfrischen 50-€-Schein, den er gerne behalten möchte, gegen einen älteren 50-€-Schein aus seinem Bestand ein und übergibt der F diesen. Hat Z sich wegen Unterschlagung, § 246 StGB, strafbar gemacht?

In Beispiel 2 fehlt es an einem schutzwürdigen Erhaltungsinteresse der F, weswegen von einer mutmaßlichen Einwilligung auszugehen ist.[347] Demgegenüber ist in Beispiel 1 davon auszugehen, dass der Eigentümer N während seines Urlaubs nicht ständig fremde Leute in seinem Garten haben will, die dort Obst sammeln, sodass eine mutmaßliche Einwilligung nicht vorliegt.[348] 358 Einzelfall-bezogene Betrachtung

5. Hypothetische Einwilligung

Streitig ist, ob über die (mutmaßliche) Einwilligung hinaus auch Fälle hypothetischer Einwilligung anzuerkennen sind. 359

BEISPIEL (nach BGH, NStZ-RR 2004, 16 ff.): P hat zwei Bandscheibenvorfälle und begibt sich zur Operation des schwereren von beiden ins Krankenhaus. Arzt A operiert den falschen (weil nur leichten) Bandscheibenvorfall. Dies verheimlicht er der Patientin P und täuscht vor, dass wegen Komplikationen eine nochmalige Operation notwendig sei. P willigt ein. Bei der zweiten Operation operiert A den richtigen (schweren) Bandscheibenvorfall. Hätte er P die Wahrheit gesagt, hätte sie wohl auch in die zweite Operation eingewilligt. Hat sich A bei der zweiten Operation wegen Körperverletzung, § 223 I StGB, strafbar gemacht? 360

---

344 *Gropp, AT, § 6 Rn. 198-200, 203; Roxin, § 18 Rn 1 f. (Fall des „erlaubten Risikos"; str.)*
345 *Roxin, AT I, § 18 Rn 17*
346 *Heinrich, AT, Rn 478; Mitsch, ZJS 2012, 38, 41*
347 *Wessels/Beulke/Satzger, AT, Rn 593; für einen ähnlichen Fall auch Heinrich, AT, Rn 478*
348 *Roxin, AT I, § 18 Rn 27*

Parallele zum rechtmäßigen Alternativverhalten

361 Die von P erklärte Einwilligung ist wegen der Täuschung unwirksam. Eine mutmaßliche Einwilligung kommt schon deshalb nicht in Betracht, weil es möglich war, eine Einwilligung einzuholen. Nach BGH soll die Rechtswidrigkeit des Eingriffs allerdings auch dann entfallen, wenn der Patient bei wahrheitsgemäßer Aufklärung in die tatsächlich durchgeführte Operation eingewilligt hätte. Hierfür trage nicht der Angeklagte die Beweislast. Vielmehr gelte auch hier der Zweifelssatz (in dubio pro reo).[349] Die hypothetische Einwilligung beziehe sich, jedenfalls bei Fehlen einer weitergehenden Aufklärung, jedoch nur auf eine lege artis, d.h. nach dem Stand der medizinischen Wissenschaft durchgeführte Heilbehandlung.[350] Diese Auffassung überträgt augenscheinlich Überlegungen aus dem Bereich des rechtmäßigen Alternativverhaltens bei den Fahrlässigkeitsdelikten in den Bereich der Rechtswidrigkeit: Wäre bei rechtmäßigem Alternativverhalten (= Einhaltung der erforderlichen Sorgfalt) der Verletzungserfolg ebenfalls eingetreten, so soll es am sog. Pflichtwidrigkeitszusammenhang und damit am Erfolgsunrecht fehlen.[351] Deshalb stellt sich schon die Frage, ob es sich bei der vom BGH „erfundenen" Rechtsfigur der hypothetischen Einwilligung nicht eher um einen Zurechnungsausschluss auf Unrechtsebene handeln müsste.[352]

Verletzung des Selbstbestimmungsrechts

362 Dieser Auffassung kann nicht gefolgt werden.[353] Anderenfalls könnte der Arzt nunmehr dem Patienten jedes Risiko aufzwingen, das die lex artis noch deckt, indem er den Patienten unvollständig aufklärt. Denn die Frage, ob der Patient auch bei ordnungsgemäßer Aufklärung in die Behandlung eingewilligt hätte, lässt sich nicht mehr aufklären.[354] Außerdem ist auch ein Dieb nicht gerechtfertigt, wenn der Bestohlene nachträglich erklärt, er hätte dem Dieb die gestohlene Sache geschenkt, wenn dieser ihn vorher gefragt hätte. In gleichem Maße kann auch ein unter Verletzung des Selbstbestimmungsrechts des Patienten erfolgter Eingriff nicht gerechtfertigt sein, wenn der Patient nachträglich erklärt, er hätte dem Eingriff zugestimmt, wenn er ordnungsgemäß aufgeklärt worden wäre.[355] Letztlich wird durch diese Rechtsfigur das – sonst vom BGH zu Recht hochgehaltene – Selbstbestimmungsrecht des Patienten ausgehöhlt,[356] selbst wenn der BGH diese Rechtsfigur bei vorsätzlicher Täuschung (über die Erfolgsaussichten der Behandlung) nicht anwenden möchte.[357]

§ 630h II 2 BGB

363 Es ist streitig, ob § 630h II 2 BGB (Geltung seit dem 26.02.2013) als Bestätigung der dargestellten Rspr. des BGH verstanden werden muss. Dagegen spricht erstens, dass § 630 h BGB zivilrechtliche Beweislastfragen regelt, aber nicht die strafrechtliche Frage nach der Strafbarkeit bzw. Rechtswidrigkeit eines Verhaltens. Zweitens knüpft § 630h II 2 BGB an eine nachträgliche und damit rückwirkende Betrachtung an, die

---

349 *BGH, NStZ-RR 2004, 16, 17; Kuhlen, JR 2004, 227, 227 ff. (keine Zurechenbarkeit)*

350 *BGH, NStZ 2012, 205, 206; NStZ-RR 2007, 340, 341*

351 *So für das Fahrlässigkeitsdelikt jetzt explizit BGH, NJW 2013, 1688, 1689; LK-Rönnau, StGB, Vor § 32 Rn 230; S/S-Sternberg-Lieben/Schuster, StGB, § 15 Rn 174; Geppert, JK 4/08, StGB § 223/4*

352 *Jäger, JA 2012, 70, 72*

353 *Ausführlich Jansen, ZJS 2011, 482, 489 ff., mit dem Vorschlag, parallel zu § 110 öStGB einen Tatbestand der „eigenmächtigen Heilbehandlung" einzuführen und Sowada, NStZ 2012, 1, 1 ff.; S/S-Sternberg-Lieben, StGB, § 223 Rn 40h; AG Moers, JA 2016, 472 = RA 2016, 45*

354 *Puppe, GA 2003, 764, 795 ff.*

355 *Otto, JURA 2004, 679, 683*

356 *Jäger, JA 2012, 70, 72; Satzger, JK 5/12, StGB § 223/6*

357 *BGH, NJW 2013, 1688, 1689*

im Strafrecht schon wegen § 8 StGB grundsätzlich außer Betracht zu bleiben hat. § 630h II 2 BGB teilt das Schicksal der §§ 142 I, 184 I BGB, deren Rückwirkungsfiktionen die durch die Tathandlung begründete Strafbarkeit ebenfalls nicht ex post aufzuheben vermögen.[358]

A hat sich daher wegen § 223 I StGB strafbar gemacht.[359]

VI. NOTWEHR, § 32 StGB

Die Notwehr ist der „schneidigste" aller Rechtfertigungsgründe. Das Notwehrrecht basiert auf dem Grundsatz, dass das **Recht dem Unrecht nicht weichen muss**[360] und dem Angegriffenen eine „schimpfliche Flucht"[361] nicht zugemutet werden kann. Dieser Erlaubnis zur Verteidigung des Rechts liegen nach h.M. (dualistischer Ansatz) **zwei Schutzprinzipien** zugrunde: **364** Dualistischer Ansatz

- Einerseits geht es um das **individualrechtliche Selbstschutzprinzip**, welches es dem Angegriffenen gestattet, seine Rechtsgüter vor dem Angriff zu schützen. **365** Selbstschutzprinzip Rechtsbewährungsprinzip

- Andererseits geht es um das **überindividuelle Rechtsbewährungsprinzip**, wonach der sich in Notwehr Verteidigende auch die Rechtsordnung insgesamt verteidigt.[362]

1. Prüfungsschema Notwehr, § 32 StGB

PRÜFUNGSSCHEMA

366

I. Objektive Voraussetzungen
- **1. Notwehrlage**
  - **Angriff auf rechtlich geschütztes Interesse**
  - **Gegenwärtigkeit des Angriffs**
  - **Rechtswidrigkeit des Angriffs**
- **2. Notwehrhandlung**
  - **gegenüber dem Angreifer**
  - **geeignet zur Angriffsabwehr**
  - **erforderlich zur Angriffsabwehr**
  - **geboten zur Angriffsabwehr**

II. Subjektive Voraussetzungen (Verteidigungswille)

2. Notwehrlage

Eine Notwehrlage ist gegeben, wenn sich das Opfer (dessen Strafbarkeit geprüft wird) einem gegenwärtigen, rechtswidrigen Angriff gegenüber sieht. **367**

---

358 *Conrad/Koranyi, JuS 2013, 979, 985*

359 *Vor dem Hintergrund der abweichenden Rechtsprechung müsste in einer Klausur noch die Frage angesprochen werden, ob sich der Arzt auf einen Verbotsirrtum gem. § 17 StGB berufen kann.*

360 *RGSt 21, 168, 170; Jescheck/Weigend, AT, § 32 I 1*

361 *RGSt 16, 69, 72*

362 *BGHSt 48, 207, 212; 24, 356, 359; Jescheck/Weigend, AT, § 32 I 2; ausführlich Kasiske, JURA 2004, 832, 833 ff.; für eine rein individualrechtliche Deutung z.B. Frister, AT, Rn 16/3*

Objektive Ex-post-Prüfung

368 Bei dieser Prüfung ist ein **rein objektiver Prüfungsmaßstab** („ex post") maßgebend. Das schneidige Notwehrrecht steht nur demjenigen zu, der bei objektiver Betrachtung tatsächlich Opfer eines Angriffs ist. Wer sich die Voraussetzungen einer Notwehrlage irrigerweise vorstellt, befindet sich in einem Irrtum über das Vorliegen eines Rechtfertigungsgrundes.[363] Irrt sich das Opfer nur über die Intensität des Angriffs, ändert dies im Bereich der Notwehrlage nichts daran, dass jedenfalls ein Angriff vorliegt.

BEISPIEL 1: T verwendet bei einer Geiselnahme eine täuschend echt aussehende Pistolenattrappe, um die Geiseln zu bedrohen.

Wenn T auch objektiv nicht in der Lage ist, einen Schuss abzugeben, so stellt sein Verhalten doch einen Angriff zumindest auf die Willensentschließungsfreiheit dar. Eine Notwehrlage ist mithin gegeben.[364]

369 **MERKSATZ**

Die Frage, ob die Notwehrlage aus der Sicht des Opfers im Zeitpunkt des Angriffs („ex ante") oder nachträglich objektiv („ex post") festgestellt wird, ist grundlegend für den Anwendungsbereich der Irrtumslehre. Mit der bei der Notwehrlage vorzunehmenden „Ex-post-Prüfung" wird der Anwendungsbereich der Irrtumslehre stark ausgedehnt.

Notwehrhilfe

370 Besonders hinzuweisen ist auf § 32 II StGB. Das dort geregelte Recht der Nothilfe („Notwehrhilfe") gestattet es, einem angegriffenen Dritten zur Hilfe zu eilen.

BEISPIEL 2: T vergewaltigt die 14-jährige F in der Fußgängerzone in Heide.

371 In dieser Situation steht jedem Passanten das Recht auf Nothilfe zugunsten der F zu. Mit der Formulierung „sich oder einem anderen" ist nicht der Angegriffene in seiner physischen Erscheinung gemeint, d.h. der Angriff muss nicht unbedingt direkt auf eine Person gerichtet sein. Vielmehr geht es nur um den Angegriffenen als Inhaber des notwehrfähigen Rechtsguts.

BEISPIEL 3: Kunde K beobachtet, wie der Ladendieb D sich eine Flasche Champagner einsteckt und flüchtet.

Hier steht dem K nicht nur ein Festnahmerecht nach § 127 I StPO zu. Vielmehr hat er unabhängig von der Frage, ob der Ladeninhaber körperlich anwesend ist, auch das Recht zur Nothilfe hinsichtlich des Angriffs auf das Eigentum des Ladeninhabers.[365]

---

363 *BGH, NStZ-RR 2017, 38, 39; OLG Stuttgart, NJW 1992, 850, 851; Kühl, AT, § 7 Rn 21; Britz, JuS 2002, 465, 466; a.A. Schröder, JuS 2000, 235, 239 (objektiver Ex-ante-Maßstab)*

364 *Roxin, AT I, § 15 Rn 9; Schröder, JuS 2000, 235, 236 f.*

365 *Mitsch, JuS 2000, 848, 851*

a) Angriff

DEFINITION 372

Angriff ist jede von einem menschlichen Verhalten ausgehende Bedrohung rechtlich geschützter Güter oder Interessen.[366]

aa) Menschliches Verhalten

373 Handlungsqualität

Die Voraussetzung des menschlichen Verhaltens setzt keinen „gezielten" Angriff voraus, verlangt aber zumindest Handlungsqualität, da anderenfalls der Rechtsbewährungsgedanke nicht greifen kann. Fehlt die Handlungsqualität, so kann nur eine Notstandslage, § 34 StGB, angenommen werden.[367] Der Angreifer muss auch nicht schuldhaft handeln, da auch und gerade von schuldunfähigen Geisteskranken massive Angriffe ausgehen können.[368] Tierangriffe stellen nur dann einen Angriff i.S.d. § 32 StGB dar, wenn das Tier das Angriffswerkzeug eines Menschen ist.[369]

374 **Angriff durch Unterlassen**

Der Begriff des Angriffs und das Erfordernis der Handlungsqualität suggerieren, dass ein aktives Tätigwerden notwendig sei. Das ist jedoch nicht zwingend der Fall, da das Gesetz in einem bestimmten Rahmen eine Gleichwertigkeit von Tun und Unterlassen anerkennt.[370] Jedoch haben die Fälle eines Angriffs durch Unterlassen Ausnahmecharakter.

BEISPIEL: H begeht einen Hausfriedensbruch nach § 123 I 2. Alt. StGB, indem er trotz der Aufforderung des Hausherrn dessen Wohnung beharrlich nicht verlässt und dadurch das Merkmal des unbefugten Verweilens verwirklicht.

Gegen diesen Angriff durch Unterlassen auf sein Hausrecht steht dem Hausherrn ein Notwehrrecht zu.[371]

375 Streitig, ob Garantenpflicht nötig

Überaus streitig ist darüber hinaus die Frage, ob auch ein Unterlassen Angriffsqualität aufweist, das lediglich gegen den Tatbestand eines echten Unterlassungsdelikts, insbesondere die unterlassene Hilfeleistung gem. § 323c StGB, verstößt. Nach einer Ansicht ist dies zu bejahen, weil auch in diesem Fall das Unterlassen zu einer Gefährdung von Rechtsgütern führe.[372] Die Gegenmeinung verlangt für die Bejahung eines Angriffs die Verletzung einer Garantenpflicht i.S.d. § 13 StGB. Die Zulässigkeit einer gewaltsamen Durchsetzung der durch die Unterlassungsdelikte sanktionierten Handlungspflichten richtet sich nach dieser Ansicht nur nach Notstandskriterien, § 34 StGB, § 904 BGB.[373]

366 *Jescheck/Weigend, AT, § 32 II 1 a; Wessels/Beulke/Satzger, AT, Rn 495*
367 *Roxin, AT I, § 15 Rn 8*
368 *BGHSt 6, 263, 272; Jescheck/Weigend, AT, § 32 II 1 a; Roxin, JuS 1988, 425, 428; a.A. Frister, GA 1988, 291, 305*
369 *Frister, AT, Rn 16/7; vgl. den Fall BGHSt 14, 152 ff.*
370 *Heinrich, AT, Rn 343; Wessels/Beulke/Satzger, AT, Rn 497*
371 *RGSt 72, 57, 58*
372 *Eschenbach, JURA 1999, 88, 90; Geilen, JURA 1981, 200, 204*
373 *Frister, AT, Rn 16/10; Heinrich, AT, Rn 343; Rengier, AT, § 18 Rn 17*

BEISPIEL: Spaziergänger S schaut zu, wie das Kind K dabei ist zu ertrinken. Der Nichtschwimmer N zwingt S mit vorgehaltener Waffe dazu, K zu retten. Nach letztgenannter Ansicht wäre N nur durch Nothilfe gerechtfertigt, wenn S der Vater von K (also Garant) gewesen wäre.

bb) Rechtlich geschützte Interessen

Nicht: öffentliche Ordnung

376 Notwehrfähig sind alle Rechtsgüter des Angegriffenen. Darunter fallen auch solche, die strafrechtlich nicht geschützt sind, z.B. die allgemeine Handlungsfreiheit und das allgemeine Persönlichkeitsrecht.[374] Obwohl Tierschutzbelange in Art. 20a GG und im TierSchG Ausdruck gefunden haben, sind Tiere nicht mit notwehrfähigen Individualrechten ausgestattet.[375] Rechtsgüter des Staates sind notwehr- bzw. nothilfefähig, wenn der Staat Träger eines Individualrechtsgutes (z.B. Eigentum an einer Sache) ist. Demgegenüber steht die Abwehr von Angriffen auf die öffentliche Ordnung oder die Rechtsordnung im Ganzen allein dem Staat und seinen Organen und nicht dem einzelnen Bürger zu.[376]

Sünderin-Fall

377 **BEISPIEL** (nach BGHSt 5, 245, „Sünderin-Fall"): T störte die Aufführung des Films „Die Sünderin", indem er während der Aufführung Stinkbomben zertrat. Die Aufführung musste für 15 Minuten unterbrochen werden. T erklärt, er habe gegen die sittliche und religiöse Anstößigkeit des Films vorgehen wollen.

Verhinderung von Selbstjustiz

Obwohl eine Schutzrichtung der Notwehr der Rechtsbewährungsgedanke ist, obliegt die Verteidigung von Allgemeininteressen allein den hierzu berufenen staatlichen Organen. Hierdurch soll Selbstjustiz durch selbsternannte „Ordnungshüter" verhindert werden. Folglich hat sich T wegen Nötigung strafbar gemacht.

cc) Gegenwärtigkeit des Angriffs

378 **DEFINITION**

Gegenwärtig ist jeder Angriff, der unmittelbar bevorsteht, gerade stattfindet oder noch andauert.[377]

Schmales Vorfeld des Versuchs

379 Die größten Probleme bereitet die Beantwortung der Frage, wann ein Angriff unmittelbar bevorsteht. Einigkeit besteht darüber, dass der Angriff jedenfalls dann unmittelbar bevorsteht, wenn der Täter das Stadium des unmittelbaren Ansetzens zum Versuch erreicht hat. Die h.M. dehnt diesen Bereich jedoch auf ein „schmales Vorfeld des Versuchs" aus, wenn das Verhalten des Täters „zwar noch kein Recht verletzt, aber unmittelbar in eine Verletzung umschlagen kann, sodass durch das Hinausschieben der Abwehrhandlung deren Erfolg gefährdet würde".[378]

---

374 *Roxin, AT I, § 15 Rn 30*

375 *Hecker, JuS 2018, 83, 84; OLG Naumburg, 2 Rv 157/17 (jedoch greift § 34 StGB ein.); a.A. LG Magdeburg, JuS 2018, 83, 84*

376 *Jescheck/Weigend, AT, § 32 II 1 b*

377 *Gropp, AT, § 6 Rn 77; Heinrich, AT, Rn 345; Geilen, JURA 1981, 200, 206*

378 *BGH, NJW 1973, 255, 255; vgl. auch BGH, BeckRS 2007, 03210 Rn 16*

BEISPIEL 1: A kommt drohend auf O zu und krempelt sich schon die Ärmel hoch, um O zu verprügeln.

Es würde die Verteidigungsmöglichkeiten des O in unzumutbarer Weise beschränken, würde er mit seinen Abwehrmaßnahmen warten müssen, bis der erste Schlag geführt wird. Der Angriff des A steht folglich unmittelbar bevor.

BEISPIEL 2: A hat bereits mehrfach zugeschlagen und schlägt weiter auf O ein. **380**

Hier findet die Körperverletzung des O gerade statt, was natürlich ebenfalls zur Annahme eines gegenwärtigen Angriffs führt.

BEISPIEL 3: Der Einbrecher D hat die goldene Uhr des G eingesteckt und flüchtet gerade **381**
durch den Vorgarten.

In Beispiel 3 ist der Diebstahl durch das Einstecken der Uhr zwar vollendet, mangels Sicherung der Beute aber noch nicht beendet.[379] Ein Angriff dauert an bis zu seiner Abwehr, bis zum Scheitern oder bis zur endgültigen Verletzung des Rechtsguts. Da die Tat noch nicht rechtlich abgeschlossen (beendet) ist, ist das Rechtsgut Eigentum noch nicht endgültig verletzt. Somit ist auch in diesem Fall der Angriff noch gegenwärtig.[380]

Präventive Verteidigungsmaßnahmen

Probleme hinsichtlich der Gegenwärtigkeit des Angriffs bereiten präventive **382**
Verteidigungsmaßnahmen.

BEISPIEL 1: A hat glaubhaft angekündigt, er werde nun aufbrechen und seine untreue Ehefrau erwürgen. B schließt ihn deshalb ein und alarmiert die Polizei.

BEISPIEL 2: J hat ein abgelegenes Wochenendhaus. Nach mehreren Einbrüchen bringt er zur Sicherung seines Eigentums einen Strom führenden Zaun an und legt Fußangeln aus.

In Beispiel 1 fehlt es an der Gegenwärtigkeit des Angriffs.[381]

Antizipierte Notwehr

In Beispiel 2 handelt es sich um einen Fall sog. „**antizipierter Notwehr**". In diesen **383**
Fallkonstellationen werden Rechtsgüter mit selbsttätig wirkenden Schutz- und Abwehrvorrichtungen (z.B. auch Selbstschussanlagen und freilaufende Wachhunde) vor künftigen Angriffen gesichert. Weil die automatisierte Abwehr erst im Zeitpunkt des Angriffs wirkt (und wirken soll), handelt es sich nicht um die Abwehr einer zukünftigen Gefahr, sondern um die Abwehr eines gegenwärtigen Angriffs. Sofern die weiteren Voraussetzungen der Notwehr (vor allem die Erforderlichkeit ist sorgfältig zu prüfen) vorliegen, kommt in Beispiel 2 eine Rechtfertigung über § 32 StGB in Betracht.[382]

---

379 *Zu dieser Unterscheidung Näheres im Skript Strafrecht BT I*

380 *Vgl. RGSt 55, 82, 84 f.; BGH, MDR/H, 1979, 985, 985; Gropp, AT, § 6 Rn 77; Jescheck/Weigend, AT, § 32 II 1 d*

381 *S/S-Perron/Eisele, StGB, § 32 Rn 17 (dort auch zum möglichen Notstand nach § 34 StGB)*

382 *S/S-Perron/Eisele, StGB, § 32 Rn 18a; Trentmann, JuS 2018, 944 ff.; Trentmann/Mustafi, JA 2020, 359, 360*

b) Rechtswidrigkeit des Angriffs

384 **DEFINITION**
Rechtswidrig ist ein Angriff, der objektiv im Widerspruch zur Rechtsordnung steht, also nicht seinerseits durch einen Rechtfertigungsgrund gedeckt ist und den der Betroffene auch nicht aus anderen Gründen zu dulden braucht.[383]

Inzidentprüfung

385 **KLAUSURHINWEIS**
In diesem Prüfungspunkt kann es zu Inzidentprüfungen kommen, wenn die Strafbarkeit des Angreifers nach der Aufgabenstellung nicht zu prüfen ist. In diesem Fall ist bei der Strafbarkeit des Verteidigers inzident zu prüfen, ob der Angreifer seinerseits gerechtfertigt war.

386 **BEISPIEL 1:** Der unschuldige A wehrt sich gegen seine vorläufige Festnahme, die der Polizeibeamte P gem. § 127 II StPO nach pflichtgemäßer Prüfung vorgenommen hatte.

Da der Polizeibeamte seinerseits nach § 127 II StPO gerechtfertigt ist, steht dem A gegen die Festnahme kein Notwehrrecht zu.[384]

Streitpunkt: objektive Pflichtwidrigkeit

387 Streitig ist vor allem, ob die Rechtswidrigkeit des Angriffs voraussetzt, dass der Angriff auch objektiv pflichtwidrig ist, oder ob es genügt, dass der drohende Erfolg rechtswidrig wäre.

Theorie vom Erfolgsunwert

388 Nach einer Auffassung ist allein auf den objektiv drohenden Erfolg abzustellen. Steht dieser im Widerspruch zur Rechtsordnung und ist somit rechtswidrig, so liege ein rechtswidriger Angriff vor.[385] Unangemessene Ergebnisse könnten wegen des geminderten Rechtsbewährungsinteresses im Bereich der Gebotenheit der Notwehrhandlung kompensiert werden.

Theorie vom Handlungsunwert

389 Nach anderer Auffassung fehlt die Rechtswidrigkeit des Angriffs in Fällen fehlenden Handlungsunwerts. An diesem fehle es, wenn der Täter nicht sorgfaltspflichtwidrig und nicht vorsätzlich handele.[386] Das Merkmal der Rechtswidrigkeit habe die Voraussetzung, dass das Angriffsverhalten zumindest auf einer Verletzung der von den Fahrlässigkeitsdelikten verlangten Sorgfalt beruhe. Fehle es hieran, müsse der Angegriffene seine Abwehr auf Notstandsmaßnahmen nach § 34 StGB beschränken.

Stellungnahme

390 Die Theorie vom Erfolgsunwert kann schon deshalb nicht überzeugen, weil gegenüber einem Bürger, der sich sorgfaltsgemäß verhält, kein Rechtbewährungsinteresse besteht.

---

383 *S/S-Perron/Eisele, StGB, § 32 Rn 19/20*
384 *RGSt 72, 305, 311*
385 *BGHSt 3, 217, 218; BayObLG, NJW 1965, 163, 163; MK-Erb, StGB, § 32 Rn 45 mit Fn 97; Jescheck/Weigend, AT, § 32 II 1 c; Geilen, JURA 1981, 256, 256*
386 *OLG Köln, 1 RVs 223/15 = RA 2016, 269, 272; S/S-Perron/Eisele, StGB, § 32 Rn 21; SSW-Rosenau, StGB, § 32 Rn 19; Roxin, AT I, § 15 Rn 14 ff.; Wessels/Beulke/Satzger, AT, Rn 497*

BEISPIEL 2: Der Autofahrer A droht beim Zurücksetzen ein spielendes Kind zu überfahren, das er nicht sehen konnte. Der Autofahrer B weiß sich, um die Gefahr von dem Kind abzuwenden, nicht anders zu helfen, als dem A mit voller Wucht in die Seite zu fahren. Das Kind kommt mit dem Schrecken davon, der Wagen des A erleidet einen Totalschaden. Hat sich B wegen Sachbeschädigung, § 303 I StGB, strafbar gemacht? **391**

Bei dieser Sachlage ist das Verhalten des A nicht sorgfaltswidrig. Nach der Theorie vom Erfolgsunwert steht B gegen A dennoch das Nothilferecht zu, da die drohende Verletzung des Kindes im Widerspruch zur Rechtsordnung steht. Nach der Theorie vom Handlungsunwert liegt kein rechtswidriger Angriff des A auf das Kind vor. B kann sich aber auf das Notstandsrecht des § 34 StGB berufen.

Unvermeidbarer Erlaubnistatbestandsirrtum

BEISPIEL 3 (nach OLG Köln, 1 RVs 223/15 = RA 2016, 269): B greift O an. Hierbei befindet er sich in einem „unvermeidbaren Erlaubnistatbestandsirrtum".

Auch hier ist das Verhalten des B nicht sorgfaltswidrig. Nach der Theorie vom Erfolgsunwert liegt dennoch ein rechtswidriger Angriff auf O vor gegen den O seinerseits wieder Notwehr üben könnte. Nach der Theorie vom Handlungsunwert[387] wäre O nicht rechtswidrig angegriffen, würde sich aber u.U. dann selbst im Erlaubnistatbestandsirrtum befinden.

KLAUSURHINWEIS **392**

Der Streit sollte in seinen praktischen Auswirkungen nicht überschätzt werden. Im Ergebnis macht es z.B. in Beispiel 2 keinen Unterschied, ob B über Nothilfe, § 32 StGB, oder Notstand, § 228 BGB oder § 34 StGB, gerechtfertigt wird. Relevant wird der Streit nur, wenn A z.B. durch das Rammen seines Fahrzeugs schwerere Verletzungen davonträgt, als sie dem Kind gedroht hätten. In diesem Fall würde eine Rechtfertigung über § 34 StGB wegen der gebotenen Güterabwägung wohl scheitern, wohingegen § 32 StGB dennoch zur Rechtfertigung führen würde.

Rechtmäßigkeit bei „angreifenden" Hoheitsträgern

Ein weiteres Problem stellt sich im Kontext hoheitlichen Handelns. Wenn der Staat in die Rechtspositionen eines Bürgers eingreift, stellt sich die Frage, ob und wann sich der Bürger gegen diesen Eingriff im Wege der Notwehr widersetzen darf. **393**

Dulde und klage

Der von einem hoheitlichen Eingriff betroffene Bürger muss die Amtshandlung grundsätzlich hinnehmen und kann erst nachträglich eine Feststellung der eventuellen Rechtmäßigkeit der Maßnahme erreichen. Dies trägt auch dem Umstand Rechnung, dass die eingesetzten Vollzugsbeamten im Dienst der staatlichen Ordnung tätig werden, die wiederum die Sicherung der Rechtsordnung insgesamt gewährleistet.

Strafrechtlicher Begriff der Rechtmäßigkeit

Die Rechtmäßigkeit des hoheitlichen Handelns in einem strafrechtlichen Sinne hängt also lediglich davon ab, dass „die äußeren Voraussetzungen zum Eingreifen des Beamten" gegeben sind, er also örtlich und sachlich zuständig ist, er die vorgeschriebenen wesentlichen Förmlichkeiten einhält und der Hoheitsträger sein – ihm ggf. eingeräumtes – Ermessen pflichtgemäß ausübt. Befindet sich allerdings **394**

387 *So auch das OLG Köln in der genannten Entscheidung.*

der Hoheitsträger in einem schuldhaften Irrtum über die Erforderlichkeit der Amtsausübung, handelt er willkürlich oder unter Missbrauch seines Amtes, so ist sein Handeln rechtswidrig.[388]

Gleiches Prinzip bei § 113 III StGB

395 **MERKSATZ**

Das gleiche Prinzip gilt im Rahmen des Widerstands gegen Vollstreckungsbeamte, § 113 StGB. Die **Rechtmäßigkeit der Diensthandlung** i.S.v. § 113 III StGB ist ebenfalls nach dem oben dargestellten „strafrechtlichen Rechtmäßigkeitsbegriff" zu bestimmen.

3. Notwehrhandlung

396 **MERKSATZ**

Die **Notwehrhandlung** muss zur Abwehr des Angriffs geeignet, erforderlich und geboten sein.

Ex-ante-Maßstab

397 Dies bestimmt sich aus der Sicht eines besonnenen Bürgers in der konkreten Situation des Opfers („**ex ante**").[389]

BEISPIEL 1: Täter T verwendet bei einer Geiselnahme eine täuschend echt aussehende Pistolenattrappe, um die Geiseln zu bedrohen.

Eine Notwehr- oder Nothilfemaßnahme ist im Rahmen der Notwehrhandlung an den Maßstäben zu messen, die gelten würden, wenn die Waffe echt gewesen wäre. War es objektiv nicht zu erkennen, dass es sich um eine bloße Attrappe handelt, so muss sich der Täter, der nicht nur scheinbar, sondern tatsächlich angreift, beim Wort nehmen lassen.[390]

398 **MERKSATZ**

Während das Vorliegen der Notwehrlage aus der Ex-post-Perspektive geprüft wird, ist die Erforderlichkeit der Notwehrhandlung nach einem objektiven Ex-ante-Urteil zu bestimmen.[391]

a) Verteidigung gegen Rechtsgüter des Angreifers

Verletzung der Rechtsgüter des Angreifers

399 Dabei können durch § 32 StGB nur Verletzungen der Rechtsgüter des Angreifers gerechtfertigt werden.[392] Im Wortlaut des § 32 StGB kommt dies nicht mit der wünschenswerten Klarheit zum Ausdruck. Die Beschränkung der Notwehr auf Verletzungen der Rechtsgüter des Angreifers lässt sich aber auch aus den den Rechtfertigungsgründen und ihrer Systematik zugrunde liegenden Wertungen herleiten: Anders als alle Notstände (§§ 228, 904 BGB; § 34 StGB) verlangt § 32 StGB (im

388 *BGH, NStZ 2015, 574, 575 = RA 2015, 501, 503*

389 *BGH, JA 2013, 69, 69 f.; Gropp, AT, § 6 Rn 79; Wessels/Beulke/Satzger, AT, Rn 515*

390 *Wessels/Beulke/Satzger, AT, Rn 517; Amelung, JURA 2003, 91, 96; Schröder, JuS 2000, 235, 241*

391 *BGH, StV 1999, 143, 145; Heinrich, AT, Rn 355; Kühl, AT, § 7 Rn 107*

392 *BGHSt 5, 245, 248; S/S-Perron/Eisele, StGB, § 32 Rn 31; Frister, AT, Rn 16/19*

Grundsatz) keine Güterabwägung. Diese Schärfe der Notwehr ist nur gegenüber demjenigen gerechtfertigt, der sich selbst (wie der Angreifer durch seinen Angriff) „ins Unrecht" setzt.[393]

BEISPIEL 2: O wird im Wirtshaus von T angegriffen. Er kann sich gegen den körperlich überlegenen T nur wehren, indem er ihm einen Bierkrug auf den Kopf schlägt. Dieser geht dabei kaputt.

BEISPIEL 3: O wird im Wirtshaus von T mit einem Bierkrug angegriffen. Bei der Verteidigungshandlung des O geht der Bierkrug kaputt.

Die Sachbeschädigung am Bierkrug, § 303 I StGB, kann nach h.M. nicht durch § 32 StGB gerechtfertigt werden, weil der Angreifer T nicht der Eigentümer des Bierkrugs ist. In Betracht kommt jedoch eine Rechtfertigung über § 904 BGB. Eine M.M. will zumindest in Beispiel 3 eine „Drittwirkung der Notwehr" zulassen, da das Angriffswerkzeug in diesem Fall das Schicksal des Angreifers teilen müsse.[394]

Bei parallel mit der Notwehrhandlung verletzten Rechtsgütern der Allgemeinheit **399a** Verletzung von Rechtsgütern der Allgemeinheit
geht der BGH jedoch davon aus, dass z.B. mit der Strafbarkeit des in Notwehr abgegebenen Schusses auch die Strafbarkeit wegen des gleichzeitig mitverwirklichten Führens einer Schusswaffe (nach dem WaffG) entfällt.[395] Dieser Gedanke der Untrennbarkeit hat den BGH dazu bewogen, auch für die Beeinträchtigung der Straßenverkehrssicherheit nach § 315 b I Nr. 3 StGB anzunehmen, dass diese durch Notwehr gerechtfertigt sein könne.[396] In der Lehre wird hieran kritisiert, dass die Anerkennung auch dieser Ausnahme nicht nötig sei, da sich diese Fälle auch über § 34 StGB lösen ließen.[397]

MERKSATZ

Nach BGH kann § 32 StGB „ausnahmsweise" auch die Verletzung von Universalrechtsgütern rechtfertigen, wenn deren Beeinträchtigung „untrennbar mit der erforderlichen Verteidigung verbunden ist.

b) Eignung

DEFINITION **400**

Geeignet zur Abwehr des Angriffs ist jede Handlung, die nicht von vornherein als völlig abwehruntauglich erscheint.[398]

An diesen Prüfungspunkt sind schon deshalb extrem geringe Anforderungen zu **401**
stellen, weil es auch dem hoffnungslos unterlegenen Tatopfer möglich sein muss,

393 S/S-Perron/Eisele, StGB, § 32 Rn 31; Fahl, JA 2016, 805, 806
394 RGSt 58, 27, 29; Kindhäuser, AT, § 16 Rn 26
395 BGH, NStZ 2012, 452, 452; NStZ-RR 2010, 140, 140
396 BGH, NJW 2013, 2133, 2136; ebenso OLG Zweibrücken, JuS 2019, 591, 592 = RA 2019, 45, 47
397 Rengier, AT, § 18 Rn 32a; Brüning, ZJS 2013, 511, 517; Engländer, HRRS 2013, 389, 393
398 S/S-Perron/Eisele, StGB, § 32 Rn 35

gerechtfertigte Abwehrmaßnahmen zu ergreifen.[399] Eine mangelnde Eignung ist also nur dann anzunehmen, wenn das gewählte Abwehrmittel schon seiner Art nach zur Abwehr völlig untauglich ist.[400]

402 **KLAUSURHINWEIS**
Wegen der geringen Bedeutung dieses Prüfungspunktes wird er verbreitet in die Prüfung der Erforderlichkeit integriert.[401] Zur klaren Trennung der unterschiedlichen Prüfungsmaßstäbe wird jedoch eine getrennte Prüfung empfohlen.

c) Erforderlichkeit

403 **DEFINITION**
Die Verteidigung ist **erforderlich**, wenn sie das relativ mildeste Mittel unter mehreren gleichermaßen sicher den Angriff abwehrenden Mitteln darstellt.[402]

Keine Güterabwägung

404 Der sich in Notwehr Verteidigende hat das Recht, den Angriff sofort und sicher abzuwehren. Er muss sich nicht auf eventuell unzureichende Verteidigungsmaßnahmen beschränken. Auch muss er sich nicht auf das Risiko einlassen, mit seiner effektiven Verteidigung u.U. zu spät zu kommen. Eine Abwägung zwischen den Rechtsgütern des Angreifers und des Verteidigers findet nicht statt.[403] Von allen Verteidigungsmöglichkeiten, die in dieser Weise den Angriff abzuwehren geeignet sind, hat der Angegriffene die mildeste zu wählen.

Das „relativ" mildeste Mittel

405 **KLAUSURHINWEIS**
In der Klausur ist immer vom „relativ mildesten Mittel" zu sprechen. Wer demgegenüber die Anwendung des „mildesten Mittels" verlangt, droht schwere Subsumtionsfehler zu begehen. Denn das für den Täter mildeste Mittel wäre z.B., wenn das Opfer die Flucht ergreifen würde. Hierauf kann der Angegriffene zur effektiven Abwehr des Angriffs natürlich nicht verwiesen werden, da das Recht dem Unrecht nicht zu weichen braucht.

406 Sofern der Angreifer erwürgt wird, ist die Erforderlichkeit jedoch fraglich, da das Würgen sich meist über einen längeren Zeitraum hinzieht und der Angreifer bereits vor dem Eintritt des Todes seine Gefährlichkeit (z.B. durch Bewusstlosigkeit) verliert.[404]

Sonderfall Waffeneinsatz: Gestuftes Notwehrrecht

407 Dieses schneidige Notwehrrecht findet nach h.M. eine Begrenzung im Bereich des Einsatzes lebensbedrohender **(Schuss-) Waffen**. Bei deren Einsatz wird vom Täter verlangt, dass er nach Möglichkeit den Einsatz der Waffe zunächst androht (dies gilt auch bei einem **Messer**[405]), er dann einen (oder gar mehrere) Warnschüsse abfeuert

399 Vgl. Frister, AT, Rn 16/21
400 Frister, AT, Rn 16/22
401 Gropp, AT, § 6 Rn 79; Wessels/Beulke/Satzger, AT, Rn 511
402 S/S-Perron/Eisele, StGB, § 32 Rn 34, 36, 36a
403 BGH, NStZ 2009, 626, 627; 2006, 152, 153; 2003, 425, 427
404 BGH, NStZ-RR 2012, 84, 86
405 BGH, JuS 2019, 1217, 1218; NStZ-RR 2018, 69, 70; NStZ 2014, 451, 452 = RA 2014, 321, 322; OLG Hamm, JuS 2014, 80, 81 f. = RA 2013, 698, 699 (Bierglas)

(was entsprechend viel Munition voraussetzt), dann versucht z.B. dem Angreifer in die Beine zu schießen und erst dann darf er zum (meist tödlichen) Schuss auf den Oberkörper übergehen. Abzustellen ist hierbei immer auf die „konkrete Kampflage".[406]

408 Entscheidend: Konkrete „Kampflage"

Auch im Bereich des Einsatzes von (Schuss-) Waffen gilt jedoch der Grundsatz, dass es im Bereich der Erforderlichkeit letztendlich keine Verhältnismäßigkeitsprüfung gibt. Das Recht muss dem Unrecht nicht weichen, auch wenn das Recht in akut zugespitzten Verteidigungssituationen nur unter Aufopferung des Lebens des Angreifers verteidigt werden kann.[407] Wenn (weitere) Warnungen in der konkreten „Kampflage" keinen Erfolg versprechen oder die Gefahr für das angegriffene Rechtsgut sogar vergrößern, darf auch eine lebensgefährliche Waffe unmittelbar eingesetzt werden. Dies gilt z.B. dann, wenn der Warnschuss den Täter auf das Opfer überhaupt erst aufmerksam machen könnte und dadurch des Opfers „Kampf-Position" geschwächt werden könnte.[408]

409 Verstoß gegen § 52 III Nr. 1 WaffG

Der Umstand, dass der Täter unter Verstoß gegen § 52 III Nr. 1 WaffG unberechtigt eine Waffe mit sich führt, rechtfertigt keine andere Bewertung. Auch wenn ein Angegriffener eine Waffe unberechtigt führt, ist ihm deren Einsatz nicht verwehrt, wenn ihm kein anderes zur Abwehr des Angriffs geeignetes Mittel zur Verfügung steht. Bleibt aber der Gebrauch der Schusswaffe straflos, weil das Handeln des Täters durch Notwehr gerechtfertigt ist, entfällt auch die Strafbarkeit wegen des Führens der Waffe, soweit es mit diesem Geschehen unmittelbar zusammenfällt.[409]

410 Maßstab: Erforderlichkeit der Verteidigungshandlung

Maßgebender Prüfungsansatz ist stets die Erforderlichkeit der Verteidigungshandlung und nicht diejenige des Abwehrerfolges. War die konkrete Abwehrhandlung trotz des Risikos eines weitergehenden Erfolges erforderlich, so sind auch ihre ungewollten Auswirkungen durch Notwehr gedeckt.[410] Darf der Täter also z.B. einen gezielten Schuss in die Beine des Angreifers abgeben und trifft dieser Schuss den Angreifer durch unglückliche Umstände tödlich, so ist der Täter auch hinsichtlich dieser Folge gerechtfertigt.

411 Nothilfe

Im Bereich der Nothilfe kommt es nicht darauf an, ob der Angegriffene auch selbst in der Lage wäre, sich zu verteidigen. Der Nothelfer kann dem Angegriffenen unabhängig von dieser (praktisch ohnehin kaum durchführbaren Prognose) zur Hilfe eilen.[411]

412

KLAUSURHINWEIS

Bis zu diesem Punkt sind die Probleme in einer Klausur meist eher tatsächlicher Natur. Der Prüfling muss den Sachverhalt auswerten und hinsichtlich der Notwehrlage und der Erforderlichkeit der Notwehrhandlung sauber subsumieren. Die eigentlichen Rechtsprobleme kommen meist erst im folgenden Prüfungspunkt der Gebotenheit.

---

406 *BGH, JA 2018, 149 (Pistole); S/S-Perron/Eisele, StGB, § 32 Rn 37*

407 *Jescheck/Weigend, AT, § 32 II 2 b; Eisele, JA 2001, 922, 922*

408 *BGH, NStZ 2012, 272, 274 („Hell´s Angels"-Fall)*

409 *BGH, NStZ 2012, 452, 452; NStZ-RR 2010, 140, 140*

410 *BGHSt 27, 313, 314; BGH, NStZ 2005, 31, 32; S/S-Perron/Eisele, StGB, § 32 Rn 38*

411 *A.A. Kasiske, JURA 2003, 832, 836*

d) Gebotenheit

413 **DEFINITION**
Geboten ist die Verteidigung, wenn sie keinen Fall des Rechtsmissbrauchs darstellt.[412]

aa) Grundlagen

Rechtsmissbrauch

414 Unter der Überschrift der Gebotenheit werden verschiedenste Fallgruppen behandelt, die alle die Gemeinsamkeit haben, dass die Rechtsordnung nicht in gleicher Weise wie im Normalfall der Notwehr der Verteidigung bedarf. In diesen Fällen stellt sich die volle Inanspruchnahme des schneidigen Notwehrrechts als rechtsmissbräuchlich dar.[413] Dabei erweist sich die Grenzziehung als überaus problematisch.

Sozialethische Einschränkungen des Notwehrrechts

415 **KLAUSURHINWEIS**
Diese Beschränkung des Notwehrrechts wird an unterschiedlichen Stellen im Gutachten verortet. Verbreitet wird er als „sozialethische Einschränkung des Notwehrrechts" als separater Prüfungspunkt unmittelbar vor oder nach dem Verteidigungswillen geprüft. Die Stellung im Prüfungsschema hat auf die Ergebnisse keine Auswirkung und darf im Gutachten deshalb mit keinem Wort erwähnt werden. Die Prüfung unter der Überschrift der Gebotenheit ist schon wegen der möglichen Anknüpfung an den Gesetzestext (vgl. § 32 I StGB) vorzugswürdig.[414]

416 **BEISPIEL 1:** Der teure Rassehund Hasso schnappt sich beim Nachbarn N ein zum Grillen bereit gelegtes Steak. Dieser erschießt Hasso, um das Steak wenigstens noch an seinen eigenen Hund Bello verfüttern zu können.

Die Tötung von Hasso erfüllt den Tatbestand der Sachbeschädigung, § 303 I StGB. Eine Rechtfertigung nach § 228 BGB scheitert daran, dass die Tötung des teuren Rassehundes außer Verhältnis zu dem abgewendeten Schaden (Eigentum an dem Steak) steht. § 32 StGB greift nicht ein, weil kein menschlicher Angriff vorliegt. N hat sich folglich wegen Sachbeschädigung strafbar gemacht.

417 **BEISPIEL 2:** Das Steak ist bereits fertig gegrillt. Der Landstreicher L klettert über den Zaun und nimmt sich das Steak, weil er Hunger hat, und flüchtet. N erschießt den L aus dem gleichen Motiv wie in Beispiel 1.

Hier liegt ein Angriff des L vor, sodass die Tötung des L über § 32 StGB gerechtfertigt sein könnte. Es erscheint als kaum erträglich, die Tötung des Rassehundes wegen Unverhältnismäßigkeit im Rahmen des § 228 BGB unter Strafe zu stellen, die Tötung eines Menschen in gleicher Situation jedoch durch Notwehr zu rechtfertigen.[415]

---

412 *Vgl. Roxin, AT I, § 15 Rn 59; Wessels/Beulke/Satzger, AT, Rn 521*

413 *BayObLG, NJW 1995, 2646, 2646; Eisele, JA 2001, 922, 924*

414 *BGHSt 39, 374, 377; S/S-Perron/Eisele, StGB, § 32 Rn 44; Kühl, AT, § 7 Rn. 162 ff.; Roxin, AT I, § 15 Rn 55 ff.*

415 *OLG Stuttgart, DRZ 1949, 42, 43*

BEISPIEL 3: 1945. In den Ruinen des ausgebombten Dresden droht H zu verhungern. Endlich hat er drei große Kartoffeln erlangt, die sein Leben fürs Erste retten würden. G nimmt dem H die Kartoffeln weg. H erschießt G und isst gierig die Kartoffeln. **418**

Die Kartoffeln sind im Vergleich zum Leben des G ebenso geringwertig wie das Steak im Vergleich zum Leben des L. Dennoch sind die äußeren Umstände derart unterschiedlich, dass dem Unverständnis für das Verhalten des N in Beispiel 2 ein größeres Verständnis für das Verhalten des H gegenübersteht. Schließlich schützt N (nur) sein Eigentum, H jedoch zusätzlich auch sein Leben.

Vereinzelt wird jede Einschränkung des Notwehrrechts als Aufhebung der gebotenen Trennung von „Recht und Moral" abgelehnt.[416] Die ganz h.M. erkennt jedoch gewisse Einschränkungen des Notwehrrechts an. Diese Einschränkungen lassen sich in typische Fallgruppen einteilen. **419**

bb) Krasses Missverhältnis von geschütztem und beeinträchtigtem Rechtsgut

Wenn es auch im Rahmen der Erforderlichkeit keine Verhältnismäßigkeitsprüfung gibt, so ist doch in Fällen eines krassen Missverhältnisses zwischen dem geschützten und dem verletzten Rechtsgut dem Notwehrrecht eine Grenze zu ziehen. Ist das die Notwehr legitimierende Selbstschutzinteresse nur noch schwach ausgeprägt, so kann das die Notwehr ebenfalls legitimierende Rechtsbewährungsinteresse durch eine völlig disproportionale Verteidigungshandlung stärker beeinträchtigt werden, als durch die Hinnahme einer geringfügigen rechtswidrigen Rechtsgutsbeeinträchtigung.[417] **420** Disproportionale Verteidigungshandlung

BEISPIEL (nach RGSt 55, 82, „Obstdieb-Fall"): Das Kind K steigt über den Gartenzaun des Rentners R, klettert in dessen Kirschbaum und isst genüsslich die saftigsten Kirschen. Der an den Rollstuhl gefesselte R hat keine andere Möglichkeit, sein Eigentum zu verteidigen, als einen scharfen Schuss aus seiner Schrotflinte abzugeben. **421** Obstdieb-Fall

Mag der Einsatz der Schrotflinte mangels anderer effektiver Verteidigungsmittel noch erforderlich sein, so stellt sich der Schuss dennoch als rechtsmissbräuchlich dar. Der Rechtsmissbrauch resultiert aus dem krassen, jede Relation außer Acht lassenden, Missverhältnis zwischen dem geschützten Rechtsgut (Eigentum an ein paar Kirschen) und dem verletzten Rechtsgut (Leben und körperliche Unversehrtheit des Kindes).[418]

Um nicht durch die Hintertür doch eine Verhältnismäßigkeitsprüfung einzuführen, die dem Notwehrrecht grundsätzlich fremd ist, ist der Anwendungsbereich dieser Fallgruppe jedoch strikt zu begrenzen. Ein krasses Missverhältnis ist vor diesem Hintergrund nur anzunehmen, wenn es bei dem Angriff um Vermögensdelikte an geringwertigen Sachen im Sinne des § 248a StGB geht. Damit ergibt sich eine Wertgrenze, die zwischen 30 und 50 € liegt.[419] **422** **Wertgrenze 30 – 50 €**

---

416 *Matt, NStZ 1993, 271, 273*
417 *BGH, JuS 2012, 465, 467; Kasiske, JURA 2004, 832, 837*
418 *OLG Stuttgart, DRZ 1949, 42 („Sirupflaschen-Fall"); BayObLG, NJW 1954, 1377, 1378; LG München I, NJW 1988, 1860*
419 *Jäger, AT, Rn 123; Roxin AT I, § 15 Rn 91; vgl. BGH, NStZ 2005, 332, 334 (jedenfalls keine Beschränkung des Notwehrrechts bei 5.000 DM = 2.500 €); a.A. Rengier, AT, § 18 Rn 59: 100-200 €*

Art. 2 II MRK

423 Teilweise wird die Auffassung vertreten, dass dieser differenzierenden Sicht der Dinge Art. 2 II MRK entgegenstehe, der die Tötung von Menschen zum Schutz von Sachwerten generell verbiete.[420] Dem hält die ganz h.M. entgegen, dass die MRK nur im Verhältnis Bürger-Staat unmittelbare Wirkung entfaltet und folglich das Notwehrrecht des einzelnen Bürgers durch sie nicht eingeschränkt werden kann.[421]

cc) Provokationsfälle

424 Die Provokationsfälle stellen die wichtigste und umstrittenste Fallgruppe der Beschränkung des Notwehrrechts im Bereich der Gebotenheit dar.

(1) Schuldlose Provokation

Keine Beschränkung des Notwehrrechts

425 Hierbei sind nicht die Fälle völlig schuldloser Provokation problematisch, die keinesfalls zu einer Beschränkung des Notwehrrechts führen können. Eine schuldlose Provokation liegt vor, wenn der Provozierende mit der provozierenden Wirkung seines Handels nicht rechnen musste und auch nicht gerechnet hat.

BEISPIEL: A verbindet mit dem Lied „Goodbye To Romance" schwermütige Erinnerungen an seine Ex-Beziehung. Als ihm der Spaziergänger S entgegenkommt, der fröhlich dieses Lied pfeift, greift A diesen an.

S steht gegen A das Notwehrrecht in seiner vollen Schärfe zu.[422]

(2) Die absichtliche Provokation (sog. „Absichtsprovokation")

Absichtliche Provokation eines Angriffs

426 Eine sog. „Absichtsprovokation" liegt vor, wenn der Provozierende den Provozierten gezielt zu einem Angriff herausfordern will, um diesen Angriff dann zur (wie er hofft von § 32 StGB gerechtfertigten) Verletzung des Provozierten ausnutzen zu können.

427 **BEISPIEL:** E ist für seine rasende Eifersucht bekannt. Nur um ihn zu provozieren, unterhält sich deshalb A auf einer Party besonders angeregt mit dessen Freundin F, wobei er E durch obszöne Gesten weiter provoziert. Wie geplant rastet E nach einiger Zeit aus und greift A an. A hat nur darauf gewartet und schlägt mit tiefer Befriedigung zu, obwohl er dem Angriff ausweichen könnte.

Fraglich ist, wie sich die absichtliche Provokation auf das Notwehrrecht des A auswirkt.

Rechtsbewährungstheorie

428 Nach einer Auffassung steht dem Provokateur das volle Notwehrrecht schon deshalb zu, weil der Provozierte kein Recht habe, sich provozieren zu lassen. Deshalb gelte auch hier der Grundgedanke der Notwehr, die Bewährung der Rechtsordnung („Rechtsbewährungstheorie").[423] Nach dieser Rechtsbewährungstheorie handelt A gerechtfertigt.

H.M.: **Rechtsmissbrauchstheorie**

429 Nach herrschender Auffassung steht dem Provokateur in dieser Situation kein Notwehrrecht mehr zu. Dies wird unterschiedlich begründet. Die einen nehmen an,

420 *S/S-Perron/Eisele, StGB, § 32 Rn 62; Frister, AT, Rn 16/27; vgl. auch Ladiges, JuS 2011, 879, 881*
421 *Fischer, StGB, § 32 Rn 40; Lackner/Kühl, StGB, § 32 Rn 11; Gropp, AT, § 5 Rn 152; Heinrich, AT, Rn 367; Lotz, JuS 2010, 982, 986*
422 *Vgl. BGHSt 27, 336, 338; BGH, NStZ 1989, 474, 474; Gropp, AT, § 6 Rn 95; Heinrich, AT, Rn 379*
423 *Hohmann/Matt, JuS 1993, 131, 135 f.; Mitsch, JuS 2017, 19, 22*

dass es schon am Angriff des Provozierten fehle, da der Provokateur der eigentliche Angreifer sei.[424] Die anderen lehnen den Verteidigungswillen des Provokateurs ab.[425] Überwiegend wird wegen des Versuchs, den Provozierten unter dem Deckmantel des Notwehrrechts straflos verletzen zu können, ein Fall des Rechtsmissbrauchs angenommen, der die Notwehr als nicht mehr geboten erscheinen lasse („Rechtsmissbrauchstheorie").[426] Nach dieser Ansicht ist A nicht gerechtfertigt.

Selbstschutztheorie

430 Nach einer vermittelnden Auffassung ist dem Provokateur dann ein Notwehrrecht zuzugestehen, wenn keine andere Selbstschutzmöglichkeit, insbesondere keine Ausweichmöglichkeit, bestehe. Der angegriffene Provokateur dürfe nicht in die ausweglose Lage gebracht werden, entweder seine Rechtsgüter preisgeben zu müssen, oder sich strafbar zu machen („Selbstschutztheorie").[427] Diese sog. Selbstschutztheorie führt zur Ablehnung der Rechtfertigung des A, da er dem Angriff hätte ausweichen können und müssen.

Stellungnahme

431 Gegen die Rechtsbewährungstheorie spricht, dass der Provokateur ein schlechter Verteidiger der Rechtsordnung ist. Schließlich ist er derjenige, der das Notwehrrecht dazu missbrauchen will, seinen Gegner ungestraft zu verletzen.[428] Gegen die Selbstschutztheorie spricht, dass der Provokateur sich und seine Rechtsgüter schon dadurch hinreichend schützen könnte, dass er die Provokation unterlässt.

432 **KLAUSURHINWEIS**

Die folgende Ansicht stellt eine Mindermeinung dar. Ihr Verständnis und folglich auch ihre Darstellung verlangt in der Regel vertiefte Kenntnisse des Allgemeinen Teils und sollte deshalb dem Fortgeschrittenen vorbehalten bleiben.

Lehre von der actio illicita in causa

433 Nach der Lehre von der actio illicita in causa („a.i.i.c." = eine in der Ursache rechtswidrige Tat[429]) handelt der Provokateur im Zeitpunkt der Abwehr des Angriffs rechtmäßig. Jedoch wird ihm das provozierende Verhalten als nicht gerechtfertigte Tathandlung vorgeworfen, die in zurechenbarer Weise zur späteren Eskalation und damit zur Verletzung des Provozierten geführt habe.[430] Nach dieser Auffassung wäre A im obigen Beispiel wegen Körperverletzung zu bestrafen, die Tathandlung wäre jedoch nicht der Schlag, sondern die Provokation. Hiergegen spricht jedoch schon, dass nach dieser Auffassung beispielsweise eine Beleidigung die Tathandlung eines späteren Totschlags wäre. Für den Fall, dass die Provokation erfolglos bliebe, müsste man zudem in der Provokation schon den Versuchsbeginn sehen, was wegen der damit einhergehenden massiven Vorverlagerung der Versuchsstrafbarkeit in den Bereich eigentlich strafloser Vorbereitungshandlungen ebenfalls nicht hinnehmbar ist.[431]

---

424 *Vgl. Heinrich, AT, Rn 375 a.E.*
425 *RG, ZRpflBay 5 (1909), 131, 132; BGH, MDR (D) 1954, 335; Geilen, JURA 1981, 308, 310*
426 *BGHSt 26, 143, 146; 24, 256, 359; Gropp, AT, § 6 Rn 94; Roxin, AT I, § 15 Rn 65 ff.; Stemler, ZJS 2010, 347, 353*
427 *Jescheck/Weigend, AT, § 32 III 3 a; Kühl, JURA 1991, 175, 178; Rönnau, JuS 2012, 404, 407*
428 *Roxin, ZStW 75 (1963), 541, 567, 575, 579*
429 *Zum Begriff ausführlich Hruschka, StrafR, S. 382*
430 *S/S-Perron/Eisele, StGB, § 32 Rn 61; Lindemann/Reichling, JuS 2009, 496, 498 ff.; Putzke/Putzke, ZJS 2019, 237, 239*
431 *Heinrich, AT, Rn 377*

434 **KLAUSURHINWEIS**

Die Verortung des Problems im Gutachten wird nicht einheitlich gehandhabt. Herrschend ist die Verortung im Prüfungspunkt der Gebotenheit. Das Ergebnis hängt hiervon nicht ab. Deshalb ist hierüber auch kein Streit zu führen. Da ein Meinungsstreit im Gutachten nicht auseinandergerissen werden sollte, sind unter dem Prüfungspunkt der Gebotenheit auch die anderen Auffassungen anzusprechen.

(3) Die sonst vorwerfbare Notwehrprovokation

435 Im Bereich der sonst vorwerfbaren Notwehrprovokation lassen sich weitere zwei Unterfallgruppen bilden.

Rechtswidriges Vorverhalten

436 Weitgehende Einigkeit herrscht noch über die Lösung derjenigen Fälle, in denen die schuldhafte Provokation in einem rechtswidrigen Verhalten liegt. Hierunter fällt auch der Fall der **bedingt vorsätzlichen Notwehrprovokation**.[432]

Gestuftes Notwehrrecht

437 Die Folge einer sonst vorwerfbaren Notwehrprovokation ist ein **gestuftes Notwehrrecht.** Zunächst muss der Angegriffene versuchen, dem **Angriff auszuweichen**. Sofern dies nicht genügt, darf er zur defensiven Verteidigung (**Schutzwehr**) und im äußersten Fall auch zur aktiven Abwehr (**Trutzwehr**) übergehen.[433] Zusätzlich ist die Schwere der Provokation in Rechnung zu stellen. Je schwerer die rechtswidrige und vorwerfbare Provokation wiegt, desto stärker muss sich der Provokateur bei seiner Angriffsabwehr zurückhalten.[434] Dies gilt jedoch nicht bei lebensbedrohlichen Angriffen. Hier darf der Provokateur den Angreifer im äußersten Notfall auch töten, um sein eigenes Leben zu retten.[435]

Provokationszusammenhang

438 Notwendig ist weiterhin ein „Provokationszusammenhang" zwischen dem Provokateur und dem Provozierten. Das bedeutet, dass eine Einschränkung des Notwehrrechts nur eingreifen kann, wenn durch das Vorverhalten die Rechtssphäre des Provozierten selbst oder einer ihm nahe stehenden Person berührt ist, sodass er sich gerade individuell provoziert fühlen darf.[436] Zudem muss zwischen dem provozierenden Verhalten und dem dadurch provozierten Angriff ein enger zeitlicher und räumlicher Zusammenhang bestehen.[437]

Finnendolch-Fall

439 **BEISPIEL 1** (nach BGHSt 24, 356 ff., „Finnendolch-Fall"): T war nach einem von ihm verschuldeten Verkehrsunfall mit seinem Wagen geflohen. Nachdem er seinen Wagen verlassen hatte, wurde er vom Fahrer F des anderen Fahrzeugs mit den Worten „Ich bring dich um!" verfolgt. Als F den fliehenden T erreicht hatte und auf diesen einschlug, versetzte T dem F tödliche Stiche mit einem Finnendolch.

440 Grundsätzlich steht T gegen F das Notwehrrecht zu. Es könnte jedoch nicht geboten gewesen sein, sich in dieser heftigen Form zu verteidigen. Eine Beschränkung

432 BGH, NStZ 2019, 263, 263; Dorn-Haag/Schreiber/Steinle, JA 2020, 434, 438
433 BGH, NStZ-RR 2015, 303, 304; NStZ 2011, 82, 83; Zaczyk, JuS 2004, 750, 753
434 BGHSt 42, 97, 101; 24, 356, 358 f.; BGH, NStZ 2003, 420, 421; NStZ 2002, 425, 426
435 BGHSt 39, 374, 379; 26, 143, 145 f.; 24, 356, 358 f.;
436 BGH, NStZ 1998, 508, 509; 1981, 138, 138; Zaczyk, JuS 2004, 750, 754
437 BGHSt 42, 97, 100 f.; 39, 374, 378 f.; BGH, NStZ-RR 2015, 303, 304

des Notwehrrechts kommt in Frage, weil T durch sein unerlaubtes Entfernen vom Unfallort, § 142 I StGB, den Angriff des F durch ein rechtswidriges Verhalten provoziert hat. Da alle o.g. Voraussetzungen einer sonst vorwerfbaren Provokation vorlagen, verwies der BGH den Finnendolch-Fall zurück an das Tatgericht, um zu klären, ob dem T eine vorherige Androhung des Waffeneinsatzes oder zumindest eine weniger gefährliche Verwendung möglich gewesen wäre.

MERKSATZ **441** Drei-Stufen-Theorie

Bei einer vorwerfbaren Notwehrprovokation wird das Notwehrrecht des Provokateurs im Sinne einer „**Drei-Stufen-Theorie**" eingeschränkt: Erst ausweichen, dann Schutzwehr, dann Trutzwehr.[438]

442 Sozialethisch zu missbilligendes Vorverhalten

Im Bereich einer sonst vorwerfbar provozierten Notwehrlage ist streitig, ob nur ein rechtswidriges Vorverhalten zur Einschränkung des Notwehrrechts führt, oder ob auch ein **bloß sozialethisch zu missbilligendes Verhalten** ausreicht. Ist das Vorverhalten nicht einmal sozialethisch zu missbilligen, kommt keine Beschränkung des Notwehrrechts in Betracht.[439] Aber auch die bloße Kenntnis oder Annahme, ein bestimmtes eigenes Verhalten werde eine andere Person zu einem rechtswidrigen Angriff provozieren, führt für sich allein noch nicht zu einer Einschränkung des Notwehrrechts.[440]

443 Abteilfenster-Fall

BEISPIEL 2 (nach BGHSt 42, 97, „Abteilfenster-Fall" oder auch „Jamba-Fall"): T sitzt im Zug im Abteil 1. Klasse. Da der Zug überfüllt ist, setzt sich „Jamba" (J), der nur ein Ticket für die 2. Klasse besitzt mit ins Abteil und verströmt Biergeruch. T öffnet das Fenster, um J aus dem Abteil zu ekeln. Mehrfach schließt der fröstelnde J das Fenster, welches T unmittelbar danach wieder öffnet. Als es zu einer körperlichen Auseinandersetzung kommt, ersticht T den J.

444

Der BGH meinte, dass das Verhalten des T sozialethisch zu missbilligen sei. Er habe durch sein Verhalten seine Missachtung gegenüber J ausgedrückt. Hieraus folgerte der BGH eine Beschränkung des Notwehrrechts wie im Fall der rechtswidrigen Provokation.[441] Hieran wird kritisiert, dass ein nicht rechtswidriges Verhalten (wie im Abteilfenster-Fall) einem rechtswidrigen Verhalten (wie im Finnendolch-Fall) unter rechtlichen Aspekten niemals gleichkommen könne. Was nicht verboten ist (hier das Öffnen des Fensters), müsse man (hier J) von Rechts wegen hinnehmen oder mit gleicher Münze heimzahlen. Keinesfalls dürfe man (hier J) zum Angriff übergehen. Außerdem werde durch die konturlose Rechtsprechung des BGH eine Grauzone eröffnet, die der Bedeutung des Notwehrrechts in der Praxis nicht gerecht werde.[442]

---

438 *BGH, NStZ 2001, 143, 144; Gropp, AT, § 6 Rn 98 f.; Oğlakcıoğlu, HRRS 2010, 106, 108*

439 *BGHSt 27, 336, 338; BGH, NStZ 2011, 82, 83; NJW 2003, 1955, 1959*

440 *BGH, JA 2018, 872, 874*

441 *BGHSt 42, 97, 101; zustimmend Wessels/Beulke/Satzger, AT, Rn 537; BGH, BeckRS 2015, 12668 = RA 2015, 561, 562 f.*

442 *Gropp, AT, § 6 Rn 95a; Roxin, AT I, § 15 Rn 73; Putzke/Putze, ZJS 2019, 237, 240*

445 **MERKSATZ**

Der Grund für diese Einschränkung des Notwehrrechts durch den BGH dürfte darin liegen, dass dem BGH die weit reichenden Befugnisse des sich in Notwehr verteidigenden (auch im Vergleich mit anderen europäischen Strafrechtsordnungen) als völlig unverhältnismäßig erscheinen.

Provokation der Provokation

446 Im Fall der „**Provokation der Provokation**" (zum Beispiel Erwiderung einer Beleidigung mit einer Gegenbeleidigung) ist eine Einzelfallbetrachtung vorzunehmen. Grundsätzlich behält jedoch der „provozierte Provokateur" das volle Notwehrrecht, wenn seine „zweite" Provokation lediglich eine adäquate Folge des Verhaltens des „ersten" Provokateurs darstellt. Es fehlt an einer Zurechnung der Provokation zur Person des Verteidigers, wenn dessen provozierendes Verhalten seinerseits durch den Angreifer provoziert wurde und der erste Provokateur daher die Verantwortung für die Folgeprovokation trägt. Sofern die Reaktion hingegen nicht adäquat ist, muss er sich eine Beschränkung seines Notwehrrechts gefallen lassen.[443]

BEISPIEL: E beleidigt Z. Z reagiert mit einer Gegenbeleidigung. E greift Z daraufhin körperlich an.

Z hat gegen den Angriff des E das volle Notwehrrecht.

§ 33 StGB nicht übersehen

KLAUSURHINWEIS

Scheidet wegen fahrlässiger Notwehrprovokation eine Rechtfertigung aus, darf im Prüfungspunkt der Schuld – natürlich nur bei entsprechenden Hinweisen im Sachverhalt – nicht übersehen werden, dass u.U. dennoch eine Entschuldigung gem. § 33 StGB (Verwirrung, Furcht oder Schrecken) in Betracht kommt.[444]

Bestrafung wegen fahrlässiger Tat

447 Fraglich ist jedoch, ob in Fällen vorwerfbarer Notwehrprovokation zumindest eine Bestrafung wegen fahrlässiger Tatbegehung in Frage kommt, wenn das Vorsatzdelikt gerechtfertigt ist.

Schrotflinten-Fall

448 **BEISPIEL 3** (nach BGH, NJW 2001, 1075 = RA 2001, 174, „Schrotflinten-Fall "[445]): T will O durch einen Schuss ins Knie verletzen. Als T zum Angriff ausholt, erkennt O die Gefahr und schlägt T nieder. Über den Angriff erregt geht er mit einem Teleskoptotschläger auf den am Boden liegenden T los. T hat keine andere Chance zur Rettung seines Lebens, als den O zu erschießen.

Actio illicita in causa

449 Mit dem Niederschlagen des T war dessen Angriff beendet. Durch sein weiteres Verhalten wechselte O in die Rolle des Angreifers. Trotz der rechtswidrigen Provokation stand dem T gegen diesen Angriff ein Notwehrrecht zu.[446] Dennoch verurteilte der BGH im o.g. Fall den T wegen fahrlässiger Tötung, § 222 StGB. Dabei meinte er jedoch, auf die Rechtsfigur der a.i.i.c.[447] nicht zurückgreifen zu müssen, da sich

443 BGH, JA 2017, 629, 630 = RA 2017, 325, 326; HRRS 2009 Nr. 584; S/S-Perron/Eisele, StGB, § 32 Rn 59; Jäger, JA 2017, 629, 630 f.
444 BGH, NStZ-RR 2014, 379, 380 = RA 2014, 657, 660
445 Gutachterliche Lösung: Kudlich, JuS 2003, 32 ff.; (kritische) Besprechung: Struckenberg, JA 2002, 172 ff.
446 BGH, NJW 2001, 1075, 1076; Kudlich, JuS 2003, 32, 34
447 Hierzu schon oben bei der Absichtsprovokation, Rn 433

die Strafbarkeit schon aus der normalen Fahrlässigkeitsdogmatik ergebe. Der Fahrlässigkeitsvorwurf liege in dem zeitlich vorgelagerten Verhalten, dem Beginn des Angriffs auf O. Wer durch rechtswidriges Verhalten die Gefahr einer tätlichen Auseinandersetzung mit tödlichem Ausgang begründe, könne auch dann wegen fahrlässiger Tötung bestraft werden, wenn er die den Tod verursachende Handlung in Notwehr ausführe.[448]

KLAUSURHINWEIS 450

Im Fall der **fahrlässigen Notwehrprovokation** kommt nach BGH eine Bestrafung wegen fahrlässiger Tatbegehung in Betracht. Die Tathandlung liegt in der Provokation an sich. Die Frage nach der Strafbarkeit kann sich dann an zwei Punkten entscheiden: Beim Sorgfaltspflichtverstoß[449] oder bei der nachfolgenden Frage, ob die Eskalation bei der Provokation vorhersehbar war.[450]

Gegen diese Rechtsprechung des BGH wird eingewandt, dass das Ansetzen des 451
Provozierten zu einem seinerseits rechtswidrigen Angriff eine eigenverantwortliche Selbstgefährdung darstelle, die den Zurechnungszusammenhang unterbreche.[451]

MERKSATZ 452 Vorverlagerung des Fahrlässigkeitsvorwurfs

Die **Vorverlagerung des Fahrlässigkeitsvorwurfs** ist bei fahrlässigen Erfolgsdelikten geradezu typisch. Wer mit einer Zigarette in der Hand im Bett einschläft und dadurch einen Brand verursacht (keine Handlungsqualität wegen des Schlafes), bekommt das zeitlich vorgelagerte Verhalten vorgeworfen, nämlich trotz Müdigkeitserscheinungen die Zigarette nicht gelöscht zu haben. Wer volltrunken von der Kneipe nach Hause fährt und dabei die Kontrolle über das Fahrzeug verliert und dadurch einen Fußgänger verletzt (Schuldunfähigkeit gem. § 20 StGB), bekommt ebenfalls das zeitlich vorgelagerte Verhalten vorgeworfen, nämlich sich überhaupt zu betrinken. Auch für diesen Fall meinte der BGH, nicht auf die Rechtsfigur der sog. „**actio libera in causa**" („a.l.i.c." = Handlung in frei gesetzter Ursache[452]) zurückgreifen zu müssen.[453] Somit stellt das Urteil des BGH keinen „Ausreißer" dar, sondern fügt sich vielmehr ins gängige Muster der Vorverlagerung der vorzuwerfenden Tathandlung bei Fahrlässigkeitsdelikten ein.[454]

(4) Sonderfall: Provokation bei Nothilfe

Sofern es um die Frage geht, wie sich eine Provokation auf das Nothilferecht aus- 453
wirkt, sind **zwei Konstellationen** zu unterscheiden.

Zunächst soll der Fall behandelt werden, in dem die Provokation vom Angegriffenen 454 **Nothilfe bei Provokation des Angegriffenen**
ausgeht. Nach einer Ansicht ist in dieser Konstellation das Nothilferecht in gleicher

448 *Zustimmend Puppe, AT I, § 28 Rn 19-29; Mitsch, JuS 2001, 751, 755*

449 *Im konkreten Fall verneint bei BGH, NStZ 2011, 82, 83*

450 *Im konkreten Fall bejaht bei BGH, NJW 2001, 1075, 1077*

451 *Engländer, JURA 2001, 534, 537 f.; Kudlich, JuS 2003, 32, 35; Satzger, JK 5/11, StGB § 32/55; ähnlich S/S-Perron/Eisele, StGB, § 32 Rn 61*

452 *Näheres dazu im Kapitel „Schuld" ab Rn 608*

453 *BGHSt 42, 235, 236 f.*

454 *In der Sache nahm der BGH schon in BGHSt 11, 111 ff. („Myom-Fall") eine Bestrafung nach den Grundsätzen der a.l.i.c. vor. Dazu eingehend Puppe, AT I, § 28 Rn 1-12 (insbes. Rn 11)*

Weise wie das Notwehrrecht zu beschränken, da das Recht zur Nothilfe niemals über dasjenige zur Notwehr hinausgehen könne.[455] Nach anderer Ansicht lässt sich eine Beschränkung des Nothilferechts nicht begründen.[456] Dem Nothelfer selbst fehle es nämlich in keiner Weise an der Legitimation, den durch den Angriff in Frage gestellten Rechtsfrieden zu verteidigen.

Provokation durch Nothelfer

455 Anders ist die Interessenlage, wenn die Provokation vom späteren Nothelfer ausgeht. Hier kommt eine Beschränkung des Nothilferechts schon deshalb nicht in Frage, weil dies zu Lasten des Opfers des Angriffs gehen würde.

BEISPIEL: T erzählt dem eifersüchtigen E, seine Frau F habe ihn mit dem B betrogen. Als E sich daraufhin auf den körperlich unterlegenen B stürzt, kommen T Bedenken und er eilt B zur Hilfe.

T steht das volle Nothilferecht zu.[457]

(5) Abwehrprovokation

456 Etwas anders stellt sich der Fall bei der „Abwehrprovokation" dar. Bei dieser geht es darum, dass sich der Täter für einen von ihm erwarteten Angriff mit einem (gefährlichen) Abwehrmittel ausrüstet und dieses in der dann auch später tatsächlich eintretenden Notwehrlage einsetzt.

457 **BEISPIEL:** T hat sich für eine zu erwartende Auseinandersetzung, der er an sich nicht auszuweichen braucht, mit einer Abwehrwaffe (z.B. Schusswaffe) ausgerüstet, deren Einsatz in der konkreten Situation mangels anderer Möglichkeiten erforderlich ist; er hätte den Angriff jedoch auch mit einem weniger gefährlichen Mittel (z.B. Gaspistole) abwehren können, wenn er sich vorher mit diesem, statt mit der gefährlicheren Waffe versehen hätte.

Die wohl h.M. gewährt dem Verteidiger in diesem Fall das uneingeschränkte Notwehrrecht, weil den Verteidiger an der konkreten Notwehrlage kein Vorwurf treffe. Es gelte der Grundsatz, dass „der Angreifer den Verteidiger so nehmen muss, wie er ihn vorfindet".[458] Nach der Gegenauffassung müsse das Notwehrrecht wie bei der Absichtsprovokation ausgeschlossen werden, wenn der Täter absichtlich mildere Mittel nicht mitführe, um im Falle des Angriffs den Angreifer stärker verletzen zu können.[459]
Wollte T also im Beispiel nur „auf Nummer sicher gehen", kommt auch nach der letztgenannten Meinung keine Begrenzung seines Notwehrrechts in Betracht.

dd) Nothilfe durch Folter

458 Sowohl der Fall Daschner[460] als auch aktuelle terroristische Bedrohungsszenarien werfen die Frage auf, ob in Extremsituationen eine Nothilfe durch Folter in Frage kommt.

---

455 MK-Erb, StGB, § 32 Rn 212; S/S-Perron/Eisele, StGB, § 32 Rn 61a; Brand/Zivanic, JuS 2016, 332, 335
456 Kasiske, JURA 2004, 832, 838; Mitsch, GA 1986, 533, 534 f.
457 MK-Erb, StGB, § 32 Rn 212; S/S-Perron/Eisele, StGB, § 32 Rn 61a; Kasiske, JURA 2004, 832, 838
458 BGH, MDR/H 1989, 492, 492; LK-Rönnau/Hohn, StGB, § 32 Rn 189 f.; MK-Erb, StGB, § 32 Rn 236
459 S/S-Perron/Eisele, StGB, § 32 Rn 61b; Rengier, AT, § 18 Rn 102
460 LG Frankfurt, NJW 2005, 692

BEISPIEL 1 (nach LG Frankfurt, NJW 2005, 692 ff. = RA 2005, 222 ff., Fall „Daschner"): 459 **Fall Daschner**
Dem Entführer eines Kindes wird von einem Polizeibeamten die Zufügung heftiger Schmerzen angedroht, wenn er nicht das Versteck des Kindes preisgebe. Der Beamte handelt, weil er eine akute Lebensgefahr für das seit der Verhaftung des Täters unversorgte Kind befürchtet.

BEISPIEL 2: Ein gefasster Terrorist wird gefoltert, um Explosionsort und -zeit einer in einer Großstadt deponierten „schmutzigen Bombe"[461] zu erfahren. Dadurch kann die Explosion der Bombe verhindert werden. Drohender Terroranschlag

In einer derart zugespitzten Extremsituation ist alleine das Merkmal der Gebotenheit fraglich. Die anderen Voraussetzungen der Nothilfe sind gegeben.[462] Nach einer Auffassung ist die Gebotenheit der Nothilfehandlung schon wegen der in der Folter liegenden Verletzung der Menschenwürde des Folteropfers zu verneinen.[463] An dieser Argumentation wird kritisiert, dass sie die Würdeverletzung der Opfer des Terroranschlags oder auch die Würdeverletzung eines Entführungsopfers völlig ausblendet.[464] Weiterhin wird gegen die Zulässigkeit der Nothilfe durch Folter vorgebracht, dass sie einen Tabubruch darstelle, der grundlegende zivilisatorische Errungenschaften in Frage stelle.[465] Hiergegen wird vorgebracht, dass in einer Extremsituation die Aufrechterhaltung eines hehren Prinzips über das Lebensrecht und die Würde unschuldiger Menschen gestellt werde.[466] 460
Dem Urteil des BVerfG zum Luftsicherheitsgesetz kann zu diesem Streit keine Aussage entnommen werden, da es die Frage nach der strafrechtlichen Verantwortlichkeit explizit offen gelassen hat.[467] BVerfG zum Luftsicherheitsgesetz

KLAUSURHINWEIS 461
In einer Klausur mag es aus taktischen Gründen sinnvoll sein, die Nothilfe durch Folter abzulehnen, da dadurch weitere Prüfungen des Notstands, § 34 StGB, und des übergesetzlichen entschuldigenden Notstands möglich werden.

Sofern man im Fall staatlicher Folter zu einer Einschränkung des Notwehrrechts gelangt, dürfte diese Einschränkung auf das Notwehrrecht von Privatpersonen („Privatfolter") nicht übertragbar sein.[468] 462 Privatfolter

ee) Notwehr gegen Erpressung („Chantage")

Probleme bereiten die Fälle der sog. **Schweigegelderpressung**. Typischerweise droht der Erpresser hier mit der Enthüllung kompromittierender Tatsachen, namentlich mit einer Strafanzeige wegen einer vom Erpressungsopfer seinerseits begangenen Straftat. 463 Schweigegelderpressung

461 *Hierunter versteht man einen konventionellen Sprengsatz, der bei seiner Explosion radioaktives Material in der Umgebung verteilt.*
462 *Vgl. hierzu Erb, JURA 2005, 24, 24 f.; Fahl, JURA 2007, 743, 743 ff.*
463 *EGMR, HRRS 2008 Nr. 627, Rn 69; LG Frankfurt, NJW 2005, 692, 693; Gropp, AT, § 6 Rn 87a; Roxin, AT I, § 15 Rn 106 f.; Jessberger, JURA 2003, 711, 713 f.; Norouzi, JA 2005, 306, 307 ff.*
464 *Erb, JURA 2005, 24, 27; Fahl, JR 2004, 182, 185; Wittreck, DÖV 2003, 873, 879*
465 *Merten, JR 2003, 404, 404 f.; Jahn, KritV 2004, 24, 27 ff.*
466 *Kühl, AT, § 7 Rn 156a; Erb, JURA 2005, 24, 30*
467 *BVerfG, NJW 2006, 751, 759*
468 *Fahl, JURA 2007, 743, 748 f.; Jäger, JA 2008, 678, 681; a.A. Hecker, KritJ 2003, 210, 214*

Fraglich ist, ob dem Erpressten in diesem Fall gegen den Erpresser ein Notwehrrecht zusteht. Vor allem ist fraglich, ob dem Notwehrrecht unter dem Aspekt der Gebotenheit Grenzen gesetzt sind.

Gegenwärtigkeit des Angriffs

464 Das Notwehrrecht an sich wird dem Erpressten in der Regel gewährt, weil der Angriff durch den Ausspruch der Drohung alleine noch nicht abgeschlossen ist[469], sondern gegenwärtig bleibt, solange der psychische Zwang aufrechterhalten wird.[470]

Gebotenheit

465 In der Literatur wird im Fall der „Chantage" überwiegend für eine Einschränkung des Notwehrrechts unter dem Gesichtspunkt der Gebotenheit plädiert. Der Erpresste sei angesichts seiner eigenen Vortaten nur bedingt schutzwürdig. Deswegen würden zwar „leichte" und „mittlere" Abwehrmaßnahmen (z.B. Diebstahl, Hausfriedensbruch, Urkundenunterdrückung, Sachbeschädigung) gegen den Erpresser zulässig bleiben, „schwere" Abwehrmaßnahmen, vor allem Gewalttaten hingegen nicht.[471] Die Gegenauffassung lehnt jede Beschränkung des Notwehrrechts ab, da dies dem Rechtsbewährungsprinzip widerspreche.[472]

466 **KLAUSURHINWEIS**

In einer Klausur[473] wirft die „Chantage" gleich an mehreren Stellen Probleme auf. Innerhalb der Notwehrlage ist vor allem die Frage nach der Gegenwärtigkeit zu problematisieren. Im Rahmen der Notwehrhandlung sollte, bevor man zum Hauptproblem der Gebotenheit kommt, noch kurz auf die Erforderlichkeit eingegangen werden. Hierbei ist darzulegen, dass der Gang zur Polizei wegen der damit notwendig verbundenen Selbstbelastung nicht zumutbar ist.[474]

466a Eine interessante Variante zum Thema „Notwehr gegen Erpressung" stellt Fahl zur Debatte:

Kopfgeld-Fall: „Kopfgeld – einer wird bezahlen" (Spielfilm USA 1996)

BEISPIEL: Der erpresste Vater eines entführten Kindes dreht den Spieß um und setzt das von den Entführern verlangte Lösegeld, z.B. eine Million Euro, öffentlich als „Kopfgeld" aus. Dieses soll derjenige erhalten, der ihm den oder die Entführer „tot oder lebendig" übergibt, weil er nämlich nicht daran glaubt, dass die Entführer seinen Sohn nach der Lösegeldübergabe freilassen würden, da Entführer fürchten müssen, vom Opfer später identifiziert zu werden und daher ihr Opfer häufig lieber töten, obwohl sie das Lösegeld erhalten haben. Einzige Möglichkeit für die Entführer die Rücknahme des Kopfgeldes zu erreichen ist die Freilassung des Kindes. Sobald sein Sohn wohlbehalten bei seiner Familie ist, soll das Kopfgeld nämlich erlöschen. Lassen sie das Kind aber nicht frei, so müssen sie für den Rest ihres Lebens fürchten, ohne je ein Lösegeld gesehen zu haben, von irgendeinem Mitwisser verraten und von Kopfgeldjägern verfolgt zu werden.

---

469 *So aber Arzt, JZ 2001, 1052, 1052, Fn. 2; Tenckhoff, JR 1981, 254, 256*
470 *Fischer, StGB, § 32 Rn 18; Roxin, AT I, § 15 Rn 29; Eggert, NStZ 2001, 225, 226*
471 *Roxin, AT I, § 15 Rn 102; Wessels/Beulke/Satzger, AT, Rn 543*
472 *Eggert, NStZ 2001, 225, 229; offen gelassen von BGH, NStZ 2003, 425, 428*
473 *Klausurfall bei Koch/Loy, ZJS 2008, 170 ff.*
474 *Eggert, NStZ 2001, 225, 227; a.A. Arzt, MDR 1965, 344, 345*

Die Auslobung des „Kopfgeldes" ist zivilrechtlich wohl als „sittenwidrig" und damit gem. § 138 BGB nichtig einzustufen. Daraus folgt wohl, dass die Aussetzung eines Kopfgeldes auch strafrechtlich nicht durch Notwehr gerechtfertigt werden kann, sondern als Aufforderung zu Straftaten gem. § 111 StGB strafbar ist. Da die Aussetzung eines Kopfgeldes sozialethisch zu missbilligen ist, kann sie strafrechtlich wohl nicht i.S.d. § 32 I I StGB „geboten" sein. Daran muss wohl auch § 34 StGB scheitern. Handelt es sich aber um die Rettung eines Angehörigen oder einer anderen nahestehenden Person, so ist der Täter, wenn und weil dem Verwandten nicht zumutbar ist „die Gefahr hinzunehmen" wohl nach § 35 StGB zu entschuldigen. Hierbei ist nicht die Frage, ob die Kopfgeldaussetzung gegen Grundsätze der Sozialethik verstößt, sondern wohl nur, ob die Gefahr bis hin zum Tode des Kindes dem Angehörigen „zugemutet" werden kann.[475]

ff) Sonstige Fallgruppen

Weitere anerkannte Fallgruppen einer Beschränkung des Notwehrrechts sind Angriffe von ersichtlich schuldlos Handelnden,[476] Fälle der Unfugabwehr bei Bagatellangriffen[477] und Angriffe unter Personen mit engen persönlichen Beziehungen,[478] wobei aber eine bloße gemeinsame WG nicht ausreicht.[479] In diesen Fallgruppen ist der Angegriffene ebenfalls auf die „Drei-Stufen-Theorie" des Ausweichens, der Schutz- und erst im äußersten Fall der Trutzwehr verwiesen. Streitig ist, ob auch Angriffe eines bloß vermindert Schuldfähigen (z.B. § 21 StGB) zu einer Beschränkung des Notwehrrechts führen.[480] **467**

Bei der Fallgruppe der engen persönlichen Beziehungen ist jedoch Vorsicht geboten. In Fällen häuslicher Gewalt (sog. „**Haustyrannen-Fälle**") kann die geschundene Frau nicht unter Hinweis auf die bestehende Ehe in der Ausübung ihres Notwehrrechts eingeschränkt werden. Wer durch seinen Angriff selbst keine Rücksicht auf die enge persönliche Beziehung nimmt, kann diese Rücksichtnahme vom Verteidiger nicht erwarten.[481] Der Frau steht in derartigen Situationen ein unbeschränktes Notwehrrecht zu. Dies hat zur Folge, dass in Fällen häuslicher Gewalt auch für andere Familienangehörige als auch für z.B. Nachbarn ein uneingeschränktes Nothilferecht besteht. Dies ergibt sich darüber hinaus von selbst in den Fällen, in denen es zwischen dem Nothelfer und dem Angreifer gar keine enge persönliche Beziehung gibt.[482] **468** Haustyrannen-Fälle

Fraglich ist auch, ob das Notwehrrecht einzuschränken ist, wenn sich der Bürger gegen rechtswidrige polizeiliche Maßnahmen verteidigt. Nach verbreiteter Auffassung ist eine derartige Verteidigung jedenfalls dann nicht geboten i.S.d. § 32 StGB, wenn der Vollstreckungsbeamte nicht offensichtlich bösgläubig oder **469** **Notwehr gegen rechtswidrige polizeiliche Maßnahmen**

---

475 *So die Lösung von Fahl, JA 2014, 808, 809 ff.*

476 *Vgl. BSGE 84, 54 ff. (Täter ist im Erlaubnistatbestandsirrtum); OLG Düsseldorf, RA 2017, 45 = JuS 2017, 81: Gerechtfertigte Ohrfeige eines Betreuers ggü. Grundschülern, wenn ein „wildes Spiel" plötzlich „aus dem Ruder läuft".*

477 *BGH, NStZ 2011, 630, 631 („Abwehr eines evident bagatellhaften, bloßem Unfug nahe kommenden Angriffs")*

478 *S/S-Perron/Eisele, StGB, § 32 Rn 49, 52 f.; Fahl, JA 2000, 460, 464*

479 *BGH, NStZ 2016, 526, 527*

480 *Bejahend AG Rudolstadt, NStZ-RR 2007, 265, 265; Roxin, AT II, § 15 Rn 64, verneinend Satzger, JK 2/08, StGB § 32/32 und wohl auch BayObLG, NStZ-RR 1999, 9, 9*

481 *MK-Erb, StGB, § 32 Rn 221; Frister, AT, Rn 16/33; Gropp, AT, § 6 Rn 87; Walther, JZ 2003, 52, 56; Zieschang, JURA 2003, 527, 528 f.; zweifelnd auch BGH, NStZ-RR 2002, 203, 204*

482 *Kasiske, JURA 2004, 832, 837; a.A. Kühl, AT, § 7 Rn 142*

amtsmissbräuchlich handelt und durch die Vollstreckungshandlung kein irreparabler Schaden droht, durch die Abwehrhandlung aber erhebliche Verletzungen oder der Tod des Amtsträgers zu gewärtigen sind. In einem derartigen Fall sei vom Angegriffenen ein Verzicht auf die Abwehrhandlung zu verlangen.[483]

470 **KLAUSURHINWEIS**
Die **Erforderlichkeit der Notwehr** richtet sich allein nach den ex ante erkennbaren tatsächlichen Gegebenheiten. Demgegenüber bestimmt sich die Frage, ob eine Handlung durch Notwehr geboten ist, nach normativen und sozialethischen Überlegungen. Diese beiden völlig unterschiedlichen Prüfungsmaßstäbe dürfen niemals vertauscht werden.

4. Notwehrwille (Verteidigungswille)

Prägendes Motiv

471 Die Notwehr setzt schließlich voraus, dass der Täter mit dem Willen handelt, sich oder einen Dritten zu verteidigen. Andere Beweggründe wie z.B. Wut, Hass oder Kampfeseifer schließen den Verteidigungswillen nicht aus, wenn sie ihn nur nicht ganz in den Hintergrund drängen.[484] Folglich muss der Verteidigungswille das leitende, die Tat prägende Motiv sein.

5. Sonderproblem: Notwehr- und Nothilferecht für Polizeibeamte

472 Streitig ist, in welchem Umfang sich Polizeibeamte auf die allgemeinen strafrechtlichen Rechtfertigungsgründe berufen können und welche Auswirkungen dies auf die öffentlich-rechtlichen Eingriffsbefugnisse hat.

Notrechtsvorbehalte in Polizeigesetzen

473 Einerseits unterliegt der Schusswaffengebrauch Restriktionen durch die jeweiligen Polizeigesetze der Länder. Andererseits lassen die meisten Polizeigesetze „die zivil- und strafrechtlichen Wirkungen nach den Vorschriften über Notwehr und Notstand" unberührt.[485] Wenn es richtig ist, dass sich die Polizei wie jeder Bürger bei Ausübung von Notwehr und Nothilfe auf § 32 StGB berufen kann, stellt sich die Frage nach dem Sinn der den Schusswaffengebrauch einschränkenden Regelungen in den Polizeigesetzen. Zur Auflösung dieses gesetzlichen Widerspruchs werden verschiedene Auffassungen vertreten.

Rein öffentlich-rechtliche Theorie

474 Nach einer Ansicht (**rein öffentlich-rechtliche Theorie**) laufen die polizeirechtlichen Notstandsvorbehalte leer.[486] Der Polizist sei auf die reduzierten Abwehrrechte der Polizeigesetze beschränkt, da sich das Recht zum hoheitlichen Tätigwerden nicht aus strafrechtlichen Rechtfertigungsgründen ergeben könne. Gegen diese Ansicht spricht neben dem Wortlaut der einschlägigen Polizeigesetze auch, dass der in eine Notwehrlage gekommene Staatsbürger in Uniform dann schlechter stünde als jeder sonstige Bürger. Weiterhin ist zu bedenken, dass der Landesgesetzgeber nicht die Kompetenz hat, bundesgesetzliche Rechtfertigungsnormen des StGB einfach außer Kraft zu setzen.

---

483 *OLG Hamm, NStZ-RR 2009, 271, 272; S/S-Eser, StGB, § 113 Rn 37*

484 *BGH, NStZ 2007, 325, 326; 2000, 365, 365; Zaczyk, JuS 2004, 750, 753*

485 *Vgl. z.B. § 54 II HSOG, Art. 77 II BayPAG und § 57 IV POG RP. § 57 II PolG NRW regelt: „Die Vorschriften über Notwehr und Notstand bleiben unberührt."*

486 *LK-Rönnau/Hohn, StGB, § 32 Rn 220; NK-Kindhäuser, StGB, § 32 Rn 85; SSW-Rosenau, StGB, § 34 Rn 4*

Deswegen billigt eine andere Auffassung dem Polizeibeamten zwar das uneingeschränkte Notwehrrecht, nicht aber das Nothilferecht zu (**Selbstverteidigungstheorie**).[487] Auch hiergegen spricht zunächst der Wortlaut, der eine Beschränkung auf die Notwehr nicht hergibt. Weiterhin will nicht einleuchten, warum in einer Notlage ein Bürger, für den eine Einschränkung der Befugnisse durch die Polizeigesetze, deren Adressat er nicht ist, nicht in Betracht kommt, einem Opfer effektiver helfen können sollte als der dafür schon beruflich zuständige Polizeibeamte. **475** **Selbstverteidigungstheorie**

Folgerichtig gewährt die h.M. dem Polizeibeamten das volle Notwehr- und Nothilferecht. Unterschieden wird nur danach, ob die Nothilfehandlung dennoch polizeirechtswidrig sein könne (**gemischt öffentlich-rechtlich/strafrechtliche Theorie**)[488], oder ob der Grundsatz der Einheit der Rechtsordnung verlange, dass die strafrechtlich gerechtfertigte Maßnahme dann auch polizeirechtmäßig sei (**rein strafrechtliche Theorie**)[489]. **476** Strafrechtliche Theorien

BEISPIEL: Der Dieb D ist gerade dabei, seine letzten Beutestücke in das vor dem Haus geparkte Fluchtauto zu laden, als er von Polizist P erblickt wird. Dieser hat keine andere Möglichkeit, die Flucht zu verhindern, als dem D, der sich gerade ans Lenkrad setzen will, ins Bein zu schießen. **477**

Nach den Polizeigesetzen der Länder scheidet in Schusswaffengebrauch in diesem Fall in der Regel aus.[490] Nach der rein öffentlich-rechtlichen Theorie ist P deshalb nicht gerechtfertigt. Das Gleiche folgt aus der Selbstverteidigungstheorie, da P hier bloße Nothilfe übt. Nach den strafrechtlichen Theorien wäre P hingegen gerechtfertigt.

KLAUSURHINWEIS **478**

Auf den letztgenannten Streit ist in einer Strafrechtsklausur natürlich nicht näher einzugehen, weil nur die Strafbarkeit des Polizisten und nicht die Frage nach der öffentlich-rechtlichen Bewertung seines Verhaltens interessiert.

VII. FESTNAHMERECHT, § 127 StPO

§ 127 StPO[491] hat zwei Anwendungsfälle: **479** Sicherung des staatlichen Strafanspruchs

- Abs. 1 regelt ein „Jedermann-Recht“: Wird jemand auf frischer Tat betroffen oder verfolgt, so ist, wenn er der Flucht verdächtig ist oder seine Identität nicht sofort festgestellt werden kann, jedermann befugt, ihn auch ohne richterliche Anordnung vorläufig festzunehmen. „Jedermann“ sind dabei schon vom Wortlaut her auch die Beamten der Staatsanwaltschaft und der Polizei.[492]

- Abs. 2 regelt hingegen, dass nur Beamte der Staatsanwaltschaft oder der Polizei zur vorläufigen Festnahme berechtigt sind, wenn bei Gefahr im Verzug die Voraussetzungen eines Haftbefehls oder eines Unterbringungsbefehls vorliegen.

---

487 *Heinrich, AT, Rn 398; Fahl, JURA 2007, 743, 744, 749*

488 *Lackner/Kühl, StGB, § 32 Rn 17; Frister, AT, Rn 16/37; Erb, JURA 2005, 24, 29; Reinhardt, ZJS 2013, 493, 496*

489 *BGHSt 27, 260, 262 f.; S/S-Perron/Eisele, StGB, § 32 Rn 42a ff.; Rengier, AT, § 18 Rn 96; Roxin, AT I, § 15 Rn 112 f.; Wessels/Beulke/Satzger, AT, Rn 434, 436*

490 *Vgl. z.B. § 64 PolG NRW, § 61 I HSOG, Art. 84 I BayPAG und § 64 I POG RP*

491 *Ausfürhlicher Aufsatz zu § 127 I StPO bei Sickor, JuS 2012, 1074 ff.*

492 *Wagner, ZJS 2011, 465, 466*

Der Festgenommene muss den Eingriff in seine durch die Festnahme betroffenen Rechtsgüter dulden. Ihm steht ein Recht zur Notwehr nicht zu.[493] Schutzrichtung des Festnahmerechts ist die **Sicherung des staatlichen Strafanspruchs**.[494] Insoweit gestattet § 127 I StPO dem Privatmann die Unterstützung der staatlichen Strafverfolgungsbehörden.

1. Die Festnahme durch jedermann, § 127 I StPO

a) Prüfungsschema

PRÜFUNGSSCHEMA

480 **I. Objektive Voraussetzungen**
- **1. Festnahmelage**
  - **a) Frische Tat**
  - **b) Betroffen oder verfolgt**
  - **c) Festnahmegrund**
- **2. Festnahmehandlung**

II. Subjektive Voraussetzungen (Festnahmewille)

b) Festnahmelage

481 Eine Festnahmelage ist gegeben, wenn die festzunehmende Person auf frischer Tat betroffen oder verfolgt ist und ein Festnahmegrund vorliegt.

aa) Tat

482 § 127 I StPO setzt zunächst die Begehung einer „Tat" durch den Festgenommenen voraus.

§ 11 I Nr. 5 StGB

DEFINITION
Eine **Tat** i.S.d. § 127 I StPO ist nur eine zumindest rechtswidrige Tat i.S.d. § 11 I Nr. 5 StGB.[495]

Keine schuldhafte Tat nötig

483 Die Tat muss folglich nicht schuldhaft begangen worden sein. Dies hat seinen Grund darin, dass gegen den schuldunfähigen Täter im Sicherungsverfahren Maßregeln der Besserung und Sicherung selbstständig angeordnet werden können, vgl. § 71 StGB i.V.m. § 413 StPO. Es gibt also staatliche Sanktionen gegen den Schuldunfähigen, deren Verhängung durch das Festnahmerecht gesichert werden kann.[496]

Keine „Tat": Bloße Ordnungswidrigkeiten

484 Nicht als „Tat" gelten bloße Ordnungswidrigkeiten. Insoweit ist die vorläufige Festnahme in § 46 III 1 OwiG explizit für unzulässig erklärt worden. Gleiches gilt bei straflosen Vorbereitungshandlungen und straflosen Versuchen, weil es in diesem Fall keinen zu sichernden staatlichen Strafanspruch gibt.[497]

---

493 *Satzger, JURA 2009, 107, 108*
494 *Satzger, JURA 2009, 107, 108*
495 *Otto, JURA 2003, 685, 685*
496 *Satzger, JURA 2009, 107, 108; Wagner ZJS 2011, 465, 466 f.*
497 *Otto, JURA 2003, 685, 685*

Streitig ist, ob es ein Festnahmerecht bei noch nicht strafmündigen Kindern (vgl. § 19 StGB) gibt. Dies wird zum Teil bejaht, weil dadurch die Möglichkeit bestehe, die Möglicherweise hinter dem Kind stehenden mittelbaren Täter, Anstifter oder Gehilfen zu ermitteln.[498] Auch könnte so den Trägern der Jugendhilfe eine breitere Entscheidungsgrundlage für Erziehungsmaßnahmen beschafft werden.[499] Dennoch lehnt die h.M. ein Festnahmerecht gegenüber strafunmündigen Kindern ab.[500] Auf von Kindern begangene Straftaten kann nur außerstrafrechtlich reagiert werden. Ein Strafverfahren gegen sie ist niemals möglich, was jedoch der einzige Zweck einer vorläufigen Festnahme ist. 485 Strafunmündige Kinder

Im Rahmen der Festnahmelage ist vor allem streitig, ob eine Straftat objektiv vorliegen muss, oder ob ein (im Detail unterschiedlich definierter) Tatverdacht ausreicht, um die Festnahmelage zu begründen. 486 Tat oder Tatverdacht

MERKSATZ 487

Auch hier geht es um die Frage, ob eine Ex-ante- oder eine Ex-post-Prüfung vorzunehmen ist. Die Antwort auf diese Frage hat wiederum weitreichende Auswirkungen auf den Anwendungsbereich der Irrtumslehre über Rechtfertigungsgründe.

Nach einer Auffassung ist die Festnahme nur gegenüber dem wirklichen Täter zulässig.[501] Für diese sog. **materiell-rechtliche Theorie**, wird neben dem Wortlaut der Vorschrift vorgebracht, dass der Eingriff in das Freiheitsrecht nur bei einem Straftäter erlaubt sein dürfe. 488 Materiell-rechtliche Theorie = strenge Tatlösung

Nach der Gegenansicht ist es ausreichend, wenn der Festnehmende nach pflichtgemäßer Prüfung einen dringenden Tatverdacht haben durfte (sog. **prozessuale Theorie**).[502] Der Staat müsse dem Zivilcourage zeigenden Bürger beistehen, wenn dieser im Zeitpunkt der Festnahme (also ex ante) vom Vorliegen einer Straftat ausgehen müsse. Es sei unbillig, dem Festnehmenden, der eine öffentliche Funktion erfülle, das Risiko eines schuldlosen Irrtums aufzubürden. 489 Prozessuale Theorie = Verdachtslösung

Letztlich geht es also um die Frage, wer das Risiko eines Irrtums des Festnehmenden trägt. Nach der materiell-rechtlichen Theorie handelt der Festnehmende, der ja zum Eingriff nicht verpflichtet ist, auf eigenes Risiko. Liegen die Voraussetzungen des § 127 I StPO entgegen seiner subjektiven Überzeugung nicht vor, ist er nicht gerechtfertigt. Jedoch unterliegt er einem **Erlaubnistatbestandsirrtum**. Nach der prozessualen Theorie ist der Festnehmende demgegenüber gerechtfertigt und es obliegt dem Festgenommenen, den Verdacht aufzuklären.[503] Verkennt der Festgenommene die Situation und hält sich für rechtswidrig angegriffen, hat er kein Notwehrrecht, sondern befindet sich seinerseits im **Erlaubnistatbestandsirrtum**.[504] 490

498 *Krause, Geerds-FS, 489, 497*
499 *Verrel, NStZ 2001, 284, 287*
500 *KK-Boujong, StPO, § 127 Rn 8; Meyer-Goßner/Schmitt, StPO, § 127 Rn 3; Roxin, AT I, § 17 Rn 26*
501 *Meyer-Goßner/Schmitt, StPO, § 127 Rn 4; S/S-Sternberg-Lieben, StGB, Vorbem §§ 32 ff. Rn 81/82; Joecks/Jäger, StGB, Vor § 32 Rn 53; Beulke/Swoboda, StPO, Rn 235; Wessels/Beulke/Satzger, AT, Rn 616*
502 *BGH, NJW 1981, 745, 745; OLG Hamm, NStZ 1998, 370, 370; KK-Schultheis, StPO, § 127 Rn 9; Heinrich, AT, Rn 508; Rengier, AT, § 22 Rn 10; Roxin, AT I, § 17 Rn 24; Wagner, ZJS 2014, 557, 565*
503 *Roxin, AT I, § 17 Rn 25*
504 *Wagner, ZJS 2011, 465, 468 f.*

Häufiges Folgeproblem: Erlaubnistatbestandsirrtum

491 **KLAUSURHINWEIS**
Dieser Streit kann in beide Richtungen entschieden werden. Wichtig ist, dass dieser Streit deswegen gerne als dem Irrtum über Rechtfertigungsgründe vorgeschaltetes Problem in Klausuren eingebaut wird. In diesem Fall sollte unter klausurtaktischen Aspekten darauf geachtet werden, dass, wenn nur einer der Beteiligten zu prüfen ist, der zu prüfende Täter nicht gerechtfertigt wird, weil man sich sonst das Hauptproblem – den Irrtum über einen Rechtfertigungsgrund – abschneidet.

bb) Auf frischer Tat betroffen oder verfolgt

Der Festgenommene muss auf frischer Tat betroffen oder verfolgt worden sein.

492 **DEFINITION**
Auf frischer Tat **betroffen** ist, wer bei Begehung einer rechtswidrigen Tat oder unmittelbar danach am Tatort oder in dessen unmittelbarer Nähe gestellt wird.[505]

Teilnehmer

493 Dabei darf auch ein Anstifter oder Gehilfe einer „frischen Haupttat" festgenommen werden, selbst wenn die Teilnahmehandlung ihrerseits nicht mehr frisch ist.[506]

494 **DEFINITION**
Auf **frischer Tat verfolgt** ist, wer sich zwar bereits vom Tatort entfernt hat, aber sichere Anhaltspunkte auf ihn als Täter hinweisen und seine Verfolgung zum Zwecke der Ergreifung aufgenommen wird.[507]

495 Nicht erforderlich ist, dass der Täter im Zeitpunkt der Entdeckung noch anwesend ist. Es genügt, dass seine Verfolgung aufgrund konkreter, auf ihn hinweisender Anhaltspunkte unverzüglich begonnen wird.[508]

cc) Festnahmegrund

Entscheidend: Identität unbekannt

496 § 127 I StPO setzt weiter das Vorliegen eines Festnahmegrundes voraus. Das Gesetz nennt den Fluchtverdacht und die Unmöglichkeit der sofortigen Identitätsfeststellung. Nach dem Gesetzeswortlaut reicht eigentlich das Vorliegen eines Festnahmegrundes aus. Dennoch ist nach ganz h.M. die Festnahme trotz Fluchtverdachts in der Regel unzulässig, wenn die Identität des Betroffenen bekannt ist.[509]
Ein Festnahmegrund ist zunächst der Fluchtverdacht.

497 **DEFINITION**
Fluchtverdacht liegt vor, wenn die gerechtfertigte Annahme besteht, der Betroffene werde sich der Verantwortung durch Flucht entziehen, wenn er nicht alsbald festgenommen wird.[510]

---

505 *Meyer-Goßner/Schmitt, StPO, § 127 Rn 5*
506 *Satzger, JURA 2009, 107, 110*
507 *Meyer-Goßner/Schmitt, StPO, § 127 Rn 6*
508 *KK- Schultheis, StPO, § 127 Rn 12; Satzger, JURA 2009, 107, 111*
509 *RGSt 67, 351, 353; Joecks, StPO, § 127, Rn 7*
510 *Otto, JURA 2003, 685, 686*

Unterschied zu § 112 II Nr. 2 StPO

Damit ist der Fluchtverdacht nicht identisch mit der im Rahmen der Untersuchungshaft zu prüfenden Fluchtgefahr des § 112 II Nr. 2 StPO. Dies hat seinen Grund in der mangelnden Vergleichbarkeit der jeweiligen Entscheidungssituation. Während es beim Festnahmerecht des § 127 I StPO um eine Augenblicksentscheidung eines kriminalistischen Laien geht, ist dies bei der richterlichen Entscheidung über den Erlass eines Haftbefehls gerade nicht der Fall.[511] **498**

Ein Festnahmegrund liegt auch vor, wenn die sofortige Feststellung der Identität unmöglich ist.

DEFINITION **499**

Die **Identität des Betroffenen** ist dann **nicht sofort feststellbar**, wenn sie nicht augenblicklich und an Ort und Stelle so festgestellt werden kann, dass der weiteren zügigen Strafverfolgung insoweit nichts im Wege steht.[512]

BEISPIEL: Der Täter flüchtet mit einem Auto, dessen Nummernschild notiert werden konnte. Besteht noch ein Recht zur Festnahme? **500**

Zwar ist die Festnahme trotz Fluchtverdachts unzulässig, wenn die Identität des Betroffenen bekannt ist. Da jedoch der Fahrer des Fahrzeugs nicht notwendig auch dessen Halter sein muss, kann durch das Nummernschild die Identität des Täters nicht sicher festgestellt werden.[513] Folglich greifen im Beispiel der Festnahmegrund des Fluchtverdachts und derjenige der Identitätsfeststellung.

c) Festnahmehandlung

Die Festnahmehandlung ist ein tatsächliches Verhalten (Realakt). **501**

Festnahmeberechtigung

Zur Festnahme ist nicht nur der Verletzte berechtigt, sondern jedermann. Dies gilt nur dann nicht, wenn Polizeibeamte ortsanwesend sind. In diesem Fall endet das Festnahmerecht der Privatperson, sofern die Polizeibeamten nicht ersichtlich Hilfe benötigen oder gar um Hilfe bitten.[514]

Körperverletzungen

Seinem Wortlaut nach gewährt § 127 I StPO ein Recht zur Festnahme und beinhaltet damit lediglich eine Rechtfertigung von Freiheitsberaubung, § 239 StGB, und Nötigung, § 240 StGB. Dennoch besteht Einigkeit darüber, dass die im Rahmen dieser Maßnahmen verursachten Körperverletzungen leichterer Art, wie z.B. festes Zerren oder Zupacken, auch vom Festnahmerecht gedeckt sind. Der Festnehmende darf also die körperliche Gewalt anwenden, die zur Erreichung des Festnahmeziels geeignet und erforderlich ist. Die vorherige Ankündigung der Zwangsanwendung ist nicht nötig. **502**

Verhältnismäßigkeit

Dabei muss jedoch das zur Festnahme angewandte Mittel in einem angemessenen Verhältnis zum Festnahmezweck stehen.[515] **503**

---

511 *Otto, JURA 2003, 685, 686; Satzger, JURA 2009, 107, 111*
512 *Otto, JK 03, StPO § 127/5*
513 *Satzger, JURA 2009, 107, 111*
514 *Meyer-Goßner/Schmitt, StPO, § 127 Rn 7*
515 *Heinrich, AT, Rn 502; Otto, JURA 2003, 685, 687; ausführlich Wagner, ZJS 2011, 465, 474 ff.*

BEISPIEL (nach BGH, NJW 2000, 1348): Ladendieb D entwendet in einem Kaufhaus 5 CDs. Der Ladendetektiv L nimmt D in einen Würgegriff, woran dieser stirbt.

Die Gefährdung des Lebens des D und seine spätere Tötung stehen völlig außer Verhältnis zur Entwendung von 5 CDs, weshalb eine Rechtfertigung des L über § 127 I StPO ausscheidet.[516]

504 **KLAUSURHINWEIS**

Der Aspekt der Verhältnismäßigkeit wird unterschiedlich in das Prüfungsschema eingebaut. Nach richtiger Auffassung führt die mangelnde Verhältnismäßigkeit der Festnahmemittel nicht dazu, dass das Festnahmerecht an sich entfällt, sondern dazu, dass die Rechtfertigung an der Unverhältnismäßigkeit der Festnahmehandlung scheitert.[517]

Schusswaffen

505 Probleme ergeben sich auch beim **Einsatz von Schusswaffen**. Das Ziel des Festnahmerechts, die Sicherung des staatlichen Strafanspruchs, setzt dem Festnahmerecht eine natürliche Grenze: Der vorsätzlich tödliche Schuss ist durch § 127 I StPO nicht gerechtfertigt.[518] Fraglich ist, ob über § 127 I StPO überhaupt das gezielte Schießen auf den Festzunehmenden gerechtfertigt sein kann. Nach einer Ansicht darf der Schusswaffeneinsatz nur angedroht und allenfalls ein Warnschuss abgegeben werden.[519] Nach der Gegenauffassung kann bei schwerwiegenden Straftaten ausnahmsweise auch ein Schuss in die Beine des fliehenden Täters durch § 127 I StPO gerechtfertigt sein.[520] Für die letztgenannte Auffassung spricht, dass bei schwersten Straftaten das staatliche Strafverfolgungsinteresse das Interesse des Täters an körperlicher Unversehrtheit im Einzelfall überwiegen kann.

„Beschlagnahme durch Private"

506 Schließlich ist darauf hinzuweisen, dass es nach h.M. dem **Prinzip der Verhältnismäßigkeit** entspricht, weniger einschneidende Maßnahmen statt der Festnahme, wie z.B. die Wegnahme des Personalausweises, der Autoschlüssel oder von Beweisgegenständen über § 127 I StPO zu legitimieren.[521]

d) Festnahmewille

507 Das **subjektive Rechtfertigungselement** des § 127 I StPO, der Festnahmewille, verlangt, dass der Täter in Kenntnis der Festnahmelage und zum Zwecke der Zuführung zur Strafverfolgung handelt.[522] Sofern die „Festnahme" ausschließlich erfolgt, um dem Festgenommenen eine Abreibung zu verpassen, fehlt es am Festnahmewillen.

508 Unschädlich ist, wenn neben dem Festnahmewillen noch weitere Rechtfertigungsmotive vorliegen, z.B. der Verteidigungswille der Notwehr. In diesem Fall können mehrere Rechtfertigungsgründe nebeneinander angewendet werden.[523]

---

516 *Näher zu diesem Fall Baier, JA 2000, 630 ff.; Mitsch, JuS 2000, 848 ff.*

517 *Satzger, JURA 2009, 107, 112*

518 *RGSt 34, 443, 446*

519 *Beulke/Swoboda, StPO, Rn 237*

520 *Otto, JURA 2003, 685, 687*

521 *KK- Schultheis, StPO, § 127 Rn 29; Roxin, AT I, § 17 Rn 28; Satzger, JURA 2009, 107, 113*

522 *Baier, JA 2000, 630, 632*

523 *Wagner, ZJS 2011, 465, 476*

2. Festnahme durch Staatsanwaltschaft und Polizei, § 127 II StPO

a) Festnahmelage

Eine Festnahmelage ist für Staatsanwaltschaft und Polizei gegeben, wenn die Voraussetzungen eines Haftbefehls, §§ 112, 112a StPO, oder eines Unterbringungsbefehls, § 126a StPO, vorliegen. Zusätzlich muss Gefahr im Verzug vorliegen. **509** §§ 112, 112a, 126a StPO

DEFINITION **510**

Gefahr im Verzug ist zu bejahen, wenn die Festnahme gerade durch die Verzögerung gefährdet werden würde, die durch das Erwirken eines richterlichen Haft- oder Unterbringungsbefehls eintreten würde.[524]

Dabei ist nicht erforderlich, dass der Erfolg der Festnahme objektiv gefährdet ist; es genügt vielmehr, dass der Beamte auf Grund pflichtgemäßer Prüfung der Umstände des Falles eine Gefährdung des Untersuchungszwecks annehmen darf. Die Frage, ob Gefahr im Verzuge vorliegt, ist nach der Sachlage zurzeit des Einschreitens zu beantworten. Dabei ist unerheblich, ob der Beamte die Gefahr durch frühere Fehler oder Pflichtwidrigkeiten mitverursacht hat.[525]

b) Festnahmehandlung

Ergänzend zu den obigen Ausführungen zu § 127 I StPO ist darauf zu achten, dass sich die Grenzen der Festnahmemittel – zumindest für Polizeibeamte – aus den einschlägigen Vorschriften des Polizeirechts ergeben. **511**

c) Festnahmewille

Hier ergeben sich keine Unterschiede zu § 127 I StPO. **512**

VIII. DEFENSIVER NOTSTAND (§ 228 BGB)

Der **zivilrechtliche Notstand** nach § 228 BGB ist ein Spezialfall des strafrechtlichen rechtfertigenden Notstands, § 34 StGB.[526] § 228 BGB greift ein, wenn von einer Sache eine Gefahr für ein anderes Rechtsgut ausgeht. Weil die Sache, von der die Gefahr ausgeht, beschädigt oder zerstört wird, wird diese Art des Notstandes als „defensiv" bezeichnet. **513** **Spezialfall des** § 34 StGB

BEISPIEL: Hund Hasso hat sich im Park von der Leine seines Herrchens losgerissen und greift einen Jogger an. **514**

Bei einer Gefährdung durch Tiere oder leblose Gegenstände tritt § 228 BGB an die Stelle der Notwehr, § 32 StGB, die nicht eingreifen kann, weil es am Angriff eines Menschen fehlt.[527] Bei wilden Tieren gehen die Sonderregelungen der §§ 23, 26 BJagdG einer möglichen analogen Anwendung des § 228 BGB vor.[528] Sache ist die Gefahrenquelle

524 KK-Schultheis, StPO, § 127 Rn 35
525 KK-Schultheis, StPO, § 127 Rn 35
526 Heinrich, AT, Rn 482; Erb, JuS 2010, 17, 19
527 RGSt 34, 295, 296; Roxin, AT I, § 15 Rn 6
528 Erb, JuS 2010, 17, 20

1. Prüfungsschema

PRÜFUNGSSCHEMA

515 **I. Objektive Voraussetzungen**
1. Notstandslage
a) Drohende Gefahr für den Täter oder einen Dritten
b) Gefahr geht von einer Sache aus
2. Notstandshandlung
a) Erforderlichkeit (Gefahr nicht anders abwendbar)
b) Güterabwägung (Schaden steht nicht außer Verhältnis)
II. Subjektive Voraussetzungen (Notstandswille)

2. Notstandslage

516 Die Notstandslage verlangt zunächst eine drohende Gefahr für ein beliebiges Rechtsgut.

Definition: Drohende Gefahr

DEFINITION

Eine **drohende Gefahr** liegt vor bei einer auf tatsächliche Umstände gegründeten Wahrscheinlichkeit eines Schadenseintritts.[529]

517 Wer Rechtsgutsträger ist, ist unerheblich. Somit ist im obigen Beispiel auch ein Spaziergänger gerechtfertigt, der dem Jogger zu Hilfe kommt, indem er auf Hasso einschlägt.[530]
Schließlich muss die Gefahr von einer fremden Sache ausgehen.[531]

3. Notstandshandlung

Rechtsbewährungsgedanke greift bei § 228 BGB nicht

518 Gerechtfertigt sind nur Beschädigungen oder Zerstörungen der Sache, von welcher die Gefahr ausgeht. Dabei muss die Notstandshandlung zur Abwehr des Angriffs geeignet sein und der Täter muss unter mehreren gleich geeigneten Abwehrmitteln das relativ mildeste wählen. Dabei ist ihm im Gegensatz zu § 32 StGB in einem größerem Umfange ein Ausweichen zuzumuten, da der Rechtsbewährungsgedanke bei § 228 BGB nicht greift, da kein Angriff eines Menschen vorliegt.[532]

519 Der durch die Notstandshandlung angerichtete Schaden darf darüber hinaus nicht außer Verhältnis zu dem abgewendeten Schaden stehen. Das bedeutet jedoch, dass der angerichtete Schaden durchaus höher sein kann als der abgewendete Schaden. Diese im Vergleich zu § 904 BGB und § 34 StGB unterschiedliche Abwägung rechtfertigt sich daraus, dass im Rahmen des § 228 BGB von der Sache selbst die Gefahr ausgeht.[533]

---

529 *BGHSt 18, 271, 272 f.; Jescheck/Weigend, AT, § 33 II 1*
530 *Vgl. Heinrich, AT, Rn 483*
531 *Für analoge Anwendung auf herrenlose Sachen: Roxin, AT I, § 16 Rn 113*
532 *Heinrich, AT, Rn 485*
533 *Roxin, AT I, § 16 Rn 112; Erb, JuS 2010, 17, 19*

Ein Mitverschulden des Notstandstäters führt nach § 228 S. 2 BGB zu einer Schadensersatzverpflichtung seinerseits. Daraus ist zu schließen, dass sein Notstandsrecht unberührt bleibt. Nur im Fall einer Absichtsprovokation ist ihm das Notstandsrecht zu verwehren.[534] **520** Absichtsprovokation

4. Notstandswille

Das subjektive Rechtfertigungselement, das sich schon aus dem Wortlaut („um ... abzuwenden") ergibt, verlangt ein Handeln in Kenntnis der Notstandslage mit dem Willen zur Abwehr der Gefahr. **521**

IX. AGGRESSIVER NOTSTAND, § 904 BGB

Der zivilrechtliche Notstand nach § 904 BGB greift ein, wenn eine fremde Sache, von der die Gefahr nicht ausgeht, benutzt werden muss, um eine Gefahr abzuwenden. Weil die zur Gefahrenabwehr herangezogene Sache selbst gar nicht die Gefahrenquelle ist, wird diese Art als Notstandes als „aggressiv" bezeichnet. In seinem Anwendungsbereich ist § 904 BGB spezieller als § 34 StGB.[535] **522** Sache ist nicht die Gefahrenquelle

BEISPIEL: Hund Hasso hat sich im Park von der Leine seines Herrchens losgerissen und fällt einen Jogger an. Dieser nimmt dem Spaziergänger S dessen Spazierstock weg und schlägt mit diesem auf Hasso ein.

Der aggressive Notstand ist insoweit neben dem Prinzip der Interessenabwägung auch ein Ausdruck eines **allgemeinen Solidaritätsprinzips**.[536] Auch ein Unbeteiligter muss relativ geringe Beeinträchtigungen seiner Rechtsgüter hinnehmen, wenn dadurch große Schäden bei einem anderen verhindert werden können. **523** Solidaritätsprinzip

1. Prüfungsschema

PRÜFUNGSSCHEMA

524

I. Objektive Voraussetzungen
- **1. Notstandslage**
  - **a) Gegenwärtige Gefahr für den Betroffenen oder einen Dritten**
  - **b) Gefahr geht nicht von der betroffenen Sache aus**
- **2. Notstandshandlung**
  - **a) Erforderlichkeit (Gefahr nicht anders abwendbar)**
  - **b) Güterabwägung (wesentliches Überwiegen des geschützten Interesses)**

II. Subjektive Voraussetzungen (Notstandswille)

2. Notstandslage

Die Notstandslage verlangt zunächst eine gegenwärtige Gefahr für ein beliebiges Rechtsgut, die nicht von der später betroffenen Sache ausgeht. **525**

534 *Roxin, AT I, § 16 Rn 112; Erb, JuS 2010, 17, 21*
535 *Erb, JuS 2010, 17, 19*
536 *Kühl, AT, § 8 Rn 9 f.; Pawlik, JURA 2002, 26, 26*

526 **DEFINITION**

Eine **gegenwärtige Gefahr** ist ein schadendrohendes Ereignis, das zur Abwendung von Schäden für das Rechtsgut sofortige Abhilfe notwendig macht.[537]

Angriff eines Menschen

527 Dabei kann hier im Unterschied zu § 228 BGB auch ein Angriff eines Menschen eine Notstandslage begründen.

BEISPIEL: O wird im Wirtshaus von T angegriffen. Er kann sich gegen den körperlich überlegenen T nur wehren, indem er ihm einen Bierkrug auf den Kopf schlägt. Dieser geht dabei kaputt.

Unterschiedliche Gefahrenmaßstäbe

528 **MERKSATZ**

Der bei § 904 BGB (**gegenwärtige Gefahr**) im Vergleich zu § 228 BGB (**drohende Gefahr**) strengere Gefahrmaßstab erklärt sich daraus, dass die Gefahr hier nicht von der durch die Notstandshandlung beschädigten oder zerstörten Sache ausgeht. Der Begriff der drohenden bzw. gegenwärtigen Gefahr bei §§ 228, 904 BGB ist weiter als der des gegenwärtigen Angriffs bei § 32 StGB.[538]

529 Dieser Zustand kann sich als „Dauergefahr" auch über einen längeren Zeitraum hinziehen, wenn mit dem Schadenseintritt jederzeit zu rechnen ist.

3. Notstandshandlung

530 Gerechtfertigt sind nur Benutzungen, Beschädigungen oder Zerstörungen einer fremden Sache, von welcher die Gefahr nicht ausgeht. Dabei muss die Notstandshandlung zur Abwehr des Angriffs geeignet sein und der Täter muss unter mehreren gleich geeigneten Abwehrmitteln das relativ mildeste wählen.[539]

531 Der abgewendete Schaden muss gegenüber dem angerichteten Schaden unverhältnismäßig groß sein. Nur unter dieser Voraussetzung kann dem unbeteiligten Eigentümer der Sache das „Sonderopfer" abverlangt werden, dass seine Sache zur Rettung eines Rechtsguts verwendet oder gar zerstört wird.

Allgemeiner Rechtsgedanke

532 **MERKSATZ**

Aus diesen unterschiedlichen Regelungen der §§ 228 und 904 BGB zur Verhältnismäßigkeit kann ein allgemeiner Rechtsgedanke abgeleitet werden: Der Gefahrverursacher muss im Rahmen einer vorzunehmenden Güterabwägung weitergehende Eingriffe in seine Rechtsgüter hinnehmen als derjenige, von dessen Rechtsgütern keine Gefahr ausgeht, dem vielmehr ein Akt der Solidarität abverlangt wird.[540]

In diesem Rechtsgedanken spiegeln sich einerseits die Beschränkungen des Notwehrrechts bei Provokationsfällen wieder. Andererseits ist dieser Rechtsgedanke auch im Rahmen der Güterabwägung bei § 34 StGB zu berücksichtigen.

537 *RGZ 57, 187, 191*
538 *Heinrich, AT, Rn 483, 490*
539 *Erb, JuS 2010, 17, 21*
540 *S/S-Perron, StGB, § 34 Rn 30; Roxin, AT I, § 16 Rn 75, 112; Wessels/Beulke/Satzger, AT, Rn 473*

4. Notstandswille

Das subjektive Rechtfertigungselement verlangt ein Handeln in Kenntnis der Notstandslage mit dem Willen zur Abwehr der Gefahr. **533**

X. RECHTFERTIGENDER NOTSTAND, § 34 StGB

Der strafrechtliche rechtfertigende Notstand ist ein **subsidiärer Rechtfertigungsgrund**. Er greift nur ein und darf folglich im Gutachten nur und erst geprüft werden, wenn andere Rechtfertigungsgründe nicht eingreifen.[541] Ebenso wie beim aggressiven Notstand nach § 904 BGB können auch bei § 34 StGB unbeteiligte Dritte Opfer der Notstandshandlung sein. Damit ist auch § 34 StGB Ausdruck eines allgemeinen Solidaritätsprinzips.[542] **534** Solidaritätsprinzip

Nach h.M. erfasst § 34 StGB aber auch die Fälle eines defensiven Notstands gegenüber einem menschlichen Gefahrverursacher.[543] Nach einer M.M. ist in diesem Fall auf § 228 BGB analog abzustellen.[544] **535** Defensiver Notstand gegenüber einem Menschen

> **KLAUSURHINWEIS** **536**
> Der Streit nach der gesetzlichen Grundlage des defensiven Notstands gegenüber einem menschlichen Gefahrverursacher hat für das Ergebnis keinerlei Auswirkungen.[545] Deshalb ist er in einer Klausur auch nicht zu führen. Es wird empfohlen, der h.M. zu folgen und auf diesen Fall § 34 StGB anzuwenden.

1. Prüfungsschema

PRÜFUNGSSCHEMA

537

- **I. Objektive Voraussetzungen**
  - **1. Notstandslage**
    - **a) Notstandsfähiges Rechtsgut**
    - **b) Gefahr für das Rechtsgut**
    - **c) Gegenwärtigkeit**
  - **2. Notstandshandlung**
    - **a) Eignung und Erforderlichkeit („nicht anders abwendbar“)**
    - **b) Interessenabwägung („Abwägung der widerstreitenden Interessen“)**
    - **c) Angemessenheit (§ 34 S. 2 StGB)**
- **II. Subjektive Voraussetzungen**

2. Notstandslage

Eine Notstandslage ist gegeben, wenn eine gegenwärtige Gefahr für ein geschütztes Rechtsgut vorliegt. **538**

---

541 *Gropp, AT, § 6 Rn 113; Erb, JuS 2010, 17, 19*

542 *Ausführlich Erb, JuS 2010, 17, 17 f.*

543 *S/S/Perron, StGB, § 34 Rn 30; Roxin, AT I, § 16 Rn 75 f.; Erb, JuS 2010, 17, 18 f.*

544 *Frister, AT, Rn 17/21*

545 *Kindhäuser, StGB, § 34 Rn 53 f.*

a) Notstandsfähiges Rechtsgut

Rechtsgüter der Allgemeinheit

539 Notstandsfähig ist grundsätzlich jedes Rechtsgut. Die Aufzählung geschützter Rechtsgüter in § 34 StGB ist nur beispielhaft, wie sich aus der Formulierung „oder ein anderes Rechtsgut" ergibt. Aufgrund der Formulierung „von sich oder einem anderen" ist fraglich, ob auch Rechtsgüter der Allgemeinheit notstandsfähig sind.

540 Nach einer Ansicht sind nur Individualrechtsgüter notstandsfähig.[546] Dies folge daraus, dass § 34 StGB in der Rechtsgüteraufzählung nur Individualrechtsgüter nennt, und weiterhin daraus, dass von der Abwendung einer Gefahr „von sich oder einem anderen" die Rede ist. Die herrschende Auffassung widerspricht dem, ebenfalls mit Hinweis auf den Wortlaut.[547] Die Aufzählung der notstandsfähigen Rechtsgüter in § 34 StGB endet mit „oder ein anderes Rechtsgut". Diese denkbar weite Formulierung erfasse auch Rechtsgüter der Allgemeinheit.

Primäre Zuständigkeit staatlicher Organe

541 Dem ist zu folgen, weil der Hinweis auf den „anderen" nur als Klarstellung zu verstehen ist, dass das geschützte Rechtsgut auch ein für den Täter fremdes Rechtsgut sein kann („Notstandshilfe"). Jedoch führt die Prüfung der Erforderlichkeit wegen der primären Zuständigkeit staatlicher Organe zu engen Grenzen derartiger Notstandshandlungen. Auf keinen Fall liefert § 34 StGB im demokratischen Rechtsstaat eine Legitimation zu Straftaten zur Beseitigung (angeblicher) öffentlicher Missstände.[548] Vor allem darf über § 34 StGB nicht die Notwehrunfähigkeit von Rechtsgütern der Allgemeinheit unterlaufen werden.[549] In Betracht kommen demnach vor allem Situationen, in denen staatliche Organe nicht rechtzeitig Rechtsgüterschutz gewähren können. So z.B., wenn durch die Wegnahme des Autoschlüssels eine Trunkenheitsfahrt verhindert wird.[550]

Pro7-Fall

542 **BEISPIEL** (nach OLG Düsseldorf, NJW 2006, 630, „Pro7-Fall"): A schmuggelt in Absprache mit dem Fernsehsender Pro7, der den Vorgang filmt, mehrfach ein Butterflymesser durch die Sicherheitskontrollen am Flughafen und macht mit dem Messer im Handgepäck mehrere Inlandsflüge. A will dadurch auf Sicherheitslücken hinweisen. Tatsächlich führt die Ausstrahlung der Filmaufnahmen zu einer Verschärfung der Sicherheitskontrollen. Hat sich A gem. §§ 11 I Nr. 1, 19 I Luftsicherheitsgesetz strafbar gemacht, oder ist er durch § 34 StGB gerechtfertigt?

Als notstandsfähiges sonstiges Rechtsgut kommt die allgemeine Luftverkehrssicherheit in Frage. Im Pro7-Fall bejahte das OLG grundsätzlich die Anwendbarkeit des § 34 StGB und verneinte lediglich die Erforderlichkeit des Beisichführens des Messers während der gesamten Zeit, also der Dauerstraftat, weil es genügt hätte, die Sicherheitskontrollen zu passieren. Die Mitführung des Messers während des Flugs war zur Aufdeckung der Sicherheitslücken unnötig.[551]

---

546 *SK-Hoyer, StGB, § 34 Rn 9; Frister, AT, Rn 17/2*
547 *BGH, StV 1988, 433, 433 f. (Volksgesundheit); OLG Frankfurt, NStZ-RR 1996, 136, 136 (Sicherheit des Straßenverkehrs); S/S-Perron, StGB, § 34 Rn 10; Heinrich, AT, Rn 410*
548 *S/S-Perron, StGB, § 34 Rn 10; Erb, JuS 2010, 108, 108*
549 *Roxin, AT I, § 16 Rn 13*
550 *OLG Frankfurt, NStZ-RR 1996, 136, 136*
551 *OLG Düsseldorf, NJW 2006, 630, 631*

b) Gefahr

DEFINITION 543
Eine **Gefahr** liegt vor, wenn die tatsächlichen Umstände den Eintritt eines Schadens als wahrscheinlich erscheinen lassen.[552]

Auch Dauergefahren können eine Notstandslage begründen.

DEFINITION 544
Eine **Dauergefahr** liegt vor, wenn ein gefahrdrohender Zustand von längerer Dauer jederzeit in eine Rechtsgutsbeeinträchtigung umschlagen kann. Unerheblich ist, wenn nicht auszuschließen ist, dass der Eintritt des Schadens noch eine Weile auf sich warten lässt.[553]

Als Beispiel mögen die Baufälligkeit eines Gebäudes oder der „Haustyrann", der zur Misshandlung seiner Ehefrau neigt, dienen.

Prüfungsmaßstab: Ex-ante-Urteil

Überaus streitig ist die Frage, welcher Prüfungsmaßstab für die Feststellung einer 545
Gefahr heranzuziehen ist. Weitgehende Einigkeit herrscht noch hinsichtlich folgender Punkte: Ein Wahrscheinlichkeitsurteil ist zwingend in die Zukunft gerichtet. Folglich kann das Vorliegen einer Gefahr nicht nachträglich („ex post") festgestellt werden. Notwendig ist vielmehr ein „Ex-ante-Urteil", dessen genauer Maßstab noch zu bestimmen ist. Mithin kann auch eine Gefahr vorliegen, wenn sich eine Situation in der Nachbetrachtung als ungefährlich herausstellt.[554]

Verobjektivierter Gefahrmaßstab

Fraglich ist jedoch, welcher Maßstab an das Ex-ante-Urteil anzulegen ist. Eine rein 546
subjektive Sichtweise des Täters kann den Maßstab nicht liefern. Das ergibt sich schon daraus, dass dem (u.U. völlig unbeteiligten) Betroffenen der Notstandstat eine Duldungspflicht auferlegt wird. Weiterhin verlangt der Wortlaut des § 34 StGB eine Gefahr und nicht bloß deren Einbildung. Eine rein subjektiv gebliebene Gefahrempfindung führt mithin beim Notstandstäter zu einem Irrtum über das Vorliegen eines Rechtfertigungsgrundes.[555] Das Vorliegen der Gefahr muss also anhand eines verobjektivierten Gefahrmaßstabs festgestellt werden. Fraglich ist jedoch, wie dieser zu bestimmen ist.

BEISPIEL 1: Das bewusstlose Opfer eines Verkehrsunfalls blutet aus dem Mund. Ursache 547
hierfür sind lediglich Verletzungen im Mundraum. Dies zu erkennen erfordert jedoch medizinischen Sachverstand. Liegt eine Gefahr i.S.d. § 34 StGB für das Leben des Opfers O durch mögliche innere Verletzungen vor?

552 *Kühl, AT, § 8 Rn 38; Kretschmer, JURA 2005, 662, 662 f.*
553 *Wessels/Beulke/Satzger, AT, Rn 466*
554 *Kühl, AT, § 8 Rn 43; Kretschmer, JURA 2005, 662, 663*
555 *Kühl, AT, § 8 Rn 44; Roxin, AT I, § 16 Rn 15; Kretschmer, JURA 2005, 662, 663*

Rein objektiv (ex post) besteht die Gefahr nicht. Maßgebend ist jedoch eine Ex-ante-Betrachtung. Wollte man auf einen verständigen Beobachter abstellen,[556] so könnte ein freiwilliger Helfer an der Unfallstelle zu Recht von lebensgefährlichen inneren Verletzungen ausgehen. Eine Notstandsgefahr wäre mithin zu bejahen. Sofern auf einen sachkundigen Beobachter abgestellt wird,[557] wäre die Verletzungsursache erkennbar und eine Gefahr läge nicht vor.

Fachkundiger Beobachter

548 Bei der Stellungnahme ist zu beachten, dass die Bejahung einer Notstandslage eine Duldungspflicht des Opfers der Notstandstat zur Folge hat. Dieses Solidaritätsopfer sollte ihm nur zugemutet werden, wenn sogar eine fachkundige Bewertung der Sachlage zum Befund führt, dass eine Gefahr vorliegt. Folglich muss z.B. eine Verletzung oder Krankheit aus der Situation eines Arztes bewertet werden. Folglich liegt im Beispiel keine Gefahr vor.

549 Sofern es für die Gefahrbeurteilung auf Experten nicht ankommt, liefert der verständige Durchschnittsbürger den Maßstab der Gefahrprognose.[558]

BEISPIEL 2 („Bootsschuppen-Fall"): A sieht bei schwerer See ein Ruderboot kentern. Er bricht einen Bootsschuppen auf, um den Verunglückten mit einem Motorboot zu Hilfe zu eilen. Dabei weiß A nicht, ob die Verunglückten gut genug schwimmen können, um sich selbst an die Küste zu retten. Objektiv ist dies der Fall. Ist der Hausfriedensbruch nach § 34 StGB gerechtfertigt?[559]

Weil ein verständiger Durchschnittsbürger damit rechnen muss, dass bei schwerer See gekenterte Personen nicht die Fähigkeit besitzen, sich selbst zu retten, ist der Hausfriedensbruch des A im Bootsschuppen-Fall durch § 34 StGB gerechtfertigt.

550 **KLAUSURHINWEIS**

Der Maßstab für das Gefahrurteil hat unmittelbare Auswirkung für den Anwendungsbereich der Irrtumslehre. In dem Maße, in dem das **Gefahrurteil versubjektiviert** wird, wird die Irrtumslehre zurückgedrängt.

In dem Maße, in dem das **Gefahrurteil verobjektiviert** wird, gewinnt die Irrtumslehre an Bedeutung.

c) Gegenwärtigkeit der Gefahr

551 **DEFINITION**

Eine **gegenwärtige Gefahr** ist ein Zustand, dessen Weiterentwicklung den Eintritt oder die Intensivierung eines Schadens ernstlich befürchten lässt, wenn nicht alsbald Gegenmaßnahmen ergriffen werden.[560]

---

556 *So z.B. Dornseifer, JuS 1982, 761, 763 f.*

557 *So z.B. Kühl, AT, § 8 Rn 52; Roxin, AT I, § 16 Rn 18; Kretschmer, JURA 2005, 662, 664*

558 *Roxin, AT I, § 16 Rn 18; Kretschmer, JURA 2005, 662, 664*

559 *Bezüglich der Sachbeschädigung, § 303 I StGB, ist § 904 BGB vorrangig.*

560 *RGSt 66, 222, 225; BGHSt 5, 371, 373; Heinrich, AT, Rn 412; Wessels/Beulke/Satzger, AT, Rn 463*

Damit ergibt sich, dass die Gegenwärtigkeit einer Gefahr eher angenommen werden kann als die Gegenwärtigkeit eines Angriffs gem. § 32 StGB.[561] Das Angriffsstadium der Notwehr setzt eine akute Zuspitzung der Gefahr voraus. Dies ist erst gegeben, wenn das das Rechtsgut beeinträchtigende Verhalten unmittelbar bevorsteht. Einen „Dauerangriff" bei § 32 StGB gibt es also – anders als die „Dauergefahr" bei § 34 StGB – nicht. **552** Vergleich mit § 32 StGB

Dauergefahren sind gegenwärtig, wenn sie so dringend sind, dass sie nur durch unverzügliches Handeln wirksam abgewendet werden können.[562] **553** Dauergefahren

3. Notstandshandlung

Die Prüfung der Notstandshandlung sollte sich strikt am Gesetzeswortlaut orientieren. Aus ihm können alle notwendigen Voraussetzungen abgeleitet werden. **554**

MERKSATZ **555** Ex-ante-Maßstab

Prüfungsmaßstab für die Notstandshandlung ist ein Ex-ante-Maßstab aus der Perspektive eines objektiven sachkundigen Beobachters.[563]

a) Eignung und Erforderlichkeit („nicht anders abwendbar")

Zunächst darf die Gefahr „nicht anders abwendbar" sein. Das bedeutet, dass die Notstandshandlung zur Gefahrabwehr geeignet und zugleich das relativ mildeste Mittel unter mehreren gleich geeigneten Mitteln (erforderlich) sein muss.[564] **556** Relativ mildestes Mittel

DEFINITION **557**

Geeignet ist dabei jedes Mittel, das zumindest die Chance der Bewahrung des höherwertigen Interesses messbar erhöht.[565]

Die Eignung fehlt jedoch bei völlig fern liegenden Rettungschancen.[566] Im Bereich der Erforderlichkeit gelten grundlegende Unterschiede im Vergleich zur Notwehr nach § 32 StGB. Dies erklärt sich schon daraus, dass bei § 34 StGB regelmäßig kein rechtswidriger Angriff vorliegt. Folglich muss hier eher von einer Möglichkeit, der Gefahr auszuweichen, Gebrauch gemacht werden.[567] **558**

BEISPIEL 1 (nach BGHSt 48, 255, „Haustyrannen-Fall"): Frau F erschießt ihren schlafenden Ehemann M mit dessen Revolver. Dieser hatte sie über viele Jahre hinweg durch zunehmend aggressivere Gewalttätigkeiten und Beleidigungen immer wieder erheblich verletzt und gedemütigt. Als sie die Tat beging, sah sie keinen anderen Ausweg mehr, um sich und auch die beiden gemeinsamen Töchter vor weiteren Tätlichkeiten zu schützen. **559** **Haustyrannen-Fall**

---

561 BGHSt 48, 255, 258; Heinrich, AT, Rn 412; Roxin, AT I, § 16 Rn 20; Erb, JuS 2010, 108, 108 f.
562 Vgl. die Fälle BGH, JR 1980, 113; LG Köln, NJW 1998, 2688
563 Heinrich, AT, Rn 416, 419
564 Roxin, AT I, § 16 Rn 23
565 Kühl, AT, § 8 Rn 80 f.
566 Heinrich, AT, Rn 416; Roxin, AT I, § 16 Rn 23
567 Heinrich, AT, Rn 420; Erb, JuS 2010, 108, 109

In aller Regel wird es in derartigen Fällen zuzumuten sein, der Gefahr durch Flucht in ein Frauenhaus oder durch Scheidung auszuweichen. Sollte dies im Einzelfall nicht möglich sein, weil staatliche Stellen nicht wirksam Hilfe leisten können,[568] scheitert § 34 StGB jedenfalls an der Güterabwägung. In Betracht kommt dann allerdings eine Entschuldigung gem. § 35 I StGB oder ein Irrtum über dessen Voraussetzungen nach § 35 II StGB.[569]

Entscheidung zwischen zwei Rechtsgütern

560 Erforderlich ist eine Notstandshandlung auch, wenn der Täter sich zwischen dem Eingriff in zwei gleichwertige Rechtsgüter entscheiden muss.

BEISPIEL 2: Das Haus des E brennt. Der freiwillige Helfer H sieht, dass bei den Nachbarn A und B jeweils ein Fenster offen steht. H steigt in das Haus des A ein, um per Telefon die Feuerwehr anzurufen.

Die Verletzung des Hausrechts des A ist nicht deshalb nicht erforderlich („nicht anders abwendbar"), weil H auch in das Haus des B hätte einsteigen können. An der Erforderlichkeit würde es aber fehlen, wenn z.B. der Passant P dem H die Benutzung seines Mobiltelefons angeboten hätte.[570]

b) Interessenabwägung („Abwägung der widerstreitenden Interessen")

Unterschied zu § 32 StGB

561 Das Gesetz verlangt eine Abwägung der widerstreitenden Interessen. Dies ist der fundamentale Unterschied zur Notwehr, § 32 StGB. Im Bereich der Notwehr gilt der Grundsatz, dass das Recht dem Unrecht nicht weichen muss und dass der Angreifer deshalb diejenigen Beeinträchtigungen seiner Rechtsgüter hinzunehmen hat, die zur Abwehr seines Angriffs erforderlich sind. Im Bereich des Notstands müssen schon deshalb andere Regeln gelten, weil hier auch Rechtsgüter unbeteiligter Dritter verletzt werden können. Einem unbeteiligten Dritten kann jedoch nicht im gleichen Maße eine Aufopferung seiner Rechtsgüter abverlangt werden wie dem Angreifer selbst.

Umfassende Güter- und Interessenabwägung

562 Aus dem Wortlaut („namentlich") folgt, dass § 34 StGB keine bloße Güterabwägung verlangt, sondern eine **umfassende Güter- und Interessenabwägung** erfordert.[571] Im Rahmen der Interessenabwägung spielt z.B. die Frage eine Rolle, wer die Gefahr verursacht hat.[572] Dieser Aspekt wäre bei einer reinen Güterabwägung bedeutungslos.

563 Das Gesetz gibt zumindest für die Güterabwägung wesentliche Abwägungsmaßstäbe vor. So sind einerseits die „betroffenen Rechtsgüter" und andererseits der „Grad der ihnen drohenden Gefahren" zu berücksichtigen. Es bietet sich vor diesem Hintergrund an, die Abwägung in einen abstrakten und einen konkreten Rechtsgütervergleich zu unterteilen.

---

568 *Dazu Hillenkamp, JZ 2004, 44, 48; Rengier, NStZ 2004, 233, 238*
569 *BGHSt 48, 255, 257 f.; kritisch Kargl, JURA 2004, 189, 190*
570 *S/S-Perron, StGB, § 34, Rn 18, 21; Roxin, AT I, § 16 Rn 25*
571 *Kühl, AT, § 8 Rn 103*
572 *Erb, JuS 2010, 108, 109*

In einem ersten Schritt sind das verletzte und das geschützte Rechtsgut abstrakt zu vergleichen. Dabei kann man sich zunächst am Strafrahmen der einzelnen Delikte im BT orientieren. 564 Strafrahmen

BEISPIEL 1: Das Leben der Schwangeren S kann nicht anders gerettet werden als durch einen Schwangerschaftsabbruch. Wegen Nichterreichbarkeit eines Arztes nimmt die Hebamme H den Eingriff vor.

Reihenfolge der Aufzählung

Der Strafrahmenvergleich der §§ 212, 211 StGB mit demjenigen des § 218 StGB führt dazu, dass das geborene Leben im Vergleich zum ungeborenen Leben höherrangig ist. H ist im Ergebnis gem. § 34 StGB gerechtfertigt.[573] Eine weitere Orientierung bietet die Reihenfolge der Rechtsgüter in der gesetzlichen Aufzählung in § 34 S. 1 StGB.[574] Nicht zufällig steht zum Beispiel das Rechtsgut Leben vor der Freiheit und vor dem Eigentum. Da sich jedoch nicht für jedes Rechtsgut ein klar definierter Schutzstraftatbestand finden lässt, und weil die Strafrahmen sich häufig gleichen werden, müssen allgemeine Regeln über das Wertverhältnis der betroffenen Rechtsgüter hinzutreten.[575]

BEISPIEL 2: Dem Betrunkenen B wird von T der Zündschlüssel für sein Auto weggenommen (Nötigung, § 240 StGB), um eine Trunkenheitsfahrt, § 316 StGB, zu verhindern. 565

Hier muss das Interesse des B an dem ungestörten Antritt seiner Fahrt gegenüber dem von T verteidigten Interesse an einer möglichen Begrenzung der allgemeinen Verkehrsgefahren zurücktreten,[576] obwohl der Strafrahmen des § 316 StGB milder ist als derjenige der Nötigung. Dies liegt daran, dass von betrunkenen Autofahrern massive Gefahren ausgehen und die Verwirklichung der §§ 222, 315c StGB droht, die den Strafrahmen der Nötigung übersteigen.

In einem zweiten Schritt ist dann in einen konkreten Vergleich einzutreten. Hierbei ist auch und gerade die Schwere der jeweiligen Rechtsgutsverletzung heranzuziehen („Grad der drohenden Gefahren"). So können z.B. geringfügige Verletzungen der körperlichen Unversehrtheit durch Notstand gerechtfertigt werden, wenn dadurch massive Eigentumsverletzungen abgewendet werden können. 566 Konkreter Rechtsgüter-vergleich

Zu berücksichtigen sind weiterhin besondere Gefahrtragungspflichten (z.B. bei Feuerwehrleuten), spezielle Schutzpflichten (z.B. die Garantenstellung) und die Größe der Rettungschance. Weiterhin ist zu beachten, ob das eine Rechtsgut nur abstrakt, das andere hingegen konkret gefährdet ist. Schließlich ist bei der Abwägung zu berücksichtigen, ob das Opfer der Notstandshandlung selbst der Verursacher der Gefahr ist.[577] Ebenso wie bei §§ 228 und 904 BGB ist auch § 34 StGB der allgemeine Rechtsgedanke zu entnehmen, dass der Gefahrverursacher weiterreichende Beeinträchtigungen seiner Rechtsgüter hinzunehmen hat als der unbeteiligte Dritte. 567

---

573 *Kühl, AT, § 8 Rn 109; Lackner, NJW 1976, 1233, 1237*
574 *Kühl, AT, § 8 Rn 108*
575 *Roxin, AT I, § 16 Rn 29*
576 *OLG Koblenz, NJW 1963, 1991, 1991*
577 *Zu den genannten Kriterien Heinrichs, AT I, Rn 423; Erb, JuS 2010, 108, 110*

568 **BEISPIEL 3:** Der Hausarzt A warnt die von ihm betreute Ehefrau vor der HIV-Infektion ihres Ehemannes. Hat er sich nach § 203 I Nr. 1 StGB strafbar gemacht?

BEISPIEL 4: Der schlafende „Haustyrann" H wird von der Frau F erschossen, weil sie keine Möglichkeit mehr sieht, sich und ihre Tochter vor den jahrelangen brutalen Misshandlungen zu schützen.

In Beispiel 3 wird das Schweigegebot verletzt, um die körperliche Unversehrtheit der Ehefrau zu schützen. Vor dem Hintergrund der schweren Folgen einer HIV-Infektion überwiegt das geschützte Rechtsgut das beeinträchtigte Rechtsgut wesentlich.[578] In Beispiel 4 wird das Leben des H verletzt. Selbst wenn für F und ihre Tochter eine Lebensgefahr bestanden haben sollte, könnte das Rechtsgut Leben nicht Gegenstand einer Abwägung sein. Das Leben ist weder einer quantitativen (zwei Leben gegen ein Leben) noch einer qualitativen Abwägung (Gefahrverursacher gegen Gefahropfer oder z.B. „krank gegen gesund") zugänglich. Allenfalls kommt ein entschuldigender Notstand in Betracht.[579]

Leben gegen Leben

569 **MERKSATZ**

Es gibt keine Abwägung „**Leben gegen Leben**".[580]

Diskutierte Einschränkungen

570 Dieses – im Grundsatz hochzuhaltende – Prinzip wird jedoch an einigen Punkten nicht mehr strikt eingehalten. So wird z.B. diskutiert, ob durch Rückgriff auf den Rechtsgedanken des § 228 BGB die Tötung eines Gefahrverantwortlichen über § 34 StGB gerechtfertigt werden kann.[581] Diskutiert wird weiterhin ein Defensivnotstand im Fall der sog. Perforation (Tötung eines Kindes während des Geburtsvorgangs zur Rettung des Lebens der Mutter), da das Kind für die Gefahr zuständig sei.[582] Näheres zu diesem Themenkreis im Kapitel „Schuld".[583]

c) Angemessenheit („angemessenes Mittel")

Eigenständiger zweiter Wertungsaspekt

571 Streitig ist, ob die Angemessenheitsklausel des § 34 S. 2 StGB überhaupt einen eigenständigen Prüfungspunkt darstellt. Nach einer M.M. drückt sie nämlich nur das Erfordernis einer Interessenabwägung unter besonderer Betonung des Aspekts der Menschenwürde nochmals aus.[584] Die h.M. betont demgegenüber die eigenständige Bedeutung dieser Klausel. Sie beinhalte einen zweiten Wertungsaspekt des Gesetzes im Hinblick auf die sozialethische Angemessenheit der Tat.[585] Letztlich geht es darum, ob eine Rechtfertigung nach § 34 StGB, die das Unrecht der Tat kompensieren und eine hiergegen gerichtete Notwehr ausschließen würde, mit der Gesamtrechtsordnung und den sie prägenden Prinzipien vereinbar wäre. Zu verneinen ist

578 OLG Frankfurt, NStZ 2001, 149, 150 m. zust. Anm. Wolfslast, a.a.O., 151; Roxin, AT I, § 16 Rn 30

579 BGHSt 48, 255, 257 f. mit zumindest insoweit zust. Anm. Hillenkamp, JZ 2004, 44, 48; BGH, NStZ-RR 2006, 200, 201; Frister, AT, Rn 17/14

580 BVerfG, NJW 2006, 751, 758 ff. (Luftsicherheitsgesetz); BGHSt 35, 347, 350; ausführlich Roxin, AT I, § 16 Rn 33 ff.; abweichend für „notwehrähnliche Lagen" z.B. Erb, JuS 2010, 108, 111 f..; abweichend für den Abschuss entführter Flugzeuge z.B. Rogall, NStZ 2008, 1, 2 f.

581 Dafür NK-Neumann, StGB, § 34 Rn 90; Rogall, NStZ 2008, 1, 3; Merkel, JZ 2007, 373, 384; dagegen BGHSt 48, 255, 257; S/S-Perron, StGB, § 34 Rn 30; Wessels/Beulke/Satzger, AT, Rn 477 ff.

582 S/S-Eser, StGB, Vorb. §§ 218 – 219b Rn 41; SSW-Rosenau, StGB, § 34 Rn 23

583 Siehe unten Rn 672 und 683

584 S/S-Perron, StGB, § 34 Rn 46; Roxin, AT I, § 16 Rn 100

585 Heinrich, AT, Rn 427; Kühl, AT, § 8 Rn 166

das vor allem in den Fällen, in denen das Gesetz einen Bereich abschließend regelt oder die Einhaltung bestimmter Verfahrensregeln zwingend vorschreibt. So darf also § 34 StGB z.B. nicht zum Vehikel umfunktioniert werden, um Hoheitsträgern Eingriffsrechte zu verschaffen, die gesetzlich nicht vorgesehen sind.

MERKSATZ 572 Appell- oder Korrekturfunktion

Die **Angemessenheitsklausel** erfüllt eine Appell- oder Korrekturfunktion. Der Rechtsanwender soll sich der Richtigkeit der gefundenen Lösung nochmals vergewissern.

Diese Korrekturfunktion zeigt in den folgenden beiden Beispielsfällen deutlich.

BEISPIEL 1: Arzt A entnimmt dem Patienten P gegen dessen Willen eine Blutspende, 573 Blutspende-Fall
um das Leben des Verkehrsunfallsopfers V zu retten. Ohne dieses Vorgehen wäre V gestorben, weil passende Blutkonserven nicht rechtzeitig erreichbar waren.

Alle Voraussetzungen des Notstands liegen vor. Fraglich ist allein, ob die Blutentnahme angemessen war. Zwar kann die Gemeinschaft auf ein gewisses Maß an Solidarität und Opferbereitschaft nicht verzichten, jedoch sind dessen Grenzen zu bestimmen. Ob das persönliche Opfer der Blutspende erbracht wird, muss alleine von der Entscheidung des Spenders abhängen. Jede andere Entscheidung würde alle Krankenhauspatienten quasi zu „lebenden Blutkonserven“ herabwürdigen, derer man sich im Notfall bedienen könnte.[586] Anders kann nur im Fall enger Garantenbeziehungen entschieden werden.[587]

Problematisch sind auch die im Rahmen der Gebotenheit der Notwehr bereits 574 Folter-Fälle
behandelten **Folter-Fälle**.

BEISPIEL 2: Ein gefasster Terrorist wird gefoltert, um Explosionsort und -zeit einer in einer Großstadt deponierten „schmutzigen Bombe“ zu erfahren. Dadurch kann die Explosion der Bombe verhindert werden.

Sofern man eine Nothilfe ablehnt, stellt sich im Bereich des Notstands die Frage nach der Angemessenheit der Folter zur Gefahrenabwehr. Auch hier wird von einer Ansicht eine Rechtfertigung schon wegen der in der Folter liegenden Verletzung der Menschenwürde verweigert, die gem. Art 1 I GG keiner Einschränkung unterliege.[588] Gegen diese einseitige Blickrichtung auf die Würde des Täters sei auf die schon im Rahmen von § 32 StGB vorgebrachten Argumente verwiesen.[589]

d) Nötigungsnotstand

Beim Nötigungsnotstand handelt es sich um Fälle, in denen sich der Täter zur 575
Abwendung eines ihm angedrohten oder zugefügten Übels zum Werkzeug eines rechtswidrig handelnden Dritten machen lässt.

---

586 *Wessels/Beulke/Satzger, AT, Rn 486; a.A. Roxin, AT I, § 16 Rn 49 (mit Hinweis auf § 81a StPO)*

587 *So Rengier, AT, § 19 Rn 60 f.; Wessels/Beulke/Satzger, AT, Rn 486*

588 *Roxin, AT I, § 16 Rn 98 ff.*

589 *Oben bei „Nothilfe durch Folter“ Rn 458*

BEISPIEL 1: Der Zeuge Z leistet einen Meineid, § 154 StGB, nachdem seine Tochter entführt und mit deren Tötung gedroht wurde, falls Z vor Gericht die Wahrheit sagt.

BEISPIEL 2: T zwingt O mit vorgehaltener Waffe, das Auto des A zu beschädigen.

§ 35 StGB greift ein

576 Nach allgemeiner Ansicht ist der genötigte Täter in derartigen Fällen jedenfalls über § 35 StGB entschuldigt. Die Frage ist, ob er sogar über § 34 StGB (oder § 904 BGB in Beispiel 2) gerechtfertigt ist.

§ 34 StGB streitig

577 Nach h.M. scheidet eine Rechtfertigung des Genötigten schon deshalb aus, weil er, wenn auch gezwungenermaßen, auf die Seite des Unrechts trete.[590] Würde man ihn rechtfertigen, so stünde dem Opfer der Tat gegen diese kein Notwehrrecht zu, was das Vertrauen in die Geltungskraft der Rechtsordnung zutiefst erschüttern würde. Demgegenüber weist eine andere Ansicht darauf hin, dass es im Rahmen des § 34 StGB egal sei, ob die Gefahr für einen Menschen durch einen Menschen oder durch ein Naturereignis begründet werde.[591] Stets sei bei überwiegendem Interesse das Solidaritätsopfer zu erbringen. Schließlich wird nach der Schwere der Rechtsgutsverletzung und der Höchstpersönlichkeit der Rechtsgüter differenziert.[592] Vor allem bei abgenötigten Verbrechen und abgenötigten Angriffen auf höchstpersönliche Rechtsgüter stehe der Rechtsbewährungsgedanke im Vordergrund, sodass in diesen Fällen (oben also in Beispiel 1) nur eine Entschuldigung des Notstandstäters in Frage komme.

Drohung mit Verletzung nichthöchstpersönlicher Rechtsgüter

578 Bisher kaum behandelt ist die Frage, wie zu entscheiden ist, wenn dem genötigten Täter nur mit der Verletzung nichthöchstpersönlicher Rechtsgüter gedroht wird. In diesem Fall greift § 35 StGB, der eine Gefahr für Leben, Leib oder Freiheit voraussetzt, nicht ein. Diskutiert wird eine analoge Anwendung von § 35 StGB auf diesen Fall.[593]

579 **KLAUSURHINWEIS**
Das Problem wird an unterschiedlicher Stelle im Gutachten verortet. Die einen sehen im Nötigungsnotstand ein Abwägungskriterium im Rahmen der Güterabwägung,[594] die anderen behandeln ihn im Rahmen der Angemessenheitsklausel.[595]

4. Rettungswille

580 Subjektiv ist erforderlich, dass der Täter in Kenntnis der Gefahr und zum Zwecke ihrer Abwehr handelt. Vgl. insoweit den Wortlaut des § 34 StGB, der verlangt, dass der Täter handelt „um die Gefahr (...) abzuwenden".

---

590 *S/S-Perron, StGB, § 34 Rn 41b; Heinrich, AT, Rn 437, 580; Kühl, AT, § 8 Rn 132; Wessels/Beulke/Satzger, AT, Rn 698; Kudlich, JA 2009, 185, 187; ebenso im Ergebnis RGSt 66, 397, 398 ff.; BGHSt 5, 371, 375 ff.*

591 *Joecks/Jäger, StGB, § 34 Rn 48; Frister, AT, Rn 17/ 19 f.; Stratenwerth/Kuhlen, AT, § 9 Rn 103*

592 *Roxin, AT I, § 16 Rn 68 f.; Zieschang, JA 2007, 679, 683*

593 *Brünemann/Hömpler, JURA 2010, 184, 187*

594 *So Roxin, AT I, § 16 Rn 67 ff.; Kühl, JuS 2007, 742, 747*

595 *So Joecks/Jäger, StGB, § 34 Rn 47; Heinrich, AT, Rn 437; Kudlich, JA 2009, 185, 187*

E. Klausurfall: „Die Papiere, bitte."

SACHVERHALT

Die beiden sachlich und örtlich zuständigen Polizisten A und B führen nachts an einer hessischen Fernstraße eine zulässige Routinekontrolle der Fahrzeugbeleuchtung durch. Sie halten dabei auch das Fahrzeug des Z an, der sich mit seiner **581**
Familie von Norddeutschland aus auf Urlaubsfahrt an die französische Atlantikküste befindet. Z ist sehr ungehalten über den Aufenthalt, zumal er auf der Nachtfahrt durch unerwartete Staus ohnehin schon zuviel Zeit verloren hat und die Scheinwerfer gerade erst vom TÜV als in Ordnung befunden worden sind. Es kommt zu einem erregten Wortwechsel mit A, der sich durch das Fenster an der Fahrerseite leicht in das Innere des Wagens hineinbeugt. Als A ihn nach seinen Papieren fragt, schreit Z, dass ihn das gar nichts anginge und startet durch.

Der vor dem Wagen stehende Polizist B, der sich die Lampen näher betrachtet, kann gerade noch wegspringen. Z hatte ihn zwar gesehen, ihm war aber in dieser Situation mittlerweile alles egal.

A zieht blitzschnell seine Pistole und feuert auf die Reifen des Wagens. Z kommt mit seinem Wagen wegen eines geplatzten Reifens ins Schleudern. Nur mit Mühe können auf der belebten Straße zwei entgegenkommende Verkehrsteilnehmer ausweichen.
Die Kinder des Z erleiden infolge dieses Manövers Prellungen und einen Schock.

Bearbeitervermerk:
Wie ist das Verhalten von Z und A strafrechtlich zu beurteilen? Eventuell erforderliche Strafanträge sind gestellt. §§ 315b, 340 StGB sind nicht zu prüfen.

LÖSUNG

A. Strafbarkeit des Z

I. § 113 I, II 2 Nr. 1, 2 StGB

Indem Z dem Verlangen des A, seine Papiere vorzuzeigen, nicht nachkam und stattdessen den Wagen durchstartete, könnte er sich wegen tätlichen Angriffs auf Vollstreckungsbeamte gem. §§ 113 I, II 2 Nr. 1, 2, 114 I, II StGB strafbar gemacht haben.

1. Tatbestand

Hierzu müsste zunächst einem zur Vollstreckung berufenem Amtsträger bei der Vornahme einer Vollstreckungshandlung Widerstand geleistet worden sein. Fraglich ist jedoch, ob Routinekontrollen der Polizei schon als Vollstreckungshandlung zu qualifizieren sind. Man könnte der Auffassung sein, dass Routinekontrollen noch keine Vollstreckungshandlungen seien, weil sie ja erst der Ermittlung der Frage dienten, ob eine Vollstreckungsmaßnahme zu ergreifen sei.[596] Demgegenüber könnte man aber auch meinen, dass bereits das Anhalten zwecks allgemeiner Verkehrskontrolle für eine Vollstreckungshandlung genüge, da dabei der Staatswille zur Durchführung solcher Kontrollen durch das Haltegebot im Einzelfall vollstreckt werde.[597]

596 So z.B. OLG Frankfurt, NJW 1973, 1806, 1807
597 So z.B. BGHSt 25, 313, 315

Im vorliegenden Fall wird man das Vorliegen einer Vollstreckungshandlung schon deshalb bejahen müssen, weil das Stadium der reinen Routinekontrolle mit der Aufforderung, die Papiere vorzuzeigen, verlassen worden ist.

Weiterhin müsste Z eine der in § 113 I StGB genannten Tathandlungen vorgenommen haben. In Betracht kommt ein mit Gewalt geleisteter Widerstand (1. Alt.). Gewalt ist jedes unmittelbare Einwirken auf den Amtsträger mit dem Ziel, diesem die Vollstreckungsmaßnahme physisch unmöglich zu machen.[598] Widerstand ist jedes aktive Verhalten, um die Vollstreckungsmaßnahme zu verhindern.[599]

Z wendete das Gewicht und die Wucht seines fahrenden Wagens auf und veranlasste dadurch B, dem Wagen auszuweichen, und von der Fortsetzung seiner Amtshandlung in diesem Augenblick abzusehen. Darin liegt eine Widerstandsleistung durch Gewalt.

Dabei handelte Z in Kenntnis aller Tatumstände mit dem Willen zur Tatbestandsverwirklichung, also vorsätzlich.

2. Rechtmäßigkeit der Diensthandlung

Die gem. § 113 III StGB erforderliche Rechtmäßigkeit der Diensthandlung ist eine objektive Strafbarkeitsbedingung, auf welche sich der Vorsatz des Täters nicht zu beziehen braucht.[600] Hierbei kommt es jedoch nicht auf die materielle Rechtsmäßigkeit der Maßnahme an, weil dies dem Vollstreckungsbeamten nicht leistbare Prüfungsanforderungen auferlegen würde. Maßgeblich ist ein „strafrechtlicher Rechtmäßigkeitsbegriff". Hiernach muss der Amtsträger sachlich und örtlich zuständig sein, die wesentlichen Förmlichkeiten eingehalten haben und sein Ermessen ordnungsgemäß ausgeübt haben.[601] Nach Sachverhalt ist vom Vorliegen dieser Anforderungen auszugehen.

3. Tätlicher Angriff, Qualifikation des § 114 I StGB

Ein tätlicher Angriff ist eine in feindseliger Willensrichtung unmittelbar auf den Körper eines anderen zielende Einwirkung, also nichts anderes als das Unternehmen einer Körperverletzung.[602] Auch diese Voraussetzungen sind mit dem Zufahren auf B erfüllt.[603] Auch insoweit handelte Z in Kenntnis aller Tatumstände mit dem Willen zur Tatbestandsverwirklichung, also vorsätzlich.

[Anm.: § 114 StGB ist einerseits Qualifikation zu §113 StGB, auf der anderen Seite aber auch eigenständiges Delikt, sofern es keine Vollstreckungshandlung gibt, aber der geschützte Personenkreis (beachte § 115 StGB) dennoch tätlich angegriffen wird.]

4. Rechtswidrigkeit

Z handelte rechtswidrig.

---

598 *Joecks/Jäger, StGB, § 113 Rn 15*

599 *Joecks/Jäger, StGB, § 113 Rn 17*

600 *Vgl. die Darstellung bei Joecks, StGB, § 113 Rn 23 f.*

601 *Vgl. die Darstellung der h.M. bei S/S-Eser, StGB, § 113 Rn 21*

602 *Joecks, StGB, § 113 Rn 18*

603 *Vgl. z.B. BGH, NJW 1953, 672, 672 f.*

5. Schuld
Z handelte schuldhaft.

6. Besonders schwerer Fall, § 113 II 2 Nr. 1, 2 StGB
Es stellt sich die Frage, ob eines der Regelbeispiele des § 113 II StGB gegeben ist. In Betracht kommen sowohl Nr. 1 wie auch Nr. 2.
Der Begriff des „gefährlichen Werkzeugs" gem. § 113 II 2 Nr. 1 StGB umfasst alle gefährlichen Werkzeuge i.S.d. § 224 I Nr. 2 StGB, womit auch ein Auto als „gefährliches Werkzeug" eingesetzt werden kann. Es genügt auch, dass der Betreffende sich erst im Augenblick der Widerstandshandlung entschließt, den Gegenstand als gefährliches Werkzeug zu verwenden. Ob Z freilich den Wagen bewusst in diesem Sinne eingesetzt hat, ist wohl eher zu verneinen, weil Z aufgrund einer spontanen Entscheidung einfach nur „weg" wollte.

[Anm.: Hier wäre eine andere Ansicht natürlich ebenso vertretbar.]

Die Bejahung des Regelbeispiels Nr. 2 setzt voraus, dass der Täter die Gefahr vorsätzlich herbeigeführt hat.[604] Nimmt man aber – zumindest in dubio pro reo – an, dass Z davon ausgegangen ist, dass B noch wegspringen werde, ist das Regelbeispiel zu verneinen.

7. Zwischenergebnis
Z hat sich gem. §§ 113 I, II 2 Nr. 1, 2, 114 I, II StGB strafbar gemacht. Eine eventuelle Bestrafung nach § 240 StGB tritt hinter der privilegierenden Spezialvorschrift des § 113 zurück.[605]

II. §§ 212, 22, 23 I StGB
Indem Z auf B zugefahren ist, könnte er sich wegen versuchten Totschlags gem. §§ 212 I, 22, 23 I StGB strafbar gemacht haben.

1. Vorprüfung
Der Totschlag ist nicht vollendet, da B überlebt hat. Die Strafbarkeit des Versuchs ergibt sich gem. §§ 23 I, 12 I StGB aus dem Verbrechenscharakter des Totschlags.

2. Tatentschluss
Fraglich ist, ob Z mit Tatentschluss zur Tötung gehandelt hat. Hierzu müsste er zumindest mit Eventualvorsatz gehandelt haben. Man könnte nach Sachverhalt davon ausgehen, dass der Erfolg von Z für möglich gehalten und für den Fall des Eintritts billigend in Kauf genommen wird („Z hatte ihn zwar gesehen, ihm war aber alles egal"). Es ist aber eher anzunehmen, dass Z von Anfang an mit einem Wegspringen des B rechnete. Gerade vor dem Hintergrund der Tatsache, dass Z Frau und zwei Kinder im Wagen hatte, ist nicht davon auszugehen, dass er vor deren Augen einen Menschen töten wollte. Die besondere Hemmschwelle, die vor der Tötung eines Menschen steht, wurde von Z folglich nicht überwunden.

---

604 BGHSt 26, 176, 180 ff.
605 Vgl. hierzu Joecks/Jäger, StGB, § 113 Rn 2, 41 ff

KLAUSURHINWEIS
Der Sachverhalt zwingt nicht zu einer Darlegung des Streits zu den verschiedenen Auffassungen zum Eventualvorsatz. Dazu müsste der Sachverhalt klarere Hinweise zum Wissenselement enthalten, z.B. dass Z erkannte, dass B durch den Wagen erfasst werden und zu Tode kommen könnte.

3. Zwischenergebnis
Z hat sich nicht wegen versuchten Totschlags strafbar gemacht.

III. §§ 223 I, 224 I Nr. 2, 22, 23 I StGB
Indem Z auf B zugefahren ist, könnte er sich wegen versuchter gefährlicher Körperverletzung gem. §§ 223 I, 224 I Nr. 2, 22, 23 I StGB strafbar gemacht haben.

1. Vorprüfung
Die Körperverletzung ist nicht vollendet. Die Strafbarkeit des Versuchs ergibt sich aus §§ 223 II, 224 II StGB.

2. Tatentschluss
Wer mit einem Fahrzeug auf einen Menschen zufährt, nimmt billigend in Kauf, dass er entweder von dem Wagen erfasst wird oder beim Ausweichen Verletzungen erleidet. Dabei handelte Z auch mit dem Tatentschluss, den Wagen als einen Gegenstand zu verwenden, der nach seiner objektiven Beschaffenheit und der Art seiner Benutzung konkret geeignet war, erhebliche Verletzungen hervorzurufen. Folglich hatte Z auch Tatentschluss, die Körperverletzung mit einem gefährlichen Werkzeug i.S.d. § 224 I Nr. 2 StGB zu begehen.

KLAUSURHINWEIS
§ 315b I Nr. 3 StGB ist zu bejahen, wenn der Täter mit Schädigungsvorsatz auf einen anderen zufährt. Nach BGH kann man von einer „Pervertierung" des Verkehrsvorgangs nur sprechen, wenn zu dem bewusst zweckwidrigen Einsatz eines Fahrzeuges in verkehrsfeindlicher Einstellung hinzukommt, dass dieses mit mindestens bedingtem Schädigungsvorsatz – etwa als Waffe oder Schadenswerkzeug – missbraucht wird. Ein verkehrsfremdes und –feindliches Verhalten scheidet daher aus, falls der Täter sein Fahrzeug als Fluchtmittel nutzt, dabei (lediglich) verkehrswidrig fährt und nur mit Gefährdungsvorsatz handelt. Diese Fälle werden regelmäßig von § 315c StGB erfasst, sofern dessen weitere Voraussetzungen vorliegen.[606]

B. Strafbarkeit des A gem. § 303 I StGB
Durch den Schuss auf die Reifen könnte sich A wegen Sachbeschädigung gem. § 303 I StGB strafbar gemacht haben.

I. TATBESTAND
Durch den Schuss ist ein Reifen des Wagens des Z geplatzt. Dadurch hat A eine fremde bewegliche Sache vorsätzlich zerstört und dadurch den Tatbestand der Sachbeschädigung verwirklicht.

606 *BGH, NStZ 2003, 486, 486 f.; Näheres hierzu im Skript Strafrecht BT II*

II. RECHTSWIDRIGKEIT

Da A Polizei(vollzugs)beamter ist, ist hinsichtlich einer Rechtfertigung seines Verhaltens an das hessische Gesetz über öffentliche Sicherheit und Ordnung (HSOG) zu denken. Dieses erlaubt den Einsatz von Schusswaffen als einer Form des unmittelbaren Zwangs, 55 I, IV HSOG,[607] im Rahmen des Verwaltungszwangs. Grundsätzliche Voraussetzung hiernach wäre jedoch das Vorliegen einer gegenwärtigen Gefahr, § 47 II HSOG.[608] Im vorliegenden Fall ist der Angriff auf das Leben bzw. die körperliche Unversehrtheit des B jedoch schon beendet, als A den Schuss abgibt. A wird daher nicht mehr präventiv, also nicht mehr zur Gefahrenabwehr tätig.

Die Maßnahme kann folglich nicht auf das Polizeirecht gestützt werden.

Allerdings können die Vorschriften des Polizeirechts hinsichtlich der Art und Weise der Anwendung des unmittelbaren Zwangs gelten, wenn die Polizei aufgrund anderer Rechtsvorschriften zur Anwendung unmittelbaren Zwangs befugt ist, § 54 I HSOG.[609] Als Gesetz im Sinne dieser Norm sind auch die Vorschriften über die Strafverfolgung anzusehen, für die die Beamten des Polizeidienstes zuständig sind, § 163 StPO. Es kann auch davon ausgegangen werden, dass A im Rahmen der Strafverfolgung tätig werden wollte. Das Handeln des A sollte wohl einer Festnahme des Z dienen, sodass als Ermächtigungsgrundlage § 127 II i.V.m. § 112 StPO in Betracht kommt. § 127 II StPO erlaubt zwar gemäß seinem Wortlaut nicht ausdrücklich die Anwendung unmittelbaren Zwangs, die Zulässigkeit ergibt sich jedoch seinem Sinn nach aus der Notwendigkeit, die Festnahme auch durchsetzen zu können. Folglich besteht die Möglichkeit der Anwendung unmittelbaren Zwangs, wobei sich die Art und Weise der Durchführung – mangels entsprechender Regelungen in der StPO – nach den §§ 55 bis 62 HSOG[610] richtet.[611]

KLAUSURHINWEIS
Diese Verbindung zwischen verschiedenen Regelungsmaterien macht diese Klausur natürlich recht schwer. Gerade vom Examenskandidaten kann aber verlangt werden, dass er in der Lage ist, verschiedene Rechtsgebiete in ihrem Zusammenspiel zu beherrschen.

§ 58 I 1 HSOG bestimmt, dass unmittelbarer Zwang vor seiner Anwendung grundsätzlich anzudrohen ist. Gleiches gilt für den Schusswaffengebrauch. An einer solchen Androhung fehlt es hier. Diese ist jedoch gem. § 58 I 2 HSOG entbehrlich, wenn die Umstände die Androhung – wie hier - nicht zulassen.[612] Schusswaffen dürfen gem. § 58 II HSOG[613] jedoch nur dann ohne Androhung eingesetzt werden, wenn dies zur Abwendung einer gegenwärtigen Gefahr für Leib oder Leben erforderlich ist. Da sich Z bereits auf der Flucht befand, als A den Schuss abgab, liegt diese Bedingung für den Schusswaffeneinsatz nicht vor.

---

607 *Entspricht z.B. § 50 PolG BW; Art. 78 I, IV BayPAG; § 69 I, IV NdsSOG; § 58 I, IV PolG NRW; § 31 I, III SächsPolG*
608 *Entspricht z.B. Art. 70 II BayPAG; § 64 II NdsSOG; § 50 II PolG NRW*
609 *Entspricht z.B. Art. 77 I BayPAG; § 57 I PolG NRW*
610 *Entspricht z.B. Art. 77-86 BayPAG; §§ 58-66 PolG NRW*
611 *Meyer-Goßner/Schmitt, StPO, Einl. Rn 45 f. und § 127 Rn 20*
612 *Entspricht z.B. § 52 II PolG BW; Art. 81 I BayPAG; § 74 I NdsSOG; § 61 I PolG NRW; § 32 II SächsPolG*
613 *Entspricht z.B. Art. 81 II BayPAG; 74 II NdsSOG; 61 II PolG NRW; § 32 III SächsPolG*

Weiterhin ist der Schusswaffengebrauch nach § 60 IV HSOG[614] dann unzulässig, wenn eine hohe Wahrscheinlichkeit der Gefährdung Unbeteiligter bestand und der Schusswaffengebrauch nicht das einzige Mittel zur Abwehr einer gegenwärtigen Lebensgefahr war. Eine konkrete Lebensgefahr bestand nach dem oben Gesagten nicht. Unbeteiligte sind Personen, die die Gefahrensituation nicht verursacht haben. Die Kinder des Z und die Fahrer der entgegenkommenden Fahrzeuge waren als Unbeteiligte durch den beinahe erfolgten Unfall konkret gefährdet, weshalb der Schusswaffengebrauch auch nach § 60 IV HSOG unzulässig war.

Die Beschädigung des Fahrzeugs durch den Einsatz der Schusswaffe kann mithin nicht durch § 127 II StPO gerechtfertigt werden.

Das Verhalten kann auch nicht als Nothilfe im Sinne des § 32 StGB gerechtfertigt sein, da der Angriff auf B nicht mehr gegenwärtig ist.

KLAUSURHINWEIS
Die Frage, ob ein Polizeibeamter sich bei hoheitlichem Handeln überhaupt auf Nothilfe berufen kann, stellt sich also im vorliegenden Fall gar nicht. So sehen typische „Fallen" in Examensklausuren aus: Der Prüfer deutet ein Standardproblem an, auf das es bei genauer Betrachtung jedoch gar nicht ankommt. Keinesfalls darf man in derartigen Fällen dem Prüfer „auf den Leim gehen".

Der Tat des A war rechtswidrig.

III. SCHULD
A handelte schuldhaft.

A hat sich wegen Sachbeschädigung strafbar gemacht.

KLAUSURHINWEIS
Hinsichtlich des § 340 StGB wäre zu untersuchen, ob A die Verletzungen in Kauf genommen und damit eine vorsätzliche Körperverletzung im Amt, § 340 I 1 StGB, begangen hat oder ob er zumindest fahrlässig, § 340 III i.V.m. § 229 StGB handelte. Zumindest Letzteres ist zu bejahen, da es vorhersehbar ist, dass ein Fahrzeug mit zerschossenen Reifen ins Schleudern gerät und die Insassen infolgedessen Schäden davontragen.

FALLENDE

614 *Entspricht z.B. § 53 II PolG BW; Art. 83 IV BayPAG; § 76 IV NdsSOG; § 63 IV PolG NRW; § 34 IV SächsPolG*

SCHULD

A. Einleitung

582 Nulla poena sine culpa

Die schuldhafte Begehung der Tat ist eine eigenständige materielle Voraussetzung für die Strafbarkeit des Täters. Der Grundsatz „Keine Strafe ohne Schuld" (**nulla poena sine culpa**) hat mittelbar seinen Niederschlag in § 46 I 1 StGB („Die Schuld des Täters ist Grundlage für die Zumessung der Strafe.") gefunden. Er hat darüber hinaus nach allgemeiner Ansicht Verfassungsrang. Er folgt aus dem Menschenbild des Grundgesetzes, Art. 1 I GG, und aus dem Rechtsstaatsprinzip.[615]

583 Unrecht und Schuld

Im Strafrecht wird streng zwischen Unrecht und Schuld differenziert. Während durch die Bejahung von Tatbestand und Rechtswidrigkeit das Vorliegen des Unrechts festgestellt wird, prüft man im Rahmen der Schuld, ob dem Täter der Verstoß gegen die Rechtsordnung auch persönlich vorzuwerfen ist. Jede einzelne Komponente der verwirklichten rechtswidrigen Tat muss spiegelbildlich auch von der persönlichen Verantwortlichkeit des Täters gedeckt sein.[616]

584 Schuld als Vorwerfbarkeit

Das StGB selbst gibt keine Definition der Schuld vor. Das im deutschen Strafrecht geltende Schuld- und Verantwortungsprinzip beruht jedoch auf der Idee, dass der Täter in der Lage ist, zwischen mehreren möglichen Handlungen frei zu wählen. Dadurch kann er sich auch frei zwischen Recht und Unrecht entscheiden. Wählt er das Unrecht, so ist er hierfür persönlich verantwortlich und kann für diese von der Rechtsordnung missbilligte Entscheidung bestraft werden. Insoweit ist Schuld nichts anderes als Vorwerfbarkeit.[617]

585 Gesinnungsunwert Einzeltatschuld

Inhalt des Schuldvorwurfes ist also die rechtlich tadelnswerte Gesinnung des Täters (sog. Gesinnungsunwert), die den Verhaltensanforderungen der Rechtsordnung nicht genügt (vgl. § 46 II StGB). Dabei wird der Täter jedoch nicht für das bestraft, was er ist, sondern für das, was er getan hat. Folglich besteht die strafrechtliche Schuld nicht in der schuldhaften Persönlichkeitsgestaltung, sondern sie ist Einzeltatschuld. Hiernach ist Ansatzpunkt für das Schuldurteil die konkrete Tat und die in ihr aktualisierte Schuld.[618]

Normativer Schuldbegriff

Der heute herrschende normative Schuldbegriff definiert Schuld vor diesem Hintergrund wie folgt:

586

MERKSATZ

Gegenstand des Schuldvorwurfes ist die in der rechtswidrigen Tat zum Ausdruck kommende fehlerhafte Einstellung des Täters zu den Verhaltensanforderungen der Rechtsordnung.[619]

---

615 *BVerfGE 95, 96, 130 f.; BVerfG, NJW 2004, 739, 745; Heinrich, JURA 2003, 167, 171*

616 *Wessels/Beulke/Satzger, AT, Rn 620*

617 *BGHSt 2, 194, 200; S/S-Bosch, StGB, Vorbem §§ 13 ff. Rn 108 ff.; Jescheck/Weigend, AT, § 39 II 1, III 1; Hörnle, JuS 2009, 873, 873*

618 *S/S-Bosch, StGB, Vorbem §§ 13 ff. Rn 105/106*

619 *Jescheck/Weigend, AT, § 39 II 1; Wessels/Beulke/Satzger, AT, Rn 637*

Dieser komplexe Begriff der Strafrechtsschuld umfasst die Schuldfähigkeit, die z.T. vorgesehenen speziellen Schuldmerkmale, die Schuldform, das Unrechtsbewusstsein und das Nichtvorliegen von Entschuldigungsgründen.

587 B. Prüfungsschema

PRÜFUNGSSCHEMA

I. Schuldfähigkeit (§§ 19, 20 StGB)
II. Spezielle Schuldmerkmale
III. Schuldform
IV. Unrechtsbewusstsein
V. Fehlen von Entschuldigungsgründen

588 **KLAUSURHINWEIS**
Alle eben genannten Prüfungspunkte sind in einem Gutachten nur anzusprechen, wenn der Sachverhalt Anhaltspunkte für entsprechende Probleme bietet. Ansonsten genügt der feststellende Satz „T handelte auch schuldhaft." völlig.

C. Grundfall: „Der Kamelritt in Ägypten"

SACHVERHALT

Siegfried Sorglos (S) und Victor Vorsicht (V) sind als Urlauber in einem Hotel in Ägypten. Der Reiseveranstalter R bietet einen 5-stündigen Kamelritt durch die
589 Wüste an, für den sich auch S und V anmelden. Am Tag vor dem Ritt wird auf einer Informationsveranstaltung im Hotel, an der auch S und V teilnehmen, ausdrücklich auf die Gefahren hingewiesen, die sich aus der starken Sonneneinstrahlung und plötzlichen Sandstürmen ergeben können. Es wird deshalb empfohlen, pro Person mindestens 5 Liter Wasser mitzunehmen. V beherzigt den Ratschlag, wohingegen S nur eine einzige Flasche Wasser mitnimmt. Er meint, sich das unnötige Gewicht sparen zu können, da er mit einem Liter Wasser schon mal 5 Stunden hinkommen werde. Am Abend im Hotel könne er ja dann ausreichend Flüssigkeit zu sich nehmen.

Nach zweistündigem Ritt kommt die Gruppe in einen plötzlich aufziehenden schweren Sandsturm. S und V werden vom Rest der Gruppe getrennt. Als S keine Wasservorräte mehr hat, wird er von V mitversorgt. Als auch dessen Vorräte knapp werden, sagt er dem S, dass er ihm nun kein Wasser mehr abgeben könne. Als S kurz vor dem Verdursten steht, erschlägt er V, um an dessen Wasservorräte zu kommen. Dadurch überlebt S und wird am nächsten Tag von einem Suchtrupp gefunden und gerettet.

Hat sich S wegen Totschlags strafbar gemacht?

LÖSUNG

A. Tatbestand

Indem S den V erschlagen hat, hat er einen Menschen vorsätzlich getötet und folglich den Tatbestand des Totschlags, § 212 I StGB, verwirklicht.

B. Rechtswidrigkeit

I. NOTWEHR, § 32 StGB

S könnte durch Notwehr gerechtfertigt sein. Hierzu müsste sich S zunächst in einer Notwehrlage befunden haben. Dies setzt einen gegenwärtigen, rechtswidrigen Angriff voraus. Das wäre nur dann zu bejahen, wenn die verweigerte Wasserversorgung durch den V einen „Angriff durch Unterlassen" darstellen würde. Dies würde eine Pflicht des V, den S weiter mit Wasser zu versorgen, voraussetzen. Eine solche besteht nur bei einer Garantenstellung, die sich hier allenfalls aus einer Gefahrengemeinschaft ergeben könnte. Eine Gefahrengemeinschaft ist anzunehmen, wenn sich mehrere Personen zu einem gefährlichen Unternehmen zusammengefunden haben, um – sei es auch nur konkludent – die Chance für ein Bestehen der Gefahr durch den Zusammenschluss zu verbessern.[620] Eine Urlaubsvergnügung von 5-stündiger Dauer dürfte kaum mit einer Expedition vergleichbar sein. Doch selbst wenn man dies wegen der geschilderten Gefahren anders sehen wollte, war dem V die weitere Versorgung des S aufgrund der inzwischen auch für ihn selbst lebensbedrohlichen Situation nicht mehr zuzumuten. Ein Angriff durch Unterlassen des V auf S liegt deshalb nicht vor.
S befand sich in keiner Notwehrlage und ist folglich nicht durch Notwehr gerechtfertigt.

II. NOTSTAND, § 34 StGB

S könnte durch Notstand, § 34 StGB, gerechtfertigt sein. Eine gegenwärtige Gefahr für das Leben des S und mithin eine Notstandslage ist zwar gegeben. Jedoch scheitert eine Rechtfertigung des S an der Notstandshandlung, weil das Leben des S dasjenige des V nicht wesentlich überwiegt.
Die Tat des S war rechtswidrig.

C. Schuld

S könnte wegen entschuldigenden Notstands gem. § 35 StGB entschuldigt sein.

I. NOTSTANDSLAGE

Eine gegenwärtige Gefahr für das notstandsfähige Rechtsgut Leben des Täters S ist gegeben, weshalb eine Notstandslage gegeben ist.

II. NOTSTANDSHANDLUNG

Die Tötung des V war geeignet und erforderlich, um an das Wasser zu kommen und dadurch die Gefahr des Verdurstens (zumindest vorübergehend) abzuwenden. Also war die Gefahr für das Leben des S „nicht anders abwendbar" als durch die Tötung des V.
Die Tötung des V war auch verhältnismäßig, weil es zwischen der abgewendeten Gefahr und dem angerichteten Schaden kein krasses Missverhältnis gibt.

---

620 S/S-Bosch, StGB, § 13 Rn 24

Jedoch könnte für den S eine besondere Hinnahmepflicht gem. § 35 I 2 StGB bestanden haben. Dies kommt in Betracht, wenn der Täter die Gefahr selbst verursacht hat. Im Fall der Selbstverursachung der Gefahr genügt es für die Versagung der Entschuldigung jedoch nicht, dass die Gefahr vom Täter bloß verursacht wurde. Die Verursachung der Gefahr ist als solche ein Vorgang, der keinerlei Bezug zur Schuld aufweist. Hinzukommen müssen vielmehr Umstände, die dem Täter die Hinnahme der Gefahr zumutbar machen. Nur dann ist die Verminderung von Unrecht und Schuld nicht mehr so erheblich, dass auf Bestrafung generell verzichtet werden könnte. Im vorliegenden Fall hat S trotz der Warnung vor den Gefahren des Ausritts in die Wüste bewusst nur ein Fünftel der mindestens empfohlenen Wassermenge mitgenommen und damit pflichtwidrig und schuldhaft seine spätere Lebensgefahr verursacht. Deshalb war es ihm zuzumuten, die aus seiner eigenen mangelnden Wasserversorgung herrührenden Gefahr hinzunehmen.
S ist nicht gem. § 35 StGB entschuldigt.

FALLENDE

D. Ergebnis

S hat sich wegen Totschlags gem. § 212 I StGB an V strafbar gemacht.

D. Systematik und Vertiefung

I. DIE SCHULDUNFÄHIGKEIT, §§ 19, 20 StGB

§§ 19, 20 StGB

590 An einer schuldhaften Tatbegehung fehlt es, wenn der Täter im Zeitpunkt der Tatbegehung, vgl. § 20 StGB, schuldunfähig ist. Das ist der Fall, wenn er nicht über ein Mindestmaß an Selbstbestimmung verfügt, das für die persönliche Verantwortlichkeit erforderlich ist.[621]

Die Schuldunfähigkeit wird in den §§ 19, 20 StGB geregelt.

1. Schuldunfähigkeit wegen jugendlichen Alters des Täters, § 19 StGB

591 Die Regelungen im StGB und im JGG knüpfen hinsichtlich der Frage der **Schuldfähigkeit** an das Lebensalter des Täters an. Maßgebend ist die Schuldfähigkeit „bei Begehung der Tat", vgl. §§ 19, 20 StGB. Mithin kommt es nicht darauf an, wie alt der Täter im Zeitpunkt der Gerichtsverhandlung ist, sondern allein entscheidend ist sein Alter im Zeitpunkt der Tatbegehung.[622]

Erwachsene

592 Hiernach sind Erwachsene, also Personen über 21 Jahre, vgl. § 41 II JGG, schuldfähig, falls keine Ausnahme i.S.d. § 20 StGB vorliegt.[623]

Kinder

593 Kinder gelten gem. § 19 StGB bis zur Vollendung des 14. Lebensjahres als schuldunfähig. Für die Berechnung des Alters gelten die §§ 186 ff. BGB. Gem. § 187 II 2 BGB zählt der Tag der Geburt bei der Altersberechnung mit, sodass der Täter mit Beginn seines 14. Geburtstages strafmündig ist.[624]

---

621 Übersicht zur diesbezüglichen Rechtsprechung bei Theune, NStZ-RR 2007, 161 ff.

622 S/S-Perron/Weißer, StGB, § 19 Rn 2

623 Roxin, AT I, § 20 Rn 1

624 BeckOK-von Heintschel-Heinegg, StGB, § 19 Rn 3

Die Schuldunfähigkeit nach § 19 StGB stellt einen Schuldausschließungsgrund dar. Kinder können also tatbestandsmäßig und rechtswidrig handeln. Folglich stellen ihre Taten auch vorsätzliche rechtswidrige Haupttaten i.S.d. §§ 26, 27 StGB dar. Schuldausschließungsgrund

Im Alter zwischen 14 und 18 Jahren muss die Schuldfähigkeit gem. § 3 JGG gesondert festgestellt werden. Es handelt sich daher um eine bloß bedingte Schuldfähigkeit. Die zu treffende Entscheidung ist eine Frage des Entweder-Oder. „Ein bisschen Schuld" gibt es folglich nicht.[625] **594** Jugendliche

Bei Heranwachsenden im Alter von 18 – 21 Jahren wird die Schuldfähigkeit grundsätzlich vermutet, sofern nicht gegenteilige Anhaltspunkte i.S.d. § 20 StGB vorliegen. Aus § 105 JGG ergibt sich, dass die erforderliche Reife aus Altersgründen unterstellt wird. Hinsichtlich der Rechtsfolgen kann zwar bei typischen Jugendverfehlungen das Jugendstrafrecht angewendet werden, ein Verweis auf § 3 JGG existiert für Heranwachsende aber gerade nicht. **595** Heranwachsende

KLAUSURHINWEIS **596** JGG nur für Rechtsfolgen relevant

In einem strafrechtlichen Gutachten ist mithin alleine entscheidend, ob der Täter im Zeitpunkt der Tatbegehung schon 14 Jahre alt war, oder eben nicht. Die Anwendbarkeit des JGG ist nur für die Rechtsfolgen, nicht aber für die materiellen Straftatbestände relevant.

2. Schuldunfähigkeit aus biologisch-psychologischen Gründen, § 20 StGB

Nach § 20 StGB ist der Täter schuldunfähig, wenn er unfähig ist, das Unrecht der Tat einzusehen (**fehlende Einsichtsfähigkeit**) bzw. nach dieser Einsicht zu handeln (**fehlende Steuerungsfähigkeit**). Diese Unfähigkeit muss auf einem der im Gesetz genannten Gründe beruhen, also einer krankhaften seelischen Störung, einer tiefgreifenden Bewusstseinsstörung, Schwachsinn oder einer anderen schweren seelischen Abartigkeit. **597** Mangelnde Einsichts- oder Steuerungsfähigkeit

Schwachsinn ist z.B. Debilität oder eine angeborene Intelligenzschwäche. Eine krankhafte seelische Störung liegt z.B. bei Schizophrenie oder Psychosen vor. Eine andere seelische Abartigkeit sind z.B. Triebstörungen oder Neurosen.

KLAUSURHINWEIS **598**

Eine psychologisch-psychiatrische Begutachtung wird in einer juristischen Klausur nicht verlangt. In derartigen Fällen enthält der Sachverhalt eindeutige Hinweise, z.B. „Der geisteskranke A entführt Frau S.". Dringend zu warnen ist davor, Hinweise wie „aus Angst", „im alkoholisierten Zustand" oder „im Zorn" unter § 20 StGB zu subsumieren. Bei derartigen Hinweisen ist eher auf die §§ 33, 213, 316 oder 323a StGB einzugehen.[626]

Am klausurrelevantesten ist die krankhafte seelische Störung. Diese liegt z.B. bei einem Vollrausch vor, da medizinisch eine Intoxikation vorliegt.[627] Trotz der z.B. wegen Alkoholgewöhnung, Trinkgeschwindigkeit und Körpergewicht notwendigen **599** **3,0 ‰ als Indiz**

625 *Heinrich, AT, Rn 535*

626 *Kühl, AT, § 11 Rn 3; Keiser, JURA 2001, 376, 377*

627 *BGHSt 43, 66, 69; Fischer, StGB, § 20 Rn 11; Roxin, AT I, § 20 Rn 10; a.A. S/S-Perron/Weißer, StGB, § 20 Rn 13 (tiefgreifende Bewusstseinsstörung)*

Einzelfallbetrachtung[628] liegt ein Indiz für die Schuldunfähigkeit in der Regel ab einer Blutalkoholkonzentration (BAK) von 3,0 ‰ vor. Wegen der höheren Hemmschwelle bei Tötungsdelikten ist hier von einem Indiz für die Schuldunfähigkeit ab 3,3 ‰ auszugehen.[629] Da diese Hemmschwellentheorie des BGH jedoch bei Fahrlässigkeitsdelikten und bei Unterlassungsdelikten nicht gilt, ist bei der fahrlässigen Tötung und bei der Tötung durch Unterlassen auf den Schwellenwert 3,0 ‰ abzustellen.

Formulierungsvorschlag

600 **KLAUSURHINWEIS**

Sofern im Sachverhalt der Hinweis auftaucht, dass der Täter sich z.B. im Supermarkt eine Flasche Champagner einsteckt und dabei eine BAK von 3,0 ‰ aufweist, sollte etwa wie folgt formuliert werden: „Mit der BAK von 3,0 ‰ im Zeitpunkt der Tatbegehung ist die Schuldunfähigkeit des Täters indiziert. Mangels gegenteiliger Hinweise im Sachverhalt ist zumindest in dubio pro reo von dessen Schuldunfähigkeit auszugehen."

3. Verminderte Schuldfähigkeit, § 21 StGB

601 Der Täter, dessen Einsichts- und Steuerungsfähigkeit zwar erheblich gemindert ist, ohne jedoch die Grenze des § 20 StGB zu überschreiten, erhält ausweislich des Gesetzeswortlauts des § 21 StGB („kann") nur eine fakultative Strafminderung.

2,0 ‰ als Indiz

602 Auch hier sind wiederum die Fälle der Alkoholisierung besonders examensrelevant. Vor dem Hintergrund der bei § 20 StGB bereits betonten Notwendigkeit einer einzelfallbezogenen Betrachtung gelten für die alkoholbedingt verminderte Schuldfähigkeit die folgenden Schwellenwerte ebenfalls als bloße Indizien: Ab einer BAK von 2,0 ‰ liegt eine verminderte Schuldfähigkeit nahe. Bei Tötungsdelikten ist wegen der höheren Hemmschwelle von 2,2 ‰ als Indizwert auszugehen.[630]

Verschuldete Trunkenheit

603 Der BGH verwehrt dem Täter die fakultative Strafmilderung jedoch bei verschuldeter Trunkenheit. Die an sich gegebene Schuldminderung wird durch die verschuldete Herbeiführung des Ausnahmezustands wieder ausgeglichen. Eine verschuldete Herbeiführung liegt jedenfalls vor, wenn in der Person des Täters oder in den situativen Verhältnissen des Einzelfalls Umstände vorliegen, die in Zusammenhang mit der Alkoholisierung das Risiko der Begehung von Straftaten vorhersehbar signifikant erhöht haben.[631] Insbesondere in stark emotional aufgeladenen Krisensituationen wird die Gefahr von Gewalttätigkeiten durch die enthemmende Wirkung erheblicher Alkoholisierung regelmäßig vorhersehbar erhöht.[632] Gleiches gilt für das Trinken in Gruppen, aus denen heraus - gerade auch auf Grund gruppendynamischer Prozesse - leicht Straftaten gegen andere begangen werden. Wer sich etwa in einer Gruppe marodierender Hooligans oder gewaltbereiter Radikaler betrinkt, muss konkret mit der Begehung von Straftaten im trunkenen Zustand rechnen.[633]

---

628 *BGH, 4 StR 530/17 = RA-Telegramm 2018 41; NJW 2012, 2672, 2673 f.*
629 *BGH, 4 StR 530/17 = RA-Telegramm 2018 41; Joecks/Jäger, StGB, § 20 Rn 4*
630 *Joecks/Jäger, StGB, § 21 Rn 1; vgl. OLG Hamm, NStZ-RR 2007, 194, 194*
631 *BGH, NStZ 2009, 496, 497; 2008, 619, 620*
632 *BGH, NStZ 1990, 537, 538*
633 *BGH, NJW 2006, 274, 274 f.; 2004, 3350, 3352*

KLAUSURHINWEIS 604 **Abgrenzung zur a.l.i.c.**

Die eben dargestellte fakultative Verwehrung der Strafmilderung muss von der Fallgruppe der sog. **actio libera in causa** (a.l.i.c.), die später behandelt wird, unterschieden werden. Bei der a.l.i.c. geht es um Fälle, in denen sich die Vorstellung des Täters in nicht berauschtem Zustand schon auf eine bestimmte Tat bezogen hat, oder sich der Täter gar gezielt berauscht hat, um hierdurch vorhandene Hemmungen gegen eine Tatausführung abzubauen.

An die Bejahung dieser Voraussetzungen dürfen dabei nicht übertrieben hohe 605
Anforderungen gestellt werden, da die vielfach verheerenden Wirkungen übermäßigen Alkoholgebrauchs allgemein bekannt sind.[634] In der Lehre wird dem z.T. nur in den Fällen gefolgt, in denen die spätere Tat geplant war, also ein Fall der a.l.i.c. vorliegt.[635]

4. Das Koinzidenzprinzip

Aus § 20 StGB folgt, dass der Täter „bei Begehung der Tat" schuldhaft handeln muss. 606 § 20 StGB
Dieses sog. **Koinzidenzprinzip**[636] besagt, dass im Zeitpunkt der Tathandlung die Schuld des Täters festgestellt werden muss. Dass der Täter vor oder nach der Tathandlung das Unrecht der Tat einsieht oder einsehen konnte, genügt nicht.

BEISPIEL (nach BGH, NStZ 2003, 535 = RA 2003, 647, „Blutrausch-Fall"): Nach einem hef- 607 Blutrausch-Fall
tigen Streit sticht T insgesamt 33 mal mit einer Machete mit Tötungsvorsatz auf O ein. Der Sachverständige erklärt, dass T nach Beginn der Tatausführung in eine Art „Entfesselungsaffekt" geraten ist.

Wegen des „Entfesselungsaffekts" könnte eine affektbedingte tiefgreifende Bewusstseinsstörung vorliegen. Die hieraus resultierende Schuldunfähigkeit muss jedoch während der gesamten Tathandlung vorliegen. Gerät der Täter erst während der Tathandlung, also nach dem Zeitpunkt des unmittelbaren Ansetzens, in einen Zustand völliger Schuldunfähigkeit (z.B. einen „Blutrausch"), so sind ihm die folgenden Handlungen zuzurechnen, wenn sie vom Vorsatz erfasst waren und der Tatablauf der Vorstellung entsprach, die sich der Täter noch vor Eintritt der Schuldunfähigkeit von dem Tatgeschehen gemacht hatte. In einem solchen Fall ist der Täter wegen vollendeter Tat, begangen im schuldfähigen Zustand, zu bestrafen. Dies verstößt schon deswegen nicht gegen das Koinzidenzprinzip, weil der Täter ja „bei (Beginn der) Begehung der Tat" schuldfähig war. Nichts anderes kann für den Eintritt der erheblich verminderten Schuldfähigkeit, § 21 StGB, erst während der Tatausführung gelten.[637]

---

634 BGH, NJW 2004, 3350, 3352; NJW 2003, 2394, 2395 f.

635 S/S-Perron/Weißer, StGB, § 21 Rn 21; Roxin, AT I, § 20 Rn 46; Streng, NStZ 2000, 540, 545

636 Synonyme Begriffe sind „Gleichzeitigkeitsprinzip" oder „Simultaneitätsprinzip"; zu Ausnahmen vom Koinzidenzprinzip vgl. den anspruchsvollen Aufsatz von Jerouschek/Kölbel, JuS 2001, 417 ff.

637 BGHSt 23, 133, 135 f.; 7, 325, 328 f.; BGH, NStZ 2003, 535, 536; Sowada, JURA 2004, 814, 817

5. Die actio libera in causa

a) Grundlagen im Bereich des Vorsatzdelikts

Koinzidenzprinzip

608 Aus § 20 StGB folgt, dass der Täter „bei Begehung der Tat" schuldhaft handeln muss. Dieses sog. Koinzidenzprinzip besagt, dass exakt im Zeitpunkt der Tathandlung die Schuld des Täters festgestellt werden muss.

BEISPIEL 1: A betrinkt sich, weil er seinen Job verloren hat. Im Zustand der Schuldunfähigkeit, § 20 StGB, trifft er unerwartet auf G, der ihm kürzlich die Freundin ausgespannt hat. Als sich G über den „Versager" A lustig macht, tötet A den G.

§ 323a I StGB

Zwar hat A den G tatbestandsmäßig und rechtswidrig getötet, jedoch handelt er im Zeitpunkt der Tötungshandlung schuldlos und kann folglich nur wegen Vollrausches gem. § 323a I StGB bestraft werden. Dass er sich vorsätzlich und schuldhaft betrunken hat, spielt insoweit keine Rolle.

609 Etwas anders könnte man über den Fall jedoch in folgender Abwandlung urteilen:

BEISPIEL 2: A trinkt sich Mut an, um seinen Feind G zu töten, der ihm die Freundin ausgespannt hat. Im Zustand der Schuldunfähigkeit des § 20 StGB tötet A wie geplant G.

Strafrahmen des § 323a StGB

Im Zeitpunkt der Tatbegehung ist A schuldunfähig. Eine Bestrafung kommt somit eigentlich nur nach § 323a I StGB (Vollrausch) in Frage. Dieser weist jedoch nur einen Strafrahmen von maximal 5 Jahren auf. Der für A jedoch „eigentlich" mindestens in Frage kommende Totschlag, § 212 I StGB, hat einen Strafrahmen von nicht unter 5 bis maximal 15 Jahren, vgl. § 38 II StGB. Auf Mord, § 211 StGB, der u.U. wegen eines niedrigen Beweggrundes in Frage kommen könnte, bzw. auf Totschlag in einem besonders schweren Fall, § 212 II StGB, steht gar lebenslange Freiheitsstrafe. Es sieht also so aus, als hätte A eine „clevere Möglichkeit" gefunden, sich seines Feindes G zu entledigen, ohne eine allzu hohe Strafe zu riskieren. Somit stellt sich die Frage, ob nicht doch eine Strafbarkeit nach der „eigentlich" begangenen Tat (hier § 212 I StGB oder gar § 211 StGB) möglich ist. Dies wird von den Vertretern der Rechtsfigur der sog. „actio libera in causa" (a.l.i.c.) bejaht. Übersetzt bedeutet dies eine „in der Ursache freie Handlung".[638] Damit ist gemeint, dass der Täter eine Handlung vorgenommen hat, die zwar nicht „an sich frei", d.h. frei verantwortlich und damit vorwerfbar, ist, weil er im Zeitpunkt der Tatbegehung schuldunfähig ist, die aber „frei" in der Ursache ist, weil der Täter für den Zustand der aktuellen Unfreiheit, die Schuldunfähigkeit, selbst verantwortlich ist.

Grundprobleme der a.l.i.c.

610 Schon auf den ersten Blick zeigen sich die zwei Grundprobleme einer derartigen Strafbarkeit wegen „Totschlags bzw. Mordes in Verbindung mit den Grundsätzen über die a.l.i.c.":

Analogieverbot

Erstens ist die Rechtsfigur der a.l.i.c. im StGB nicht zu finden. Auf diese Grundsätze dennoch eine Verurteilung zu stützen könnte folglich eine verbotene Analogie zum Nachteil des Täters sein.

---

638 *Hruschka, StrafR, S. 346*

Zweitens fallen die schuldhafte Berauschung und die spätere schuldlose Tatbegehung zeitlich auseinander. Mithin scheint das Koinzidenzprinzip des § 20 StGB, das schuldhaftes Handeln „bei Begehung der Tat" verlangt, verletzt zu sein. § 20 StGB

611 Aus diesen Gründen wird die Rechtsfigur der a.l.i.c. von einer Auffassung (hier sog. **Unvereinbarkeitstheorie**) grundsätzlich als Verstoß gegen § 20 StGB und als verbotene Analogie abgelehnt.[639] Unvereinbarkeitstheorie

Wegen der erheblichen Privilegierung, die derjenige Täter, der sich gezielt berauscht, um Straftaten zu begehen nach der Unvereinbarkeitstheorie genießt, halten andere Meinungen die a.l.i.c. mit unterschiedlichen Begründungen und in unterschiedlichem Umfang mit dem geltenden Recht für vereinbar.

612 Nach einer Auffassung ist die a.l.i.c. eine gewohnheitsrechtlich anerkannte Ausnahme vom Koinzidenzprinzip. Somit müssten ausnahmsweise Tatbegehung und Schuld nicht im gleichen Zeitpunkt vorliegen. Vielmehr genüge es, dass sich der Täter schuldhaft berauscht habe, um im Zustand der Schuldunfähigkeit die später tatsächlich begangene Tat zu begehen.[640] Gegen das **Ausnahmemodell** spricht jedoch, dass der nach wie vor heftig geführte Streit um die Anerkennung der a.l.i.c. gerade gegen deren gewohnheitsrechtliche Anerkennung spricht. Im Übrigen verstößt strafbegründendes Gewohnheitsrecht gegen das Analogieverbot. Ausnahmemodell

613 Von einer anderen Auffassung wird der gesamte Unrechtstatbestand auf den Zeitpunkt der schuldhaften Berauschung vorverlagert und dadurch die zeitliche Koinzidenz zwischen Tathandlung und Schuldvorwurf wieder hergestellt. Nach diesem sog. **Tatbestandsmodell** sei das Herbeiführen des Defektzustandes das erste Glied einer Kausalkette, die zur Tatbestandsverwirklichung führe und daher deren Beginn darstelle. Anknüpfungspunkt des Schuldvorwurfs sei bereits derjenige Akt, durch den sich der Täter in den Defektzustand und damit in die Lage versetzt habe, eine Straftat im Zustand der Schuldunfähigkeit zu begehen.[641] Beim so beschriebenen Tatbeginn sei die Schuldfähigkeit des Täters (noch) gegeben, womit dem Prinzip der Tatzeit-Schuld-Koinzidenz Rechnung getragen werde.[642] Tatbestandsmodell

614 Der BGH hat inzwischen die Anwendbarkeit des Tatbestandsmodells beschränkt und bei verhaltensgebunden Delikten wie z.B. den §§ 315c und 316 StGB sowie § 21 StVG die a.l.i.c. grundsätzlich abgelehnt.[643] Dies hat der BGH damit begründet, dass z.B. § 316 StGB das Führen eines Fahrzeugs im Straßenverkehr verlange. Dieses Führen des Fahrzeugs könne jedoch nicht in der Tathandlung des Berauschens erblickt werden. Anders ausgedrückt: Wer sich betrinkt, der führt dadurch noch kein Fahrzeug im Straßenverkehr. Deshalb könne das Berauschen tatbestandlich nicht an die Stelle des Führens des Fahrzeugs treten. Beim reinen vorsätzlichen Erfolgsdelikt soll die Rechtsfigur der a.l.i.c. jedoch weiterhin anwendbar sein. Beim reinen Erfolgsdelikt genüge es, wenn der Täter in verantwortlichem Zustand eine Kausalkette in BGH: modifiziertes Tatbestandsmodell

639 *Bott/Krell, ZJS 2010, 694, 697, 699 Hettinger, GA 1989, 1, 13 ff.; Hruschka, JZ 1997, 22, 24; Klesczewski/Hawickhorst, JA 2013, 589, 592; Rönnau, JuS 2000, L 28, L 30; Schweinberger, JuS 2006, 507, 511; 1998, 191, 191*

640 *Jescheck/Weigend, AT, § 40 VI 1, Kühl, AT, § 11 Rn 18; Otto, JURA 1986, 426, 429 ff.*

641 *BGHSt 21, 381, 381 f.; Rengier, AT, § 25 Rn 15; Ellbogen, JURA 1998, 483, 486; Hirsch, NStZ 1997, 230, 230 f.; Krell, ZJS 2010, 640, 644*

642 *Streng, ZStW 101 (1989), 273, 310 ff.*

643 *BGHSt 42, 235, 237 ff.*

Gang setze, die in den deliktischen Erfolg münde.[644] Es bietet sich an, insofern vom „**modifizierten Tatbestandsmodell**" zu sprechen.

615 **MERKSATZ**

Nach der Rechtsprechung des BGH ist die a.l.i.c. beim Vorsatzdelikt nur noch bei Erfolgsdelikten begründbar. Bei sog. „verhaltensgebundenen" Delikten (v.a. bei eigenhändigen Delikten) scheidet die a.l.i.c. aus. Es bleibt bei einer Bestrafung wegen vorsätzlichen Vollrausches gem. § 323a StGB.

Rechtsmissbrauch

616 Für das Tatbestandsmodell spricht der Gedanke des Rechtsmissbrauchs. Weil der Täter sich bewusst um seine Schuldfähigkeit bringt, fällt es schwer, ihn hieraus noch den Vorteil der milden Strafe des § 323a StGB ziehen zu lassen. Gegen das Tatbestandsmodell spricht jedoch generell, dass die Vorverlagerung des Tatbestandes auf den Zeitpunkt der Berauschung zu Brüchen und Verwerfungen an anderen Stellen des dogmatischen Systems führt. Diese zeigen sich vor allem im Bereich des Versuchs.[645]

Modell der mittelbaren Täterschaft

617 Als Unterform des Tatbestandsmodells gilt das Modell der mittelbaren Täterschaft, wonach der Täter sich zu seinem eigenen schuldlos handelnden Werkzeug mache, durch welches er die spätere Tat begehe.[646] Nach diesem Modell können eigenhändige Delikte, bei denen eine Tatbegehung in mittelbarer Täterschaft ausscheidet, nicht von der a.l.i.c. erfasst werden.[647]

Gegen das Modell der mittelbaren Täterschaft spricht schon der Wortlaut des § 25 I 2. Fall StGB. Hiernach begeht der mittelbare Täter die Tat „durch einen anderen". Der schuldunfähige Täter ist jedoch für sich selbst kein „anderer", sondern immer noch die gleiche Person.[648]

618 **KLAUSURHINWEIS**

Stets ist mit der Prüfung des im berauschten Zustand begangenen Delikts zu beginnen. Nach Bejahung von Tatbestandsmäßigkeit und Rechtswidrigkeit ist in der Schuld darzulegen, dass die Voraussetzungen des § 20 StGB vorliegen, der Täter also schon zum Zeitpunkt des unmittelbaren Ansetzens zur Tatbestandsverwirklichung schuldunfähig war. Teilweise wird empfohlen, nunmehr direkt die Frage aufzuwerfen, ob das Ausnahmemodell dazu führe, dass die Schuldunfähigkeit den Täter ausnahmsweise nicht entlaste. Wer dem Ausnahmemodell folge, könne die Prüfung beenden, wer es ablehne müsse eine erneute Prüfung unter Zugrundelegung des Tatbestandsmodells beginnen. Dabei sei erneut die Tatbestandsmäßigkeit zu prüfen, wobei der Tatbeginn auf den Zeitpunkt der Berauschung zu legen sei. Wer auch das Tatbestandsmodell ablehne habe schließlich die Voraussetzungen des § 323a StGB zu prüfen.[649]

---

644 *BGH, NStZ 2000, 584, 585; dieser Differenzierung zustimmend z.B. Joecks/Jäger, StGB, § 323a Rn 35; Heinrich, AT, Rn 603; Kudlich, JuS 2008, 703, 708; Satzger, JURA 2006, 513, 515; z.T. auch Roxin, AT I, § 20 Rn 62*

645 *Schweinberger, JuS 2006, 507, 507; hierzu Näheres im Kapitel „Versuch" bei Rn 994 und 1113*

646 *Joecks/Jäger, StGB, § 323a Rn 33; Roxin, AT I, § 20 Rn 60 ff.; Puppe, JuS 1980, 346, 348 f.*

647 *Satzger, JURA 2006, 513, 515 f.*

648 *Näheres bei Rönnau, JuS 2010, 300, 302; Safferling, JA 2007, 183, 185*

649 *Kindhäuser, StGB, § 20 Rn 36*

Dieses Vorgehen führt jedoch dazu, dass die a.l.i.c. im Gutachten auseinandergerissen wird. Vor allem kann ein Vertreter des Ausnahmemodells nicht mehr auf das Tatbestandsmodell eingehen, was einen schweren Mangel in der Klausur darstellen würde. Deshalb wird eine einheitliche Darstellung des Problems empfohlen. Nach der Feststellung der Schuldunfähigkeit des Täters gem. § 20 StGB sollte also mit der Prüfung eines neuen Tatbestands begonnen werden. Ein entsprechender Obersatz könnte z.B. lauten: „Indem sich T betrunken hat, um seinen Feind F zu erschießen und diesen später im Zustand der Schuldunfähigkeit auch erschossen hat, könnte er sich wegen Totschlags in Verbindung mit den Grundsätzen der a.l.i.c. strafbar gemacht haben." Nunmehr ist im Tatbestand die Frage zu klären, ob die Rechtsfigur der a.l.i.c. überhaupt anzuerkennen ist. Wer die a.l.i.c. für verfassungswidrig hält, hat danach § 323a StGB zu prüfen.[650]

b) Die a.l.i.c. und das Fahrlässigkeitsdelikt

Es stellt sich die Frage, ob und in welchem Umfang die obigen Überlegungen auf die **619**
Fahrlässigkeitsdelikte übertragbar sind.

Berauschung als Sorgfaltspflichtverstoß

Nachdem der BGH früher eine fahrlässige a.l.i.c. als möglich angesehen hat, hat er sich in seiner jüngeren Rechtsprechung jedoch der Auffassung angeschlossen, die hier den Rückgriff auf die Rechtsfigur der a.l.i.c. für überflüssig hält.[651] Dem Täter könne schon wegen seiner Berauschung an sich ein Sorgfaltspflichtverstoß angelastet werden.

Die Vorverlagerung des Sorgfaltspflichtverstoßes auf ein der „eigentlichen" Verlet- **620**
zungshandlung vorgelagertes Verhalten ist typisch für das Fahrlässigkeitsdelikt.[652] Dem durch einen Sekundenschlaf einen Unfall verursachenden Kraftfahrer, der im Zeitpunkt des Unfalls durch den Schlaf nicht handelt, wird vorgeworfen, die Fahrt trotz Ermüdungserscheinungen fortgesetzt zu haben.[653] Einem Epileptiker, der trotz seines Leidens am Straßenverkehr teilnimmt und bei einem Anfall einen tödlichen Unfall verursacht, wird vorgeworfen, die Fahrt überhaupt angetreten zu haben.[654] Im **„Schrotflinten-Fall"**[655] wurde dem sich in schuldhaft provozierter Notwehr verteidigenden Täter vorgeworfen, selbst den ersten Angriff begonnen zu haben. Insoweit fügt sich auch diese Rechtsprechung des BGH zur Überflüssigkeit der fahrlässigen a.l.i.c. ins Bild.

BEISPIEL: A fährt mit dem Wagen in seine Stammkneipe. Wissend, dass er auch für die **621**
Rückfahrt sein Auto benötigt, trinkt er kräftig. Im alkoholbedingt schuldunfähigen Zustand steigt A schließlich ins Auto, verliert die Kontrolle über den Wagen und tötet den Fußgänger F.

Wer weiß, dass er noch Auto fahren muss, und sich dennoch betrinkt, handelt hinsichtlich eines vorhersehbaren späteren Kontrollverlustes über das Fahrzeug und daraus resultierender Verletzungen oder gar Tötungen anderer Verkehrsteilnehmer sorgfaltspflichtwidrig. A hat sich im Beispiel wegen fahrlässiger Tötung, § 222 StGB, strafbar gemacht.

---

650 *Schweinberger, JuS 2007, 507, 507*

651 *BGHSt 42, 235, 236 f.; ebenso Heinrich, AT, Rn 612 -614; Satzger, JK 2/07, StGB § 222/6*

652 *Satzger, JK 2/07, StGB § 222/6; Satzger, JURA 2006, 513, 516*

653 *BGHSt 23, 156, 165 ff.*

654 *BGHSt 40, 341, 343*

655 *BGH, NStZ 2001, 143, vgl. zur „actio illicita in causa" bei Rn 433 und 447*

622 **MERKSATZ**

Nach der Rechtsprechung des BGH ist die a.l.i.c. somit bei fahrlässigen Erfolgsdelikten überflüssig. Bei sog. „**verhaltensgebundenen**" **Delikten** (v.a. bei eigenhändigen Delikten) scheidet die a.l.i.c. aus. Es bleibt bei einer Bestrafung wegen fahrlässigen Vollrausches gem. § 323a StGB.

c) Erscheinungsformen der a.l.i.c.

623 Die (vorsätzliche) a.l.i.c. kommt nur in Betracht, wenn der Täter sich vorsätzlich berauscht und mit Vorsatz bezüglich der späteren Tat handelt, die er schließlich im Zustand der Schuldunfähigkeit auch vorsätzlich begeht. Handelt der Täter auch nur bzgl. eines dieser Elemente fahrlässig, kommt nur eine Bestrafung aus dem Fahrlässigkeitsdelikt oder aus § 323a StGB in Betracht.[656]

d) Folgeprobleme des Tatbestandsmodells

Error in persona/ a.l.i.c.-Versuch

624 Das herrschende Tatbestandsmodell führt durch die Vorverlagerung der Tathandlung in den Bereich des Berauschens zu „tatbestandsmodell-internen" und examensrelevanten Folgeproblemen. Es sind dies die Personenverwechslung (error in persona) im Zeitpunkt der Tatbegehung, die Frage nach dem Zeitpunkt des unmittelbaren Ansetzens zum a.l.i.c.-Versuch und die Frage nach dem Rücktritt vom a.l.i.c.-Versuch. Diese Probleme werden im Bereich der Irrtumslehre[657] bzw. des Versuchs[658] behandelt, weil sie ohne Grundwissen in diesen Bereichen nicht verstanden werden können.

625 **KLAUSURHINWEIS**

Sollte einer dieser Problembereiche in der Klausur auftauchen, muss er inhaltlich bearbeitet werden. Deshalb wäre die generelle Ablehnung des Tatbestandsmodells klausurtaktisch falsch. In diesem Fall sollte deshalb dem Tatbestandsmodell in seiner durch den BGH modifizierten Form mit dem Argument des Rechtsmissbrauchs gefolgt werden.[659]

II. SPEZIELLE SCHULDMERKMALE

626 Neben den eigentlichen Tatbestandsmerkmalen enthalten einige Straftatbestände auch spezielle Anforderungen an die psychische Einstellung des Täters zu seiner Tat. Oft werden die entsprechenden Umstände von vorneherein als Teil des Tatbestandes oder als Strafausschließungsgründe qualifiziert. Die Einordnung als selbstständiges Element der Schuld wird damit überflüssig. Derartige spezielle Schuldmerkmale sind im StGB sehr selten. Keine speziellen Schuldmerkmale, sondern Merkmale des subjektiven Tatbestands, sind die subjektiven Mordmerkmale der 1. und 3. Gruppe des § 211 II StGB.[660]

---

656 *Heinrich, AT, Rn 608 - 612 (mit Beispielsfällen)*

657 *Zum error in persona bei der a.l.i.c. ab Rn 784*

658 *Zum unmittelbaren Ansetzen beim a.l.i.c.-Versuch ab Rn 994, zum Rücktritt ab Rn 1113*

659 *Schweinberger, JuS 2006, 507, 511*

660 *BGHSt 1, 368, 370; Joecks/Jäger, StGB, § 211 Rn 11; Heinrich, AT, Rn 260; Wessels/Beulke/Satzger, AT, Rn 675; a.A. S/S-Eser, StGB, § 211 Rn 6*

III. DIE SCHULDFORM

Vorsatz und Fahrlässigkeit erfüllen eine Doppelfunktion. Sie sind zunächst Elemente des Tatbestands. Dort kennzeichnen sie die subjektive Beziehung des Täters zu seiner tatbestandsmäßigen Handlung. Da Vorsatz und Fahrlässigkeit aber auch den Grad an tadelnswerter Gesinnung kennzeichnen, bilden sie gleichzeitig zwei unterschiedlich hohe Schuldstufen. 627

Doppelfunktion von Vorsatz und Fahrlässigkeit

MERKSATZ 628

Das Vorsatzdelikt verlangt Vorsatzschuld. Beim Fahrlässigkeitsdelikt genügt Fahrlässigkeitsschuld.

DEFINITION 629

Vorsatzschuld ist die gleichgültige oder gar rechtsfeindliche Einstellung des Täters gegenüber den Verhaltensnormen des Rechts.[661]

KLAUSURHINWEIS 630

Die schwer wiegende Vorsatzschuld wird allein durch die vorsätzliche Begehung der Tat indiziert. Sie muss in der Klausur nicht gesondert erwähnt werden. Anders ist dies nur im Fall des Irrtums über Rechtfertigungsgründe.

DEFINITION 631

Die **Fahrlässigkeitsschuld** im Rahmen des Fahrlässigkeitsdelikts wird durch die nachlässige oder sorglose Einstellung des Täters gegenüber den Sorgfaltsanforderungen der Rechtsordnung gekennzeichnet.[662]

Die im Vergleich zur Vorsatzschuld geringere Fahrlässigkeitsschuld knüpft somit an die individuellen Fähigkeiten des Täters an. Insoweit wird ein anderer Maßstab zugrunde gelegt als im Tatbestand des Fahrlässigkeitsdelikts, bei dem es auf die von einem Durchschnittsmenschen geforderte Sorgfalt ankommt.[663] Aus diesem Grund muss die Fahrlässigkeitsschuld im Gutachten stets mit einem Satz erwähnt werden. 632

KLAUSURHINWEIS 633

Formulierungsbeispiel für die Bejahung der Fahrlässigkeitsschuld beim Fahrlässigkeitsdelikt: „Der Täter war auch subjektiv in der Lage, die an ihn zu stellenden Sorgfaltsanforderungen zu erfüllen und den drohenden Erfolgseintritt vorherzusehen."

661 *Wessels/Beulke/Satzger, AT, Rn 678*
662 *Wessels/Beulke/Satzger, AT, Rn 678*
663 *Näher hierzu im Skript Strafrecht AT II im Kapitel „Tatbestand des fahrlässigen Begehungsdelikts"*

IV. DAS UNRECHTSBEWUSSTSEIN

Schuldelement

634 „Fehlt dem Täter bei Begehung der Tat die Einsicht, Unrecht zu tun, so handelt er ohne Schuld, wenn er diesen Irrtum nicht vermeiden konnte." So steht es in § 17 S. 1 StGB. Hieraus ist abzuleiten, dass das Unrechtsbewusstsein (die „**Einsicht, Unrecht zu tun**") ein weiteres Element der Schuld ist.[664]

Sachgedankliches Mitbewusstsein

635 Der Täter muss also wissen, dass er etwas rechtlich Verbotenes tut. Dabei wird keine genaue Kenntnis des Täters von der Strafnorm oder ihrer Rechtsfolge verlangt. Vielmehr genügt es, dass der Täter „an sich" das Verbotensein seines Handelns kennt. Das kann auch dann der Fall sein, wenn der Täter im Zeitpunkt der Tat nicht ausdrücklich an das Unrecht denkt. Entscheidend ist, dass der Täter vom Unrecht seines Tuns in der Art weiß, dass er dieses Wissen ohne besondere Erinnerungsleistung jederzeit aktualisieren könnte (sog. „**sachgedankliches Mitbewusstsein**").[665] Ein nur **potenzielles Unrechtsbewusstsein** genügt demgegenüber nicht, führt aber in der Regel dazu, dass der dann vorliegende Verbotsirrtum vermeidbar ist.[666]

Teilbarkeit

636 Das Unrechtsbewusstsein muss sich auf die Qualität des begangenen Unrechts beziehen. Es genügt nicht, dass der Täter bei der Tat ein „schlechtes Gewissen" hat. Das Unrechtsbewusstsein kann folglich nicht hinsichtlich einer gesamten prozessualen Tat, also eines einheitlichen Lebenssachverhalts, sondern stets immer nur hinsichtlich eines konkreten Straftatbestands festgestellt werden. Es ist insoweit „teilbar".[667]

Embargo-Fall

BEISPIEL (nach BGH, NStZ-RR 1996, 24, „Embargo-Fall"): A überredete einen Arbeitskollegen dazu, einen von diesem im April 1993 gemieteten Pkw nicht an die Vermieterin zurückzugeben. Dieses Fahrzeug verbrachte A im Mai 1993 nach Serbien und verkaufte es dort, während sein Arbeitskollege das Fahrzeug verabredungsgemäß in Deutschland als gestohlen meldete. Dabei war dem A zwar generell bekannt, dass es zur Tatzeit Embargobestimmungen gegen Serbien gab, er glaubte aber, der von ihm nach Serbien verbrachte Pkw falle nicht darunter.

Das Unrechtsbewusstsein des A bezog sich zweifellos auf den Straftatbestand der Hehlerei, § 259 StGB. Daraus kann jedoch nicht abgeleitet werden, dass er auch hinsichtlich des von ihm verwirklichten § 34 IV AußenwirtschaftsG mit Unrechtsbewusstsein handelte.[668]

Irrtumslehre

Auf das Unrechtsbewusstsein wird im Rahmen der Irrtumslehre ausführlich eingegangen.

V. DIE ENTSCHULDIGUNGSGRÜNDE

Verminderter Unrechts- und Schuldgehalt

637 Bei der Schuldunfähigkeit handelt es sich um einen Schuldausschließungsgrund, der die Schuld des Täters gar nicht erst entstehen lässt. Demgegenüber entsteht bei einem Entschuldigungsgrund zunächst der Schuldvorwurf. Weil der Täter aber in einer seelischen Zwangslage handelt, in der er ein anderes Rechtsgut schützt, übt man Nachsicht und vermindert den Unrechts- und den Schuldgehalt der Tat so weit, dass die Grenze der Strafwürdigkeit nicht mehr erreicht wird. Die Rechtsordnung

664 *S/S-Sternberg-Lieben/Schuster, StGB, § 17 Rn 1*
665 *MK-Joecks, StGB, § 17 Rn 29; S/S-Sternberg-Lieben/Schuster, StGB, § 17 Rn 9*
666 *S/S-Sternberg-Lieben/Schuster, StGB, § 17 Rn 9, 13 ff.*
667 *BGHSt 22, 314, 316; NStZ-RR 1996, 24, 25; S/S-Sternberg-Lieben/Schuster, StGB, § 17 Rn 8; Gropp, AT, § 13 Rn 45*
668 *BGH, NStZ-RR 1996, 24, 25*

verzichtet auf die Einordnung der Tat als „schuldhaft", da die Tat aufgrund der Konfliktsituation, in welcher der Täter rechtsgutsbewahrend tätig wurde, kein Ausdruck rechtsfeindlicher Gesinnung des Täters ist.[669]

KLAUSURHINWEIS 638
Dieser theoretische Unterschied wirkt sich im Prüfungsschema aus. Zwar sind sowohl die Schuldausschließungsgründe als auch die Entschuldigungsgründe in der Schuld zu prüfen. Jedoch erfolgt die Prüfung der Schuldfähigkeit aus genannten Gründen vor derjenigen eines Entschuldigungsgrundes.[670]

1. Der Notwehrexzess, § 33 StGB

§ 33 StGB bestimmt, dass ein Täter, der die Grenzen der Notwehr aus Verwirrung, 639 Entschuldigungsgrund
Furcht oder Schrecken überschreitet, „nicht bestraft" wird. Trotz dieser etwas unklaren Rechtsfolgenanordnung sieht die h.M. in § 33 StGB einen Entschuldigungsgrund.[671] Der Grund für diese Entschuldigung liegt in einer doppelten Minderung der Vorwerfbarkeit der Tat. (Minderung von Unrecht und Schuld) Zunächst ist das Unrecht selbst gemindert, weil zumindest im Grunde eine berechtigte Reaktion auf einen Angriff vorliegt. Weiterhin ist auch die Schuld gemindert, weil wegen Verwirrung, Furcht oder Schreckens die Möglichkeit normgemäßen Verhaltens des Opfers eingeschränkt ist. Vor diesem Hintergrund ist Strafe weder aus general- noch aus spezialpräventiven Gründen nötig.[672]

KLAUSURHINWEIS 640
Dies ist im Gutachten nicht zu diskutieren. § 33 StGB ist „kommentarlos" in der Prüfungsebene der Schuld zu prüfen.

a) Prüfungsschema

PRÜFUNGSSCHEMA

I. Tatbestand (+)
II. Rechtswidrigkeit, Notwehr, § 32 StGB ? 641
- **1. Notwehrlage (+)**
- **2. Notwehrhandlung**
  - **a) Eignung (+)**
  - **b) Erforderlichkeit oder Gebotenheit (-), also keine Rechtfertigung nach § 32 StGB**

III. Schuld, § 33 StGB
- **1. Notwehrexzess aus den Motiven des § 33 StGB heraus (+)**
- **2. Verteidigungswille**

KLAUSURHINWEIS 642
§ 33 StGB ersetzt auf Schuldebene nicht das Fehlen des Verteidigungswillens. Dessen Prüfung ist also im Rahmen des § 33 StGB nachzuholen.[673]

---

669 *S/S-Sternberg-Lieben, StGB, Vorbem §§ 32 ff Rn 108; Heinrich, AT, Rn 562 f.; Kühl, AT, § 12 Rn 2 f.*
670 *Heinrich, AT, Rn 1476*
671 *BGHSt 39, 133, 133 ff.; 3, 194, 197; Heinrich, AT, Rn 582*
672 *Geppert, JURA 2007, 33, 38*
673 *BGH, NStZ 2016, 333, 334; NJW 2013, 2133, 2136*

b) Asthenischer Affekt

Asthenischer Affekt

643 § 33 StGB erfasst nur die sog. asthenischen[674] Affekte Verwirrung, Furcht und Schrecken, die im Gegensatz zu den sthenischen Affekten (z.B. Wut, Rachsucht, Zorn, Empörung) auf menschlicher Schwäche beruhen.[675]

644 Wegen der weit reichenden Rechtsfolge des § 33 StGB (Schuldausschluss) ist ein durch den asthenischen Affekt eingetretener Störungsgrad zu verlangen, bei dem die Fähigkeit des Beschuldigten, das Geschehen richtig zu beurteilen, erheblich beeinträchtigt ist.[676] Dabei müssen die asthenischen Affekte zwar nicht dominant, aber jedenfalls mitbestimmend gewesen sein.[677]

c) Intensiver Notwehrexzess

645 Unstreitig findet § 33 StGB Anwendung auf die Fälle, in denen sich der Täter intensiver verteidigt, als dies erforderlich gewesen wäre. Man spricht insofern von einem intensiven Notwehrexzess.

BEISPIEL (nach BGH, NStZ 1987, 172): A ertappt auf seinem Firmengelände einen Einbrecher. Als dieser auf den Ruf „Halt, oder ich schieße!" nicht reagiert und flüchtet, verfolgt ihn A. Als der flüchtende Einbrecher eingeholt zu werden droht, wendet er sich um und geht – einen rohrähnlichen Gegenstand in der Hand – drohend auf A zu. Dieser schießt sofort in panischer Angst auf die Brust des Angreifers und verletzt ihn tödlich.

A ist nicht durch Notwehr, § 32 StGB, gerechtfertigt, weil der sofort tödliche Schuss nicht erforderlich war.[678] Dennoch wird A wegen des asthenischen Affekts der Furcht durch § 33 StGB entschuldigt.

Putativnotwehrexzess

646 Anders ist dies im Sonderfall des sog. „**Putativnotwehrexzesses**", wenn der Täter sich bloß irrig vorstellt, angegriffen zu sein und im Rahmen seiner Verteidigung dann auch noch die Grenzen der Notwehr überschreitet. Im Grundsatz wird eine analoge Anwendung des § 33 StGB auf derartige Fälle abgelehnt, da in diesem Fall die für § 33 StGB charakteristische Minderung des Unrechts fehlt.[679] Eine analoge Anwendung wird nur befürwortet, wenn der Betroffene den Irrtum des Täters z.B. durch einen „üblen Scherz" selbst verursacht hat.[680] Vereinzelt wird § 35 StGB analog angewendet.[681]

d) Extensiver Notwehrexzess

Überschreitung der zeitlichen Grenzen der Notwehr

647 Problematisch ist, ob § 33 StGB auch auf die Überschreitung der zeitlichen Grenzen der Notwehr (sog. extensiver Notwehrexzess) anwendbar ist. Hierbei ist zwischen dem nachzeitigen und dem vorzeitigen extensiven Notwehrexzess zu unterscheiden.

aa) Nachzeitiger extensiver Notwehrexzess

648 Ein nachzeitiger extensiver Notwehrexzess liegt vor, wenn der Täter sich gegen einen Angriff noch „verteidigt", nachdem dieser bereits abgeschlossen ist.

---

674 *sthenisch (med.) = vollkräftig, kraftvoll; asthenisch = geringe Spannkraft, Gefühl von Schwäche*
675 *Geppert, JURA 2007, 33, 38*
676 *BGH, NStZ 1995, 76, 77; Geppert, JURA 2007, 33, 38*
677 *Geppert, JURA 2007, 33, 38*
678 *Zur Erforderlichkeit beim Schusswaffeneinsatz ausführlich im Kapitel „Rechtswidrigkeit" Rn 407*
679 *BGH, NStZ-RR 2002, 203, 204*
680 *MK-Erb, StGB, § 33 Rn 18; Roxin, AT I, § 22 Rn 96*
681 *Bachmann, JA 2009, 510, 511 f.; vgl. auch Sauren, JURA 1988, 567, 572 f.*

Nach herrschender Ansicht ist § 33 StGB auf den extensiven Notwehrexzess grundsätzlich nicht anwendbar.[682] Eine Überschreitung der Grenzen der Notwehr sei nach dem Wortlaut nur möglich, wenn überhaupt eine Notwehrlage vorhanden sei. Fehle es an einem gegenwärtigen rechtswidrigen Angriff, so fehle es auch an der von § 33 StGB vorausgesetzten Unrechtsminderung, weshalb die Straffreiheit ausscheide. 649

Auslegungsproblem: Grenzen der Notwehr

Nach anderer Auffassung findet § 33 StGB zumindest auf den nachzeitigen extensiven Notwehrexzess Anwendung.[683] Angesichts des engen zeitlichen Zusammenhangs zwischen Noch- und Nicht-mehr-Angriff sei es mehr als verständlich, dass der Notwehrtäter über das erlaubte Maß der Verteidigung hinausgehe. Die psychische Ausnahmesituation sei jeweils die gleiche. Auch spreche der Wortlaut des § 33 StGB nicht gegen diese Auslegung, da der Täter die zeitlichen „Grenzen der Notwehr" überschreite. 650

BEISPIEL (nach BGH, NStZ 2002, 141): A fürchtete die Rache des B und fürchtete dabei auch um sein Leben. Er wusste, dass B eine Schusswaffe besaß. Als B im Rahmen einer eskalierenden Prügelei in seine Jackentasche griff, wo sich die Schusswaffe befand, zog A sein Messer und stieß es mit bedingtem Tötungsvorsatz B in den Oberkörper. Als B schon schwer verletzt am Boden lag und sich in keiner Weise mehr wehren konnte, fürchtete A noch immer um sein Leben und stach noch mehrfach auf B ein. B überlebte.

Der erste Stich war erforderlich und ist durch Notwehr, § 32 StGB, gerechtfertigt. Problematisch sind nur die weiteren Stiche, da zu diesem Zeitpunkt von dem am Boden liegenden B kein Angriff mehr ausging. Nach der h.M. scheidet in diesem Fall § 33 StGB aus.

bb) Vorzeitiger extensiver Notwehrexzess

Innerhalb der M.M., die § 33 StGB auf den nachzeitigen extensiven Notwehrexzess anwenden will, ist streitig, ob § 33 StGB auch für den vorzeitigen extensiven Notwehrexzess gilt. 651

Richtiger Ansicht nach findet § 33 StGB auf den vorzeitig intensiven Notwehrexzess keine Anwendung. Hier fehlt die für die Entschuldigung notwendige partielle Unrechtsminderung völlig und von Anfang an, weil es schon am rechtswidrigen Angriff fehlt. Auch vom Wortlaut her setzt eine Überschreitung der Notwehr voraus, dass der Täter zu irgendeinem Zeitpunkt ein Notwehrrecht besaß, woran es beim vorzeitigen Notwehrexzess gerade fehlt. Der (noch nicht) Angegriffene findet durch die auf eine bloß gegenwärtige Gefahr abstellenden Notstandsregeln der §§ 34 und 35 StGB hinreichenden Schutz.[684] 652

H.M.: Nur Notstand

BEISPIEL: T hat glaubhaft angekündigt, er werde den körperlich weit unterlegenen O in einer Stunde verprügeln, wisse aber noch nicht womit. Grübelnd betrachtet T seinen Schlüsselbund und seinen Schlagring. O greift panisch vor Angst zur Waffe und schießt T in die Beine. 653

---

682 RGSt 21, 189, 191; BGHSt 39, 133, 138; Gropp, AT, § 7 Rn 84 ff.; Jescheck/Weigend, AT, § 45 II 4

683 S/S-Perron/Eisele, StGB, § 33 Rn 7; Heinrich, AT, Rn 587; Roxin, AT I, § 22 Rn 88; Beulke, JURA 1988, 641, 643; Geppert, JURA 2007, 33, 38

684 Heinrich, AT, Rn 587; Beulke, JURA 1988, 641, 643; Geppert, JURA 2007, 33, 38 f.; a.A. S/S-Perron/Eisele, StGB, § 33 Rn 7; Roxin, AT I, § 22 Rn 88

Sofern man der Auffassung ist, dass der Angriff des T auf O noch nicht unmittelbar bevorsteht, also noch nicht gegenwärtig ist, scheidet auch eine Anwendung von § 33 StGB nach ganz h.M. aus. In Betracht kommt aber § 34 StGB, der jedoch an der Güterabwägung scheitert. O kann folglich allenfalls gem. § 35 StGB entschuldigt werden, wenn dessen Voraussetzungen vorliegen.

e) Sonderfälle

Bewusster Notwehrexzess

654 Nach h.M. greift § 33 StGB auch im Fall eines **bewussten Notwehrexzesses** ein.[685] Damit sind Fälle gemeint, in denen sich der Täter bewusst ist, dass er das zur Abwehr des Angriffs erforderlich Maß überschreitet. Es kommt nach dem Wortlaut nicht darauf an, dass die in § 33 StGB aufgeführten Affekte ein Ausmaß erreicht haben, das zu einer wesentlichen Verkennung der tatsächlichen Umstände einer Notwehrsituation führt. Jedoch muss ein gesteigertes Maß an Angst vorliegen, welches die Fähigkeit, das Geschehen richtig zu verarbeiten, erheblich reduziert.[686]

Provozierte Notwehrlage

655 Auch bei **schuldhaft provozierter Notwehrlage**[687] bleibt § 33 StGB anwendbar. Dies folgt schon daraus, dass in § 33 StGB eine dem § 35 I 2 StGB, der auf die Selbstverursachung der Notstandslage abstellt, entsprechende Regelung fehlt.[688] Liegt demgegenüber ein Fall der **Absichtsprovokation** vor, scheidet eine Notwehr mangels gebotener Abwehr aus. Damit entfällt zugleich der Anknüpfungspunkt für § 33 StGB, da es sich bei der (zeitlich vorangehenden) Absichtsprovokation faktisch um einen Fall des vorzeitig extensiven Notwehrexzesses handelt.[689]

2. Der entschuldigende Notstand, § 35 StGB

Geminderter Unrechts- und Schuldgehalt der Tat

656 Im entschuldigenden Notstand, § 35 StGB, befindet sich ein Täter, wenn er eine Straftat begeht, um sich oder einen Angehörigen oder eine ihm nahe stehende Person (sog. „Sympathiepersonen") aus einer gegenwärtigen Gefahr für Leben, Leib oder Freiheit zu befreien. Die Rechtsordnung übt mithin Nachsicht mit demjenigen Täter, der den Selbstschutz bzw. den Schutz seiner „Sympathiepersonen" über die strafrechtlich geschützten Interessen Dritter stellt. Das persönliche Handlungsunrecht wird durch den vom Täter verfolgten Zweck gemindert. Jedoch mindert sich im Rahmen einer „Gesamtbetrachtung" auch das Erfolgsunrecht der Tat um den Wert des Gutes, das der Täter gerettet hat oder zumindest versucht hat, zu retten. Schließlich ist auch der Schuldgehalt der Tat geringer, weil sich der Täter in einer außergewöhnlichen Konfliktsituation befindet, die normgemäßes Verhalten massiv erschwert. Dieser erheblich verringerte Unrechts- und Schuldgehalt der Tat ermöglicht es dem Gesetzgeber, von der Erhebung eines persönlichen Vorwurfes abzusehen.[690]

Vergleich mit § 34 StGB

657 Der entschuldigende Notstand, § 35 StGB, weist einige Parallelen zum rechtfertigenden Notstand, § 34 StGB, auf. So handelt der Täter auch hier zur Abwendung einer gegenwärtigen Gefahr. Gravierende Unterschiede ergeben sich jedoch durch

685 *RGSt 56, 33, 34; 21, 189, 191; BGHSt 39, 133, 139; Roxin, AT I, § 22 Rn 82 f.; Geppert, JURA 2007, 33, 39*
686 *BGH, NStZ 1995, 76, 77; 1989, 474, 475; Theile, JuS 2006, 965, 965 ; a.A. S/S-Perron/Eisele, StGB, § 33 Rn 6*
687 *Zur Notwehrprovokation ausführlich im Kapitel „Rechtswidrigkeit" Rn 234*
688 *BGHSt 39, 133, 139; BGH, NStZ-RR 2009, 70, 71; Roxin, AT I, § 22 Rn 93; Geppert, JURA 2007, 33, 39*
689 *Geppert, JURA 2007, 33, 39*
690 *S/S-Sternberg-Lieben, StGB, Vorbem §§ 32 ff. Rn 111; Rönnau, JuS 2016, 786, 788*

die abschließende Aufzählung der geschützten Rechtsgüter, die fehlende Güterabwägung und die Beschränkung des zu schützenden Personenkreises. Weiterhin führt die Tatsache, dass § 35 StGB bloß ein Entschuldigungsgrund ist dazu, dass die Tat teilnahmefähig, §§ 26, 27 StGB, ist und dem von der Notstandshandlung Betroffenen das Recht zur Notwehr zusteht.

a) Prüfungsschema

PRÜFUNGSSCHEMA

658

I. Objektive Voraussetzungen
  1. Notstandslage
    a) Gefahr für ein notstandsfähiges Rechtsgut
    b) Gefahr für Täter selbst oder „Sympathieperson"
    c) Gegenwärtigkeit
  2. Notstandshandlung
    a) geeignet und erforderlich („nicht anders abwendbar")
    b) Verhältnismäßigkeit
    c) Besondere Hinnahmepflichten (§ 35 I 2 StGB)
II. Subjektive Voraussetzungen (Notstandswille)

b) Notstandslage

Eine Notstandslage i.S.d. § 35 StGB ist bei einer gegenwärtigen Gefahr für Leben, **659** Gegenwärtige Gefahr
Leib oder Freiheit gegeben. Dabei kann hinsichtlich der gegenwärtigen Gefahr auf die Definitionen aus § 34 StGB zurückgegriffen werden.[691]

DEFINITION **660**

Eine **Gefahr** liegt vor, wenn die tatsächlichen Umstände den Eintritt eines Schadens als wahrscheinlich erscheinen lassen.[692]

Eine **gegenwärtige** Gefahr ist ein Zustand, dessen Weiterentwicklung den Ein- **661**
tritt oder die Intensivierung eines Schadens ernstlich befürchten lässt, wenn nicht alsbald Gegenmaßnahmen ergriffen werden.[693]

Im Unterschied zu § 34 StGB ist die Aufzählung der in § 35 StGB genannten Rechts- **662**
güter abschließend. Nur diese Rechtsgüter machen die physische Existenz des Menschen aus oder sind für diese zumindest von elementarer Bedeutung.[694]

Leben meint die physische Existenz des Menschen. Teilweise wird hierunter auch das **663** Leben
werdende Leben verstanden.[695]

Mit Leib ist die leibliche Unversehrtheit gemeint, nicht die geistig-seelische. Wie **664** Leib
die Gleichstellung mit dem Rechtsgut Leben zeigt, reicht nicht jede drohende einfache Körperverletzung aus. Vielmehr kann nur eine drohende schwerwiegende

691 *Roxin, AT I, § 22 Rn 15; Rönnau, JuS 2016, 786, 788*
692 *Kühl, AT, § 8 Rn 38; Kretschmer, JURA 2005, 662, 662 f.*
693 *RGSt 66, 222, 225; BGHSt 5, 371, 373; Heinrich, AT, Rn 412; Wessels/Beulke/Satzger, AT, Rn 463*
694 *S/S-Perron, StGB, § 35 Rn 4; Rönnau, JuS 2016, 786, 788*
695 *S/S-Perron, StGB, § 35 Rn 5; a.A. Roxin, JA 1990, 97, 100*

Beeinträchtigung der körperlichen Unversehrtheit zu einer Entschuldigung nach § 35 I StGB führen.[696]

Freiheit

665 Unter der Freiheit ist nach h.M. nur die körperliche Fortbewegungsfreiheit i.S.d. Schutzbereichs der Freiheitsberaubung, § 239 StGB, und nicht etwa die allgemeine Handlungsfreiheit i.S.d. Schutzbereichs der Nötigung, § 240 StGB, zu verstehen.[697] Folglich ist nach h.M. auch die sexuelle Selbstbestimmungsfreiheit nicht geschützt.[698]

Sympathieperson

666 Schließlich liegt der besondere, zur Entschuldigung führende, Motivationsdruck des Täters nur vor, wenn die Gefahr ihm selbst oder einem Angehörigen oder einer ihm sonst nahestehenden Person droht, sog. „Sympathieperson". Wer Angehöriger ist, bestimmt sich nach § 11 Nr. 1 StGB. Ob der Angehörige dem Täter tatsächlich nahe steht, ist dabei unerheblich. Es handelt sich insoweit um eine unwiderlegbare gesetzliche Vermutung.[699] Nahe stehende Personen sind z.B. Lebensgefährten und enge Freunde, jedoch nicht Nachbarn, Bekannte, Sportsfreunde oder Arbeitskollegen.[700]

Objektiver Maßstab

667 Die Voraussetzungen der Notstandslage müssen objektiv vorliegen. Auch wenn ihre bloß subjektive Vorstellung beim Täter die gleiche innere Zwangslage auslöst, liegt in diesem Fall bloß ein Irrtum i.S.d. § 35 II StGB vor.[701]

c) Notstandshandlung

668 Die Notstandshandlung muss die einzige und letzte Möglichkeit der Gefahrenabwehr darstellen. Mithin muss sie zur Abwehr der Gefahr geeignet, erforderlich und verhältnismäßig sein. Weiterhin darf keine besondere Hinnahmepflicht i.S.d. § 35 I 2 StGB bestehen.

aa) Eignung und Erforderlichkeit

669 Hinsichtlich der Eignung und der Erforderlichkeit, die aus dem Merkmal „nicht anders abwendbar" abgeleitet werden, gelten die gleichen Voraussetzungen wie beim rechtfertigenden Notstand, § 34 StGB.[702]

(bb) Verhältnismäßigkeit

Verhältnismäßigkeit

670 Das Merkmal der Verhältnismäßigkeit ist dem Gesetzeswortlaut nicht zu entnehmen. Dennoch darf nach wohl h.M. kein krasses Missverhältnis zwischen der abgewendeten Gefahr und dem angerichteten Schaden vorliegen, da es nicht wie bei der Notwehr um die Verteidigung des Rechts gegen das Unrecht geht.[703] Zum Teil wird dieser Aspekt erst im Rahmen der Zumutbarkeitsklausel des § 35 I 2 StGB berücksichtigt.[704]

671 **KLAUSURHINWEIS**
Die Verortung im Prüfungsschema ist keinesfalls zu thematisieren, weil diese Frage für das Ergebnis völlig ohne Belang ist.

---

696 *S/S-Perron, StGB, § 35 Rn 6/7*
697 *Müller-Christmann, JuS 1995, L 65, L 66; Rönnau, JuS 2016, 786, 788; Schroeder, JuS 1991, 362, 364; a.A. BGH NJW 1979, 2053, 2054 („Spanner-Fall")*
698 *NK-Neumann, StGB, § 35 Rn 17; S/S-Perron, StGB, § 35 Rn 8; a.A. Roxin, AT I, § 22 Rn 28*
699 *Heinrich, AT, Rn 567*
700 *Vgl. die Beispiele bei Kühl, AT, § 12 Rn 38 ff.*
701 *S/S-Perron, StGB, § 35 Rn 3*
702 *S/S-Perron, StGB, § 35 Rn 13; vgl. hierzu im Kapitel „Rechtswidrigkeit" ab Rn 556*
703 *RGSt 66, 397, 399 f.; Heinrich, AT, Rn 571; Jescheck/Weigend, AT, § 44 II 1; Wessels/Beulke/Satzger, AT, Rn 691; Timpe, JuS 1984, 859, 864 f.*
704 *S/S-Perron, StGB, § 35 Rn 33; Kühl, AT, § 12 Rn 87 f.*

Im Unterschied zu § 34 StGB findet jedoch keine Interessenabwägung statt. Es geht einzig um den Ausschluss von Fällen eines krassen Missverhältnisses. Somit können vor allem Fälle, die im Rahmen des § 34 StGB wegen der dort verbotenen Abwägung „Leben gegen Leben“ nicht gerechtfertigt werden können, zumindest über § 35 StGB entschuldigt werden. Hierbei muss es sich jedoch um Extremfälle handeln, in denen das eigene Leben oder das Leben einer sog. „Sympathieperson“ auf dem Spiel steht. Keinesfalls kann die Tötung eines Unbeteiligten mangels Verhältnismäßigkeit entschuldigt werden, um z.B. geringfügige Verletzungen zu vermeiden. **672** Abwägung „Leben gegen Leben“

BEISPIEL 1 („Brett des Karneades“ nach dem griechischen Philosophen Karneades[705]): Zwei Schiffbrüchige halten sich an einer Planke fest. Diese trägt jedoch nicht beide. A stößt B von der Planke, der deshalb ertrinkt. A kann sich mit letzter Kraft retten. **673** Brett des Karneades

Eine Rechtfertigung nach § 34 StGB scheidet aus, da das Leben das A als geschütztes Rechtsgut dasjenige des B als beeinträchtigtes Rechtsgut nicht wesentlich überwiegt. A ist jedoch durch § 35 StGB entschuldigt.[706]

BEISPIEL 2 („Bergsteiger-Fall“ nach Merkel, Kollision (1895), S. 48): Zwei Bergsteiger sind abgestürzt und hängen aneinandergeleint über einer Schlucht. Der unter A hängende B ist bewusstlos. In dieser Lage droht beiden in Kürze der sichere Tod. A kann sich selbst nur retten, wenn er unter sich das Seil kappt. Dies geschieht und A arbeitet sich mit letzter Kraft nach oben. B stürzt in die Schlucht und stirbt. **674** Bergsteiger-Fall

Der Unterschied zu Beispiel 1 liegt darin, dass dort entweder A oder B überleben können, die Rettungschancen also „symmetrisch verteilt“ sind, wohingegen hier das Leben des B ohnehin unrettbar verloren ist. Es geht also beim Bergsteiger-Fall um die Frage, ob ein unrettbares Leben geopfert werden darf, um ein noch zu rettendes Leben zu bewahren. Nach h.M. scheidet auch in diesem Fall eine Abwägung Leben gegen Leben und mithin eine Rechtfertigung über § 34 StGB aus.[707] Eine andere Sichtweise würde die Gefahr in sich bergen, dass das Abwägungsverbot hinsichtlich des Rechtsguts Leben schrittweise erodiert. A ist auch in diesem Fall nur gem. § 35 StGB entschuldigt.

Eine Entschuldigung gem. § 35 StGB scheidet aus, wenn keine Rechtsgüter einer sog. „Sympathieperson“ des Täters geschützt werden, sondern Dritte. In diesem Fall wird jedoch ein übergesetzlicher Schuldausschluss diskutiert.[708] **675**

cc) Besondere Hinnahmepflichten, § 35 I 2 StGB

Gem. § 35 I 2 StGB kann dem Täter in bestimmten Fällen zugemutet werden, die gegenwärtige Gefahr hinzunehmen. Dies kommt in Betracht, wenn der Täter die Gefahr selbst verursacht hat oder wenn er in einem besonderen Rechtsverhältnis mit erhöhten Gefahrtragungspflichten steht. Nicht anwendbar ist § 35 I 2 StGB schon von seinem Wortlaut her („er selbst“) auf den Fall, dass bei Gefährdung einer Sympathieperson dieser aus den genannten Gründen die Hinnahme der Gefahr zumutbar ist.[709] **676**

---

705 *Vgl. Hörnle, JuS 2009, 873, 874; Otto, JURA 2005, 470, 475, Fn 51*

706 *Wessels/Beulke/Satzger, AT, Rn 476; vgl. auch die Fallvarianten bei Otto, JURA 2005, 470, 475 f.*

707 *Kühl, AT, § 8 Rn 154 f.; Roxin, AT I, § 16 Rn 39 f.; Wessels/Beulke/Satzger, AT, Rn 478; a.A. Erb, JuS 2010, 108, 111; Otto, JURA 2005, 470, 476 f.*

708 *Hierzu gleich im Anschluss, Rn 683*

709 *S/S-Perron, StGB, § 35 Rn 20a; a.A. MK-Müssig, StGB, § 35 Rn 57*

Selbstverursachung der Gefahr

677 Im Fall der **Selbstverursachung der Gefahr** genügt es für die Versagung der Entschuldigung nicht, dass die Gefahr vom Täter bloß verursacht wurde. Die bloße Verursachung der Gefahr ist als solche ein Vorgang, der keinerlei Bezug zur Schuld aufweist.

BEISPIEL: Zeuge Z belastet den Angeklagten A vor Gericht durch eine wahrheitsgemäße Aussage. Die Angehörigen des A planen deshalb Racheakte.

In diesem Fall kann dem Z natürlich keine besondere Hinnahmepflicht gem. § 35 I 2 StGB auferlegt werden, bloß weil er die Gefahr durch seine Aussage „verursacht" hat.

678 Hinzukommen müssen vielmehr Umstände, die dem Täter die Hinnahme der Gefahr zumutbar machen. Nur dann ist die Verminderung von Unrecht und Schuld nicht mehr so erheblich, dass auf Bestrafung generell verzichtet werden könnte. Nach einer Ansicht ist dies bereits dann der Fall, wenn dem Täter ein pflichtwidriges Vorverhalten anzulasten ist.[710] Nach anderer Ansicht ist darüber hinausgehend eine schuldhafte Verursachung der Gefahr erforderlich.[711] Schließlich wird darauf abgestellt, ob sich der Täter in eine Gefahr begeben hat, die in vorhersehbarer Weise zur Notstandslage führen konnte.[712]

BEISPIEL (nach BGH, NJW 2000, 3079): Der DDR-Flüchtling D erschießt einen Grenzposten an der Berliner Mauer zur Ermöglichung seiner Flucht in den Westen.

Der BGH versagte D die Berufung auf einen entschuldigenden Notstand gem. § 35 I 2 StGB, weil er sich mit schussbereiter Waffe in Kenntnis aller Risiken in die vorhergesehene Konfliktsituation mit einem bewaffneten Grenzposten begeben hatte.[713]

Gefahrtragungspflichten

679 In Rechtsverhältnissen mit erhöhter Gefahrtragungspflicht stehen typischerweise Polizeibeamte, Soldaten sowie Angehörige der Feuerwehr oder des Bergrettungsdienstes.[714]
Allerdings scheidet die Entschuldigung nur in dem Maße aus, wie die konkrete (berufsspezifische) Gefahrtragungspflicht betroffen ist. Der im Krankenhaus tätige Arzt ist daher zwar verpflichtet, die gesteigerte Infektionsgefahr seiner Tätigkeit auf sich zu nehmen; im Falle eines Krankenhausbrandes darf er aber gleichwohl seinen eigenen Rettungsinteressen nachgehen. Eine Zumutbarkeitsgrenze wird gemeinhin aber auch bei den berufsspezifischen Gefahren dort angenommen, wo Aktivitäten für den Retter den sicheren oder höchstwahrscheinlichen Tod bedeuten würden. Weiterhin sind gesetzliche Duldungspflichten zu beachten.[715]

Gesetzliche Duldungspflichten

BEISPIELE: Wer sich gegen eine Notwehrhandlung wehrt, ist ebenso wenig entschuldigt, wie ein Häftling, der aus dem Gefängnis ausbricht.[716]

---

710 *Gropp, AT, § 7 Rn 79; Wessels/Beulke/Satzger, AT, Rn 693*
711 *OLG Hamm, JZ 1976, 610, 612; S/S-Perron, StGB, § 35 Rn 20; Jescheck/Weigend, AT, § 44 III 2a*
712 *Rengier, AT, § 26 Rn 19*
713 *BGH, NJW 2000, 3079, 3079; a.A. Renzikowski, JR 2001, 469, 471*
714 *Wessels/Beulke/Satzger, AT, Rn 692*
715 *Rönnau, JuS 2016, 786, 790*
716 *Rengier, AT, § 26 Rn 25, 27; Rönnau, JuS 2016, 786, 790*

d) Subjektive Voraussetzungen (Notstandswille)

680 Rettungsabsicht

Subjektiv setzt § 35 I StGB voraus, dass der Täter in Kenntnis der Gefahrenlage und zum Zwecke der Gefahrabwendung handelt.[717] Dies folgt schon aus dem Wortlaut, wonach der Täter handeln muss, „um die Gefahr abzuwenden".

681 Irrtum

Fehlt diese Rettungsabsicht, wird – wenn der tatbestandliche Erfolg eingetreten ist – der Täter wegen Vollendung bestraft.[718] Insofern unterscheidet sich der Fall im Vergleich zum fehlenden subjektiven Rechtfertigungselement: Bei der Rechtswidrigkeit geht es um das Umrecht der Tat, hier (auf der Schuldebene) bloß um den persönlichen Vorwurf.

e) Irrtum über § 35 StGB

682 **Haustyrannen-Fälle**

Geht der Täter irrig davon aus, dass die tatsächlichen Voraussetzungen eines entschuldigenden Notstands vorliegen würden, ist er gem. § 35 II 1 StGB nur entschuldigt, wenn er den Irrtum nicht vermeiden konnte. War der Irrtum vermeidbar, kommt aber zumindest eine Strafmilderung in Betracht, § 35 II 2 StGB.[719]

3. Übergesetzlicher entschuldigender Notstand

683 Leben gegen Leben

In Fallkonstellationen, in denen wegen des Abwägungsverbots **„Leben gegen Leben"** eine Rechtfertigung gem. § 34 StGB ausscheidet und auch eine Entschuldigung gem. § 35 StGB ausscheidet, weil keine „Sympathieperson" betroffen ist, wird über die Anerkennung eines übergesetzlichen entschuldigenden Notstands diskutiert.[720] Dabei geht es um zwei im Grundsatz verwandte, aber doch in einem (u.U. entscheidenden) Punkt unterschiedliche, Sachverhalte.

684

Einerseits werden Fälle diskutiert, in denen es dem Täter gelingt, aus einer Schar Todgeweihter („Morituri")[721] einige Leben zu erhalten, indem er die anderen Leben preisgibt. Andererseits geht es um Fälle, in denen die Rettungschancen „symmetrisch verteilt" sind und der Täter das „Schicksal" auf eine kleinere Gruppe umlenkt, um eine größere Gruppe zu schonen.

685 Unsymmetrische Chancenverteilung

Zu den Fällen **unsymmetrischer Chancenverteilung** gehören die Euthanasie-Fälle und auch die Problematik des Flugzeugabschusses bei einem drohenden Anschlag wie am 11. September.

Euthanasie-Fälle

BEISPIEL 1 („Euthanasie-Fälle" nach BGH, NJW 1953, 513): Ärzte, die im 3. Reich an der Euthanasie von Behinderten mitgewirkt hatten, verteidigten sich später vielfach (in der Sache unwiderlegt) wie folgt: Sie hätten eine gewisse jährliche Todesquote erzielen müssen, um dem Regime nicht aufzufallen und um ihren Posten nicht zu verlieren. Anderenfalls wären an ihre Stelle fanatische Nazis gesetzt worden, die neben den auch von ihnen getöteten Patienten noch eine viel größere Anzahl getötet hätten. Im Ergebnis hätten sie so durch die Tötung weniger das Leben vieler gerettet, wobei das Leben der getöteten Patienten so oder so verwirkt gewesen sei.

717 *Heinrich, AT, Rn 579; Kühl, AT, § 12 Rn 57; Wessels/Beulke/Satzger, AT, Rn 694*

718 *Rengier, AT, § 26 Rn 11*

719 *Näheres im Kapitel „Irrtumslehre" ab Rn 865*

720 *Vertiefend aber gut verständlich Rönnau, JuS 2017, 113 ff.*

721 *Ave, Caesar, morituri te salutant („Heil dir, Caesar, die Todgeweihten grüßen dich!").*

11. September

Hier scheidet neben § 34 StGB (keine Abwägung Leben gegen Leben[722]) auch § 35 StGB aus, weil die Patienten, deren Leben gefährdet war, keine „Sympathiepersonen" i.S.v. § 35 StGB der Ärzte waren. Fraglich ist, ob in einer derartigen Konfliktlage („tragic choise") ein übergesetzlicher entschuldigender Notstand in Betracht kommt. Diese Frage stellt sich auch, wenn ein entführtes Flugzeug abgeschossen wird, bevor es in ein Hochhaus gelenkt wird.[723]

Symmetrische Chancenverteilung

686 Ein Fall symmetrischer Chancenverteilung ist demgegenüber der sog. Weichensteller-Fall.

Weichensteller-Fall

BEISPIEL 2 („Weichensteller-Fall" nach Welzel, ZStW 63 (1951), 54): Bei Gleisbauarbeiten löst sich ein Waggon und rast bergab auf eine Gruppe von 10 Arbeitern zu. A, der an einer Weiche steht, kann in letzter Sekunde die Weiche umstellen. Der Wagen wird so auf ein Nebengleis geleitet, auf welchem sich nur zwei Arbeiter befinden. Beide finden den Tod. Eine Möglichkeit, die Arbeiter zu warnen, hatte A nicht.

Morituri-Argument

687 Wegen des Abwägungsverbots „Leben gegen Leben" scheidet auch hier eine Rechtfertigung gem. § 34 StGB aus. Weiterhin scheidet § 35 StGB ebenfalls aus, weil die geretteten Arbeiter für A keine „Sympathiepersonen" waren. Im Unterschied zu Beispiel 1 hätten in Beispiel 2 die zwei getöteten Arbeiter ohne die Umstellung der Weiche durch A überlebt. Nur „in der Summe" wären auf jeden Fall zwei Personen gestorben. Insofern fällt es zunächst leichter, in den Fällen unsymmetrischer Chancenverteilung für eine übergesetzliche Entschuldigung zu plädieren, weil die konkret betroffenen Personen ohnehin nicht mehr zu retten waren („Morituri-Argument").[724] In Beispiel 2 wird demgegenüber z.T. schon deshalb für eine Strafbarkeit des Täters plädiert, weil er das Schicksal auf bisher Unbeteiligte überwälze und sich folglich zum Herrn über Leben und Tod aufschwinge.[725] Dieser Unterschied im Sachverhalt ändert jedoch nach anderer Auffassung nichts an der seelischen Zwangslage des Täters. Er verdiene Nachsicht, weil er sich ohne vorwerfbaren Mangel an Rechtsgesinnung für die Lebensrettung entschieden und das kleinere Übel gewählt habe.[726]

688 **KLAUSURHINWEIS**

In einer Klausur geht es darum, dass der Unterschied zwischen den beiden möglichen Fallkonstellationen (symmetrische oder unsymmetrische Chancenverteilung) sauber herausgearbeitet wird. Ob dieser Unterschied im Sachverhalt einen Unterschied in der rechtlichen Bewertung nach sich zieht, muss dann sorgfältig abgewogen werden.[727]

---

722 *A.A. in diesem Fall z.B. Otto, JURA 2005, 470, 477 f.*

723 *Für eine Rechtfertigung gem. § 34 StGB z.B. Otto, JURA 2005, 470, 477 f.; Rogall, NStZ 2008, 1, 3*

724 *Für eine Entschuldigung S/S-Sternberg-Lieben, StGB, Vorbem §§ 32 ff. Rn 117; Kühl, AT, § 12 Rn 103; a.A. BGH, NJW 1953, 513, 513 f.; Gropp, AT, § 7 Rn 105*

725 *Roxin, AT I, § 22 Rn 161 ff.; Wessels/Beulke/Satzger, AT, Rn 719*

726 *S/S-Sternberg-Lieben, StGB, Vorbem §§ 32 ff. Rn 117; Kühl, AT, § 12 Rn 105; Rönnau, JuS 2017, 113, 115*

727 *Instruktiv und mit vielen Beispielen Otto, JURA 2005, 470, 473 ff.*

4. Triage

Der Begriff der Triage (von französisch *trier*, „sortieren", „aussuchen", „auslesen") hat seinen Ursprung in der Militärmedizin und bezeichnet ein Verfahren, nach dem medizinische Hilfeleistung priorisiert wird, falls die Anzahl medizinisch Hilfsbedürftiger die vorhandenen personellen oder materiellen Ressourcen übersteigt. Ziel der Triage ist es dabei, dass möglichst viele Personen die Überlastungssituation mit möglichst wenig Schaden überstehen. Gleichzeitig soll ein strukturierter Prozess mit Kriterien zur Entscheidung darüber, welche Person zu welcher Zeit welche Behandlungsressourcen erhält, sicherstellen, dass die Auswahlentscheidungen prinzipiengeleitet erfolgen und nicht von der Willkür Einzelner abhängen. **688a** Mangel an Ressourcen

Im Rahmen der Corona-Pandemie kam es Mitte März 2020 in mehreren besonders schwer betroffenen Gebieten Italiens, Frankreichs und Spanien zu „harten" Triage-Situationen, bei der einige Patienten mit stationärem Krankheitsverlauf wegen Ressourcenmangel nicht behandelt werden konnten. **Corona**

Die Frage nach den Anwendungsvoraussetzungen des Triage-Verfahrens und den richtigen Priorisierungskriterien ist über weite Strecken ethischer Natur, wobei der Entscheidungsspielraum der Beteiligten jedoch durch das Strafrecht begrenzt wird. Eine ausführliche Darstellung würde den hier gegebenen Rahmen sprengen.

Es lassen sich drei Grundkonstellationen der Triage unterscheiden:

(1) Als **Ex-ante-Triage** wird die Situation bezeichnet, in der mehr Patienten eintreffen als Behandlungskapazität besteht und daher auszuwählen ist, wer behandelt wird. Ex-ante-Triage

Wenn die Zahl der zu Behandelnden die verfügbaren Mittel überschreitet, so dass zwar vielleicht alle Patienten alternativ Chancen auf eine erfolgreiche Behandlung haben, dies aber nicht gleichzeitig geschehen kann, liegt eine sog. rechtfertigende Pflichtenkollision vor. Das medizinische Personal macht sich also nicht wegen unechten Unterlassungsdelikts strafbar.

(2) Davon unterscheidet sich die sog. **Ex-post-Triage** dadurch, dass hier eine laufende Behandlung abgebrochen wird, um Platz für neu ankommende Patienten zu schaffen, denen auf Grund von Triage-Kriterien (etwa wegen höherer Behandlungserfolgswahrscheinlichkeit) Priorität eingeräumt werden soll. Ex-post-Triage

Wenn das Strafrecht es im Fall der Ex-ante-Triage mittels der rechtfertigenden Pflichtkollision erlaubt, auszuwählen, welchen Patienten die knappen Behandlungsressourcen zu Teil werden, muss es – so meinen nun manche – auch erlaubt sein, eine schon laufende Behandlung abzubrechen und damit den Tod des Betroffenen in Kauf zu nehmen, wenn dafür ein Patient mit höherer Überlebenswahrscheinlichkeit den Behandlungsplatz erhält. Anderenfalls würde der reine Zufall zu unterschiedlichen Lösungen der Ex-ante- und der Ex-post-Triage führen. Andere wollen einen übergesetzlichen entschuldigenden Notstand annehmen, wohingegen wieder andere eine vorsätzliche Tötung in Form eines Begehungsdelikts annehmen wollen.[728]

---

728 *Im ersteren Sinne Gaede, Kubiciel, Saliger und Tsambikakis, zitiert nach Amos, lto.de vom 09.04.2020; im letzten Sinne Rönnau/Wegner, JuS 2020, 403, 405; weiterhin Hilgendorf, lto.de am 27.03.2020.*

Präventive Triage

(3) Die dritte Konstellation betrifft Fälle, in denen zwar noch Behandlungskapazitäten frei sind, ein Patient aber gleichwohl unter Triage-Gesichtspunkten abgewiesen wird, um den Platz für prioritär zu behandelnde Patienten aufzusparen. Hier kann von **präventiver Triage** gesprochen werden.
Wird jemandem auf Grund einer solchen präventiven Triage die Behandlung verweigert, obwohl noch keine Konkurrenz mit einem konkreten anderen Patienten besteht, begeht der verantwortliche Entscheidungsträger dadurch einen Totschlag oder zumindest eine Körperverletzung durch Unterlassen.[729]

E. Klausurfall: „Im Park, da sind die Räuber"

SACHVERHALT

Frau T hat in letzter Zeit mehrfach Berichte über Raubüberfälle im städtischen Park gelesen. Sie will sich als ehrliche Bürgerin von derartigen Vorfällen jedoch nicht ihr
689 Leben bestimmen lassen. Deshalb beschließt sie, weiterhin Spaziergänge im Park zu unternehmen. Dabei geht sie auch davon aus, dass es gerade sie am hellichten Tag schon nicht treffen werde. Dennoch nimmt sie zur Sicherheit ihre Pistole mit. Als sie gedankenverloren durch den Park streift, springt plötzlich der körperlich weit überlegene U aus einem Gebüsch, um sie zu berauben. T wird von Angst und Panik derart übermannt, dass sie ihre Waffe zieht und U mit einem Kopfschuss tötet. Ein Schuss in die Beine wäre für T möglich und zur Abwehr des Angriffs vollkommen ausreichend gewesen.

Unter dem Eindruck dieses Erlebnisses macht sich T auf den Heimweg. Wie aus dem Nichts sieht sich T plötzlich dem G gegenüber, der sie anbrüllt, sie solle ihm ihr Portemonnaie geben, sonst würde es „Ärger" geben. Dieser zweite Angriff führt bei T erneut zu einer Attacke von Furcht und Panik. Sie zieht wieder ihre Waffe und schießt G in den linken Oberschenkel. Ein Warnschuss hätte nicht ausgereicht, da ihr G schon viel zu nahe gekommen war. Als sich G unter schmerzen am Boden windet, steht T noch immer unter dem Eindruck der beiden Überfälle und ist zu Tode geängstigt. Obwohl sie erkennt, dass G für sie keine Gefahr mehr darstellt, tritt sie dem G mehrmals heftig mit ihren festen Wanderschuhen in Bauch und Nieren. G trägt Prellungen und einige blaue Flecken davon. Noch immer geängstigt rennt T schließlich zu ihrem Auto und fährt nach Hause.

Wie hat sich T strafbar gemacht?

LÖSUNG

A. Erster Tatkomplex: Der Schuss auf U

Durch den Schuss auf U könnte sich T wegen Totschlags gem. § 212 I StGB strafbar gemacht haben.

I. TATBESTAND

1. Objektiver Tatbestand

Durch den Kopfschuss hat T den Tod des U zurechenbar verursacht.

729 *Rönnau/Wegner, JuS 2020, 403, 407*

2. Subjektiver Tatbestand

Dabei handelte sie auch in Kenntnis aller objektiven Tatbestandsmerkmale mit dem Willen zur Tatbestandsverwirklichung, also vorsätzlich.

II. RECHTSWIDRIGKEIT

T könnte durch Notwehr gem. § 32 StGB gerechtfertigt sein. Dies setzt objektiv zunächst eine Notwehrlage und eine Notwehrhandlung voraus. U wollte T ausrauben. Ein gegenwärtiger rechtswidriger Angriff (Notwehrlage) liegt vor. Die Handlung der T müsste weiterhin geeignet, erforderlich und geboten sein (Notwehrhandlung). Der Kopfschuss war geeignet, den Angriff des U endgültig abzuwehren. Er war jedoch nicht erforderlich, da ein Schuss in die Beine zur sicheren Abwehr des Angriffs ausgereicht hätte. Eine Rechtfertigung über § 32 StGB scheidet aus.

KLAUSURHINWEIS

An dieser Stelle sind keine langen Ausführungen zur restriktiven Rechtsprechung des BGH zur Erforderlichkeit beim Einsatz lebensgefährlicher Waffen erforderlich. Der Sachverhalt sagt ganz eindeutig, dass es ein milderes Mittel gegeben hätte.

III. SCHULD

T könnte aber ohne Schuld gehandelt haben.

1. Entschuldigender Notstand, § 35 I StGB

Eine Entschuldigung nach § 35 I StGB scheitert schon daran, dass T ein milderes Abwehrmittel zur Verfügung stand. Der Angriff war anders abwendbar i.S.d. § 35 I StGB.

2. Notwehrexzess, § 33 StGB

T könnte aber wegen Überschreitung der Notwehrgrenzen aus Furcht oder Schrecken gem. § 33 StGB entschuldigt sein. Dabei setzt § 33 StGB voraus, dass bis auf die Erforderlichkeit oder die Gebotenheit, deren Grenzen aus sog. asthenischen Effekten (Verwirrung, Furcht, Schrecken) überschritten wurden, alle sonstigen Voraussetzungen des § 32 StGB vorliegen.
Eine Notwehrlage der T lag vor (s.o.).

T hat dabei auch die Grenzen des Erforderlichen überschritten (sog. intensiver Notwehrexzess). Auch die Gebotenheit der Abwehr könnte abzulehnen sein, wenn ein Fall der sog. Abwehrprovokation vorliegt. Jedoch liefert der Sachverhalt keine Hinweise darauf, dass T absichtlich mildere Mittel als die Pistole nicht mitgeführt hat, um U möglichst schwer zu verletzen oder gar zu töten. Nur unter dieser Prämisse kommt jedoch überhaupt eine Beschränkung des Notwehrrechts in Betracht. T handelte auch mit Verteidigungswillen.

Bei der Überschreitung der Grenzen des Erforderlichen handelte T aus Furcht und Schrecken. Ob T die Grenzen der erforderlichen Verteidigung u.U. bewusst überschritten hat, kann dahinstehen. Auch wenn T in einem astenischen Affekt bewusst das Maß der erforderlichen Verteidigung überschritten haben sollte, bleibt § 33 StGB anwendbar. Die Tat der T ist deshalb nach § 33 StGB wegen intensiven Notwehrexzesses entschuldigt. T hat sich nicht wegen Totschlags nach § 212 I StGB strafbar gemacht.

B. Zweiter Tatkomplex: Der Überfall durch G

I. GEFÄHRLICHE KÖRPERVERLETZUNG, §§ 223 I, 224 I Nr. 2 StGB, DURCH DEN SCHUSS

Indem T dem G in den Oberschenkel geschossen hat, könnte Sie sich wegen gefährlicher Körperverletzung, §§ 223 I, 224 I Nr. 2 StGB, strafbar gemacht haben.

1. Tatbestand

a) Objektiver Tatbestand

Indem T dem G in den Oberschenkel geschossen hat, hat sie ihn übel und unangemessen behandelt und bei ihm einen pathologischen Zustand herbeigeführt. Damit hat sie G körperlich misshandelt und an der Gesundheit beschädigt, § 223 I StGB.

Die Körperverletzung beging T auch mittels einer (Schuss-)Waffe, § 224 I Nr. 2 StGB. Damit liegt objektiv eine gefährliche Körperverletzung vor.

b) Subjektiver Tatbestand

Dabei handelte sie auch in Kenntnis aller objektiven Tatbestandsmerkmale mit dem Willen zur Tatbestandsverwirklichung, also vorsätzlich.

2. Rechtswidrigkeit

T könnte wegen Notwehr gem. § 32 StGB gerechtfertigt sein. Es lag ein gegenwärtiger rechtswidriger Angriff auf T vor. Der Schuss war geeignet, mangels eines milderen Abwehrmittels erforderlich und geboten, um den Angriff von G abzuwehren. T handelte auch mit Verteidigungswillen. Der Schuss ist durch Notwehr gerechtfertigt. Insoweit hat sich T nicht wegen gefährlicher Körperverletzung strafbar gemacht.

II. GEFÄHRLICHE KÖRPERVERLETZUNG DURCH DIE FUSSTRITTE, §§ 223 I, 224 I Nr. 2 StGB

Durch die Fußtritte könnte sich T einer gefährlichen Körperverletzung strafbar gemacht haben, §§ 223 I, 224 I Nr. 2 StGB.

1. Tatbestand des Grunddelikts, § 223 I StGB

a) Objektiver Tatbestand

Durch die Fußtritte hat T den G übel und unangemessen behandelt und bei ihm einen pathologischen Zustand herbeigeführt. Sie hat den G körperlich misshandelt und an der Gesundheit beschädigt, § 223 I StGB.

b) Subjektiver Tatbestand

Dabei handelte sie auch in Kenntnis aller objektiven Tatbestandsmerkmale mit dem Willen zur Tatbestandsverwirklichung, also vorsätzlich.

2. Qualifikationstatbestand: Gefährliche Körperverletzung, § 224 I Nr. 2 StGB

a) Objektiver Tatbestand

Durch die Tritte mit den Wanderschuhen könnte T sich sogar einer gefährlichen Körperverletzung strafbar gemacht haben, § 224 I Nr. 2 StGB. Dazu müssten die Wanderschuhe ein gefährliches Werkzeug darstellen. Dies ist jeder Gegenstand, der bei der konkreten Art der Benutzung und des Körperteils, auf den er angewendet wird, geeignet ist, erhebliche Verletzungen hervorzurufen. Der mit festen Wanderschuhen beschuhte Fuß ist, wenn die Tritte wie hier mit großer Wucht in den Bauch- und Nierenbereich geführt werden, in der Lage, erhebliche innere und äußere Verletzungen herbeizuführen.

b) Subjektiver Tatbestand

Da T bei den Tritten auch vorsätzlich handelte, ist der Qualifikationstatbestand des § 224 I Nr. 2 StGB erfüllt.

3. Rechtswidrigkeit, § 32 StGB

T könnte wegen Notwehr, § 32 StGB, gerechtfertigt sein. Als T den G getreten hat, lag dieser bereits am Boden. Von ihm ging keine Gefahr für T mehr aus. Es lag kein gegenwärtiger Angriff mehr vor. Mangels Notwehrlage scheidet eine Rechtfertigung über § 32 StGB aus.

4. Schuld

Es kommt jedoch eine Entschuldigung der T nach § 33 StGB in Frage. T hat zwar aus Furcht und Schrecken gehandelt, der Angriff des G war aber nicht mehr gegenwärtig. Ob § 33 StGB auch auf den nachzeitig extensiven Notwehrexzess Anwendung findet, ist umstritten.

Dafür könnte man vorbringen, dass es keinen Unterschied mache, ob der Täter die Grenzen der rechtmäßigen Verteidigung in der Intensität oder in zeitlicher Hinsicht überschreitet. Durch ihren engen Bezug zur rechtmäßigen Handlung sei auch die extensive Verteidigungshandlung im Unrechtsgehalt gemindert. Zumindest für den hier gegebenen Fall des nachzeitigen extensiven Notwehrexzesses könnte man auch von einem „Überschreiten der Notwehr" in zeitlicher Hinsicht sprechen, sodass auch dem Wortlaut nach § 33 StGB Anwendung finden könnte. Nach dieser Auffassung wäre T entschuldigt.

Gegen diese Sichtweise könnte man aber vorbringen, dass sie mit dem Wortlaut des § 33 StGB nicht in Einklang steht, der ein bestehendes Notwehrrecht verlangt. Nach dieser Ansicht wäre T nicht entschuldigt.

Für die letztgenannte Ansicht spricht, dass § 33 StGB auf § 32 StGB aufbaut. Das Bestehen einer Notwehrlage ist nach der Systematik des Gesetzes Voraussetzung für die Anwendbarkeit des § 33 StGB. Auch ist die Straffreiheit des Täters nicht allein durch seine psychische Situation (asthenische Affekte) begründet. Der Entschuldigungsgrund des § 33 StGB trägt vielmehr auch der Tatsache Rechnung, dass sich der Täter gegen einen gegenwärtigen, rechtswidrigen Angriff verteidigt. An dieser tragenden Voraussetzung für die Straffreiheit fehlt es, wenn der Angriff noch nicht begonnen hat oder nicht mehr andauert. T ist nicht nach § 33 StGB entschuldigt.

FALLENDE

T ist aufgrund der Fußtritte wegen gefährlicher Körperverletzung, §§ 223 I, 224 I Nr. 2 StGB, zu bestrafen.

STRAFAUSSCHLIESSUNGS- UND STRAFAUFHEBUNGSGRÜNDE

A. Einführung

Obwohl der Täter einen Straftatbestand rechtswidrig und schuldhaft erfüllt hat, kann seine Strafbarkeit ausnahmsweise entfallen, falls ein Strafausschließungs- oder ein Strafaufhebungsgrund vorliegt. **690**

Dabei handelt es sich um Merkmale, die jenseits von Unrecht und Schuld stehen. Es sind Strafbarkeitskorrekturen in Fällen in denen die Rechtsordnung zu ihrer Bewährung nicht der Bestrafung des Täters bedarf.[730]

B. Systematik und Vertiefung

I. STRAFAUSSCHLIESSUNGSGRÜNDE

Strafausschließungsgründe liegen bereits im Tatzeitpunkt vor und lassen eine Strafbarkeit des Täters erst gar nicht entstehen. **691**

KLAUSURHINWEIS **692**

Trotz dieser dogmatischen Einordnung werden die Strafausschließungsgründe im Prüfungsschema stets erst nach der Schuld geprüft.[731]

Bei den Strafausschließungsgründen ist zwischen den persönlichen und den sachlichen Strafausschließungsgründen zu unterscheiden.

Persönliche Strafausschließungsgründe beruhen auf persönlichen Eigenschaften oder Verhältnissen des Beteiligten. Sie zählen zu den besonderen persönlichen Merkmalen i.S.d. § 28 II StGB und kommen daher nur dem Beteiligten zugute, bei dem sie vorliegen.[732] Hierbei ist zu denken an die Beteiligung an der Vortat bei §§ 257 III und 258 V StGB, an das Angehörigenprivileg bei § 258 VI StGB und an das jugendliche Alter bei § 173 III StGB. **693** Persönliche Strafausschließungsgründe

Die **sachlichen Strafausschließungsgründe** setzen einen bestimmten, nicht von der Person des Täters abhängigen Sachverhalt voraus. Hier wären z.B. die nicht examensrelevanten parlamentarischen Äußerungen gem. § 36 StGB und die Minimalklausel bei § 326 VI StGB zu nennen. **694** Sachliche Strafausschließungsgründe

II. STRAFAUFHEBUNGSGRÜNDE

Die Voraussetzungen der Strafaufhebungsgründe entstehen erst nach Begehung der Tat und beseitigen rückwirkend die zunächst entstandene Strafbarkeit. Beispielsfälle sind der Rücktritt, §§ 24, 31 StGB, und die tätige Reue, z.B. §§ 158, 306e StGB. **695**

KLAUSURHINWEIS **696**

Die **Strafaufhebungsgründe** werden im Gutachten erst nach der Schuld geprüft.[733]

---

730 Heinrich, AT, Rn 616
731 Heinrich, AT, Rn 1476
732 Heinrich, AT, Rn 621; Wessels/Beulke/Satzger, AT, Rn 779
733 Heinrich, AT, Rn 1476

STRAFVERFOLGUNGSHINDERNISSE

A. Einführung

Strafverfahrensrecht

697 Die Strafverfolgungshindernisse betreffen nicht die Strafbarkeit eines Verhaltens und stehen deshalb bereits außerhalb von Unrecht und Schuld. Sie legen vielmehr fest, ob und unter welchen Umständen die Strafverfolgung durch die Behörden zulässig ist. Daher werden die Strafverfolgungshindernisse – obwohl sie zum Teil im StGB geregelt sind – dem **Strafverfahrensrecht** zugeordnet.[734]

Einstellung des Verfahrens

698 Liegt ein Strafverfolgungshindernis vor, wird das Verfahren eingestellt, vgl. §§ 170 II 1, 206a, 260 III StPO.

699 **KLAUSURHINWEIS**

Zum Teil wird zwischen Verfahrensvoraussetzungen und -hindernissen sowie zwischen Prozessvoraussetzungen und –hindernissen unterschieden. Diese Differenzierung verwirrt und ist inhaltlich nicht sinnvoll. Fehlt eine Voraussetzung, so liegt nämlich ein Hindernis für die Durchführung des Strafverfahrens vor. Darf es kein Strafverfahren geben, darf es auch keinen Prozess geben.[735] Auf diese Differenzierung sollte deshalb verzichtet werden. In der Klausur ist einer der genannten Begriffe zu wählen und durchgängig zu verwenden.

B. Systematik und Vertiefung

Strafantrag

700 Erst im Assessorexamen erlangen **Verjährungsfragen**, vgl. §§ 78 ff. StGB, Bedeutung. Für die Ausbildung bis einschließlich der Ersten Prüfung ist nur das **Strafantragserfordernis**, §§ 77 ff. StGB, von gewisser Bedeutung.

Offizialprinzip

701 Grundsätzlich werden Straftaten nach dem Offizialprinzip ohne Rücksicht auf den Willen des Verletzten von Amts wegen verfolgt. Bei den Antragsdelikten hängt eine Strafverfolgung allerdings maßgeblich vom Vorliegen eines Strafantrags gem. § 77 StGB, also vom Willen des Verletzten ab.

Das Gesetz unterscheidet zwischen relativen und absoluten Antragsdelikten.

Absolute Antragsdelikte

702 Bei den **absoluten Antragsdelikten** kann eine Strafverfolgung erst beginnen, wenn ein Strafantrag gestellt wurde, z.B. beim Haus- und Familiendiebstahl gem. § 247 StGB.

Relative Antragsdelikte

703 Bei den **relativen Antragsdelikten** kann der fehlende Strafantrag des Verletzten durch die Bejahung des öffentlichen Interesses an der Strafverfolgung durch die Staatsanwaltschaft ersetzt werden, z.B. beim Diebstahl geringwertiger Sachen, § 248a StGB.

704 **KLAUSURHINWEIS**

Dogmatisch korrekt und arbeitsökonomisch sinnvoll prüft die Praxis das Antragserfordernis vor allem bei absoluten Antragsdelikten bevor mit der Prüfung des Tatbestands überhaupt begonnen wird. Bis einschließlich der Ersten Prüfung ist es jedoch üblich, erst Tatbestand, Rechtswidrigkeit und Schuld zu prüfen und erst danach, wenn eine Strafbarkeit festgestellt wurde, einen kurzen Hinweis anzuhängen, dass der Strafantrag entweder gestellt ist oder noch gestellt werden müsste.[736]

---

734 *Wessels/Beulke/Satzger, AT, Rn 219*

735 *Vgl. Beulke, StPO, Rn 273*

736 *Wessels/Beulke/Satzger, AT (44. A.), Rn 872*

IRRTUMSLEHRE

A. Einleitung

Eines der wichtigsten Themen im Strafrecht ist die Irrtumslehre. Von einem Irrtum spricht man in zwei Fällen. Zum einen kann sich die objektive Sachlage von der subjektiven Sachverhaltserkenntnis des Täters unterscheiden. Zum anderen können sich die Wertungen der Rechtsordnung von den Wertungen des Täters unterscheiden. Wer sich der Irrtumslehre im Strafrecht nähern will, muss folglich eine grundlegende Unterscheidung immer vor Augen haben: **705** Sachverhalts-und Wertungsirrtum

MERKSATZ **706**

Es gibt **Sachverhaltsirrtümer** und es gibt **Wertungsirrtümer**.

Diese Differenzierung ist die Basis, auf die im Folgenden immer wieder zurückzukommen ist. Diese beiden Arten von Irrtümern gibt es auf allen drei Stufen des Deliktsaufbaus, dem Tatbestand, der Rechtswidrigkeit und der Schuld.

Der „normale" Irrtumsfall zeichnet sich durch eine „Nichterkenntnis" des Täters hinsichtlich der Verwirklichung von Strafbarkeitsvoraussetzungen aus. Der Täter verwirklicht also objektiv eine Strafbarkeitsanforderung, denkt aber, er würde diese nicht erfüllen. Da dieser Irrtum des Täters auf allen drei Stufen des Deliktsaufbaus als Sachverhalts- und als Wertungsirrtum auftreten kann, gibt es insgesamt sechs „Grundfälle" im Bereich der Irrtumslehre. **707** „Normaler" Irrtum

Hiervon strikt zu unterscheiden sind die sog. „**umgekehrten Irrtümer**". Bei diesen denkt der Täter, er würde eine Strafbarkeitsvoraussetzung erfüllen, obwohl er diese gerade nicht erfüllt. Die umgekehrten Irrtümer stellen Sonderkonstellationen dar, die wegen ihres Sinnzusammenhangs an anderen Stellen des Skripts[737] ausführlich behandelt werden. **708** „Umgekehrter" Irrtum

MERKSATZ

Sofern nicht explizit auf den Fall des „umgekehrten Irrtums" hingewiesen wird, beziehen sich folgenden Ausführungen stets nur auf die „normalen" Irrtümer.

Komplizierter wird die Sachlage, wenn Sachverhalts- und Wertungsirrtum kumuliert zusammentreffen. In diesem Fall spricht man von „**Doppelirrtümern**". **709** Doppelirrtum

Der **Sachverhaltsirrtum** ist stets ein Irrtum über tatsächliche Umstände. Er ist dadurch gekennzeichnet, dass der Täter die tatsächlichen Gegebenheiten nicht zutreffend erkennt und deshalb objektiv unangemessen reagiert. Dieser Irrtum muss dem Täter grundsätzlich zu seinem Vorteil gereichen, weil er „an sich rechtstreu"[738] ist, d.h. von seiner Grundeinstellung eigentlich auf der Seite des Rechts steht. **710** Sachverhaltsirrtum

Demgegenüber geht der Täter beim **Wertungsirrtum** von einem an sich richtig erkannten Sachverhalt aus, irrt jedoch über die rechtlichen Wertmaßstäbe der Rechtsordnung. Er zieht also einen falschen rechtlichen Schluss aus einem an sich **711** Wertungsirrtum

737 *Die genauen Verweise erfolgen jeweils später im Text.*

738 *BGHSt 3, 105, 107; Knobloch, JuS 2010, 864, 865*

zutreffend erkannten Sachverhalt. Dieser Irrtum muss für den Täter im Vergleich zum Sachverhaltsirrtum belastender sein, weil der Täter gerade nicht rechtstreu ist, sondern mit seinen Wertungen außerhalb der Rechtsordnung steht.[739]

712 **MERKSATZ**
Der Täter, der einem Sachverhaltsirrtum unterliegt, ist „an sich rechtstreu". Dieser Irrtum kommt dem Täter in stärkerem Maße zugute als ein Wertungsirrtum.

B. Grundfall: „Schwimmunterricht!"[740]

SACHVERHALT

Die 25 Jahre alte Sportlehrerin L ist von ihrem 15 Jahre alten Schüler S sehr angetan. Auch S findet Gefallen an L. Im Anschluss an den Schwimmunterricht nimmt L am S
713 Oralverkehr vor.

1. Variante:
Wegen eines fehlerhaften Klassenbucheintrags geht L davon aus, dass S bereits 16 Jahre alt ist.

2. Variante:
L weiß zwar, dass S erst 15 Jahre alt ist, geht aber davon aus, dass der strafrechtliche Schutz der Sexualdelikte bereits mit dem Ablauf des 14. Lebensjahres endet, da sie jüngst einen Zeitungsartikel bezüglich § 176 StGB gelesen hatte.

Bearbeitervermerk:
Hat sich L jeweils nach § 174 I StGB strafbar gemacht?

LÖSUNG

A. Erste Sachverhaltsvariante/§ 174 I Nr. 1 StGB

Indem L mit S Oralverkehr praktiziert hat, könnte sie sich nach § 174 I Nr. 1 StGB strafbar gemacht haben.

I. TATBESTAND

1. Objektiver Tatbestand

Dazu müsste L an einer Person unter 16 Jahren, die ihr zur Erziehung anvertraut ist, sexuelle Handlungen vorgenommen haben.
S ist erst 15 Jahre alt. Zur Erziehung anvertraut ist der Jugendliche demjenigen, der verpflichtet ist, die Lebensführung des Jugendlichen und damit auch dessen geistig-sittliche Entwicklung zu überwachen und zu leiten. Diese Voraussetzung ist im Schüler-Lehrer-Verhältnis gegeben.
Die Vornahme einer sexuellen Handlung verlangt einen körperlichen Kontakt. Dieser ist beim Oralverkehr gegeben.

Somit hat L den objektiven Tatbestand des § 174 I Nr. 1 StGB erfüllt.

---

739 *Rönnau/Faust/Fehling, JuS 2004, 667, 668*
740 *Vgl. Hinderer, JA 2009, 864, 865*

2. Subjektiver Tatbestand

L müsste insoweit vorsätzlich gehandelt haben. Vorsatz ist der Wille zur Tatbestandsverwirklichung in Kenntnis aller objektiven Tatumstände im Zeitpunkt der Tatbegehung. Ob diese Voraussetzungen bei L vorliegen, ist fraglich, da L davon ausging, dass S schon 16 Jahre alt sei. Sie könnte sich deshalb im einem den Vorsatz ausschließenden Tatbestandsirrtum nach § 16 I 1 StGB befunden haben. Dazu müsste sie einen Umstand nicht gekannt haben, der zum gesetzlichen Tatbestand gehört. Dass der Schutzbefohlene unter 16 Jahre alt ist, ist ein Umstand der zum gesetzlichen Tatbestand gehört. Dieser war der L wegen des fehlerhaften Klassenbucheintrags nicht bekannt. Die L befand sich folglich in einem Tatbestandsirrtum nach § 16 I 1 StGB. Sie handelte deshalb unvorsätzlich.

II. ERGEBNIS

L hat sich nicht nach § 174 I Nr. 1 StGB strafbar gemacht.

B. Zweite Sachverhaltsvariante/§ 174 I Nr. 1 StGB

Indem L mit S Oralverkehr praktiziert hat, könnte sie sich nach § 174 I Nr. 1 StGB strafbar gemacht haben.

I. TATBESTAND

1. Objektiver Tatbestand

Der objektive Tatbestand ist nach dem oben Gesagten gegeben.

2. Subjektiver Tatbestand

L kannte alle unrechtsbegründenden Merkmale des Tatbestands und handelte insoweit mit dem Willen zur Tatbestandsverwirklichung in Kenntnis aller objektiven Tatumstände, also vorsätzlich.

II. RECHTSWIDRIGKEIT

Hinweise auf Rechtfertigungsgründe sind nicht ersichtlich. L handelte rechtswidrig.

III. SCHULD

Fraglich ist, ob L schuldhaft gehandelt hat. Das wäre dann nicht der Fall, wenn sie sich bei Begehung der Tat in einem unvermeidbaren Verbotsirrtum befunden, ihr also die Einsicht gefehlt hätte, Unrecht zu tun und sie diesen Irrtum nicht vermeiden konnte, § 17 S. 1 StGB.

Wegen eines Zeitungsartikels zu § 176 StGB ging L davon aus, dass nur Personen unter 15 Jahren geschützt seien. Somit fehlte L im Zeitpunkt der Tatbegehung die Einsicht, Unrecht zu tun. L befand sich im Verbotsirrtum.

Weitere Voraussetzung der Entschuldigung ist jedoch, dass L den Irrtum nicht vermeiden konnte. Der Irrtum ist unvermeidbar, wenn der Täter trotz der ihm nach den Umständen des Falles, seiner Persönlichkeit sowie seinem Lebens- und Berufskreis zuzumutenden Anspannung des Gewissens die Einsicht in das Unrechtmäßige seines Handels nicht zu gewinnen vermochte. Das setzt voraus, dass er alle seine geistigen Erkenntniskräfte eingesetzt und etwa auftauchende Zweifel durch Nachdenken und erforderlichenfalls durch Einholung von Rat beseitigt hat.

§ 176 StGB beschäftigt sich mit dem sexuellen Missbrauch von Kindern. L hätte jedoch bereits auffallen müssen, dass sie als Lehrerin des S zu diesem in einem besonderen Obhutsverhältnis steht, welches spezifische Pflichten zur Folge haben kann. Dieses besondere Verhältnis zu dem Schutzbefohlenen S hat sie bei ihren Überlegungen völlig außer Acht gelassen. Damit hat sie nicht die ihr als Lehrerin zuzumutende Gewissensanspannung vorgenommen und nicht alle geistigen Erkenntniskräfte eingesetzt. Somit befand sich L in einem vermeidbaren Verbotsirrtum, § 17 S. 2 StGB. Dieser lässt ihre Schuld unberührt, kann jedoch zu einer Strafmilderung nach § 49 I StGB führen.

IV. ERGEBNIS

FALLENDE

L hat sich gem. § 174 I Nr. 1 StGB strafbar gemacht. Die Strafe kann gem. § 17 S. 2 StGB gemildert werden.

C. Systematik und Vertiefung

I. IRRTÜMER HINSICHTLICH DES GESETZLICHEN TATBESTANDS

714 Dem gängigen Prüfungsschema folgend sollen zunächst die Irrtümer behandelt werden, die sich auf den gesetzlichen Tatbestand beziehen.

1. Tatbestandsirrtum/Tatumstandsirrtum

§ 16 I 1 StGB

715 Das StGB regelt in § 16 I 1 StGB den Fall, dass der Täter einen Umstand nicht kennt, der zum gesetzlichen Tatbestand gehört. Damit regelt diese Vorschrift einen auf die Tatbestandsmerkmale bezogenen Sachverhaltsirrtum. Die Konsequenz dieses sog. „Tatbestandsirrtums", der wegen des Wortlauts von § 16 I 1 StGB auch verbreitet „Tatumstandsirrtum" genannt wird, ist nach § 16 I 1 StGB der Ausschluss des Vorsatzes. Es bleibt jedoch die Möglichkeit bestehen, dass sich der Täter wegen fahrlässiger Tatbegehung strafbar gemacht hat, vgl. § 16 I 2 StGB.

a) Grundfall

Tatbestandsirrtum

716 Der Grundfall des Tatbestandsirrtums ist dadurch gekennzeichnet, dass der Täter durch einen Sachverhaltsirrtum nicht erkennt, dass er die Voraussetzungen eines gesetzlichen Tatbestands verwirklicht. Insofern handelt der Täter dann gem. § 16 I 1 StGB unvorsätzlich.

717 **BEISPIEL:** A will eine Schießübung machen und erkennt nicht, dass sein Ziel kein Pappkamerad, sondern der Bauer B ist. B wird tödlich getroffen. A ist entsetzt.

In diesem Beispiel hat A wegen eines Sachverhaltsirrtums keine Kenntnis vom Tatbestandsmerkmal „Mensch" in § 212 I StGB. In den Worten des § 16 I 1 StGB: A kannte den Umstand „Mensch" nicht, der zum gesetzlichen Tatbestand des § 212 I StGB gehört. Folglich fehlt A der Vorsatz, einen Menschen zu töten. Es kommt jedoch eine Strafbarkeit wegen fahrlässiger Tötung, § 222 StGB, in Betracht.

KLAUSURHINWEIS 718 Prüfung im Vorsatz

Im **Prüfungspunkt des Vorsatzes** ist die Frage aufzuwerfen, ob A Vorsatz zur Tötung eines Menschen hatte. Mit Hinweis auf § 16 I 1 StGB ist dies zu verneinen. Der Hinweis in § 16 I 2 StGB, dass die Bestrafung wegen fahrlässiger Tat „unberührt" bleibt, begründet keinen eigenständigen Fahrlässigkeitstatbestand. Nur wenn es ein entsprechendes Fahrlässigkeitsdelikt gibt, kann es eingreifen. Auch impliziert § 16 I 2 StGB nicht, dass die Voraussetzungen z.B. der fahrlässigen Tötung vorliegen. Diese sind vielmehr im Rahmen einer eigenständigen Prüfung sorgfältig zu prüfen.

b) Irrtum über qualifizierende Umstände

Irrt der Täter über qualifizierende Merkmale, so bleibt es bei der Strafbarkeit wegen 719
des Grunddelikts.

BEISPIEL: Dieb D geht auf Beutezug. Wegen eines plötzlichen Kälteeinbruchs holte er vorher seine Winterjacke aus dem Keller. In dieser steckte noch eine Waffe, was er vergessen hatte.

Im Beispiel macht sich D nur wegen Diebstahls strafbar. Zum qualifizierenden Merkmal des Diebstahls mit Waffen gem. § 244 I Nr. 1a StGB fehlt im die Kenntnis und mithin in Anwendung von § 16 I 1 StGB der Vorsatz.

c) Irrtum über Tatbestandsalternativen

Schließlich sind Fälle denkbar, in denen der Täter meint, eine bestimmte Alter- 720 Einheitlicher Schutzgegenstand
native eines Tatbestands zu verwirklichen, wohingegen er eine andere oder einen anderen Tatbestand verwirklicht.[741] Sofern die unterschiedlichen Tatbestandsalternativen bzw. Tatbestände nur unterschiedliche Ausprägungen eines einheitlichen Schutzgegenstandes sind, ist der Irrtum unbeachtlich. Unterscheiden sich hingegen die Tatobjekte qualitativ, handelt es sich also um selbstständige Tatbestandsvarianten, dann fehlt es am Vorsatz hinsichtlich des verletzten Objekts und der Vorsatz hinsichtlich des gewollten Tatobjekts führt zur Bestrafung wegen eines (untauglichen) Versuchs.[742]

BEISPIEL 1: A meint, in eine Wohnung einzudringen. In Wirklichkeit handelt es sich um 721 Wohnung und Geschäftsraum
einen Geschäftsraum. Strafbarkeit nach § 123 StGB?

§ 123 StGB schützt das Hausrecht. Dieser Schutz besteht sowohl bei Wohnungen als auch bei Geschäftsräumen. Insofern sind die in § 123 StGB genannten Räumlichkeiten bloß unterschiedliche Ausprägungen des von § 123 StGB geschützten Rechtsgutes. Folglich handelt A vorsätzlich und macht sich gem. § 123 StGB strafbar.

BEISPIEL 2: B meint, eine Urkunde zu vernichten, vernichtet aber tatsächlich eine tech- 722 Urkunde und technische Aufzeichnung
nische Aufzeichnung. Strafbarkeit nach § 274 StGB?

741 *Vertiefend zu diesem Thema Rolofs, JA 2003, 304 ff.*
742 *S/S-Sternberg-Lieben/Schuster, StGB, § 16 Rn 12; Kühl, AT, § 13 Rn 16a*

Technische Aufzeichnungen, vgl. die Legaldefinition in § 268 II StGB, sind keine Urkunden, weil sie weder eine Gedankenerklärung verkörpern, noch auf einen Aussteller hinweisen müssen.[743] Insofern weisen beide Delikte auch eine unterschiedliche Schutzrichtung auf. Bei der Urkundenfälschung bezieht sich das vom Gesetzgeber geschützte Vertrauen des Rechtsverkehrs auf die Herkunft der Urkunde von einem bestimmten menschlichen Aussteller. Bei § 268 StGB hingegen bezieht sich das geschützte Vertrauen auf die Herkunft der technischen Aufzeichnung aus einem unbeeinflussten Herstellungsvorgang eines selbsttätig und ordnungsgemäß arbeitenden technischen Geräts.[744] Folglich sind beide Tatobjekte schon nicht Ausprägungen eines einheitlichen Schutzgegenstandes, sondern unterscheiden sich qualitativ. Wer eine Urkunde vernichten will hat folglich nicht den Vorsatz, eine technische Aufzeichnung zu vernichten. Somit unterliegt B in Beispiel 2 einem seinen Vorsatz ausschließenden Tatbestandsirrtum gem. § 16 I 1 StGB. Da er aber eine Urkunde vernichten wollte, hatte der den entsprechenden Tatentschluss und hat sich somit im Ergebnis wegen (untauglichen) Versuchs einer Urkundenunterdrückung strafbar gemacht.

2. Der „umgekehrte" Tatbestandsirrtum

(Untauglicher) Versuch

723 Beim normalen Tatbestandsirrtum verwirklicht der Täter objektiv einen Straftatbestand, wobei ihm jedoch aufgrund eines Sachverhaltsirrtums gem. § 16 I 1 StGB der Vorsatz fehlt. Beim „umgekehrten" Tatbestandsirrtum verwirklicht der Täter den objektiven Tatbestand wegen eines Sachverhaltsirrtums nicht, hat jedoch den auf die Verwirklichung des Tatbestands gerichteten Vorsatz. Dieser Fall ist ein (untauglicher) Versuch, sofern der Versuch strafbar ist.[745]

BEISPIEL: A will den Bauern B erschießen. Er erkennt nicht, dass er eine Vogelscheuche vor sich hat und schießt.

3. Irrtum über privilegierende Umstände

§ 16 II StGB

724 Einen Sonderfall stellt der Sachverhaltsirrtum über das Vorliegen privilegierender Umstände dar. Hier liegt im Unterschied zum Tatbestandsirrtum nicht ein Fall der Unkenntnis (eines Tatbestandsmerkmals) vor, sondern ein Fall der irrigen Annahme (eines privilegierenden Tatbestandsmerkmals).

725 Bezieht sich der Irrtum auf Umstände, die den Tatbestand eines milderen Gesetzes ergeben würden, so kann der Täter nur nach dem milderen Gesetz bestraft werden, § 16 II StGB. Der Grund für diese Regelung liegt darin, dass dem Täter nach dem Schuldprinzip verwirklichtes Unrecht nur insoweit als vorsätzlich verwirklichtes Unrecht vorgeworfen werden kann, als es von seinem Wissen und Wollen erfasst ist.[746] § 16 II StGB hat jedoch nur einen sehr engen Anwendungsbereich, weil es im StGB kaum noch Privilegierungstatbestände gibt.[747] Als einzig sinnvoller Anwendungsfall bleibt die Tötung auf Verlangen, § 216 StGB.[748]

743 *S/S-Heine/Schuster, StGB, § 268 Rn 6*
744 *S/S-Heine/Schuster, StGB, § 268 Rn 4*
745 *Knobloch, JuS 2010, 864, 866; ausführlich hierzu im Kapitel „Versuch" ab Rn 923*
746 *S/S-Sternberg-Lieben/Schuster, StGB, § 16 Rn 26*
747 *Küper, JURA 2007, 260, 260*
748 *S/S- Sternberg-Lieben/Schuster, StGB, § 16 Rn 26*

BEISPIEL: Krankenschwester K tötet den unheilbar kranken Patienten P durch eine Überdosis Insulin, weil sie aufgrund eines Missverständnisses glaubt, dies sei sein dringlichster Wunsch. Es ist davon auszugehen, dass bei tatsächlichem Vorliegen des Todeswunsches die Voraussetzungen des § 216 StGB erfüllt wären. **726** § 216 StGB

Objektiv und subjektiv liegen die Voraussetzungen des Totschlags vor. Die Voraussetzungen der Tötung auf Verlangen, § 216 StGB, sind nur subjektiv, aber nicht objektiv gegeben. Somit liegt eigentlich neben dem Totschlag ein untauglicher Versuch einer Tötung auf Verlangen vor.[749] In diesem Fall des geminderten subjektiven Unrechts (wegen der Vorstellung, es läge ein Todesverlangen i.S.d. § 216 StGB vor), wäre die Bestrafung des Täters wegen Totschlags oder gar Mordes unangemessen.[750] Deshalb ordnet § 16 II StGB in Anwendung auf den Beispielsfall an, dass K nur entsprechend ihrer Vorstellung nach dem milderen Gesetz, § 216 StGB, bestraft werden kann. Diese Bestrafung muss dann aber natürlich eine solche aus dem vollendeten Delikt sein, um deutlich zu machen, dass P tatsächlich getötet wurde.[751] Hinter den vollendeten § 216 StGB tritt dann § 212 StGB zurück, sog. „Sperrwirkung der Privilegierung". Ein Versuch des § 216 StGB käme nur in Betracht, wenn das Leben des P noch hätte gerettet werden können. Sperrwirkung der Privilegierung

KLAUSURHINWEIS **727** Tatbestandsverschiebung

In einer Klausur sollte mit der Prüfung des Privilegierungstatbestandes des § 216 StGB begonnen werden. Innerhalb des Merkmals des Todesverlangens sollte nach seiner objektiven Ablehnung der Hinweis erfolgen, dass der Täter sich das Todesverlangen aber vorgestellt hat. Dann ist § 16 II StGB prüfen und mit der Folge einer Verschiebung des Tatbestandes weg von den §§ 212, 211 StGB hin zu § 216 StGB anzuwenden. Danach folgen die Prüfungen von Vorsatz, Rechtswidrigkeit und Schuld.

4. Verbotsirrtum

In § 17 StGB wird der Fall geregelt, dass dem Täter bei Begehung der Tat die Einsicht fehlt, Unrecht zu tun. Insoweit befindet sich der Täter also in einem Wertungsirrtum, weil er trotz voller Sachverhaltskenntnis nicht erkennt, dass sein Tun Unrecht ist. **728** § 17 StGB

Beim „klassischen Fall" bezieht sich dieser Wertungsirrtum des Täters auf die Voraussetzungen des gesetzlichen Tatbestandes. Er irrt sich über die Reichweite einer Verbotsnorm, weshalb dieser Irrtum „Verbotsirrtum" genannt wird. Verbotsirrtum

Die Rechtsfolge dieses Irrtums regelt § 17 StGB in der Weise, dass der Täter nur dann ohne Schuld handelt, wenn er den Irrtum nicht vermeiden konnte. War der Wertungsirrtum für den Täter vermeidbar, so kann allenfalls seine Strafe gemildert werden. **729** Rechtsfolge

749 *Küper, JURA 2007, 260, 261*

750 *Knobloch, JuS 2010, 864, 866; Küper, JURA 2007, 260, 263*

751 *S/S- Sternberg-Lieben/Schuster, StGB, § 16 Rn 26; Kühl, AT, § 13 Rn 16*

Vermeidbarkeitsprüfung

730 **DEFINITION**

Der **Verbotsirrtum** ist **unvermeidbar**, wenn der Täter trotz der ihm nach den Umständen des Falles, seiner Persönlichkeit sowie seinem Lebens- und Berufskreis zuzumutenden Anspannung des Gewissens die Einsicht in das Unrechtmäßige seines Handels nicht zu gewinnen vermochte.[752]

731 Das setzt voraus, dass er alle seine geistigen Erkenntniskräfte eingesetzt und etwa auftauchende Zweifel durch Nachdenken und erforderlichenfalls durch Einholung von Rat einer sachkundigen und unvoreingenommenen Person beseitigt hat.[753] Dies ist nicht der Fall, wenn es sich um ein eher zur Absicherung als zur Klärung bestelltes anwaltliches Gefälligkeitsgutachten handelt oder wenn die erteilten Auskünfte erkennbar vordergründig und mangelhaft sind.[754]
Wertungsirrtümer sind in aller Regel vermeidbar, weil der Täter sich genau über die Wertungen der Rechtsordnung informieren muss.[755]

Prüfung in der Schuld

732 **KLAUSURHINWEIS**

Der Wertungsirrtum über die Reichweite des Tatbestands, der Verbotsirrtum, wird also nicht im Tatbestand selbst geprüft, sondern erst in der Schuld. Unabhängig von der Verortung im Prüfungsschema ist der klassische Fall des Verbotsirrtums also kein Irrtum über entschuldigende Merkmale. Vielmehr kann der Wertungsirrtum über die Reichweite des Tatbestands die Schuld ausschließen.

733 **BEISPIEL:** T beleidigt ein Kind. Dabei denkt er, eine Beleidigung sei nur gegenüber Erwachsenen strafbar.

Im Beispiel irrt T über die Reichweite des (Beleidigungs-)Verbots des § 185 StGB. Er befindet sich deshalb in einem sog. „Verbotsirrtum". Die Schuldhaftigkeit der Tatbestandsverwirklichung wäre nur zu verneinen, wenn T seinen Wertungsirrtum nicht vermeiden konnte. T hätte jedoch erkennen können und müssen, dass auch Kinder einen Anspruch auf Schutz ihrer persönlichen Ehre und Wertschätzung haben. Folglich hat sich T wegen (vorsätzlicher) Beleidigung nach § 185 StGB strafbar gemacht.

Vorsatz gegeben

734 **KLAUSURHINWEIS**

Der Vorsatz des Täters ist beim Verbotsirrtum zu bejahen. Er weiß, dass er den entsprechenden Tatbestand verwirklicht. In der Schuld ist dann die Frage aufzuwerfen, wie es sich auswirkt, dass er glaubte, dabei kein Unrecht zu tun. Unter Anwendung von § 17 StGB ist die Frage der Vermeidbarkeit dieses Irrtums zu prüfen.

Mauerschützen-Fälle

735 Als weiteres Beispiel mögen die „**Mauerschützen-Fälle**" dienen, in denen der BGH nur einen vermeidbaren Verbotsirrtum angenommen hat, weil „der Verstoß gegen

752 *BGH, NJW 2013, 93, 97; BGHSt 2, 194, 201*
753 *BGH, NJW 2013, 93, 97; BGHSt 4, 1, 5*
754 *BGH, NStZ 2013, 461, 461*
755 *Gropp, AT, § 13 Rn 15; Knobloch, JuS 2010, 864, 866*

das elementare Tötungsverbot auch für einen indoktrinierten Menschen ohne weiteres einsichtig, also offensichtlich" ist.[756]
In der Praxis kommen vor diesem Hintergrund unvermeidbare Verbotsirrtümer fast nur im Bereich des Nebenstrafrechts und im Recht der Ordnungswidrigkeiten vor.[757]

5. Der „umgekehrte" Verbotsirrtum

Beim Verbotsirrtum tut der Täter etwas objektiv Verbotenes, aufgrund eines Wertungsirrtums hält er sein Tun jedoch irriger Weise für erlaubt. Beim „umgekehrten" Verbotsirrtum tut der Täter etwas objektiv Erlaubtes, hält dies jedoch irriger Weise wegen eines Wertungsirrtums für verboten. Dieser Fall stellt ein strafloses Wahndelikt dar.[758] **736** Wahndelikt

BEISPIEL: E begeht einen Ehebruch und stellt sich vor, dieser sei strafbar.

6. Rechtsfolgenvergleich von Tatbestands- und Verbotsirrtum

MERKSATZ **737**

Ein **Sachverhaltsirrtum** gem. § 16 I 1 StGB wirkt sich durch den zwingenden Vorsatzausschluss für den Täter deutlich vorteilhafter aus als ein **Wertungsirrtum** gem. § 17 StGB, der wegen seiner strengen Vermeidbarkeitsprüfung die Vorsatzstrafe in der Regel unberührt lässt.

Ergänzend zu den Überlegungen in der obigen Einleitung hat dies seinen Grund darin, dass derjenige, der mangels Sachverhaltserkenntnis den Sinngehalt seiner Tat nicht erfasst, von der Appell- und Warnfunktion des Tatbestands nicht erreicht wird.[759] Wer meint, in der Kneipe seine eigene Jacke vom Garderobenhaken zu nehmen, der hat keinen Anlass, über das Verbot, fremde Sachen wegzunehmen, nachzudenken. Ein solcher Irrtum ruft mehr Nachsicht hervor, als wenn der Täter meint, wer seine Jacke an die Garderobe hänge, sei auch mit ihrer Mitnahme durch eine andere Person einverstanden. **738** Appell- und Warnfunktion des Tatbestands

Genau umgekehrt verhalten sich auch hier die „umgekehrten" Irrtümer. Der „umgekehrte" Tatbestandsirrtum stellt einen strafbaren (untauglichen) Versuch dar und wirkt mithin für den Täter nachteiliger als der „umgekehrte" Verbotsirrtum, der ein bloß strafloses Wahndelikt darstellt. **739** Die „umgekehrten" Irrtümer

7. Der Irrtum über den Kausalverlauf

Die bisher dargestellten Sachverhaltsirrtümer auf Tatbestandsebene weisen die Gemeinsamkeit auf, dass der Erfolg aus der Sicht des Täters am falschen Objekt eingetreten ist. Es gibt jedoch auch Probleme, wenn der Erfolg zwar am richtigen Objekt eintritt, aber in anderer Weise als vorgestellt. Man spricht insofern von einem Irrtum über den Kausalverlauf. Da die Kausalität ein objektives Tatbestandsmerkmal **740** Erfolgseintritt in bloß anderer Weise

756 *BGHSt 39, 1, 34*
757 *Kühl, AT, § 13 Rn 51a mit Beispielen*
758 *Knobloch, JuS 2010, 864, 866 f.; ausführlich hierzu im Kapitel „Versuch" ab Rn 945*
759 *Kühl, AT, § 13 Rn 14; Wessels/Beulke/Satzger, AT, Rn 366*

darstellt auf welches sich der Vorsatz des Täters beziehen muss,[760] könnte bei derartigen Fällen ein den Vorsatz ausschließender Tatbestandsirrtum vorliegen. Bei den Irrtümern über den Kausalverlauf werden das einaktige und das mehraktige Geschehen unterschieden.

a) Das einaktige Geschehen

741 Irrtümer über den Kausalverlauf bei einaktigem Geschehen sind dadurch gekennzeichnet, dass der Täter eine Handlung vornimmt, die aus seiner Sicht den tatbestandlichen Erfolg in einer bestimmten Weise herbeiführen soll. Tatsächlich führt die Handlung des Täters den gewollten Erfolg im Ergebnis auch herbei, jedoch auf andere Weise, als vom Täter vorgestellt.

Kein atypischer Kausalverlauf

742 **KLAUSURHINWEIS**
In derartigen Fällen ist stets zunächst sorgfältig zu prüfen, ob dem Täter der Erfolg überhaupt objektiv zuzurechnen ist. Nur wenn dies zu bejahen ist, erlangt der Prüfungspunkt des Vorsatzes überhaupt Relevanz. Anderenfalls liegt ein atypischer Kausalverlauf vor, der die objektive Zurechnung ausschließt.[761]

(Un-)wesentliche Abweichung

743 Ist die objektive Zurechnung zu bejahen, stellt sich die Frage nach dem Vorsatz des Täters hinsichtlich des Kausalverlaufs. Da der Kausalverlauf meist nur unvollkommen voraussehbar ist, stellt sich die Frage, wann eine Abweichung des wirklichen vom vorgestellten Kausalverlauf so wesentlich ist, dass der Irrtum als Tatbestandsirrtum i.S.d. § 16 I 1 StGB anzusehen ist.

744 **MERKSATZ**
Der Irrtum über den Kausalverlauf ist **unwesentlich** – mit der Folge, dass der Vorsatz zu bejahen ist –, wenn sich das tatsächliche Geschehen noch in den Grenzen des nach allgemeiner Lebenserfahrung Voraussehbaren hält und keine andere Bewertung der Tat gerechtfertigt ist.[762]

745 **BEISPIEL 1** (nach RGSt 70, 257): T wollte O durch Schläge mit einem Beil töten. O starb aber nicht daran, sondern an der eingetretenen Wundinfektion.

Dass ein durch Beilhiebe schwer verletztes Opfer an einer Wundinfektion stirbt, stellt keinen atypischen Kausalverlauf dar. Der Tod des O ist dem T folglich zuzurechnen. T wollte auch den Todeserfolg des O, es fragt sich aber, ob er auch Vorsatz hinsichtlich des tatsächlichen Kausalverlaufs hatte, der zur Tötung führte.

746 Ausgehend von dem obigen Merksatz liegt es noch in den Grenzen der allgemeinen Lebenserfahrung, dass ein durch Beilhiebe schwer verletztes Opfer an einer Wundinfektion verstirbt. Auch eine andere Tatbewertung ist nicht gerechtfertigt. Wenn der Täter auf sein Opfer mit einem Beil einschlägt, um es zu töten, macht es keinen Unterschied, ob das Opfer sofort durch die Schläge getötet wird, oder ob es innerhalb der

---

760 BGHSt 7, 325, 327
761 Gropp, AT, § 13 Rn 66 f.; Kühl, AT, § 13 Rn 42; vgl. dazu oben Rn 143
762 BGHSt 38, 32, 34; 7, 325, 329; Heinrich, AT, Rn 1091

nächsten Minuten verblutet oder an einer Wundinfektion verstirbt. Der Täter kann sich nicht eine bestimmte Form des Todeseintritts als von seinem Vorsatz erfasst heraussuchen und sich bei allen anderen medizinisch denkbaren Formen des Todeseintritts auf mangelnden Vorsatz berufen.[763] Folglich hat T vorsätzlich gehandelt.

BEISPIEL 2: Gleiches gilt, wenn das geschlagene und getretene Opfer an stressbedingtem Herzversagen stirbt.[764]

b) Das mehraktige Geschehen

Das eigentliche Problem bilden die Fälle des Irrtums über den Kausalverlauf bei einem mehraktigen Geschehen. In Anlehnung an eine früher vertretene Meinung, die dem Täter einen allgemeinen Vorsatz unterstellen wollte, wird dieses Problem verbreitet mit „**dolus generalis**" bezeichnet.[765] Diese Fallkonstellation unterscheidet sich vom einaktigen Geschehen dadurch, dass der Täter durch einen ersten Akt den tatbestandlichen Erfolg herbeigeführt zu haben glaubt, während er ihn in Wirklichkeit erst durch den zweiten Akt herbeiführt. Dadurch handelt der Täter nur im ersten Teilakt mit Vorsatz, während der Vorsatz im zweiten Teilakt fehlt, weil der Täter ja glaubt, den Erfolg bereits herbeigeführt zu haben. Es ist streitig, wie derartige Fälle zu behandeln sind. **747** Dolus generalis

KLAUSURHINWEIS **748** Kein atypischer Kausalverlauf

Noch mehr als beim einaktigen Geschehen ist eine sorgfältige Prüfung der objektiven Zurechenbarkeit des Erfolges erforderlich.[766] Für Tötungsdelikte lässt sich grundsätzlich sagen, dass es nicht atypisch ist, dass Täter, die glauben ihr Opfer getötet zu haben, Handlungen vornehmen, die auf die Verdeckung der Tat und ihrer Täterschaft gerichtet sind. Wenn in solchen Situationen tatsächlich noch lebende Personen wie Tote behandelt werden, ist es ebenfalls nicht atypisch, dass die Opfer dabei ums Leben kommen.[767]

Nach einer Auffassung sind beide Teilakte der Tat, deren Zäsur der Zeitpunkt bilde, zu dem der Täter das Opfer irrigerweise für tot halte, einer separaten rechtlichen Würdigung zu unterziehen. Mithin kommt eine Strafbarkeit wegen Versuchs (durch den ersten Akt) und Fahrlässigkeit (durch den zweiten Akt) in Betracht.[768] Gegen diese sog. Versuchslösung spricht, dass sie das Geschehen stets willkürlich in zwei Teile aufspaltet, obwohl es sich (zumindest in den meisten Fällen) um einen einheitlichen Lebensvorgang handelt. Auch verkennt sie, dass der Vorsatz nicht im Zeitpunkt des Erfolgseintritts vorliegen muss, sondern lediglich zu dem Zeitpunkt, zu dem der Täter die Tathandlung vornimmt. **749** **Versuchslösung = Trennungstheorie**

Nach einer anderen Ansicht, der Theorie vom Gesamtvorsatz, ist danach zu differenzieren, ob der Täter den zweiten Akt (im Beispiel das Erhängen) bereits von Anfang an geplant hatte, oder nicht.[769] Habe der Täter das Geschehen von Beginn an als Einheit geplant, so könne es keinen Unterschied machen, in welchem Zeitpunkt des **750** **Theorie vom Gesamtvorsatz**

763 *RGSt 70, 257, 258 f.; Jescheck/Weigend, AT, § 29 V 6 b; kritisch MK-Joecks, StGB, § 16 Rn 57 zum sog. „Brückenpfeiler-Fall"*
764 *BGH, HRRS 2011 Nr. 1137*
765 *Z.B. Kühl, AT, § 13 Rn 46; Lichtenthäler, JuS 2020, 211, 211; Sowada, JURA 2004, 814, 814*
766 *Bechtel, JA 2016, 906, 907; Lichtenthäler, JuS 2020, 211, 213 f.; Valerius, JA 2006, 261, 264*
767 *Bechtel, JA 2016, 906, 907; Buttel/Rotsch, JuS 1995, 1096, 1097; Sowada, JURA 2004, 814, 815*
768 *Kühl, AT, § 13 Rn 48; Höffler/Marsch, JA 2017, 677, 680 f.; Kalkoven/Sievert, JURA 2011, 229, 230; Noltensmeier/Henn, JA 2007, 772, 774*
769 *SK-Stein, StGB, § 16 Rn 38; ähnlich Stratenwerth/Kuhlen, § 8 Rn 93; Sternberg-Lieben/Sternberg-Lieben, JuS 2012, 289, 295*

Gesamtgeschehens der Erfolg eintrete. Der Täter sei in diesem Fall wegen vorsätzlicher vollendeter Tat zu bestrafen. Habe der Täter demgegenüber den Entschluss zum zweiten Akt erst nachträglich gefasst, so sei eine Zäsur anzuerkennen, die den Vorsatz des Täters enden lasse. In diesem Fall kommt es dann nur zu einer Strafbarkeit wegen Versuchs (durch den ersten Akt) und Fahrlässigkeit (durch den zweiten Akt). Gegen diese Meinung spricht, dass sie dem Einlassungsgeschick des Täters Tür und Tor öffnet. Der Täter muss nur vortragen, dass er den Entschluss zum zweiten Teilakt erst später gefasst habe, was in der Praxis schwer zu widerlegen ist, um sich der Strafbarkeit wegen vorsätzlicher Vollendung zu entziehen.

H.M.: **Wesentlichkeitstheorie**

751 Deshalb stellt die h.M. auch in dieser Variante des Irrtums über den Kausalverlauf nur darauf ab, ob die Abweichung des tatsächlichen vom vorgestellten Kausalverlauf wesentlich ist.[770] Hierfür gilt die gleiche Definition wie oben beim einaktigen Geschehen. Ob eine andere Bewertung der Tat gerechtfertigt ist, bestimmt sich wertend z.B. danach, ob der Täter mit Tötungsabsicht oder mit bloßem Eventualvorsatz gehandelt hat,[771] ob der Täter ein Angreifer oder ein Verteidiger war oder nach sonstigen Tatumständen, die eine andere rechtliche Bewertung der Tat ermöglichen können. Das Merkmal der „anderen Bewertung der Tat" bietet vor diesem Hintergrund die Möglichkeit zu einer einzelfallgerechten Fallbeurteilung.[772]

752 **BEISPIEL 1** (nach OGH 1, 74): T will, nachdem er das Opfer O gewürgt hat und dadurch umgebracht zu haben glaubt, einen Selbstmord durch Erhängen vortäuschen. Erst dadurch kommt der vermeintlich Tote O ums Leben.

Nach der Versuchslösung hat T durch das Würgen versucht, den O zu töten und ihn später durch das Erhängen fahrlässig getötet. Nach der Theorie vom Gesamtvorsatz käme es auf die Frage an, ob T von Anfang an geplant hatte, einen Selbstmord des O durch Erhängen vorzutäuschen. Nach der herrschenden Wesentlichkeitstheorie gilt, dass sich das Geschehen (entsprechend den Ausführungen zur Zurechenbarkeit des Erfolges) in den Grenzen der allgemeinen Lebenserfahrung bewegt. Da T mit Tötungsabsicht als Angreifer agiert, ist auch keine andere Bewertung der Tat gerechtfertigt. T hat hinsichtlich des Todes des O vorsätzlich gehandelt und sich folglich wegen vorsätzlicher vollendeter Tötung strafbar gemacht.

753 **KLAUSURHINWEIS**

Das Problem ist im **Vorsatz zum Kausalverlauf** und nicht beim Vorsatz zum Erfolgseintritt zu behandeln. Sofern der Vorsatz abgelehnt wird, ist die Vollendungsstrafe aus dem Vorsatzdelikt abzulehnen und eine Strafbarkeit zunächst wegen Versuchs und dann wegen Fahrlässigkeit (chronologischer Aufbau) zu prüfen. Innerhalb der Versuchsprüfung ist bei der Vorprüfung im Rahmen der Nichtvollendung z.B. wie folgt zu formulieren: „Zwar ist O tot, jedoch liegt aus den genannten Gründen ein rechtlicher Fall der Nichtvollendung vor."

---

770 *BGHSt 7, 325, 329; 14, 193, 194 (Jauchegrube); 38, 32, 34; S/S-Sternberg-Lieben/Schuster, StGB, § 15 Rn 58; Heinrich, AT, Rn 1098; Rengier, AT, § 9 Rn 56 f.; Wessels/Beulke/Satzger, AT, Rn 392; Exner, ZJS 2009, 516, 521*

771 *Roxin, AT I, § 12 Rn 177, der dies als alleiniges Kriterium verwendet*

772 *Ausführliche und weiter differenzierende Streitdarstellung bei Sowada, JURA 2004, 814 ff.*

Ein Sonderfall ist gegeben, wenn der Täter beim zweiten Teilakt gerade nicht fahrlässig handelt, sondern auch vorsätzlich. **753a**

BEISPIEL 2 (nach BGH, JuS 2016, 368 = JA 2016, 550 = RA 2016, 101): Nach einer mit Tötungsvorsatz und heimtückisch vorgenommenen Tötungshandlung kehrt der Täter zum vermeintlich toten Opfer zurück, um Spuren zu beseitigen. Als er erkennt, dass das tödlich verletzte Opfer noch lebt, schneidet er diesem den Hals durch. „Scheunenmord-Fall"

Das LG teilte das Tatgeschehen in zwei Teilakte auf, nämlich die Schläge und die Schnitte. Auf dieser Basis verurteilte es den Angeklagten wegen versuchten Mordes in Tateinheit mit gefährlicher Körperverletzung (durch die Schläge) und wegen Totschlags (durch die Schnitte). Bei den Schnitten wäre das Opfer zum Argwohn nicht mehr fähig gewesen, weshalb keine Heimtücke vorgelegen hätte. Für diese Lösung könnte man vorbringen, dass der ursprüngliche Zurechnungszusammenhang durch die vorsätzliche Zweittat unterbrochen worden sei, der Täter also gewissermaßen selbst – parallel zum „Dazwischentreten eines Dritten" – „dazwischen" getreten sei.[773] Nach dieser Lösung würde sich die Frage des Vorsatzes zum Kausalverlauf gar nicht mehr stellen. Mordmerkmal Heimtücke

Der BGH hingegen ging in diesem sog. „Scheunenmord-Fall" nach der Wesentlichkeitstheorie von einem einheitlichen Gesamtgeschehen aus und verurteilte wegen eines einheitlichen vollendeten Heimtücke-Mordes.[774]

BEISPIEL 3 (nach BGH, JA 2017, 387 = RA-Telegramm 2017, 34): Nach einer mit Tötungsvorsatz und heimtückisch vorgenommenen Tötungshandlung tritt der Täter zurück. Als er danach vom Opfer angegriffen wird, schlägt er den Angriff zurück und tötet dann das Opfer. **753b** Abgrenzung „Scheunenmord-Fall"

Hier hat der BGH einen Rücktritt vom versuchten Heimtückemord und danach einen separaten § 212 (Opfer nicht mehr arglos) angenommen. Rücktritt führt zur Zäsur

Das überzeugt: Der Täter des Scheunenmord-Falles hatte mit den zweiten tödlichen Handlungen an das Erstgeschehen angeknüpft, ohne dass ein Fallenlassen des Tötungsentschlusses zu irgendeinem Zeitpunkt erkennbar gewesen wäre. Insofern unterscheiden sich die Fälle in dem maßgeblichen Gesichtspunkt einer zwischenzeitlichen Aufgabe des Tötungsentschlusses.

c) Der „umgekehrte" Irrtum über den Kausalverlauf

Der Fall des Irrtums über den Kausalverlauf beim mehraktigen Geschehen kann **754** auch umgekehrt werden. In diesem Fall tritt der Erfolg bereits früher als gewollt ein. Vorzeitiger Erfolgseintritt

Bewirkt der Täter, der nach seiner Vorstellung vom Tatablauf den Taterfolg erst durch **755** eine spätere Handlung herbeiführen will, diesen tatsächlich bereits durch eine frühere, so kommt eine Verurteilung wegen vorsätzlicher Herbeiführung des Taterfolgs über die Rechtsfigur der unerheblichen Abweichung des tatsächlichen vom vorgestellten Kausalverlauf nur dann in Betracht, wenn er bereits vor der Handlung, die den Taterfolg Maßgeblich: Eintritt in das Versuchsstadium

---

773 *So Bechtel, JA 2016, 906, 907 f.*

774 *Kritisch zu dieser Begründung Eisele, JuS 2016, 360, 370; Jäger, JA 2016, 550, 550 f., da man einen Zweitakt nicht als unwesentliche Vorsatzabweichung betrachten könne, wenn der Täter für dessen Verwirklichung später selbst noch einen weiteren Tötungsentschluss fassen müsse. Eher liege ein einheitlichen Mord vor, weil der Täter die durch die Schläge begonnene heimtückische Tötung nur mit anderen Mitteln (durch die Halsschnitte) zu Ende geführt habe (so Jäger, JA 2016, 550, 550 f.).*

verursacht, die **Schwelle zum Versuch überschritten** hat oder sie zumindest mit dieser Handlung überschreitet. Denn Handlungen im Vorbereitungsstadium mögen zwar der Umsetzung des Tatplans dienen, setzen nach der Vorstellung und dem Willen des Täters aber noch nicht den unmittelbar in die Tatvollendung einmündenden Kausalverlauf in Gang, sodass sich mangels eines rechtlich relevanten Vorsatzes die Frage einer (wesentlichen oder unwesentlichen) Abweichung des tatsächlichen vom vorgestellten Kausalverlauf nicht stellt. Wird der Taterfolg schon durch eine Vorbereitungshandlung bewirkt, kommt daher nur eine Verurteilung wegen fahrlässiger Verursachung dieses Erfolgs in Betracht.[775] Mit anderen Worten: Wer niemals vorsätzlich mit dem Töten begonnen hat, kann nicht vorsätzlich getötet haben.[776]

Luftinjektions-Fall

756 **BEISPIEL 1** (nach BGH, NStZ 2002, 475, „Luftinjektions-Fall"): Die Täter schlagen auf das Opfer im Hals- und Kopfbereich ein, um es anschließend durch die Injektion von Luft in die Armvene zu töten. Entgegen der Vorstellung der Täter verstirbt das Opfer nicht erst an der Injektion, sondern bereits an den Schlägen, was diese jedoch nicht bemerken.

Im Beispiel liegt in der Gewaltanwendung mit dem Ziel, das Opfer wehrlos zu machen, bereits das unmittelbare Ansetzen zur Tötung i.S.d. § 22 StGB. Nach der Wehrlosigkeit des Opfers sollte diesem sofort die Luftinjektion verabreicht werden, sodass das Geschehen eine Einheit bildet. Folglich sind die Täter wegen vollendeter vorsätzlicher Tötung zu bestrafen.[777]

757 **KLAUSURHINWEIS**

Diese Konstellation bereitet deshalb häufig besondere Probleme, weil sie innerhalb der Vorsatzprüfung des vollendeten Delikts eine Inzidentprüfung des unmittelbaren Ansetzens zum Versuch verlangt.[778] Dahinter steckt die Überlegung, dass der Versuch das Durchgangsstadium zur Vollendung darstellt. Hat der Täter das Stadium des Versuchs (also das Durchgangsstadium) jedoch noch gar nicht erreicht, so kann er erst Recht noch nicht das „Endstadium" des vorsätzlichen vollendeten Delikts erreicht haben.

757a **BEISPIEL 2** (nach BGH, RA 2017, 611 = JuS 2017, 1223 = JA 2017, 948, „Penis-Fall"): T schlug dem alkoholisierten O auf die Lippe wobei diesem Speisebrei aus dem Magen aufstieg. Da der Würgereflex wegen der hohen Alkoholisierung nicht einsetzte, begann O zu röcheln. Wenige Minuten später verstarb O infolge Erstickens. A zog nun dem O die Hose herunter und durchtrennte mit einem Messer dessen Penis. Dabei erkannte er dessen Tod nicht, sondern nahm vielmehr den Tod des vermeintlich noch lebenden O billigend in Kauf.

Da ein „nachträglicher" Vorsatz (dolus subsequens) gem. § 16 I StGB unbeachtlich ist, kommen beim Schlag nur § 223 StGB und § 222 StGB in Tateinheit und bei der Abtrennung (nunmehr in Tatmehrheit) nur ein untauglicher Tötungsversuch in Betracht.[779]

---

775 BGH, NStZ 2002, 475, 476; 309, 309; Roxin, AT I, § 12 Rn 184; Bechtel, JA 2018, 909, 912 f.

776 Herzberg, JuS 1985, 1, 8

777 BGH, NStZ 2002, 475, 476; zur a.A. vgl. die Nachweise bei Roxin, AT I, § 12 Rn 185 ff.

778 Bechtel, JA 2018, 909, 914; Gaede, JuS 2002, 1058, 1061 f.; Sowada, JURA 2004, 814, 817

779 So auch Eisele, JuS 2017, 1223, 1224; Kudlich, JA 2017, 948, 949

8. Die Identitätstäuschung/Objektsverwechslung (error in persona vel objecto)

a) Allgemeines

Ein besonderer Fall des Sachverhaltsirrtums auf Tatbestandsebene ist der Irrtum des Täters über die Identität des getroffenen Opfers oder Tatobjekts. Dieser Irrtum könnte ebenfalls ein Tatbestandsirrtum gem. § 16 I 1 StGB sein. Dies würde voraussetzen, dass der Täter einen Umstand nicht kennt, der zum gesetzlichen Tatbestand gehört. Sofern der in Frage stehende Tatbestand jedoch das geschützte Rechtsgut nur gattungsmäßig (z.B. „Mensch" in § 212 I StGB) beschreibt, ist die Personen- bzw. Objektsverwechslung bedeutungslos. Der Täter weiß in diesem Fall, dass er ein vom Tatbestand geschütztes Rechtsgut verletzt und will dies auch, weshalb er vorsätzlich handelt. **758** Irrtum über Identität des Opfers

BEISPIEL: T will seinen Nachbarn N ärgern und ihm in der Nacht das Auto zerkratzen. In der Dunkelheit verwechselt er jedoch die Autos und zerkratzt den Wagen des Nachbarn M. **759**

Gleichwertige Objekte

Fraglich ist, ob sich T wegen Sachbeschädigung, § 303 I StGB, strafbar gemacht hat. Es könnte T am notwendigen Vorsatz fehlen, weil er den Wagen des M gar nicht beschädigen wollte. Am Vorsatz würde es fehlen, wenn T wegen eines Sachverhaltsirrtums einen Umstand nicht gekannt hätte, der zum gesetzlichen Tatbestand gehört, § 16 I 1 StGB.

§ 303 I StGB setzt voraus, dass eine fremde Sache beschädigt wird. Dass er eine fremde Sache beschädigt, wusste und wollte T. Wer genau Eigentümer der beschädigten Sache ist, ist kein Merkmal des § 303 I StGB, auf das sich der Vorsatz des Täters beziehen muss.[780] Folglich ist die Verwechslung des Objekts (error in objecto) für den Vorsatz des T unschädlich. **760** Error in objecto

Error in persona

Nichts anderes würde im Bereich der Körperverletzung, § 223 I StGB, gelten, wenn T in der Nacht dem N eine Ohrfeige geben will, jedoch in der Dunkelheit N und M verwechselt und den M ohrfeigt (error in persona).

KLAUSURHINWEIS **761**

Ein verbreiteter Fehler in Klausuren liegt darin, dass in derartigen Fällen schlicht geschrieben wird, der Täter befinde sich in einem unbeachtlichen error in persona bzw. in objecto. Damit ist jedoch die Unbeachtlichkeit des Irrtums nicht begründet, sondern bloß behauptet. Dass der Irrtum unbeachtlich ist, ist am Gesetz nachzuweisen, indem aufgezeigt wird, dass der Umstand, über den sich der Täter irrt, keiner ist, auf den sich gem. § 16 I 1 StGB sein Vorsatz beziehen muss.[781]

Man könnte auf die Idee kommen, den Täter beim error in persona vel objecto neben der Vorsatztat am getroffenen Objekt zusätzlich wegen Versuchs am eigentlich gewollten Objekt zu bestrafen. Ein derartiger Versuch kann schon deshalb nicht angenommen werden, weil der Täter nur Vorsatz zur Verletzung **762** Kein weiterer Versuch am gewollten Objekt

780 *Kühl, AT, § 13 Rn 23 f., für den Fall des § 212 StGB*

781 *Hardtung, JuS 2006, 54, 55*

eines Rechtsguts hatte. Dieser eine Vorsatz ist jedoch mit der Bejahung des Vorsatzes hinsichtlich des tatsächlich getroffenen Objekts schon „verbraucht", er darf keinesfalls doppelt verwertet werden.[782]

763 **MERKSATZ**

Der **error in persona (vel objecto)** ist kein Tatumstandsirrtum i.S.d. § 16 I 1 StGB und schließt deshalb bei rechtlicher Gleichwertigkeit der Objekte den Vorsatz des Täters nicht aus. Ein derartiger Irrtum ist folglich unbeachtlich.[783]

Ungleichwertige Objekte

764 Anders gelagert ist der Fall, wenn sich die Verwechslung auf rechtlich ungleichwertige Objekte bezieht. In diesem Fall scheidet in Bezug auf das tatsächlich verletzte Rechtsgut die Annahme von Vorsatz aus. Hinsichtlich der gewollten Rechtsgutsverletzung kommt eine Bestrafung wegen eines (untauglichen) Versuchs in Betracht.

BEISPIEL: A ist wütend auf den Schneidermeister S, da dieser seinen Hochzeitsanzug verschnitten hat, was vor allem die Familie der Braut sehr erheiterte. Von der dem Laden gegenüberliegenden Seite der Straße gibt er deshalb einen Schuss auf S ab, um ihn zu töten. Die von der Kugel getroffene Schaufensterpuppe kippt um. Enttäuscht erkennt A, der die Puppe für S gehalten hatte, seine Verwechslung und geht nach Hause.

Versuch

765 A hatte Vorsatz, einen Menschen zu töten. Das anvisierte Objekt war jedoch bloß eine Schaufensterpuppe. Da A nach seiner Vorstellung von der Tat, vgl. § 22 StGB, zur Tötung eines Menschen unmittelbar angesetzt hat, hat er sich wegen versuchten Totschlags (oder gar Mordes) strafbar gemacht. Dass das anvisierte Objekt gar kein Mensch war, führt dazu, dass der Versuch als ein untauglicher Versuch an einem untauglichen Objekt anzusehen ist. Auch der untaugliche Versuch ist jedoch strafbar, wie sich schon aus dem Umkehrschluss aus § 23 III StGB ergibt. Wenn dort selbst für den Fall des groben Unverstands eine Strafmilderung oder gar ein Absehen von Strafe in Aussicht gestellt wird, so beinhaltet dies, dass die Tat strafbar ist.[784]

Fahrlässigkeit

766 Hinsichtlich des tatsächlichen getroffenen Objekts könnte ein Sorgfaltspflichtverstoß vorliegen, der zu einer Bestrafung wegen fahrlässiger Tatbegehung führt. Da eine fahrlässige Sachbeschädigung jedoch nicht strafbar ist, vgl. § 303 StGB und § 15 StGB, bleibt A insofern ohne Strafe.

767 **MERKSATZ**

Sind im **Fall der Objektsverwechslung** die Objekte rechtlich ungleichwertig, so kommt für den Täter hinsichtlich des gewollten Objekts eine Bestrafung wegen (untauglichen) Versuchs und hinsichtlich des tatsächlichen getroffenen Objekts eine Bestrafung wegen Fahrlässigkeit in Betracht.

---

782 *Im Ergebnis ebenso Wessels/Beulke/Satzger, AT, Rn 372*

783 *BGHSt 11, 268, 270*

784 *Näheres im Kapitel „Versuch", Rn 926*

b) Auswirkung des error in persona des Haupttäters auf andere Tatbeteiligte

Umstritten ist die Beantwortung der Frage, wie es sich auf die Bestrafung von anderen Tatbeteiligten auswirkt, wenn der Haupttäter einem für ihn unbeachtlichen error in persona unterliegt. Die Beantwortung dieser Frage setzt Grundkenntnisse zu den unterschiedlichen Formen der Tatbeteiligung voraus und wird deshalb im Kapitel „Täterschaft und Teilnahme" im Skript AT II behandelt. **768**

9. Das Fehlgehen der Tat (aberratio ictus)

a) Allgemeines

Einen weiteren Sonderfall des Sachverhaltsirrtums auf Tatbestandsebene bilden die Fälle, in denen die Tat fehlgeht. Im Unterschied zum Fall der bloßen Objektsverwechslung (error in persona vel objecto) trifft der Täter in diesen Fällen sein anvisiertes Objekt nicht, sondern ein anderes Objekt, welches er gerade nicht treffen wollte. Der Täter unterliegt also keiner bloßen Verwechslung, sondern schießt, schlägt oder wirft daneben. Man spricht in diesem Fall folglich von einem **Fehlgehen der Tat**, einer aberratio ictus.[785] **769**

Vorsatz bzgl. mehrerer Objekte

Ein Fehlgehen der Tat ist jedoch nicht gegeben, wenn der Täter hinsichtlich des tatsächlich getroffenen Objekts zumindest mit Eventualvorsatz handelt. In diesem Fall liegt deshalb kein Fehlgehen der Tat vor, weil der Täter mehrere Vorsätze hat und sich zumindest einer der gewollten Erfolge eingestellt hat. **770**

Abgrenzung zum alternativen und kumulativen Vorsatz

In derartigen Fällen liegt dann entweder ein **alternativer Vorsatz** (dolus alternativus)[786] oder ein **kumulativer Vorsatz** (dolus cumulativus)[787] vor.

BEISPIEL 1 (nach BGH, NStZ 2009, 210 = RA 2008, 791): X findet seine Frau F und deren Liebhaber L schlafend auf dem Sofa vor. L liegt auf F. X nimmt ein Beil, stellt sich neben das Sofa und holt aus, um L das Beil auf den Kopf zu schlagen. Dabei nimmt er in Kauf, die unter L liegende F zu treffen. Der mit großer Wucht geführte Schlag trifft und tötet F. **771**

Bestrafung wegen mehrerer Vorsatztaten

In Beispiel 1 geht die Tat des X gar nicht fehl, da er insgesamt zwei Objekte anvisiert hat und eines dieser Objekte auch getroffen hat. Zwar wollte er primär L treffen, was sich jedoch allenfalls auf den Vorsatzgrad (Absicht und bezüglich der anderen Person nur Eventualvorsatz) auswirkt. In diesem Fall ist X also wegen Totschlags an F zu bestrafen. Fraglich ist nur, ob es zusätzlich noch zu einer in Tateinheit, § 52 StGB, stehenden Bestrafung wegen versuchten Totschlags an L kommt. Dies hängt davon ab, wie man den Fall des alternativen Vorsatzes löst. Folglich wird eine Strafbarkeit wegen tateinheitlich begangenen Versuchs mit dem Hinweis darauf abgelehnt, dass der Vorsatz des Täters mit der Vollendungsbestrafung „verbraucht" sei.[788] Das kann jedoch nicht überzeugen, da der Täter gerade mehrere Vorsätze aufweist, weshalb ja auch gerade gar kein Irrtum des X und auch kein Fall des Fehlgehens der Tat vorliegt.[789]

---

785 „Fehlgehen des Hiebes" von ‚aberratio, aberrationis fem.' = das Abirren und von ‚ictus, ictus mask.' = des Hiebes oder Wurfes
786 Vgl. hierzu bereits oben Rn 220
787 Vgl. hierzu bereits oben Rn 219
788 Kühl, AT, § 13 Rn 31; unklar BGH, NStZ 2009, 210, wo ein Versuch an L gar nicht erwähnt wird
789 Roxin, AT I, § 12 Rn 164

772 **KLAUSURHINWEIS**

In einer Klausur muss vor der Annahme einer aberratio ictus stets geprüft werden, ob der Täter hinsichtlich des getroffenen Objekts zumindest mit Eventualvorsatz gehandelt hat. Nur wenn dies zu verneinen ist, liegt ein Fehlgehen der Tat vor.

Fehlgehen der Tat

773 Liegt hinsichtlich des getroffenen Objekts kein Eventualvorsatz vor, ist die Tat fehlgegangen. In diesem Fall ist für die Lösung des Falles danach zu differenzieren, ob die Objekte rechtlich gleichwertig oder ungleichwertig sind.

Objekte sind ungleichwertig

774 Soweit die Objekte ungleichwertig sind, ist die Lösung offensichtlich. In diesem Fall kommt nur eine Strafbarkeit wegen Versuchs an dem anvisierten Objekt und fahrlässiger Verletzung des getroffenen Tatobjekts in Betracht.[790]

BEISPIEL 2: A will seinem Nachbarn N mit einem Stein die Fensterscheibe einwerfen. Das Fenster ist jedoch, was A nicht erkannt hatte, offen, sodass der Stein unerwartet weit ins Zimmer fliegt und den im Zimmer sitzenden N trifft und verletzt.

In Beispiel 2 ist A wegen versuchter Sachbeschädigung in Tateinheit mit fahrlässiger Körperverletzung zu bestrafen.

Objekte sind gleichwertig

775 Schwieriger ist die Lösung, wenn die Objekte gleichwertig sind.

BEISPIEL 3: T will O eine kräftige Ohrfeige verpassen. O duckt sich jedoch und T ohrfeigt dadurch dessen Frau P, die neben O stand.

Wenn sich Beispiel 3 von Beispiel 1 dadurch unterscheidet, dass der Täter hinsichtlich des getroffenen Objekts keinen (Eventual-) Vorsatz aufweist, scheint die Lösung von Beispiel 3 auf der Hand zu liegen: T hat sich wegen versuchter Körperverletzung an O und fahrlässiger Körperverletzung an P strafbar gemacht. Weil T jedoch einen Menschen verletzen wollte und einen Menschen verletzt hat, stellt sich die Frage, ob er nicht dennoch wegen vorsätzlicher vollendeter Körperverletzung bestraft werden kann. Deshalb ist die rechtliche Behandlung des Fehlgehens der Tat in den Fällen umstritten, in denen anvisiertes und getroffenes Objekt rechtlich gleichwertig sind.

Theorie der formellen Gleichwertigkeit

776 Nach einer Auffassung liegen beim Fehlgehen der Tat objektiver und subjektiver Tatbestand deckungsgleich vor, weswegen der Täter wegen vorsätzlicher vollendeter Tat zu bestrafen sei. In § 16 I StGB sei nur von den Tatumständen die Rede, die zum gesetzlichen Tatbestand gehören, nicht von dem größeren oder geringeren Ausmaß der Individualisierung des Objekts durch den Täter.[791] Nach dieser sog. formellen Gleichwertigkeitstheorie hätte T vorsätzlich gehandelt und wäre wegen § 223 I StGB zu bestrafen.

---

790 *Jescheck/Weigend, AT, § 29 V 6 c; Kühl, AT, § 13 Rn 30*

791 *Dalemann/Heuchemer, JA 2004, 460, 462 f.; Heuchemer, JA 2005, 275, 275 ff.; Loewenheim, JuS 1966, 310, 313. Eine hiermit verwandte Auffassung will diese Konsequenz nur bei nicht höchstpersönlichen Rechtsgütern (z.B. Eigentum) ziehen. Seien demgegenüber höchstpersönliche, also untrennbar an den Rechtsgutsträger gebundene Rechtsgüter (z.B. Leben, körperliche Unversehrtheit, Freiheit, Ehre) betroffen, beziehe sich der Vorsatz nur auf das anvisierte Objekt (Hillenkamp, Die Bedeutung von Vorsatzkonkretisierungen bei abweichendem Tatverlauf (1971), S. 85 ff.). Diese sog.* ***materielle Gleichwertigkeitstheorie*** *würde in Beispiel 3 einen Vorsatz bezüglich P ablehnen und insoweit T nur wegen fahrlässiger Körperverletzung bestrafen können. Hinsichtlich des O läge ein Versuch vor.*

777 Einen gänzlich anderen Denkansatz verfolgt eine Meinung, die die aberratio ictus als unbeachtlich ansieht, wenn das Fehlgehen der Tat vorhersehbar war, und damit in der aberratio ictus faktisch einen Unterfall des Irrtums über den Kausalverlauf erblickt.[792]

Adäquanztheorie

778 Die herrschende **Konkretisierungstheorie** lehnt alle Versuche ab, den Vorsatz, der sich auf O bezog, und den Erfolgseintritt bei P quasi „zusammen zu ziehen". Der Vorsatz des Täters habe sich auf das anvisierte Objekt konkretisiert, das aber nicht getroffen wurde. Folglich habe der Täter in Bezug auf das tatsächlich getroffene Objekt unvorsätzlich gehandelt.[793] Auch nach dieser Meinung käme in Beispiel 3 bzgl. P nur eine fahrlässige Körperverletzung und bzgl. O nur eine versuchte Körperverletzung in Betracht.

H.M.: **Konkretisierungstheorie**

779 Speziell gegen die Adäquanztheorie spricht schon, dass ihr Ausgangspunkt – es läge ein Irrtum über den Kausalverlauf vor – unzutreffend ist. Der Irrtum des Täters bei der aberratio ictus bezieht sich nicht auf die Frage, wie es zum gewünschten Erfolgseintritt kommt, sondern auf die Frage, an welchem Objekt der Erfolg eintritt. Gegen alle Auffassungen, die generell (so die Theorie der formellen Gleichwertigkeit) oder unter bestimmten Voraussetzungen zu einer Bejahung des Vorsatzes hinsichtlich des tatsächlich getroffenen Objekts kommen wollen, spricht, dass sie einen Vorsatz, der als Eventualvorsatz tatsächlich nicht feststellbar war, aus Rechtsgründen bloß behaupten. Dadurch wird dem Täter im Ergebnis ein genereller Vorsatz unterstellt, den dieser jedoch gerade nicht hatte.

Stellungnahme

780 **KLAUSURHINWEIS**

Im Gutachten ist im Rahmen des Vorsatzes beim vollendeten Delikt nur die Frage zu klären, ob die jeweilige Theorie den Vorsatz hinsichtlich des tatsächlichen getroffenen Objekts bejaht oder nicht. Was die Folge im Fall der Verneinung wäre (Bestrafung wegen Versuchs und Fahrlässigkeit) sollte an dieser Stelle nicht erwähnt werden, weil dies gar nicht Gegenstand der Prüfung ist. Wird der Vollendungsvorsatz mit der h.M. abgelehnt, schließen sich die Prüfungen wegen Versuchs und Fahrlässigkeit an. Keinesfalls sollte ohne Erörterung der Vollendungsstrafbarkeit mit der Versuchsprüfung begonnen werden, weil die Vorprüfung zur Frage der Nichtvollendung nicht der Ort für langwierige Ausführungen ist.[794] In der Klausur sind mindestens die Konkretisierungstheorie und die formelle Gleichwertigkeitstheorie anzusprechen.[795] Die weiteren Meinungen sind „Zugabe".

Prüfungsort: Vorsatz im Rahmen des vollendeten Delikts

b) Mittelbare Opferindividualisierung

781 Die Abgrenzung zwischen error in persona und aberratio ictus ist in den Fällen streitig, in denen der Täter das Opfer nicht direkt wahrnimmt („vor sich hat"), sondern nur mittelbar individualisiert. Wird dann aus der Sicht des Täters das falsche Opfer getroffen, stellt sich die Frage, ob die Tat fehlgegangen ist, oder ob eine bloß unbeachtliche Abweichung (error in persona vel objecto) vorliegt.

Abgrenzung error in persona und aberratio ictus

---

792 *SK-Rudolphi/Stein, § 16 Rn 32; Puppe, JZ 1989, 728, 730; ähnlich Herzberg, ZStW 85 (1973) 867, 873 ff.*

793 *BGH, NStZ 2009, 210, 211; S/S-Sternberg-Lieben/Schuster, StGB, § 15 Rn 57; Kühl, AT, § 13 Rn 33 ff.; Rengier, AT, § 15 Rn 34; Bott/Pfister, JURA 2010, 226, 230; Esser/Röhling, JURA 2009, 866, 868*

794 *a.A. nur Kühl, AT, § 13 Rn 39*

795 *Hierauf beschränken sich z.B. auch Abraham, JA 2020, 105, 107; Linke/Hacker, JA 2009, 347, 350, in ihrer Klausurlösung.*

Autobomben-Fälle

782 Klassisch sind insoweit die **Autobomben-Fälle**, in denen dann die „falsche Person" in den Wagen steigt und die Bombe zündet. Der Fall kann aber variiert werden:

BEISPIEL: M will seine alkoholkranke Frau F loswerden. Er stellt deshalb eine vergiftete Flasche Schnaps in den Kühlschrank. Er erwartet, dass F bald davon trinken und sterben wird. Stattdessen vergreift sich die Putzfrau P heimlich an dem Schnaps und stirbt.

Fraglich ist, ob M bezüglich P mit Tötungsvorsatz gehandelt hat. Nach einer Ansicht habe der Täter den Menschen töten wollen, der aus der Flasche trinkt. Dieser sei mit P auch gestorben. Die Personenverwechslung sei gem. § 16 I 1 StGB als error in persona unbeachtlich.[796] Die Gegenauffassung geht von einer „geistigen Anvisierung" des mittelbar durch die Flasche individualisierten Opfers F aus. Dieses sei nicht getroffen worden, sodass die Tat fehlgegangen sei.[797] Für eine Behandlung als error in persona spricht, dass der Täter, indem er dem Opfer eine Falle stellt, das Risiko schafft, dass die falsche Person in die Falle tappt. Diese Gefahrschaffung darf sich durch die Annahme einer aberratio ictus nicht auch noch für den Täter zu seinem Vorteil auswirken.

783 **KLAUSURHINWEIS**

Beide Auffassungen sind gut vertretbar. Die Lösung als error in persona bietet sich vor allem an, wenn weitere Tatbeteiligte zu prüfen sind, weil sich dann die Frage nach der Auswirkung des error in persona des Haupttäters auf andere Tatbeteiligte stellt.[798]

c) Der error in persona vel objecto und die a.l.i.c./Fehlgehen der Tat

Modifiziertes Tatbestandsmodell

784 Es stellt sich die Frage, wie sich der error in persona im Zeitpunkt der Tatbegehung auf das von der h.M. vertretene modifizierte Tatbestandsmodell zur Erklärung der Rechtsfigur der a.l.i.c. auswirkt.[799]

Ausnahmemodell

785 **KLAUSURHINWEIS**

Das Ausnahmemodell zur Erklärung der a.l.i.c. stellt alle Strafbarkeitsvoraussetzungen im Zeitpunkt der „eigentlichen" Tatbegehung fest und verlagert lediglich den Schuldvorwurf in den Zeitpunkt der Berauschung. Mithin stellt nach diesem Modell der im Tatbestand zu prüfende error in persona im Rahmen der a.l.i.c. kein besonders Problem dar. Anders ist dies nach dem Tatbestandsmodell, weil dieses den Tatbestand der a.l.i.c. in das Stadium der Berauschung vorverlagert. Sollte dieses Problem in der Klausur auftauchen, so ist es auch klausurtaktisch geschickt, dem (modifizierten) Tatbestandsmodell zu folgen.

Doppelter Vorsatz

786 Weil sich der Täter bei der a.l.i.c. betrinkt, um eine bestimmte Tat zu begehen (erster Teilakt der a.l.i.c.), ist fraglich, ob der Täter hinsichtlich der später ausgeführten Tat am falschen Objekt (zweiter Teilakt der a.l.i.c.) überhaupt vorsätzlich gehandelt hat. Nach dem Tatbestandsmodell muss der Täter nämlich mit einem doppelten Vorsatz

796 *BGH, NStZ 1998, 294, 295 („Sprengfalle"); Kühl, AT, § 13 Rn 27; Roxin, AT I, § 12 Rn 197; Exner, ZJS 2009, 516, 521; Kudlich, JA 2009, 185, 188 („Streubreite des Risikos")*

797 *Heinrich, AT, Rn 1112; Jescheck/Weigend, AT, § 29 V 6 c; El-Ghazi, JuS 2016, 303, 307; Esser/Röhling, JURA 2009, 866, 868*

798 *Hierzu näher im Kapitel „Täterschaft und Teilnahme" im Skript Strafrecht AT II*

799 *Ausführlich Schweinberger, JuS 2006, 507, 508*

handeln, der sich sowohl auf die Herbeiführung des Defektzustands als auch auf die Tatbestandsverwirklichung bezieht.[800]

Nach einer Auffassung soll der error in persona im Zeitpunkt der Tatausführung **787** Error in persona vel objecto
dann unbeachtlich und mithin vom Vorsatz des Täters umfasst sein, wenn sich die Personenverwechslung im Rahmen des nach allgemeiner Lebenserfahrung Voraussehbaren halte, also das tatsächliche Geschehen nicht wesentlich von dem im defektfreien Zustand gefassten Vorsatz abweiche.[801] Hiernach sei der error in persona im Zeitpunkt der Tatbegehung in der Regel unbeachtlich, weil sich die Personenverwechslung als vorhersehbare Folge alkoholbedingter Ausfallerscheinungen darstelle.

Nach der Gegenauffassung soll es am inneren Zusammenhang zwischen der **788** Aberratio ictus
geplanten und der tatsächlich ausgeführten Tat fehlen. Der error in persona im Zeitpunkt der Tatausführung stelle sich folglich als ein Fehlgehen der Tat (aberratio ictus) dar.[802]

Auf der Basis der herrschenden Tatbestandsmodelle sprechen die besseren Argu- **789** Stellungnahme
mente für die Annahme einer aberratio ictus. Der erste Teilakt, das Sich-Betrinken, bezieht sich auf das eigentlich vom Täter gewollte Objekt, das gleichsam „geistig anvisiert" wurde. Der zweite Teilakt, die unmittelbare Tatausführung, bezieht sich jedoch auf ein anderes Objekt. Schon diese Diskrepanz zeigt, dass das „anvisierte" Opfer nicht getroffen wurde und mithin die den Vorwurf der a.l.i.c. tragende Verbindung zwischen Tatplan und Tatgestaltung beseitigt und die Tat mithin fehlgegangen ist.[803]

BEISPIEL: T will seinen Feind F töten. Da er befürchtet, im nüchternen Zustand die Tat nicht zu begehen, betrinkt sich T. Im schuldunfähigen Zustand des § 20 StGB verwechselt T den F mit dessen Bruder E und erschießt diesen.

KLAUSURHINWEIS **790**

In der Klausur ist zunächst eine vollendete Tat am getroffenen Tatobjekt durch die im Rauschzustand vorgenommene Handlung zu prüfen. Im subjektiven Tatbestand stellt sich das Problem der Opferverwechslung durch den Täter (error in persona), welche vor dem Hintergrund des Nichtvorliegens der Voraussetzungen des § 16 I 1 StGB als unbeachtlich einzuordnen ist. In der Schuld ist dann die Schuldunfähigkeit des Täters festzustellen. Nunmehr ist im Rahmen eines neuen Tatbestands eine vollendete Tat am getroffenen Objekt i.V.m. den Grundsätzen über die a.l.i.c. durch die Herbeiführung des Zustands des § 20 StGB i.V.m. der späteren Tat zu prüfen. Innerhalb dieser Prüfung ist als erstes die Frage zu klären, ob die a.l.i.c. überhaupt verfassungsgemäß ist. Bejaht dies der Bearbeiter mit der h.M. in der Form des (modifizierten) Tatbestandsmodells, stellt sich die Frage, ob deren Anwendungsvoraussetzungen gegeben sind.

---

800 *BGHSt 21, 381, 382; BGH, NStZ 1995, 329, 330; Joecks/Jäger, StGB, § 323a, Rn 37*

801 *BGHSt 21, 381, 384; MK-Streng, StGB, § 20, Rn 144*

802 *S/S-Perron/Weißer, StGB, § 20 Rn 37; Roxin, AT I, § 20 Rn 71; Schweinberger, JuS 2006, 507, 508; differenzierend Wessels/Beulke/Satzger, AT, Rn 672*

803 *Ausführlich Schweinberger, JuS 2006, 507, 508*

791 Nach der Error-in-persona-Lösung hätte sich T wegen Mordes oder Totschlags an E i.V.m. den Grundsätzen über die a.l.i.c. strafbar gemacht. Nach der Aberratio-ictus-Lösung käme nur ein versuchter Mord oder Totschlag an F i.V.m. den Grundsätzen über die a.l.i.c. in Tateinheit mit einer fahrlässigen Tötung an E in Frage.

792 **KLAUSURHINWEIS**
In der Klausur folgt nun die Darstellung des Streits zur rechtlichen Behandlung der aberratio ictus. Nach der herrschenden Konkretisierungstheorie[804] führt dies zur Verneinung des Vorsatzes hinsichtlich des getroffenen Objekts (hier E) und ermöglicht allenfalls Bestrafungen wegen einer versuchten Tat i.V.m. der Rechtsfigur der a.l.i.c. (hier an F) und einer fahrlässigen Erfolgsherbeiführung (hier an E), wenn die Verwechslung bereits im Zeitpunkt der Berauschung vorhersehbar war, andernfalls wegen § 323a StGB.

10. Der „Doppelirrtum" auf Tatbestandsebene

Sachverhalts- und Wertungsirrtum

793 Ein „Doppelirrtum" auf Tatbestandsebene liegt vor, wenn sich der Täter sowohl auf der Ebene des Sachverhalts als auch auf derjenigen der Wertung irrt. In derartigen Fallgestaltungen stellt sich die Frage, welche Irrtumsvorschrift letztlich zur Anwendung kommt. Dabei sind zwei Konstellationen denkbar.

Tatbestands- und Verbotsirrtum

794 Zum einen kann es den Fall geben, dass der Täter sowohl einem Tatbestandsirrtum nach § 16 I 1 StGB als auch einem Verbotsirrtum gem. § 17 StGB unterliegt. In diesem Fall kommt es auf den Verbotsirrtum schon deswegen nicht mehr an, weil der Tatbestandsirrtum bereits den Vorsatz des Täters entfallen lässt.[805]

BEISPIEL 1: Die 25 Jahre alte Sportlehrerin L ist von ihrem 15 Jahre alten Schüler S sehr angetan. Auch S findet Gefallen an L. Im Anschluss an den Schwimmunterricht nimmt L am S Oralverkehr vor. Wegen eines fehlerhaften Klassenbucheintrags geht L davon aus, dass S bereits 16 Jahre alt ist. Im Übrigen geht sie davon aus, dass der strafrechtliche Schutz der Sexualdelikte bereits mit dem Ablauf des 14. Lebensjahres endet, da sie jüngst einen Zeitungsartikel bezüglich § 176 StGB gelesen hatte.

Im Vergleich mit dem obigen Grundfall „Schwimmunterricht" zeigt sich, dass hier sowohl ein Tatbestandsirrtum gem. § 16 I 1 StGB (Irrtum über das Alter des S), als auch ein Verbotsirrtum gem. § 17 StGB (Unkenntnis der Schutzaltersgrenze bei § 174 I Nr. 1 StGB) vorliegen. L handelt hinsichtlich des Alters des S ohne Vorsatz. Eine Strafbarkeit gem. § 174 I Nr. 1 StGB scheidet folglich aus.

Tatbestandsirrtum und Wahndelikt

795 Zum anderen kann es den Fall geben, dass der Täter sowohl einem Tatbestandsirrtum gem. § 16 I 1 StGB unterliegt als auch ein Wahndelikt begeht.

804 *Vgl. zu diesem Problem bereits oben Rn 775*

805 *Heinrich, AT, Rn 1146*

Mauswiesel-Fall

BEISPIEL 2 („Mauswiesel-Fall"): Willy Wildrig geht im Stadtwald spazieren. Plötzlich sieht er ein verletztes Mauswiesel (jagdbares Tier nach § 2 I 1 BJagdG und damit Wild i.S.d. § 292 StGB) am Wegesrand liegen. Spontan entschließt er sich zur Jagd. Mit seinem Wanderstock spießt er das Mauswiesel auf und erlegt es so. Willy hält das Mauswiesel für eine Maus, glaubt aber, auch Mäuse seien jagdbare Tiere und damit Wild i.S.d. § 292 StGB. Hat sich W(illy) gem. § 292 StGB strafbar gemacht?

W hat ein Mauswiesel, das gem. § 2 I 1 BJagdG ein jagdbares Tier ist, erlegt. Damit **796**
hat er den objektiven Tatbestand des § 292 I Nr. 1 StGB erfüllt. Fraglich ist jedoch, ob W vorsätzlich gehandelt hat. W ging davon aus, eine Maus zu erlegen. Eine Maus ist kein jagdbares Tier und damit kein Wild i.S.d. § 292 I StGB. Eigentlich kannte W somit bei Begehung der Tat einen Umstand nicht, der zum gesetzlichen Tatbestand gehört. Damit liegt eigentlich ein den Vorsatz ausschließender Tatbestandsirrtum nach § 16 I 1 StGB vor.
Bei isolierter Betrachtung des Wertungsirrtums des W (eine Maus ist „Wild" i.S.d. § 292 StGB) handelt es sich bei diesem um ein strafloses sog. Wahndelikt.[806] W irrt über den rechtlichen Umfang des normativen Tatbestandsmerkmals „Wild" in § 292 I StGB und überdehnt dieses zu seinen Ungunsten, indem er fälschlich annimmt, auch Mäuse seien Wild.

Fraglich ist, wie dieses Zusammentreffen von Tatbestandsirrtum und Wahndelikt **797**
rechtlich zu behandeln ist.

E.A.: Vollendung

Nach einer Auffassung wird der Tatbestandsirrtum durch das Wahndelikt egalisiert. W, der das Tier für eine Maus und Mäuse für Wild hielt, geht davon aus, Wild i.S.d. § 292 I StGB zu erlegen und er hat auch objektiv Wild erlegt. Somit würden sich bei kombinierter Betrachtung aller Irrtümer des W objektiver Tatbestand und der Wille des W decken. Einfach ausgedrückt: W wollte wildern und W hat auch gewildert.[807]

A.A.: Straflosigkeit

Nach anderer Ansicht hat sich M mangels Vorsatz nicht nach § 292 I Nr. 1 StGB strafbar gemacht. Die Gegenauffassung habe die nicht hinnehmbare Konsequenz, dass das Wahndelikt strafbegründend wirken würde, da es zum Ausgleich des Tatbestandsirrtums herangezogen werden würde. Dies würde dem Grundgedanken, welcher dem Prinzip der Straflosigkeit des Wahndelikts innewohnt, dass nämlich Umfang und Grenzen dessen, was strafbar ist, durch das Gesetz und nicht durch die Vorstellung des Täters bestimmt werden, zuwiderlaufen. Würde man „im Saldo" eine Strafbarkeit des W nach 292 I StGB bejahen, ließe man systemwidrig den Normbezug des Vorsatzes außer Acht.[808]

KLAUSURHINWEIS **798**

Letztere Auffassung erscheint als überzeugender. Im Rahmen der Vollendungsprüfung ist der objektive Tatbestand zu bejahen. Im subjektiven Tatbestand ist dann der dargestellte Meinungsstreit zu führen.

---

806 Zum Wahndelikt näher im Kapitel „Versuch" ab Rn 945

807 BayObLG, NJW 1963, 310, 310; Jescheck/Weigend, AT, § 50 II 2

808 Heinrich, AT, Rn 1147; Brocker, JuS 1994, L 17, L 18; Haft, JuS 1980, 588, 591; Knobloch, JuS 2010, 864, 868; Plaschke, JURA 2001, 235, 236 f.

11. Der „Doppelirrtum" auf Verbotsebene

799 Ein „Doppelirrtum" auf Verbotsebene ist gegeben, wenn der Täter sein Verhalten unter dem Aspekt des tatsächlich verwirklichten Tatbestandes für straflos und unter dem Gesichtspunkt eines nicht (mehr) existierenden Tatbestandes für strafbar hält.

Onkel-Fall

800 **BEISPIEL** (nach BGHSt 10, 35, „Onkel-Fall"): Der Onkel und Vormund O verkehrt mit der 17jährigen Nichte N geschlechtlich und glaubt dabei, der Geschlechtsverkehrs mit einem über 16jährigen Mündel sei nicht verboten (vgl. aber § 174 I Nr. 2 StGB). Zugleich meint O, sein Tun sei unter dem Aspekt des Verwandtenbeischlafes strafbar (früher § 173 StGB).

Streitig, ob Verbotsirrtum

Nach einer Ansicht liegt hier kein Fall eines Verbotsirrtums vor, weil der Täter im Ergebnis wisse, dass der Beischlaf mit seiner Nichte strafbar sei.[809] Folglich sei der Täter aus dem objektiv verwirklichten Delikt zu bestrafen. Der Gegenauffassung zufolge ist jedoch sehr wohl ein Verbotsirrtum gegeben, weil sich das Unrechtsbewusstsein auf die Verwirklichung desjenigen Tatbestands beziehen müsse, der dem Täter zur Last gelegt werde. Das einem bestimmten Tatbestand zugeordnete Unrechtsbewusstsein könne nicht durch ein allgemeines oder anderes Unrechtsbewusstsein ersetzt werden.[810] Hinsichtlich des tatsächlich verwirklichten Delikts des § 174 I Nr. 2 StGB liegt also ein Verbotsirrtum vor, der jedoch vermeidbar gewesen sein dürfte. Mithin gelangt auch die letztgenannte Auffassung i.d.R. zu einer Strafbarkeit aus dem objektiv verwirklichten Delikt, allerdings mit der Möglichkeit der Strafmilderung gem. § 17 S. 2 StGB.

II. IRRTÜMER HINSICHTLICH EINES RECHTFERTIGUNGSGRUNDES

Sachverhalts- und Wertungsirrtümer

801 Es wurde bereits dargelegt, dass auf der Ebene des Tatbestands zwischen Irrtümern über den Sachverhalt und Irrtümern über die Wertungen des Gesetzes unterschieden werden muss. Diesen grundlegenden Unterschied zwischen Sachverhalts- und Wertungsirrtümern gibt es auch beim Irrtum über Rechtfertigungsgründe.[811] So kann es sein, dass sich der Täter wegen eines Sachverhaltsirrtums irrigerweise für gerechtfertigt hält. Es kann aber auch sein, dass der Glaube des Täters, er sei gerechtfertigt, auf einer falschen Wertung basiert.

„Umgekehrter Irrtum"

802 Hiervon sind – wie schon auf der Ebene des Tatbestands – die sog. **„umgekehrten Irrtümer"** strikt zu unterscheiden. Bei diesen denkt der Täter, er würde eine Strafbarkeitsvoraussetzung erfüllen, obwohl er diese gerade nicht erfüllt. Die umgekehrten Irrtümer stellen auch im Bereich der Rechtfertigungsgründe Sonderkonstellationen dar, die an anderen Stellen des Skripts[812] ausführlich behandelt werden.

1. Systematisierung der möglichen Irrtümer

Irrige Annahme eines Rechtfertigungsgrundes

803 Vor diesem Hintergrund sind bei differenzierter Betrachtungsweise drei Irrtümer über die irrige Annahme eines Rechtfertigungsgrundes denkbar: Der Täter irrt sich nur auf der Ebene des Sachverhalts oder nur auf der Ebene der Wertung oder gar auf beiden Ebenen.

---

809 *BayObLG, NJW 1963, 310, 310; Bringewat, MDR 1970, 652, 653*
810 *BGHSt 10, 35, 39; Plaschke, JURA 2001, 235, 238*
811 *Geppert, JURA 2007, 33, 35 f.*
812 *Die genauen Verweise erfolgen jeweils später im Text.*

a) Der reine Sachverhaltsirrtum (Erlaubnistatbestandsirrtum)

Ein reiner Sachverhaltsirrtum hinsichtlich der irrigen Annahme eines Rechtfertigungsgrundes liegt vor, wenn der Täter sich Umstände vorstellt, die ihn rechtfertigen würden, wenn sie tatsächlich vorliegen würden. Der Sachverhaltsirrtum auf Tatbestandsebene wird überwiegend Tatbestandsirrtum genannt. Übernimmt man diesen Begriff, so handelt es sich hier um einen Tatbestandsirrtum über einen Erlaubnissatz. Deshalb wird diese Konstellation **„Erlaubnistatbestandsirrtum"** genannt.[813] 804 Reiner Sachverhaltsirrtum

DEFINITION 805

Beim **Erlaubnistatbestandsirrtum** nimmt der Täter irrig Umstände an, die, wenn sie tatsächlich vorlägen, die Tat rechtfertigen würden.[814]

BEISPIEL 1: A sieht vor sich seinen besten Freund F durch den Park spazieren gehen. Er will ihm von hinten die Augen zuhalten, auf dass F errate, wer denn hinter ihm stehe. F bemerkt, dass sich von hinten jemand schnell nähert und vermutet einen Angriff. Blitzschnell dreht er sich um und schlägt zu, um den Angriff abzuwehren. Erst danach erkennt er A. 806 Beispiel 1

Würde A den F tatsächlich angreifen, so läge ein gegenwärtiger rechtswidriger Angriff auf F vor, was eine Notwehrlage begründen würde. In diesem Fall wäre der Schlag auch geeignet, erforderlich und geboten gewesen. Da F auch mit Verteidigungswillen handelte, wäre er bei Richtigkeit seiner Vorstellung gerechtfertigt gewesen. Mithin befindet sich F in einem reinen Sachverhaltsirrtum über das Vorliegen des anerkannten Rechtfertigungsgrundes der Notwehr, § 32 StGB, also in einem Erlaubnistatbestandsirrtum.

Der Fall des Erlaubnistatbestandsirrtums setzt allerdings nicht voraus, dass sich der Täter z.B. im Fall der Notwehr über das Vorliegen eines Angriffs an sich irrt. Auch wenn der Täter sich bloß über die Intensität des Angriffs irrt und sich deshalb heftiger verteidigt, als dies eigentlich notwendig gewesen wäre, kann ein Erlaubnistatbestandsirrtum vorliegen.[815] 807 Irrtum über die Intensität des Angriffs

b) Der reine Wertungsirrtum (Erlaubnisirrtum)

Ein reiner Wertungsirrtum hinsichtlich der irrigen Annahme eines Rechtfertigungsgrundes ist gegeben, wenn der Täter ein objektiv nicht gerechtfertigtes Verhalten aufgrund falscher Wertungen für gerechtfertigt hält. Weil sich der Täter insofern über die Grenzen oder die Existenz eines Erlaubnissatzes irrt, nennt man diesen Irrtum einen **Erlaubnisirrtum**.[816] 808 Reiner Wertungsirrtum

---

813 *Der Begriff „Erlaubnistatumstandsirrtum" ist vor dem Hintergrund des Wortlauts von § 16 I 1 StGB zwar präziser (Kühl, AT, § 13, Rn 67), hat sich aber bisher nicht durchgesetzt. Als Synonym wird ebenfalls der Begriff „Putativnotwehr" verwendet, vgl. z.B. S/S-Perron, StGB, § 32 Rn 65.*

814 *Stiebig, JURA 2009, 274, 274*

815 *BGH, HRRS 2011 Nr 557 Rn 11 f.; zu diesem Urteil Sinn, ZJS 2012, 124 ff.*

816 *Statt aller Heinrich, AT, Rn 1142*

Beispiel 2

809 **BEISPIEL 2** (nach OLG Stuttgart, DRZ 1949, 42, „Sirupflaschen-Fall"): Dieb D flüchtet mit einer Flasche Sirup im Wert von 2,- €. Eigentümer E läuft dem Dieb hinterher, ruft „Halt, oder ich schieße!" und gibt einen Warnschuss ab. Als D seine Flucht nicht stoppt, will E einen gezielten Schuss in das Gesäß des D abgeben. Der Schuss trifft D jedoch in der Lendengegend und führt zu seinem Tod. E glaubt, er dürfe auf den Dieb schießen, weil in letzter Konsequenz das Recht dem Unrecht nicht weichen müsse.

Eine Strafbarkeit des E würde ausscheiden, wenn er durch Notwehr gem. § 32 StGB gerechtfertigt ist. Mit dem Diebstahl des Sirups ist ein gegenwärtiger rechtswidriger Angriff auf das Eigentum des E und mithin eine Notwehrlage gegeben. Der Schuss ist zur Abwehr des Angriffs geeignet und aufgrund der vorherigen vergeblichen Warnungen des R auch erforderlich. Wegen des krassen Missverhältnisses zwischen dem geschützten Eigentumsinteresse an dem Sirup und der beeinträchtigten körperlichen Unversehrtheit des D ist der Schuss jedoch nicht geboten.[817] Eine Rechtfertigung des R scheidet aus.

Erlaubnisumfangsirrtum

810 Weil E jedoch dachte, er dürfe sein Eigentum in dieser Art und Weise verteidigen, irrte er sich über das Vorliegen eines Rechtfertigungsgrundes. Dieser Irrtum beruhte nicht auf einer falschen Wahrnehmung des Lebenssachverhalts, sondern alleine auf einer falschen rechtlichen Wertung des E. E überdehnte die Grenzen des Notwehrrechts zu seinen Gunsten. Er befand sich in einem Irrtum über die Grenzen bzw. den Umfang eines anerkannten Erlaubnissatzes. Gleiches gilt, wenn der Täter z.B. glaubt, im Rahmen des Notstandes seien viele Menschenleben mehr wert als eines.[818] Diese Konstellation kann man folglich einen „Erlaubnisgrenz-" oder „Erlaubnisumfangsirrtum" nennen.

Erlaubnisexistenzirrtum

811 Hiervon ist zu unterscheiden der Irrtum über die Existenz eines Erlaubnissatzes (**Erlaubnisexistenzirrtum**). Ein Beispiel ist die irrige Annahme eines allgemeinen Züchtigungsrechts. Ein anderes Beispiel ist die Annahme der Täter in den „Mauerschützen-Fällen", ihre Tat sei durch einen Rechtfertigungsgrund gedeckt.[819]

Oberbegriff: Erlaubnisirrtum

Der Oberbegriff für den Erlaubnisgrenz- und den Erlaubnisexistenzirrtum ist „Erlaubnisirrtum".

812 **DEFINITION**

Unter einem **Erlaubnisirrtum** versteht man die irrige Annahme des Bestehens (die Existenz) eines tatsächlich nicht anerkannten oder die Überdehnung der rechtlichen Grenzen (den Umfang) eines anerkannten Rechtfertigungsgrundes.

c) Der „Doppelirrtum"

813 Ein Doppelirrtum hinsichtlich der irrigen Annahme eines Rechtfertigungsgrundes liegt vor, wenn der Täter sich Umstände vorstellt, die ihn wegen eines hinzutretenden Wertungsirrtums selbst dann nicht rechtfertigen würden, wenn sie tatsächlich vorliegen würden.

817 *Siehe dazu bereits im Kapitel „Rechtswidrigkeit"*

818 *Vgl. hierzu BGHSt 35, 350 („Katzenkönig-Fall")*

819 *Vgl. hierzu BGHSt 39, 1, 35*

BEISPIEL 3: Wie Beispiel 2. Jedoch ist D gar nicht der Dieb des Sirups. Er rennt nur, weil er droht, seinen Bus zu verpassen. **814** Beispiel 3

Hier fehlt es bereits an einem gegenwärtigen rechtswidrigen Angriff auf das Eigentum des E durch D. Jedoch hat E den Lebenssachverhalt verkannt. Er ging davon aus, dass D den Sirup gestohlen habe. Dies könnte einen Erlaubnistatbestandsirrtum begründen. Im Unterschied zu Beispiel 1 wäre E jedoch auch bei Richtigkeit seiner Vorstellung aus den bei Beispiel 2 genannten Gründen nicht gerechtfertigt. E befindet sich also nicht (nur) in einem Irrtum über die tatsächlichen Voraussetzungen eines anerkannten Rechtfertigungsgrundes. Er irrt vielmehr zusätzlich auch noch über die Wertungen der Rechtsordnung. Somit befindet sich R in einem sog. Doppelirrtum.

DEFINITION **815**

Bei einem **Doppelirrtum** stellt sich der Täter irrig Umstände vor, die für seine Rechtfertigung relevant sind, seine Tat wegen eines zusätzlichen Wertungsirrtums jedoch auch dann nicht rechtfertigen würden, wenn sie tatsächlich vorliegen würden.[820]

Insofern ist es auch nicht richtig zu sagen, dass ein Erlaubnistatbestands- und ein Doppelirrtum vorliegen würden. Es liegt ja gerade kein Erlaubnistatbestandsirrtum vor, da der Täter im Fall der Richtigkeit seiner Vorstellung ja gerade nicht gerechtfertigt ist.[821] **816** Richtige Begriffsbildung

d) Abgrenzung zwischen Erlaubnistatbestands- und Doppelirrtum

Die obigen Ausführungen haben ergeben, dass sich der Täter sowohl beim Erlaubnistatbestandsirrtum als auch beim Doppelirrtum in einem Sachverhaltsirrtum befindet. Die Abgrenzung beider Irrtümer muss folglich in der Form stattfinden, dass im Rahmen einer sog. „hypothetischen Prüfung" der vom Täter vorgestellte Sachverhalt als tatsächlich gegeben unterstellt wird. Unter dieser Prämisse ist nunmehr erneut zu prüfen, ob der Täter gerechtfertigt ist. Sollte dies zu bejahen sein (oben Beispiel 1), so liegt ein Erlaubnistatbestandsirrtum vor. Sollte dies zu verneinen sein, weil sich der Täter zusätzlich noch in einem Wertungsirrtum befindet (oben Beispiel 3), liegt ein Doppelirrtum vor.[822] **817** Hypothetische Prüfung

KLAUSURHINWEIS **818**

Diese „hypothetische Prüfung" muss in Problembereichen ebenso sorgfältig erfolgen, wie Prüfungen im Rahmen der Rechtswidrigkeit auch, weil hier die Weiche zwischen Erlaubnistatbestands- und Doppelirrtum gestellt wird. Sie muss deshalb auch vor der Klärung der rechtlichen Behandlung des jeweiligen Irrtums erfolgen.

---

820 *Wessels/Beulke/Satzger, AT, Rn 767*

821 *Wessels/Beulke/Satzger, AT, Rn 768*

822 *Heinrich, AT, Rn 1125; Kühl, AT, § 13, Rn 64, 69; Wessels/Beulke/Satzger, AT, Rn 769; Gasa, JuS 2005, 890, 893; Hecker, JuS 2011, 369, 370; Kühl, JuS 2007, 742, 745*

e) Die „umgekehrten Irrtümer" auf Rechtfertigungsebene

819 Die sog. „umgekehrten Irrtümer" zeichnen sich auf der Ebene der Rechtswidrigkeit dadurch aus, dass der Täter irrig seine Strafbarkeit annimmt, obwohl er bei rein objektiver Betrachtung nicht strafbar wäre.

aa) Der „umgekehrte Erlaubnistatbestandsirrtum"

820 Der Erlaubnistatbestandsirrtum ist dadurch gekennzeichnet, dass sich der Täter irrig Umstände vorstellt, die ihn, wenn sie tatsächlich vorliegen würden, rechtfertigen würden. Der „umgekehrte" Fall liegt vor, wenn der Täter objektiv gerechtfertigt ist, diese rechtfertigenden Umstände jedoch nicht erkennt und sich deshalb irrig für nicht gerechtfertigt hält. Nach h.M. ist der Täter in diesem Fall bloß wegen Versuchs zu bestrafen.[823]

bb) Der „umgekehrte Erlaubnisirrtum"

Wahndelikt

821 Beim Erlaubnisirrtum nimmt der Täter irrig an, es existiere ein tatsächlich nicht anerkannter Rechtfertigungsgrund oder er überdehnt die rechtlichen Grenzen eines anerkannten Rechtfertigungsgrundes. Im „umgekehrten" Fall ist der Täter objektiv gerechtfertigt, wegen einer falschen Wertung hält der Täter sein Verhalten jedoch dennoch für strafbar. Dies stellt ein strafloses **Wahndelikt** dar.[824]

2. Rechtliche Behandlung der Irrtümer über Rechtfertigungsgründe

Unrechtsbewusstsein

822 Bei allem Streit über die rechtliche Behandlung des Irrtums über Rechtfertigungsgründe herrscht insoweit Einigkeit, dass einem Täter, der sich irrig gerechtfertigt glaubt, das Unrechtsbewusstsein fehlt. Fraglich ist nur, welche rechtlichen Konsequenzen dies bei den jeweiligen Irrtümern hat.

Regelungslücke für Erlaubnistatbestandsirrtum

823 Richtet man den Blick auf die Irrtumsregelungen des StGB, so zeigt sich, dass für den Wertungsirrtum im Rahmen eines Rechtfertigungsgrundes vom Wortlaut her die Wertungsirrtumsvorschrift des § 17 StGB einschlägig ist: Dem Täter fehlt insoweit „die Einsicht, Unrecht zu tun". Problematisch ist jedoch der Sachverhaltsirrtum über Rechtfertigungsgründe, der Erlaubnistatbestandsirrtum. Für diesen Fall passt der Wortlaut der Sachverhaltsirrtumsvorschrift des § 16 I 1 StGB nicht.[825] Diese Vorschrift verlangt nämlich die Unkenntnis bezüglich eines Umstands „der zum gesetzlichen Tatbestand" gehört. Beim Erlaubnistatbestandsirrtum geht es nach ganz h.M.[826] jedoch um Umstände, die zum gesetzlichen Rechtfertigungsgrund gehören. Aus dieser Regelungslücke im Gesetz erklärt sich, warum die rechtliche Behandlung des Erlaubnistatbestandsirrtums besonders umstritten ist.

a) Die rechtliche Behandlung des Erlaubnisirrtums

Wertungsirrtum, § 17 StGB

824 Die Regelung der Wertungsirrtumsvorschrift des § 17 StGB erfasst den Fall des Erlaubnisirrtums sowohl von der Sache als auch vom Wortlaut her. Von der Sache her, weil der Erlaubnisirrtum einen reinen Wertungsirrtum darstellt, vom Wortlaut her, weil dem Täter (vgl. oben Beispiel 2) bei der Begehung der Tat die Einsicht fehlt, Unrecht zu tun. Folgerichtig entspricht es der heute fast allgemeinen Ansicht, dass auf den Fall des Erlaubnisirrtums § 17 StGB direkt anzuwenden ist.[827] Das heißt, dass

---

823 *Ausführlich hierzu im Kapitel „Rechtswidrigkeit" Rn 276*

824 *Ausführlich hierzu im Kapitel „Versuch", Rn 945*

825 *Gropp, AT, § 13 Rn 9; Kühl, AT, § 13 Rn 63, 70*

826 *Abweichend nur die „Lehre von den negativen Tatbestandsmerkmalen".*

827 *BGHSt 45, 219, 225; Heinrich, AT, Rn 1144; Kühl, AT, § 13 Rn 4*

die Rechtsfolgen entscheidend von der Vermeidbarkeit des Irrtums abhängen. Vergleiche hierzu die Ausführungen zum Verbotsirrtum.[828]

b) Die rechtliche Behandlung des Doppelirrtums

825 § 16 I StGB für Täter besser als § 17 StGB

Der Doppelirrtum wirft die Frage auf, ob auch auf ihn die Wertungsirrtumsvorschrift des § 17 StGB anzuwenden ist, weil der Täter beim Doppelirrtum ja zusätzlich noch einem Sachverhaltsirrtum unterliegt. Als Konsequenz könnte man an die Anwendung der Sachverhaltsirrtumsvorschrift des § 16 I 1 StGB denken. Es wurde jedoch bereits dargelegt, dass § 16 I 1 StGB wegen des zwingenden Vorsatzausschlusses für den Täter deutlich vorteilhafter ist als § 17 StGB, der eine strikte Vermeidbarkeitsprüfung verlangt und deshalb in der Regel die (Vorsatz-) Strafe unberührt lässt.

826 **Erst-Recht-Schluss**: § 17 StGB

Dass auch auf den Fall des Doppelirrtums nur § 17 StGB anzuwenden ist, zeigt schon der Vergleich zwischen Erlaubnis- und Doppelirrtum. Wenn beim Erlaubnisirrtum, bei dem tatsächlich eine rechtfertigende Sachlage besteht und der Täter nur über die Grenzen (oder die Existenz) des Rechtfertigungsgrundes irrt, schon die für die Täter schlechtere Vorschrift des § 17 StGB Anwendung findet, dann kann es nicht richtig sein, beim Doppelirrtum, bei dem zusätzlich zu dem Wertungsirrtum noch ein Sachverhaltsirrtum im Sinne der irrigen Annahme rechtfertigender Umstände hinzukommt, die täterfreundliche Vorschrift des § 16 I StGB anzuwenden. Unter Bezugnahme auf die obigen Beispiele bedeutet dies: E kann in Beispiel 2, wo er immerhin noch sein Eigentum verteidigt, unmöglich schlechter stehen als in Beispiel 3. Der zusätzliche Sachverhaltsirrtum im Fall des Doppelirrtums kann den Täter nicht privilegieren.[829]

827

MERKSATZ

Wenn auf den Erlaubnisirrtum § 17 StGB angewendet wird, dann muss dies für den Doppelirrtum erst recht gelten.

828 Zusätzliche Irrtümer steigern das Unrecht

Über diese Regel hinaus ist generell darauf zu achten, dass jeder zusätzliche Irrtum des Täters zu einer Steigerung des Unrechts führt, weil sich der Täter mit jedem Irrtum weiter von der tatsächlichen Rechtfertigung entfernt. Das hat zur Konsequenz, dass der Täter, der sich im Doppelirrtum befindet, weder gegenüber einem Täter, der sich nur im Erlaubnistatbestandsirrtum befindet, noch gegenüber einem Täter, der sich im Erlaubnisirrtum befindet, privilegiert werden darf.[830]

KLAUSURHINWEIS

Die Vermeidbarkeitsprüfung ist dabei alleine auf die Vermeidbarkeit des Wertungsirrtums zu beziehen.[831]

c) Die rechtliche Behandlung des Erlaubnistatbestandsirrtums

829 Dem Täter fehlt das Unrechtsbewusstsein

Ausgangspunkt der Überlegungen zur rechtlichen Behandlung des Erlaubnistatbestandsirrtums ist der obige Hinweis auf das dem Täter fehlende **Unrechtsbewusstsein**. Fraglich ist mithin, wie sich das dem Täter fehlende Unrechtsbewusstsein auf seine Strafbarkeit auswirkt.

---

828 *Rn 729*

829 *S/S-Sternberg-Lieben/Schuster, StGB, § 16, Rn 19; Heinrich, AT, Rn 1151; Jäger, AT, Rn 219; Geppert, JURA 2007, 33, 40; Kudlich, JuS 2003, 243, 245, Fn 22; Neubacher/Bachmann, JA 2010, 711, 718*

830 *Schuster, JuS 2007, 617, 619*

831 *Heinrich, AT, Rn 1151; ausführlich Schweinberger, RA 2019, 265, 266 ff.*

aa) Die Schuldtheorien

Unrechtsbewusstsein als Element der Schuld

830 Die heute ganz herrschende Meinung geht davon aus, dass der Gesetzgeber durch die Regelung in § 17 StGB das Unrechtsbewusstsein als ein Element der Schuld anerkannt hat. Alle Theorien, die dies grundsätzlich akzeptieren, lassen sich mithin als Schuldtheorien bezeichnen. Das Unrechtsbewusstsein fehlt auch dem Täter, der sich im Erlaubnistatbestandsirrtum befindet. Da der Täter sich einen Sachverhalt vorstellt, bei dessen Vorliegen er tatsächlich gerechtfertigt wäre, glaubt er ja, sich auf dem Boden der Rechtsordnung zu befinden. Vor diesem Hintergrund ist § 17 StGB eigentlich von seinem Wortlaut her (dem Täter fehlt „bei Begehung der Tat die Einsicht, Unrecht zu tun") auch für den Fall des Erlaubnistatbestandsirrtums einschlägig. Alleine von der Sache her passt § 17 StGB nicht, weil er einen Wertungsirrtum regelt, der Erlaubnistatbestandsirrtum aber einen Sachverhaltsirrtum darstellt.

bb) Die strenge Schuldtheorie

Wortlaut: § 17 StGB einschlägig

831 Nach einer Auffassung ist § 17 StGB, weil vom Wortlaut her einschlägig, auch auf den Fall des Erlaubnistatbestandsirrtums anzuwenden.[832] Der Gesetzgeber habe in § 17 StGB jeden Fall fehlenden Unrechtsbewusstseins ohne Rücksicht auf die Frage geregelt, ob sich das fehlende Unrechtsbewusstsein aus einem Sachverhalts- oder einen Wertungsirrtum ergebe. In § 16 I 1 StGB hingegen sei spezialgesetzlich alleine der Fall geregelt, dass der Täter auf Sachverhaltsebene über ein Merkmal des Tatbestandes irre. Dieser Fall sei beim Erlaubnistatbestandsirrtum aber nicht gegeben, da es dort um einen Irrtum über einen Rechtfertigungsgrund gehe.
Diese Auffassung setzt die Vorgabe des § 17 StGB konsequent und ohne Ausnahme um und wendet auf jeden Irrtum über Rechtfertigungsgründe einheitlich § 17 StGB an. Diese Auffassung wird deshalb „strenge Schuldtheorie" genannt.

Vermeidbarkeitsprüfung

832 Nach der strengen Schuldtheorie ist also beim Erlaubnistatbestandsirrtum gem. § 17 StGB zu prüfen, ob der Irrtum vermeidbar war oder nicht. Sofern man dies bejaht, kann die Strafe des Täters nur gemildert werden. Verneint man dies, so bliebe er straflos, weil dann im Rahmen des Fahrlässigkeitsdelikts (abgesehen von der gem. § 17 StGB fehlenden Schuld) schon keine Sorgfaltspflichtverletzung vorliegen würde.

cc) Die eingeschränkten Schuldtheorien

(1) Grundlagen

§ 16 I 1 StGB als sachnähere Vorschrift

833 Die heute ganz h.M. erkennt zwar an, dass § 17 StGB von seinem Wortlaut auch den Fall des Erlaubnistatbestandsirrtums erfasst, will § 17 StGB aber dennoch auf diesen Fall nicht anwenden. Dies wird damit begründet, dass § 16 I 1 StGB, der zwar von seinem Wortlaut her nicht passt, aber auch einen Sachverhaltsirrtum regelt, die inhaltlich sachnähere Vorschrift sei. Die Kernaussage der eingeschränkten Schuldtheorien lautet:

834 **MERKSATZ**

Der **Erlaubnistatbestandsirrtum** als reiner Sachverhaltsirrtum über einen Rechtfertigungsgrund muss rechtlich unter Anwendung der sachnäheren Sachverhaltsirrtumsvorschrift des § 16 I 1 StGB gelöst werden.

832 *NK-Paeffgen/Zabel, StGB, Vor §§ 32 ff. Rn 108 ff.; Dornseifer, JuS 1982, 761, 765; Hartung, NJW 1951, 209, 212; Heuchemer, JuS 2012, 795, 800*

Da § 16 I 1 StGB den Erlaubnistatbestandsirrtum vom Wortlaut her nicht erfasst, kann es sich insoweit nur um eine analoge Anwendung dieser Vorschrift handelt. Oben wurde bereits betont, dass § 16 I 1 StGB für den Täter günstiger ist als § 17 StGB. Wenn vor diesem Hintergrund die vom Wortlaut her einschlägige Vorschrift des § 17 StGB nicht angewendet wird, sondern stattdessen die sachnähere Vorschrift des § 16 I 1 StGB, so handelt es sich um eine Analogie zum Vorteil des Täters, die nicht dem Analogieverbot unterfällt.[833] **835** Analogie zum Vorteil des Täters

MERKSATZ **836** Differenzierung

Als **eingeschränkte Schuldtheorie** wird jede Theorie bezeichnet, die die Wertungsirrtümer über die irrige Annahme eines Rechtfertigungsgrundes (Erlaubnis- und Doppelirrtum) über § 17 StGB behandelt, den reinen Sachverhaltsirrtum über die irrige Annahme eines Rechtfertigungsgrundes jedoch über § 16 I 1 StGB analog.

Die eingeschränkten Schuldtheorien führen also dazu, dass beim Erlaubnistatbestandsirrtum in analoger Anwendung von § 16 I 1 StGB der Täter nicht wegen vorsätzlicher Tatbegehung bestraft werden kann. Es bleibt jedoch die Möglichkeit, ihn bei Vermeidbarkeit des Irrtums wegen fahrlässiger Tatbegehung zu bestrafen, was § 16 I 2 StGB (ebenfalls analog) explizit klarstellt.[834] In diesem Fall wäre die Sorgfaltspflichtverletzung des Täters, nicht erkannt zu haben, dass die irrig angenommenen rechtfertigenden Umstände gar nicht vorliegen. Ob man diese Sorgfaltspflichtverletzung annimmt, ist eine Frage des Einzelfalls, dürfte jedoch in der Regel zu bejahen sein. **837** Keine Vorsatzstrafe aber möglicher Sorgfaltspflichtverstoß

Sofern ein solcher Sorgfaltspflichtverstoß – ausnahmsweise – nicht gegeben ist, bleibt der Täter im Erlaubnistatbestandsirrtum vollständig straffrei. **838**

BEISPIEL (nach BGH, NStZ 2012, 272 = RA 2012, 109): R, ein führendes Mitglied des Motorradclubs „Hell´s Angels", hatte erfahren, dass er von Mitgliedern des konkurrierenden Clubs „Bandidos" ermordet werden solle. Zeitgleich erließ das Amtsgericht in einem gegen R geführten Ermittlungsverfahren einen Durchsuchungsbefehl für seine Wohnung. Wegen der zu befürchtenden Gewaltbereitschaft des R und seiner polizeibekannten Bewaffnung wurde zur Vollstreckung des Durchsuchungsbefehls ein Spezialeinsatzkommando (SEK) der Polizei hinzugezogen. Als das SEK versuchte, am frühen Morgen in die Wohnung einzudringen, ging R davon aus, dass es sich um Mitglieder der „Bandidos" handeln würde, die ihn töten wollten. Er rief: „Verpisst Euch!" Hierauf sowie auf das Einschalten des Lichts reagierten die vor der Tür befindlichen SEK-Beamten nicht; sie gaben sich nicht zu erkennen und fuhren fort, die Türverriegelungen aufzubrechen. Da bereits zwei von drei Verriegelungen der Tür aufgebrochen waren und der Angeklagte in jedem Augenblick mit dem Eindringen der vermeintlichen Angreifer rechnete, schoss er ohne weitere Warnung, insbesondere ohne einen Warnschuss abzugeben, nun gezielt auf die Tür, wobei er billigend in Kauf nahm, einen der Angreifer tödlich zu treffen. Das Geschoss durchschlug die Verglasung der Tür, drang durch den Armausschnitt der Panzerweste des an der Tür arbeitenden Polizeibeamten ein und tötete diesen. **„Hell´s Angels"-Fall**

833 *Heinrich, AT, Rn 1132; Knobloch, JuS 2010, 864, 867*
834 *BGH, HRRS 2011 Nr. 557 Rn 12*

Der BGH hat in diesem Fall angenommen, dass die Annahme der Notwehrlage durch R nicht fahrlässig verursacht worden sei und ihn deshalb freigesprochen. Es ist hier nicht der Ort, dieses Urteil zu bewerten,[835] jedoch belegt diese Entscheidung zumindest, dass der Sorgfaltspflichtverstoß nicht gleichsam „automatisch" bejaht werden darf.

Fahrlässigkeit

839 **KLAUSURHINWEIS**

Diese Überlegungen führen gleichzeitig dazu, dass im Gutachten nach der Ablehnung der Vorsatzstrafe eine Prüfung wegen fahrlässiger Tatbegehung erfolgen muss,[836] sofern das Strafgesetzbuch ein entsprechendes Fahrlässigkeitsdelikt kennt.

Sorgfaltspflichtverstoß

840 **MERKSATZ**

Sofern beim **Erlaubnistatbestandsirrtum** eine Bestrafung wegen fahrlässiger Tatbegehung in Frage kommt, ist als möglicher Sorgfaltspflichtverstoß stets auf die mangelnde Sorgfalt bei der Zurkenntnisnahme des tatsächlichen Lebenssachverhalts abzustellen.

Streitpunkt: Begründung der Analogie

Der Streit innerhalb der eingeschränkten Schuldtheorie beginnt nun bei der Frage nach der genauen dogmatischen Begründung der analogen Anwendung des § 16 I 1 StGB.

(2) Die Lehre vom Ausschluss des Vorsatzunrechts

Vorsatz, Unrecht zu tun

841 Eine Ansicht will den Vorsatz in zwei Teilkomponenten aufspalten. Nach dieser Ansicht sei zwischen dem Vorsatz, den Tatbestand zu verwirklichen, und dem Vorsatz, dabei Unrecht zu tun, zu unterscheiden.[837] Nach dieser hier sog. **Lehre vom Ausschluss des Vorsatzunrechts** handele der Täter beim Erlaubnistatbestandsirrtum zwar mit dem Vorsatz zur Tatbestandsverwirklichung, jedoch fehle ihm dabei der Vorsatz, auch Unrecht zu tun, weshalb eine Bestrafung wegen vorsätzlicher Tat ausscheide. Damit entfällt nach dieser Auffassung bereits das Unrecht der vorsätzlichen Tat, weil die Tat subjektiv nicht rechtswidrig sei.

(3) Die rechtsfolgenverweisende Variante der eingeschränkten Schuldtheorie

Vorsatzschuldvorwurf als Schuldkomponente

842 Demgegenüber will eine andere Auffassung keine Vorsatzkomponente entfallen lassen, sondern eine reine Schuldkomponente. Deshalb sei die analoge Anwendung von § 16 I 1 StGB auf seine Rechtsfolge, dass keine Vorsatzstrafe eintritt, zu beschränken.[838] Insofern sei dem Täter nicht der Vorwurf zu machen, dass er vorsätzlich Schuld auf sich geladen habe. Nach dieser sog. **rechtsfolgenverweisenden Variante der eingeschränkten Schuldtheorie** entfällt beim

---

835 *Der Polizeieinsatz war wohl rechtswidrig. Die Durchsuchung gem. §§ 102 ff. StPO ist eine offen durchzuführende Maßnahme. Die Gezielte Überraschung im Schlaf widerspricht dem Rechtsgedanken des § 104 StPO. Vgl. z.B. Engländer, NStZ 2012, 272, 275; Rotsch, ZJS 2012, 109, 112 f.*

836 *Gasa, JuS 2005, 890, 895*

837 *In nicht ganz einheitlichen Formulierungen wird der Vorsatz, das Vorsatzunrecht oder der Handlungsunwert einer vorsätzlichen Tat verneint: S/S-Heine/Weißer, StGB, Vorbem §§ 25 ff. Rn 29; S/S-Sternberg-Lieben/Schuster, StGB, § 15 Rn 35; § 16 Rn 18; Joecks/Jäger, StGB, § 27 Rn 19; Roxin, AT I, § 14 Rn 64 ff.; Geppert, JURA 2007, 33, 36 f.; Kühl/Hinderer, JURA 2012, 488, 490; in diese Richtung BGH, NStZ-RR 2013, 139, 141; BGH, HRRS 2010 Nr. 948 Rn 18 = RA 2010, 741, 745*

838 *Fischer, StGB, § 16 Rn 22; Gropp, AT, § 13 Rn 113 f.; Heinrich, AT, Rn 1134; Krey/Esser, AT, Rn 743 ff.; Wessels/Beulke/Satzger, AT, Rn 756 f.; Helmrich, JA 2006, 351, 356; Rengier/Brand, JuS 2008, 514, 518; in diese Richtung wohl auch BGHSt 45, 378, 384; 31, 264, 286 f. und BGH, NStZ 2012, 272, 274 („Vorsatzschuld")*

Erlaubnistatbestandsirrtum deshalb der sog. Vorsatzschuldvorwurf, weshalb die vorsätzliche Tat nicht schuldhaft begangen sei.

(4) Ablehnung der strengen Schuldtheorie

843 Der an sich rechtstreue Täter

Die strenge Schuldtheorie führt bei Vermeidbarkeit des Irrtums zur Vorsatzstrafe des sich im Erlaubnistatbestandsirrtum befindenden Täters. Dies kann schon deshalb nicht überzeugen, weil der Täter, der sich bloß über den Sachverhalt irrt, mit seinen Wertungen auf dem Boden der Rechtsordnung steht. Er ist „an sich rechtstreu".[839] Damit ist ihm nicht der Vorwurf der vorsätzlichen Auflehnung gegen die Rechtsordnung zu machen. Vielmehr trifft ihn der Vorwurf der mangelnden Sorgfalt bei der Zurkenntnisnahme des Lebenssachverhalts. Dieser Vorwurf ist von der Struktur her ein Fahrlässigkeitsvorwurf. Diesen zu erheben bleibt nach § 16 I 2 StGB weiterhin möglich. Nach der strengen Schuldtheorie wird letztlich ein fahrlässig handelnder Täter wegen eines Vorsatzdelikts bestraft. Folglich kann der strengen Schuldtheorie nicht gefolgt werden.[840]

(5) Hintergrund des Meinungsstreits innerhalb der eingeschränkten Schuldtheorien und Ablehnung der Lehre vom Ausschluss des Vorsatzunrechts

844 **Strafbarkeitslücken bei der Teilnahme**

Der Streit um die Frage, ob beim Erlaubnistatbestandsirrtum eine Vorsatzkomponente und damit das Unrecht der Tat oder eine reine Schuldkomponente in analoger Anwendung von § 16 I 1 StGB entfällt, kann nur vor dem Hintergrund der Voraussetzungen der Bestrafung von Teilnehmern an der Tat verstanden werden. Nach §§ 26 und 27 StGB setzt eine Bestrafung wegen Anstiftung bzw. Beihilfe eine vorsätzliche und rechtswidrige Haupttat (also fremdes Unrecht) voraus. Diese fehlt jedoch, wenn als Folge des Erlaubnistatbestandsirrtums eine Vorsatzkomponente entfällt. Somit drohen nach der Lehre vom Ausschluss des Vorsatzunrechts Strafbarkeitslücken für Teilnehmer. Diese zu schließen ist das primäre Anliegen der rechtsfolgenverweisenden Variante der eingeschränkten Schuldtheorie.
Schon vor diesem Hintergrund ist der rechtsfolgenverweisenden Variante der Vorzug zu geben, weil kein Grund ersichtlich ist, den Teilnehmer von einem fremden Irrtum über das Vorliegen eines Rechtfertigungsgrundes profitieren zu lassen.

845 Notwehr-Argument

Gegen die Lehre vom Ausschluss des Vorsatzunrechts spricht außerdem, dass nach ihr gegen den Täter, der sich im Erlaubnistatbestandsirrtum befindet, keine Notwehr geübt werden könnte, weil er ja kein Unrecht verwirklichen würde. Das Risiko der irrtümlichen Annahme eines rechtfertigenden Sachverhalts muss jedoch der Täter tragen und kann nicht auf das Opfer abgewälzt werden.[841]

dd) Mindermeinungen

846

KLAUSURHINWEIS
Die folgenden Auffassungen sind Mindermeinungen. Ihre Darstellung in der Klausur wird je nach Universität verlangt oder als überflüssig angesehen.[842]

---

839 *BGHSt 3, 105, 107; Hecker, JuS 2011, 369, 370 f.*
840 *Zu diesen Gegenargumenten z.B. Gropp, AT, § 13 Rn 107 – 109; Kühl, AT, § 13 Rn 72; Satzger, JK 4/11, StGB § 32/34: Der Täter sei ein „Schussel" aber kein „Schurke".*
841 *Heinrich, AT, Rn 1133*
842 *Hecker, JuS 2011, 369, 370*

Vorsatztheorie

847 Nach der Vorsatztheorie ist das Unrechtsbewusstsein eine Komponente des Vorsatzes. Deshalb sei auf jeden Irrtum über Rechtfertigungsgründe einheitlich § 16 I 1 StGB anzuwenden.[843] Diese Meinung widerspricht jedoch § 17 StGB, der das Unrechtsbewusstsein (die „Einsicht, Unrecht zu tun") der Schuld zuordnet.[844]

Lehre von den negativen Tatbestandsmerkmalen

848 Die **Lehre von den negativen Tatbestandsmerkmalen** erblickt in den Rechtfertigungsgründen negative Voraussetzungen aller Straftatbestände, die nicht vorliegen dürfen, da sonst der Gesamtunrechtstatbestand nicht vorliege. Nach dieser Ansicht lautet also z.B. der Tatbestand des Totschlags nicht „Wer einen Menschen tötet (...).", sondern der Gesamtunrechtstatbestand lautet „Wer einen Menschen tötet, ohne gerechtfertigt zu sein (...)." Auf diesen Gesamtunrechtstatbestand, also insb. auch auf das Nichtvorliegen von Rechtfertigungsgründen, muss sich folglich auch der Vorsatz des Täters beziehen. Der Täter, der sich im Erlaubnistatbestandsirrtum befindet, hat nach dieser Meinung jedoch gerade nicht den Vorsatz, ohne das Vorliegen eines Rechtfertigungsgrundes zu handeln. Er handele folglich in direkter Anwendung von § 16 I 1 StGB unvorsätzlich.[845] Gegen diese Meinung spricht, dass das Gesetz, wie die §§ 32, 34 StGB zeigen, von einer eigenen Wertungsstufe der Rechtswidrigkeit ausgeht.[846]

3. Die Behandlung der Irrtümer über Rechtfertigungsgründe im Gutachten

849 Nach der Klärung der rechtlichen Behandlung der unterschiedlichen Irrtümer stellt sich die Frage nach ihrer Verortung im Gutachten.

a) Einordnung des Irrtums

Welcher Irrtum liegt konkret vor?

850 **KLAUSURHINWEIS**

Die völlig unterschiedliche Behandlung der drei Irrtümer über die irrige Annahme eines Rechtfertigungsgrundes durch die herrschende eingeschränkte Schuldtheorie bedeutet, dass in einer Klausur stets zuerst die Frage geklärt werden muss, welcher Irrtum über Rechtfertigungsgründe vorliegt, weil erst dann der weitere Begründungsweg deutlich wird.

Notwendig: Bezug zum jeweiligen Rechtfertigungsgrund

851 **MERKSATZ**

Welcher Irrtum über Rechtfertigungsgründe vorliegt kann nicht pauschal beantwortet werden. Vielmehr ist die Beantwortung dieser Frage stets auf den jeweiligen Rechtfertigungsgrund zu beziehen.

852 Das zeigt sich schon bei der Wertungsfrage, ob der Einsatz einer Schusswaffe zulässig ist. Die Antwort hierauf kann natürlich nicht gegeben werden, ohne den Prüfungsmaßstab zu benennen. Ein im Rahmen des § 127 I StPO unzulässiger Einsatz der Waffe kann im Rahmen des § 32 StGB zulässig sein. Gleiches gilt für Sachverhaltsirrtümer, die sich auf unterschiedliche Rechtfertigungsgründe

---

843 *Schröder, ZStW 65 (1953), 178, 192; heute noch (z.T. einschränkend) Langer, GA 1976, 193, 212 f.; Lesch, JA 1996, 346, 351 f.; Otto, JURA 1990, 645, 647*

844 *Wessels/Beulke/Satzger, AT, Rn 743; Geppert, JURA 2007, 33, 35; Stiebig, JURA 2009, 274, 275*

845 *Kindhäuser, StGB, Vor §§ 32-35 Rn 39 ff.; Arthur Kaufmann, JZ 1954, 653, 653 ff.*

846 *Wessels/Beulke/Satzger, AT, Rn 191*

unterschiedlich auswirken können. Vor diesem Hintergrund ist es also möglich, innerhalb einer Tathandlung zu zwei (oder mehr) Irrtümern zu kommen. Also z.B. zu einem Erlaubnisirrtum im Bereich des § 127 I StPO und zu einem Doppelirrtum im Bereich des § 32 StGB.

MERKSATZ 853 Konkurrenz mehrerer Irrtümer

Treffen zwei oder mehr Irrtümer zusammen und ist zumindest einer davon ein Erlaubnistatbestandsirrtum, so setzt sich seine für den Täter günstige Rechtsfolge durch und der Täter kann nicht wegen vorsätzlicher Tat bestraft werden.

b) Der Erlaubnisirrtum

KLAUSURHINWEIS 854 § 17 StGB – ohne Streitdarstellung

Der Erlaubnisirrtum ist als **reiner Wertungsirrtum** ein Unterfall des Verbotsirrtums und wird über § 17 behandelt.[847] Dies ist in einer Klausur nicht näher zu begründen. Eine Darstellung des Meinungsstreits zum Irrtum über Rechtfertigungsgründe unterbleibt. Keinesfalls zwingt die überholte Vorsatztheorie an dieser Stelle zu einer Streitdarstellung. Dieser Irrtum ist im Prüfungspunkt der Schuld zu behandeln.

c) Der Doppelirrtum

Es wurde bereits darauf hingewiesen, dass der Doppelirrtum im Vergleich zum Erlaubnisirrtum erst recht zur Anwendung des § 17 StGB führt, weil das „Mehr" an Irrtum den Täter nicht privilegieren kann. In einer Klausur bedeutet dies, dass die Behandlung des Doppelirrtums nach § 17 StGB im Vergleich zum normalen Erlaubnisirrtum durch einen Erst-recht-Schluss zu begründen ist. 855 § 17 StGB – Erst-Recht-Schluss

KLAUSURHINWEIS 856

Auch in Fall des **Doppelirrtums** ist die Darstellung des Meinungsstreits zur Behandlung des Irrtums über Rechtfertigungsgründe unnötig. Der dargestellte Erst-recht-Schluss ist logisch zwingend und bedarf zu seiner Begründung keines umfänglichen Meinungsstreits.[848]

d) Der Erlaubnistatbestandsirrtum

KLAUSURHINWEIS 857 H.M.: § 16 I analog - Streitdarstellung

Alleine der Erlaubnistatbestandsirrtum, auf den die h.M. die vom Wortlaut eigentlich passende Vorschrift des § 17 StGB nicht anwenden will, bedarf der ausführlichen Behandlung und verlangt die Darstellung des Meinungsstreits.

---

847 *BGHSt 45, 219, 225; Heinrich, AT, Rn 1144*

848 *Britz, JuS 2002, 465, 466 f., Momsen/Sydow, JuS 2001, 1194, 1198; vgl. auch Heinrich, AT, Rn 1151; a.A. nur Stoffers, Jura 1993, 376, 377*

e) Die Verortung des Problems im Prüfungsschema

ETBl: Rechtswidrigkeit oder Schuld

858 Im Fall des Erlaubnistatbestandsirrtums stellt die Lehre vom Ausschluss des Vorsatzunrechts den fehlenden Vorsatz, Unrecht zu tun, in der Rechtswidrigkeit fest. Die Tat des Täters sei subjektiv nicht rechtswidrig.[849] Demgegenüber führt die rechtsfolgenverweisende Variante zur Prüfung des Problems in der Schuld, da nach ihr die Schuldkomponente des Vorsatzschuldvorwurfs entfällt.[850] Das führt für das Gutachten zur Frage, wo der Streit denn nun zu verorten ist.

859 Teilweise wird vorgeschlagen, „man bringe die Darstellung des Erlaubnistatbestandsirrtums gleich nach dem Nein zur objektiven Rechtfertigung und lasse in der Schwebe, ob dieser Teil noch zur Unrechts- oder schon zur Schuldprüfung gehört".[851] Dies ist eine Notlösung, die versucht, dem Problem auszuweichen. Dadurch schafft sie jedoch das Problem, dass zu erwarten ist, dass der Korrektor bemängelt, es werde nicht klar, welche Stufe des Verbrechensaufbaus gerade geprüft werde.[852] Diesem Aufbauhinweis sollte deshalb nicht gefolgt werden.[853]

860 Zum Teil wird als pragmatische Lösung eine weitere Prüfungsebene zwischen Rechtswidrigkeit und Schuld vorgeschlagen, die schlicht „Erlaubnistatbestandsirrtum" zu nennen sei.[854] Im Ergebnis unterscheidet sich dieser Vorschlag nicht wesentlich vom eben abgelehnten Aufbauhinweis, weshalb er aus gleichen Gründen abzulehnen ist.

861 Somit muss sich der Bearbeiter zwischen einer Verortung in der Rechtswidrigkeit oder in der Schuld entscheiden. Der Prüfungspunkt bestimmt sich rein dogmatisch betrachtet nach der Auffassung zur Behandlung des Erlaubnistatbestandsirrtums, der man folgen möchte.[855]

Empfehlung: Prüfung in der Schuld

862 Aus didaktischer Sicht empfiehlt sich ein Prüfungsaufbau, der möglichst eine zusammenhängende Problembehandlung gewährleistet und nicht zu einer Problemstreuung über das Gutachten führt. Nur dadurch ist gewährleistet, dass der Student gerade in komplexeren Konstellationen den Überblick behält. Auch sollte der gewählte Prüfungsaufbau eine umfassende Behandlung aller in der Klausur angelegten Irrtümer über Rechtfertigungsgründe ermöglichen. Da § 17 StGB und mithin auch der Erlaubnis- und der Doppelirrtum zwingend in der Schuld zu prüfen sind, empfiehlt es sich, auch den Erlaubnistatbestandsirrtum an dieser Stelle im Gutachten zu behandeln. Nur so kommt man auch zu der Konstellation der „Kollision" mehrerer Irrtümer über unterschiedliche Rechtfertigungsgründe. Würde man den Erlaubnistatbestandsirrtum bereits in der Rechtswidrigkeit prüfen, wäre die Prüfung danach zu Ende und Irrtümer auf Schuldebene (§ 17 StGB) könnten nicht mehr angesprochen werden.

---

849 *Herzberg/Scheinfeld, JuS 2002, 649, 654; Rudolphi, JURA 1980, 258, 266 ff. So im Ergebnis auch Martin, JuS 2004, 350, 350 und Scheffler, Jura 1993, 617, 625, der diesen Prüfungspunkt „versuchte Rechtfertigung" nennt.*

850 *Heinrich, AT, Rn 1476; Wessels/Beulke/Satzger, AT, AT, Rn 756 i.V.m. 678*

851 *Herzberg, JA 1989, 295, 297; ähnlich Jäger, AT, Rn 217 f.; Kühl, JuS 2007, 742, 745*

852 *Meurer/Kahle, JuS 1993, L 60, L 62*

853 *Kritisch zumindest für Hausarbeiten auch Scheffler, Jura 1993, 617, 625*

854 *Joecks/Jäger, StGB, § 16 Rn 50; Rengier, AT, § 30 Rn 9; Christoph, JA 2016, 32, 34; Hecker, JuS 2011, 369, 370; Kaspar, JuS 2004, 409, 413*

855 *Gasa, JuS 2005, 890, 891; Kelker, JURA 2006, 591, 596*

KLAUSURHINWEIS 863

Selbstverständlich darf im Gutachten der eigene Aufbau nicht begründet werden. Die genannten Überlegungen sind deshalb bloßes „Hintergrundwissen", das in einem Gutachten nicht wiederzugeben ist.

Unabhängig von allen dogmatischen Fragen muss der Student darauf bedacht sein, sich nicht sehenden Auges für ein Prüfungsschema zu entscheiden, welches in hohem Maße fehlerträchtig ist und ihm u.U. einzelne Problembereiche abschneidet. Deswegen wird die dringende Empfehlung ausgesprochen, der rechtsfolgenverweisenden Variante zu folgen, die zu einer klaren und einheitlichen Problemverortung in der Schuld führt.[856]

III. DER IRRTUM ÜBER ENTSCHULDIGUNGSGRÜNDE

Auch beim Irrtum über Entschuldigungsgründe ist zwischen Sachverhalts- und Wertungsirrtümern zu unterscheiden. In Anlehnung an die Begrifflichkeiten beim Irrtum über Rechtfertigungsgründe kann man von einem Entschuldigungstatbestandsirrtum und einem Entschuldigungsirrtum sprechen. 864 Sachverhalts-und Wertungsirrtum

1. Der Entschuldigungstatbestandsirrtum

Ein Entschuldigungstatbestandsirrtum liegt vor, wenn sich der Täter irrig die rechtlichen Voraussetzungen eines anerkannten Entschuldigungsgrundes vorstellt, bei deren Vorliegen er tatsächlich entschuldigt wäre. Dieser Entschuldigungstatbestandsirrtum ist für den entschuldigenden Notstand in § 35 II StGB explizit geregelt. Hiernach handelt der Täter ohne Schuld, falls der Irrtum nicht vermeidbar war. War der Irrtum vermeidbar, so führt § 35 II 2 StGB zur obligatorischen Strafmilderung. 865 § 35 II StGB

Den Grund für den Schuldausschluss bei Unvermeidbarkeit des Irrtums kann man darin erblicken, dass die psychische Zwangslage für den Täter stets die Gleiche ist, unabhängig von der Frage, ob die Gefahr tatsächlich besteht oder ob er sie sich nur einbildet. Gleiches gilt für den Fall, dass die Gefahr tatsächlich nicht anders abwendbar ist oder dass der Täter sich dies nur einbildet. Stets besteht für den Täter der gleiche subjektive Motivationsdruck, der ihn in einer psychischen Ausnahmesituation zur rechtswidrigen Tat drängt. 866 Ratio legis

MERKSATZ 867

§ 35 II StGB ist auf **Sachverhaltsirrtümer** bei anderen Entschuldigungsgründen analog anzuwenden.[857]

BEISPIEL (nach BGHSt 48, 255, „Haustyrannen-Fall"): Frau F wird seit Jahren von ihrem Ehemann E, dem Chef einer Rockerbande, auf das Übelste misshandelt und erniedrigt. Als die Gewalttätigkeiten beginnen, sich auf die gemeinsamen Töchter auszudehnen, sieht F in ihrer Verzweiflung keine andere Möglichkeit mehr, als E im Schlaf zu erschießen. 868 Haustyrannen-Fall

---

856 *Heinrich, AT, Rn 1125; Ambos/Rackow, JURA 2006, 943, 945; Dohmen, JURA 2006, 143, 146; Dürre/Wegerich, JuS 2006, 712, 716; Helmrich, JA 2006, 351, 356; Momsen/Sydow, JuS 2001, 1194, 1197 f.; Stiebig, JURA 2009, 274, 276*

857 *BGHSt 3, 194, 198; Heinrich, AT, Rn 1155; Kühl, AT, § 13 Rn 84; Bachmann, JA 2009, 510, 511*

Mangels eines gegenwärtigen Angriffs scheidet Notwehr als Rechtfertigungsgrund aus. Eine Rechtfertigung über § 34 StGB scheitert an der Güterabwägung, da eine Abwägung „Leben gegen Leben" bei § 34 StGB stets unzulässig ist. § 35 StGB greift nur ein, wenn die Dauergefahr für das Leben und die körperliche Unversehrtheit nicht anders abwendbar war. Hier hätte die Gefahr anders als durch Erschießen des E abgewendet werden können, sodass F nicht gem. § 35 StGB entschuldigt ist. Da F an die Wirksamkeit staatlicher Hilfe jedoch nicht gedacht bzw. geglaubt hat, sondern glaubte, sich und ihre Tochter nicht anders schützen zu können, als durch die Tötung des E, hat sie sich Umstände vorgestellt, die sie bei tatsächlichem Vorliegen gem. § 35 I StGB entschuldigt hätten. Gem. § 35 II StGB kommt es bei diesem Entschuldigungstatbestandsirrtum auf die Vermeidbarkeit des Irrtums an. Der BGH ging im obigen Beispiel von der Vermeidbarkeit des Irrtums aus.[858] Die Strafe war aber gem. § 35 II 2 StGB zu mildern.

Prüfungsort: Schuld

869 **KLAUSURHINWEIS**
Der **Entschuldigungstatbestandsirrtum** ist innerhalb der Schuld zu prüfen und zwar im unmittelbaren Anschluss an die Feststellung, dass die Voraussetzungen des Entschuldigungsgrundes nicht vorliegen.[859]

Täter ist bloß objektiv entschuldigt

870 Keine Anwendung findet § 35 StGB, wenn der Täter zwar objektiv entschuldigt ist, dies aber nicht weiß. In diesem Fall fehlt es nämlich an der psychischen Zwangslage der Täters, die die Basis für seine Entschuldigung ist.[860]

2. Der Entschuldigungsirrtum

Gesetzlich nicht geregelt

871 Ein Entschuldigungsirrtum liegt vor, wenn der Täter irrig von der Existenz eines tatsächlich nicht existierenden Entschuldigungsgrundes ausgeht (Entschuldigungsexistenzirrtum) oder wenn er die Grenzen eines anerkannten Entschuldigungsgrundes zu seinen Gunsten überdehnt (Entschuldigungsumfangsirrtum). Letzteres wäre z.B. der Fall, wenn der Täter meint, § 35 StGB erfasse auch den Schutz von Vermögenswerten.

Unbeachtlicher Irrtum

Der Entschuldigungsirrtum ist gesetzlich nicht geregelt. Er ist nach ganz herrschender Ansicht unbeachtlich.[861] Der Täter entfernt sich in diesen Fällen derart weit von der Rechtsordnung, dass selbst eine Strafmilderung wie sie die §§ 35 II 2, 17 S. 2 StGB vorsehen, hier unangebracht wäre. Wann der Gesetzgeber trotz rechtswidriger und schuldhafter Tatbegehung auf die Erhebung eines Schuldvorwurfes verzichtet, ist seiner Entscheidung überlassen. Die gesetzgeberischen Entscheidungen und Wertungen in den §§ 33, 35 StGB können zwar durch die Gerichte in Extremfällen ausgedehnt werden (z.B. durch die Anerkennung eines übergesetzlichen entschuldigenden Notstands), nicht aber durch beliebige Wertungen des Täters.

Prüfungsort: Schuld

872 **KLAUSURHINWEIS**
Auf den **Entschuldigungsirrtum** ist im Rahmen der Schuld einzugehen.

---

858 *BGHSt 48, 255, 257 f.; kritisch Otto, NStZ 2004, 142, 144; Rengier, NStZ 2004, 233, 237 ff.*

859 *Heinrich, AT, Rn 1155*

860 *Roxin, AT I, § 22 Rn 32 ff.; Bachmann, JA 2009, 510, 512*

861 *Heinrich, AT, Rn 1157; Kühl, AT, § 13 Rn 85; Rengier, AT, § 32 Rn 3; Bachmann, JA 2009, 510, 512; a.A. Fischer, StGB, § 35 Rn 17; Joecks/Jäger, StGB, § 17 Rn 12 (Anwendung von § 17 StGB)*

IV. DER IRRTUM ÜBER STRAFAUSSCHLIESSUNGSGRÜNDE

Auch im Bereich der Strafausschließungsgründe kann es zu Irrtümern des Täters kommen. Persönliche Strafausschließungsgründe gibt es im StGB z.B. in den §§ 36, 173 III, 257 III 1, 258 VI StGB. Auch hier lassen sich die Irrtümer wiederum in Sachverhalts- und Wertungsirrtümer einteilen. **873** §§ 36, 173 III, 257 III 1, 258 VI StGB

1. Sachverhaltsirrtum über einen Strafausschließungsgrund

Streitig ist, wie der Fall zu lösen ist, dass sich der Täter irrig Umstände vorstellt, die einen Strafausschließungsgrund begründen würden. **874**

Nach einer Ansicht ist insoweit allein die objektive Sachlage entscheidend (objektive Theorie).[862] Die Strafausschließungsgründe stünden jenseits von Unrecht und Schuld, sodass die Tätervorstellung insofern keine Rolle spielen könne und Irrtümer deshalb stets unbeachtlich seien. Die Gegenauffassung (subjektive Theorie) stellt allein auf die Tätervorstellung ab.[863] Unabhängig von der tatsächlichen Sachlage sei der Täter, der sich die Voraussetzungen eines Strafausschließungsgrundes vorstelle, in derjenigen psychischen Ausnahmesituation, die den Grund für den Strafausschluss darstelle. **875** Objektive und subjektive Theorie

Richtig dürfte es sein, nach der Art des Strafausschließungsgrundes zu differenzieren. Begründen staatspolitische Belange oder kriminalpolitische Zweckmäßigkeitserwägungen des Strafausschluss (so bei §§ 36, 173 III StGB), ist die objektive Sachlage entscheidend. Liegt dem Strafausschluss eine notstandsähnliche Motivationslage zugrunde (so bei §§ 257 III, 258 VI StGB), ist die Tätervorstellung maßgebend.[864] **876** Differenzierende Lösung

BEISPIEL: T bewahrt für den Dieb D Beute auf. Hierbei geht er davon aus, dass es sich um Beute aus einem Diebstahl handelt, zu dem er Beihilfe geleistet hatte. Die Beute stammte jedoch aus einem anderen Diebstahl des D. Greift der persönliche Strafausschließungsgrund des § 257 III StGB ein?

Objektiv war T nicht i.S.d. § 257 III StGB an der Vortat beteiligt, er nahm dies aber an. Nach der objektiven Theorie käme § 257 III StGB dem T nicht zugute. Die subjektive Theorie würde § 257 III StGB zugunsten des T anwenden. Die differenzierende Theorie würde für T ebenfalls zum Strafausschluss nach § 257 III StGB führen.

2. Wertungsirrtum über einen Strafausschließungsgrund

Der Wertungsirrtum über das Vorliegen eines Strafausschließungsgrundes ist gesetzlich nicht geregelt. Er ist nach einhelliger Ansicht unbeachtlich.[865] Der Täter entfernt sich in diesen Fällen derart weit von der Rechtsordnung, dass selbst eine Strafmilderung wie sie die §§ 35 II 2, 17 S. 2 StGB vorsehen, hier unangebracht wäre. **877**

BEISPIEL: T meint, auch Freundschaften unterfielen dem Angehörigenprivileg des § 258 VI i.V.m. § 11 I Nr. 1 StGB und begeht eine Strafvereitelung zugunsten seines besten Freundes.

---

862 BGHSt 18, 123, 125; Jescheck/Weigend, AT, § 29 V 7d
863 OLG Düsseldorf, NJW 1986, 1822, 1822
864 Joecks/Jäger, StGB, § 17 Rn 14; Heinrich, AT, Rn 1163; Wessels/Beulke/Satzger, AT, Rn 785; Exner, ZJS 2009, 516, 523
865 Heinrich, AT, Rn 1166

D. Klausurfall: „Das Feuerzeug"

SACHVERHALT

878 Martha Mobil geht regelmäßig nach der Arbeit mit ihrem kleinen Hund im Stadtpark spazieren. Von dieser Gewohnheit lässt sie auch im Winter nicht ab, obwohl es zu dieser Zeit bereits dunkel ist und sie schon öfter von Überfällen in der Zeitung gelesen hat. Deshalb nimmt sie aber stets ihre Pistole mit, für die sie im Besitz eines Waffenscheines ist.

Eines Abends kommt ihr der Raucher Samuel Seelig entgegen. Er ist im Besitz eines großen silbernen Feuerzeuges. Als Samuel noch einige Meter von Martha entfernt ist, will er sich gedankenverloren eine Zigarette anzünden. Martha sieht in der Dämmerung nur, wie Samuel in seine Innentasche greift und einen größeren Gegenstand herausholt, der das Mondlicht reflektiert. Martha fährt der Schreck in die Glieder, weil sie meint, nach den ganzen Zeitungsartikeln über Überfälle im Stadtpark sei nun sie „an der Reihe". Ohne noch näher auf den Gegenstand in der Hand des Samuel zu achten ist sie davon überzeugt, dass es sich nur um ein Messer oder sonst ein Angriffswerkzeug handeln könne. Deshalb zieht sie sofort ihre stets griffbereite Pistole und ruft: „Waffe weg!". Samuel hört sie jedoch nicht, da er gerade der Musik von seinem iPod lauscht. Von der Musik inspiriert geht er weiter auf Martha zu und hebt – sein virtuelles Orchester dirigierend – die Hand mit dem „Messer" in Richtung der Martha. Wegen der unmittelbaren Nähe zu Samuel sieht Martha keine andere Rettungsmöglichkeit mehr und schießt dem Samuel, der jäh aus seinen Träumen gerissen wird, in den Oberarm. Das Feuerzeug lässt er sofort fallen.

Bearbeitervermerk:
Hat sich Martha (M) wegen gefährlichen Körperverletzung, §§ 223 I, 224 I Nr. 2 StGB, strafbar gemacht?

Abwandlung:
Wie oben. Als Samuel sein „Messer" zieht, schießt ihm Martha sofort in die Brust, obwohl zur sicheren Abwehr des vorgestellten Angriffs ein Schuss in den Arm oder in die Beine völlig genügt hätte. Samuel ist auf der Stelle tot. M war im Zeitpunkt des Schusses davon überzeugt, dass das Recht dem Unrecht nicht weichen müsse und sie den Angriff mit aller Härte zurückschlagen dürfe.

Bearbeitervermerk:
Hat sich Martha (M) wegen Totschlags, § 212 StGB, strafbar gemacht?

LÖSUNG

A. §§ 223 I, 224 I Nr. 2 StGB

Indem M dem S in den Oberarm geschossen hat, könnte sie sich wegen gefährlicher Körperverletzung gem. §§ 223 I, 224 I Nr. 2 StGB strafbar gemacht haben.

I. TATBESTAND

1. Objektiver Tatbestand

a) Grunddelikt, § 223 I StGB

Durch den Schuss in den Oberarm hat M den S übel und unangemessen behandelt und sein körperliches Wohlbefinden mehr als nur unerheblich beeinträchtigt. Eine körperliche Misshandlung ist deshalb gegeben. Auch hat sie dadurch bei S einen pathologischen Zustand hervorgerufen und ihn so an der Gesundheit geschädigt.

b) Qualifikation, § 224 I Nr. 2 StGB

Dabei hat sie sich mit der Pistole auch einer Waffe im Sinne des § 224 I Nr. 2 StGB bedient.

KLAUSURHINWEIS

Infrage kommen weiterhin die Qualifikationen Nr. 3 und Nr. 5, die aufgrund des Bearbeitervermerks jedoch nicht zu prüfen sind. Bezüglich eines hinterlistigen Überfalls fehlte der M jedenfalls der Vorsatz, da sie davon ausging, von S angegriffen zu werden. Für die das Leben gefährdende Behandlung wird nach h.L. eine konkrete Gefährdung verlangt, die nicht gegeben ist. Nach der Rspr. genügt eine abstrakte Lebensgefährdung, die hier wegen des gezielten Schusses in den Oberarm aus unmittelbarer Nähe fehlen dürfte.

2. Subjektiver Tatbestand

M handelte mit dem Willen zur Tatbestandsverwirklichung in Kenntnis aller objektiven Tatumstände, also vorsätzlich.

II. RECHTSWIDRIGKEIT

Die Rechtswidrigkeit würde entfallen, wenn M gerechtfertigt wäre.

1. Notwehr, § 32 StGB

M könnte durch Notwehr, § 32 StGB, gerechtfertigt sein. Dies würde zunächst das Vorliegen eines gegenwärtigen rechtswidrigen Angriffs verlangen. Ein Angriff ist jede durch menschliches Verhalten drohende Beeinträchtigung rechtlich geschützter Interessen. S wollte sich nur eine Zigarette anzünden, weshalb es im Rahmen der bei der Notwehrlage gebotenen Ex-post-Betrachtung an einem gegenwärtigen Angriff fehlt. Eine Rechtfertigung über § 32 StGB scheidet aus.

KLAUSURHINWEIS

Keinesfalls darf an dieser Stelle vorschnell zum Problem des Irrtums übergeleitet werden. Zunächst ist der Frage nachzugehen, ob nicht andere Rechtfertigungsgründe eingreifen. Sollte dies der Fall sein, stellt sich das Problem des Irrtums gar nicht mehr, weil der Täter ja gerechtfertigt ist.

In diesem Zusammenhang ist stets an die Prüfung des rechtfertigenden Notstands, § 34 StGB, zu denken. Dies hat seinen Grund darin, dass der Begriff der Gefahr bei § 34 StGB im Vergleich zum Begriff des Angriffs bei § 32 StGB der umfassendere Begriff ist. Es ist also denkbar, dass das Vorliegen eines Angriffs zwar abzulehnen ist, aber dennoch eine Gefahr i.S.d. § 34 StGB vorliegt.[866]

2. Notstand, § 34 StGB

Zwar wird das Vorliegen einer Notstandslage nicht ex post, sondern aus der Ex-ante-Sicht eines besonnenen Durchschnittsbürgers bestimmt, jedoch gab es nach Sachverhalt keinen Anlass, das Feuerzeug für eine Waffe und die konkrete Situation für einen Angriff zu halten. Deshalb fehlt es an einer gegenwärtigen Gefahr. Eine Rechtfertigung über § 34 StGB scheidet aus.

III. SCHULD

Fraglich ist jedoch, wie es sich auswirkt, dass M bei Begehung der Tat irrig davon ausgegangen ist, S greife sie gerade mit einem Messer an. Dieser Irrtum könnte das Unrechtsbewusstsein der M entfallen lassen.

1. Rechtliche Einordnung der Fehlvorstellung der M

Hinsichtlich des § 32 StGB könnte ein Erlaubnistatbestandsirrtum der M vorliegen. Ein Erlaubnistatbestandsirrtum liegt vor, wenn der Täter bei Begehung der Tat irrig Umstände für gegeben hält, die ihn bei ihrem tatsächlichen Vorliegen gerechtfertigt hätten.

KLAUSURHINWEIS

Diese **Definition des Erlaubnistatbestandsirrtums** ist immens wichtig! Verfehlt ist die häufig verwendete Definition, dass sich der Täter für gerechtfertigt gehalten hat. Dies trifft nämlich auch auf den Erlaubnis- und den sog. Doppelirrtum zu und ist folglich nicht dazu geeignet, den Erlaubnistatbestandsirrtum präzise zu beschreiben.

Wäre S gerade dabei gewesen, mit einem Messer auf die M loszugehen, so hätte ein gegenwärtiger rechtswidriger Angriff i.S.d. § 32 I StGB von S auf M und somit eine Notwehrlage gem. § 32 II StGB vorgelegen. Der gegen S gerichtete Schuss in den Oberarm hätte in diesem Fall auch eine rechtmäßige Notwehrhandlung darstellen müssen, hätte also geeignet, erforderlich und geboten sein müssen.

---

866 *Gasa, JuS 2005, 890, 892*

Geeignet ist eine Notwehrhandlung, wenn sie nicht von vornherein als völlig ungeeignet erscheint, den Angriff in qualitativer oder in quantitativer Hinsicht abzuschwächen. Der Schuss wäre geeignet gewesen, einen tatsächlichen Angriff des S auf M zumindest abzuschwächen.

Erforderlich ist eine Notwehrhandlung, wenn und soweit sie zur Verteidigung das relativ mildeste Mittel darstellt. Dabei darf der Angegriffene nicht auf u.U. unsichere Abwehrmittel verwiesen werden. Beim in der Regel immer lebensgefährlichen Einsatz von Schusswaffen gelten insoweit jedoch Einschränkungen. Der Verteidiger hat den Einsatz der Schusswaffe - nach Möglichkeit - zunächst anzudrohen, dann einen Warnschuss abzugeben, dann in Beine oder Arme zu schießen bevor er einen u.U. tödlichen Körper- oder Kopfschuss abgeben darf. Hier hat M nach der Warnung keinen Warnschuss mehr abgegeben, sondern sofort in den Oberarm des S geschossen. S war jedoch bereits in unmittelbarer Nähe von M und hatte den Arm bereits gehoben und das - aus der Sicht der M - Messer auf M gerichtet. In dieser Situation darf M zu einer sofortigen und sicheren Abwehr des Angriffs schreiten. Ein bloßer Warnschuss hätte einen Angriff des S nicht mehr sicher abwehren können. Der Schuss in den Oberarm wäre daher erforderlich gewesen.

Die Gebotenheit der Notwehrhandlung fehlt, wenn die Verteidigung rechtsmissbräuchlich ist. Hierfür ist nichts ersichtlich, sodass der Schuss auch geboten gewesen wäre.

Da M auch mit Verteidigungswillen gehandelt hat, wäre sie, falls S sie tatsächlich angegriffen hätte, wegen Notwehr gerechtfertigt gewesen. M hat sich somit in einem Erlaubnistatbestandsirrtum befunden.

KLAUSURHINWEIS

Diese sog. **hypothetische Prüfung** ist notwendig, um den Erlaubnistatbestandsirrtum zum Fall des Doppelirrtums abzugrenzen. Beim Doppelirrtum irrt sich der Täter nicht nur auf der Ebene des Rechtfertigungssachverhalts (so beim Erlaubnistatbestandsirrtum), sondern zusätzlich auch noch auf der Ebene der Wertung.

Im Rahmen der hypothetischen Prüfung ist also nicht pauschal das Vorliegen beispielsweise einer Notwehrlage an sich zu unterstellen, sondern nur der Sachverhalt, wie ihn sich der Täter vorgestellt hat. Das wird in aller Regel zur unproblematischen Bejahung der Notwehrlage führen, muss aber zumindest kurz festgestellt werden.

Keinesfalls darf die Prüfung des subjektiven Rechtfertigungselements vergessen werden,[867] auch wenn dies bei der irrigen Annahme eines Rechtfertigungsgrundes stets zu bejahen sein dürfte.

867 *Kühl, AT, § 13 Rn 69; vgl. die Falllösung bei Graul, JuS 92, L 49 f.*

2. Rechtliche Behandlung des Erlaubnistatbestandsirrtums

Fraglich ist, welche Auswirkungen das Vorliegen eines Erlaubnistatbestandsirrtums auf die Strafbarkeit des Täters hat. Ausgangspunkt für die Beantwortung dieser Frage ist die Erkenntnis, dass der Täter, der im Erlaubnistatbestandsirrtum handelt und sich folglich für gerechtfertigt hält, nicht die Einsicht hat, Unrecht zu tun. Ihm fehlt das Unrechtsbewusstsein.

KLAUSURHINWEIS

Das Unrechtsbewusstsein fehlt dem Täter auch beim Erlaubnis- und beim Doppelirrtum. Das muss hier jedoch nicht erwähnt werden, da es hier nur um die rechtliche Behandlung des Erlaubnistatbestandsirrtums geht.

Strenge Schuldtheorie

Man könnte deshalb aufgrund des einschlägigen Wortlauts § 17 StGB für anwendbar halten und den Erlaubnistatbestandsirrtum wie einen Verbotsirrtum behandeln. Nach dieser sog. strengen Schuldtheorie kommt es darauf an, ob der Irrtum für M vermeidbar war oder nicht. Da es keinen Grund gab, das Verhalten des S als Angriff zu deuten, war der Irrtum der M vermeidbar. Sie ist nach dieser Theorie folglich wegen gefährlicher Körperverletzung zu bestrafen.

Eingeschränkte Schuldtheorie

Demgegenüber könnte man jedoch darauf abstellen, dass es sich beim Erlaubnistatbestandsirrtum um einen reinen Sachverhaltsirrtum handelt. Für einen derartigen Sachverhaltsirrtum über Rechtfertigungsgründe könnte man die Sachverhaltsirrtumsvorschrift des § 16 I 1 StGB als sachnäher ansehen, sog. eingeschränkte Schuldtheorie. Da § 16 I 1 StGB jedoch einen Irrtum über einen Umstand des Tatbestandes voraussetzt, käme nur eine analoge Anwendung dieser Vorschrift in Frage. Eine derartige Analogie würde zumindest nicht dem strafrechtlichen Analogieverbot widersprechen, da § 16 I 1 StGB im Vergleich zu § 17 StGB die für den Täter günstigeren Rechtsfolgen nach sich zieht. Innerhalb dieser Meinung bestehen jedoch unterschiedliche Auffassungen über Grund und Konsequenzen der analogen Anwendung von § 16 I StGB beim Erlaubnistatbestandsirrtum.

Lehre vom Ausschluss des Vorsatzunrechts

Einerseits könnte man den Vorsatz in die zwei Komponenten Vorsatz zur Verwirklichung des Tatbestandes und Vorsatz dabei Unrecht zu tun aufspalten. Nach dieser sog. Lehre vom Ausschluss des Vorsatzunrechts ist ein Vorsatz, Unrecht zu tun, bei M, die sich gerechtfertigt glaubte, nicht feststellbar, weshalb eine Bestrafung wegen vorsätzlicher Tat ausscheidet.

Rechtsfolgenverweisende Variante der eingeschränkten Schuldtheorie

Andererseits könnte man zur Vermeidung von Strafbarkeitslücken im Bereich der Teilnahme, die ja eine vorsätzliche Haupttat verlangt, die analoge Anwendung von § 16 I 1 StGB auf die Rechtsfolge des Ausschlusses der Vorsatzstrafe beschränken. Nach dieser sog. rechtsfolgenverweisenden Variante der eingeschränkten Schuldtheorie ist M nicht der Vorwurf zu machen, dass sie vorsätzlich Schuld auf sich geladen habe. Mangels sog. Vorsatzschuldvorwurfes und damit mangels Schuld kann M auch nach dieser Theorie nicht wegen vorsätzlicher Tat bestraft werden.

Nur die strenge Schuldtheorie führt zur Vorsatzstrafe bei M. Diese Theorie lässt jedoch außer Acht, dass § 17 StGB einen Bewertungsirrtum des Täters regelt. Der Täter im Erlaubnistatbestandsirrtum wertet jedoch richtig, da er bei Vorliegen des von ihm angenommenen Sachverhalts auch tatsächlich gerechtfertigt wäre. Er befindet sich also im Einklang mit den Bewertungsmaßstäben der Rechtsordnung und ist „an sich rechtstreu“. Vielmehr unterliegt er einem Sachverhaltsirrtum, weil er irrig die tatbestandlichen Voraussetzungen eines anerkannten Rechtfertigungsgrundes für gegeben hält. Damit ist dem Täter nur der Vorwurf mangelnder Sorgfalt bei der Zurkenntnisnahme des Lebenssachverhalts zu machen. Dies ist jedoch von seiner Struktur ein Fahrlässigkeits- und kein Vorsatzvorwurf. Deshalb liegt es näher, den Erlaubnistatbestandsirrtum dem Anwendungsbereich des Tatbestandsirrtums, § 16 I StGB analog, zu unterstellen.

KLAUSURHINWEIS

Eine weitergehende Streitentscheidung ist nicht erforderlich.[868] Sollte für einen weiteren Teilnehmer an der Tat eine Anstiftung oder eine Beihilfe in Frage kommen, so wäre im Rahmen der Teilnahmeprüfung innerhalb des Prüfungspunktes der vorsätzlichen rechtswidrigen Haupttat der Frage nachzugehen, ob eine solche nach den eingeschränkten Schuldtheorien noch besteht. Dies wäre nach der Lehre vom Ausschluss des Vorsatzunrechts zu verneinen, nach der rechtsfolgenverweisenden Variante hingegen zu bejahen. Da das Problem aus o.g. Gründen in der Schuld verortet wurde, ist nunmehr konsequenter Weise der rechtsfolgenverweisenden Variante zu folgen, um sich innerhalb des Gutachtens nicht in einen Widerspruch zu verwickeln.[869]

B. Ergebnis

M hat sich nicht gem. §§ 223 I, 224 I Nr. 2 StGB strafbar gemacht.

KLAUSURHINWEIS

In Betracht kommt jedoch eine Bestrafung wegen fahrlässiger Körperverletzung, § 229 StGB, die gem. § 16 I 2 StGB unberührt bleibt. Der M kann also zum Vorwurf gemacht werden, fahrlässig Schuld auf sich geladen zu haben, weil sie nicht erkannt hat, dass S sie gar nicht angreifen wollte. Dies ist nach dem Bearbeitervermerk jedoch nicht mehr zu erörtern.

868 *Kühl, AT, § 13 Rn 66*
869 *Momsen/Sydow, JuS 2001, 1194, 1197, Fn 37*

ABWANDLUNG

A. § 212 I StGB

Indem M dem S in die Brust geschossen hat, könnte sie sich wegen Totschlags, § 212 I StGB, strafbar gemacht haben.

I. TATBESTAND

1. Objektiver Tatbestand

M hat S, einen Menschen, durch den Schuss getötet.

2. Subjektiver Tatbestand

Die M handelte dabei mit dem Willen zur Tatbestandsverwirklichung in Kenntnis aller objektiven Tatumstände, also vorsätzlich.

II. RECHTSWIDRIGKEIT

Mangels Vorliegens eines Angriffs des S oder einer gegenwärtigen Gefahr war M nicht gerechtfertigt und handelte folglich rechtswidrig (vgl. Ausgangsfall).

III. SCHULD

Fraglich ist jedoch, wie es sich auswirkt, dass M bei Begehung der Tat irrig davon ausgegangen ist, S greife sie gerade mit einem Messer an.

1. Rechtliche Einordnung der Fehlvorstellung der M

Bei dieser Sachlage könnte hinsichtlich des § 32 StGB ein Erlaubnistatbestandsirrtum der M vorliegen. Ein Erlaubnistatbestandsirrtum liegt vor, wenn der Täter bei Begehung der Tat Umstände für gegeben hält, die ihn bei ihrem tatsächlichen Vorliegen gerechtfertigt hätten.

Wäre S gerade dabei gewesen, M anzugreifen, so hätte ein gegenwärtiger rechtswidriger Angriff i.S.d. § 32 I StGB von S auf M und somit eine Notwehrlage gem. § 32 II StGB vorgelegen. Der gegen S gerichtete Schuss auf den Oberkörper hätte in diesem Fall auch eine rechtmäßige Notwehrhandlung darstellen müssen, hätte also geeignet, erforderlich und geboten sein müssen.

Geeignet ist eine Notwehrhandlung, wenn sie nicht von vornherein als völlig ungeeignet erscheint, den Angriff in qualitativer oder in quantitativer Hinsicht abzuschwächen. Der Schuss wäre geeignet gewesen, einen tatsächlichen Angriff des S auf M zumindest abzuschwächen.

Erforderlich ist eine Notwehrhandlung, wenn und soweit sie zur Verteidigung das relativ mildeste Mittel darstellt. Dabei darf der Angegriffene nicht auf u.U. unsichere Abwehrmittel verwiesen werden. Beim in der Regel immer lebensgefährlichen Einsatz von Schusswaffen gelten insoweit jedoch Einschränkungen. Der Verteidiger hat den Einsatz der Schusswaffe - nach Möglichkeit - zunächst anzudrohen, dann einen Warnschuss abzugeben, dann in Beine oder Arme zu schießen bevor er einen u.U. tödlichen Körper- oder Kopfschuss abgeben darf. Hier war nach Lage der Dinge der sofort tödliche Schuss nicht erforderlich. M hätte zumindest eine Warnung aussprechen müssen. Auch ein Schuss in den Arm oder in die Beine wäre der M möglich und zur sofortigen sicheren Abwehr völlig ausreichend gewesen. Selbst wenn die Vorstellung der M richtig gewesen wäre, hätte sie dem S nicht sofort in die Brust schießen dürfen. Sie befand sich im Zeitpunkt der Abgabe des Schusses folglich nicht im Erlaubnistatbestands-, sondern im sog. Doppelirrtum.

KLAUSURHINWEIS
Hier zeigt sich erneut die Bedeutung der hypothetischen Prüfung (Wäre der Täter gerechtfertigt gewesen, wenn seine Vorstellung zutreffend gewesen wäre?): Nur diese Prüfung ermöglicht die Abgrenzung zwischen Erlaubnistatbestands- und dem Doppelirrtum.

2. Rechtliche Behandlung des Doppelirrtums

Fraglich ist, wie dieser Doppelirrtum rechtlich zu behandeln ist. Beim Doppelirrtum treffen Tatumstandsirrtum (fehlerhafte Vorstellung eines Angriffs) und Bewertungsirrtum (Vorstellung der M, sofort in die Brust schießen zu dürfen) zusammen. Zu klären ist, ob dieser Doppelirrtum sein Gepräge vor allem durch den Tatumstandsirrtum – was zur Anwendung von § 16 I StGB analog führen würde – oder vor allem durch den Bewertungsirrtum – was zur Anwendung von § 17 StGB führen würde – erhält. Im Unterschied zum Erlaubnistatbestandsirrtum befindet sich der Täter im Doppelirrtum nicht im Einklang mit den Bewertungsmaßstäben der Rechtsordnung. Sein Verhalten kann nicht mehr als „an sich rechtstreu" beschrieben werden. Selbst wenn die Vorstellung der M hinsichtlich des Angriffs des S zutreffend gewesen wäre, so hätte sie ihm doch nicht in die Brust schießen dürfen. Somit erhält der Doppelirrtum sein entscheidendes Gepräge durch den Bewertungsirrtum des Täters. Dies wird bestätigt durch den Vergleich mit den Rechtsfolgen, den ein reiner Wertungsirrtum über das Vorliegen eines Rechtfertigungsgrundes nach sich zieht. Ein derartiger Erlaubnisirrtum ist über § 17 StGB zu behandeln. Da § 17 StGB zu einer strengen Vermeidbarkeitsprüfung führt und folglich in seinen Rechtsfolgen für den Täter im Vergleich zu § 16 I StGB nachteilhafter ist, kann der Doppelirrtum ebenfalls nur über § 17 StGB behandelt werden. Anderenfalls würde das „Mehr" an Irrtum den Täter beim Doppelirrtum im Vergleich zum Erlaubnisirrtum privilegieren, was nicht angeht. Der Doppelirrtum ist damit dem Erlaubnisirrtum näher als dem Erlaubnistatbestandsirrtum und folglich nach § 17 StGB zu behandeln.

Es kommt also gem. § 17 StGB darauf an, ob die Fehlvorstellung der M, dass sie berechtigt sei, mit aller Härte den Angriff zurückzuschlagen, vermeidbar war.

Der Irrtum ist unvermeidbar, wenn der Täter trotz der ihm nach den Umständen des Falles, seiner Persönlichkeit sowie seinem Lebens- und Berufskreis zuzumutenden Anspannung des Gewissens die Einsicht in das Unrechtmäßige seines Handels nicht zu gewinnen vermochte.[870] Das setzt voraus, dass er alle seine geistigen

870 *BGHSt 2, 194, 201*

Erkenntniskräfte eingesetzt und etwa auftauchende Zweifel durch Nachdenken und erforderlichenfalls durch Einholung von Rat beseitigt hat.[871] M hätte erkennen können und müssen, dass die Rechtsordnung einem Angegriffenen nicht per se ein „Exekutionsrecht" gegenüber dem Angreifer einräumt, sondern dass das Rechtsgut Leben so weit wie möglich zu schonen ist. M hat somit schuldhaft gehandelt. Ihre Strafe kann gem. § 17 S. 2 StGB gemildert werden.

B. Ergebnis

FALLENDE

M hat sich des Totschlags, § 212 I StGB, strafbar gemacht. Ihre Strafe kann gemildert werden, §§ 17 S. 2, 49 I StGB.

---

871 BGHSt 4, 1, 5

VERSUCH

A. Einleitung

I. STRAFGRUND DES VERSUCHS

Bei Vorsatztaten besteht die Möglichkeit, dass sich der Täter auch dann strafbar macht, wenn es ihm nicht gelingt, den tatbestandlichen Erfolg herbeizuführen. In diesem Fall spricht man von einem Versuch. 879

BEISPIEL: A will seinem Nebenbuhler N eine kräftige Ohrfeige geben. Dieser weicht jedoch aus, weshalb A daneben schlägt.

A hat N nicht getroffen und folglich den Tatbestand der Körperverletzung nicht verwirklicht. Gem. § 223 II StGB ist jedoch der Versuch der Körperverletzung ebenfalls strafbar.

Fraglich ist, warum der Versuch überhaupt strafbar ist, schließlich ist doch letztendlich „alles gut gegangen" und eine Rechtsgutsverletzung ausgeblieben. Das Unrecht des Versuchs liegt in dem vom Täter verwirklichten Handlungsunrecht, das darin besteht, dass er einen strafbewährten Erfolg herbeiführen wollte. Das Erfolgsunrecht, also die gegen die Rechtsordnung verstoßende Verletzung eines strafrechtlich geschützten Rechtsguts, ist – im Unterschied zur Vollendung – gerade ausgeblieben. Mithin konkretisiert sich die eingangs gestellte Frage dahin, warum das bloße Handlungsunrecht als Anlass staatlichen Strafens ausreicht. 880 Handlungsunrecht

Nach der heute herrschenden subjektiv-objektiven Versuchstheorie sind zwei Strafgründe für den Versuch auszumachen.[872] Der eine Strafgrund für den Versuch ist die Betätigung der rechtsfeindlichen Gesinnung. Damit wird klargestellt, dass der Täter des Versuchs nicht wegen bloß böser Gesinnung strafbar ist, sondern bestraft wird, weil dieser böse Wille auch in eine Tathandlung umgesetzt wurde. 881 Subjektiv-objektive Versuchstheorie

Der andere Strafgrund für den Versuch liegt in dem auch schon durch den bloßen Versuch hervorgerufenen rechtserschütternden Eindruck. Schon dieser ist geeignet, das Vertrauen in die Geltung der Rechtsordnung zu beeinträchtigen und den Rechtsfrieden zu gefährden, weil sich die anderen Bürger nicht mehr „sicher fühlen" können. 882

II. VERWIRKLICHUNGSSTUFEN DER STRAFTAT

Es werden vier verschiedene Verwirklichungsstufen der Tat unterschieden. Es sind dies die Vorbereitungshandlung, der Versuch, die Vollendung und die Beendigung.[873] 883

Die grundsätzlich **straflosen Vorbereitungshandlungen**[874] liegen zeitlich vor dem Versuch und bezeichnen die Phase, in der der Täter seinen bereits gefassten Tatentschluss noch nicht in die Tat umgesetzt hat. 884 Vorbereitung und Versuch

MERKSATZ 885

Der Versuch ist die Phase, in welcher der Täter beginnt seinen Plan in die Tat umzusetzen.

---

872 BGHSt 11, 324, 327 f.; Heinrich, AT, Rn 636; Rath, JuS 1998, 1006, 1008; Valerius, JA 2010, 113, 113

873 Vgl. das Beispiel bei Kühl, AT, § 14 Rn 5

874 Unter den Voraussetzungen des § 30 II StGB können aber auch Vorbereitungshandlungen ausnahmsweise strafbar sein.

Vorbereitungshandlung und Versuch sind dabei unvollständig gebliebene Taten, weil der Täter keines oder zumindest nicht alle der gesetzlichen Tatbestandsmerkmale verwirklicht hat.

Vollendung

886 **MERKSATZ**

Sind alle objektiven und subjektiven Tatbestandsmerkmale erfüllt, ist die Tat **vollendet**.

887 Folglich bestimmt der Straftatbestand des Besonderen Teils die Anforderungen an die Vollendung. Setzt er einen Erfolg voraus, ist die Tat erst vollendet, wenn der tatbestandsmäßige Erfolg eingetreten ist. So ist z.B. bei § 223 I StGB die Verletzung eines Menschen und bei § 242 I StGB die Wegnahme einer fremden beweglichen Sache erforderlich. Andere Tatbestände lassen dagegen die bloße Vornahme einer Handlung genügen, z.B. das Tätigen einer falschen Aussage, §§ 153, 154 StGB. Nicht erforderlich ist für die Vollendung aber, dass der Täter eine vom Straftatbestand geforderte besondere Absicht realisieren konnte. Deshalb liegt ein vollendeter Diebstahl auch dann vor, wenn der Täter zwar die Absicht hatte, sich eine Sache rechtswidrig zuzueignen, dies aber (noch) nicht geschehen ist.[875] Die im Einzelnen schwierige Feststellung, ob die Merkmale des Tatbestandes erfüllt sind, richtet sich nach der Auslegung der einzelnen Tatbestandsmerkmale, ist also keine Frage des Allgemeinen, sondern des Besonderen Teils.[876]

Beendigung

888 **MERKSATZ**

Die **Beendigung** ist im Allgemeinen Teil des StGB nicht geregelt. Sie liegt vor, wenn das Tatgeschehen seinen endgültigen Abschluss gefunden hat.

889 Oftmals fallen Vollendung und Beendigung allerdings zusammen. So ist beispielsweise der Totschlag nach § 212 I StGB mit der Tötung des anderen Menschen vollendet und auch beendet.

890 Es gibt jedoch auch Delikte, deren Beendigung der Vollendung in der Regel erst (viel) später nachfolgt. Typischerweise ist dies bei Dauerdelikten der Fall, weil ihr Tatbestand nicht nur die Herbeiführung des rechtswidrigen Zustandes, sondern auch dessen Aufrechterhaltung erfasst.[877] Der Straftatbestand der Freiheitsberaubung, § 239 StGB, ist beispielsweise vollendet, wenn der Täter sein Opfer der Freiheit beraubt hat, aber erst beendet, wenn die Freiheitsentziehung aufgehoben ist.[878] Auch Tatbestände, die eine Absicht voraussetzen, sind erst beendet, wenn der erstrebte Erfolg eingetreten ist.[879] So ist z.B. der Betrug, § 263 I StGB, beendet, wenn die vom Täter erstrebte Bereicherung auch tatsächlich eingetreten ist.

---

875 *Kühl, AT, § 14 Rn 20*
876 *Kühl, JuS 2002, 729, 730*
877 *Kühl, AT, § 14 Rn 22*
878 *BGHSt 20, 227, 228*
879 *S/S-Eser/Bosch, StGB, Vorbem § 22 Rn 6*

B. Prüfungsschema

PRÜFUNGSSCHEMA

891

I. Vorprüfung
   1. Nichtvollendung
   2. Strafbarkeit des Versuchs
II. Tatentschluss
III. Unmittelbares Ansetzen
IV. Rechtswidrigkeit
V. Schuld
VI. Rücktritt
   1. Kein Fehlschlag
   2. Rücktrittsverhalten
   3. Freiwilligkeit

C. Grundfall: „Der Nagel"

SACHVERHALT

Richard Reich (R) fährt am Wochenende stets zu seinem Wochenendhaus. Sein Weg führt ihn ca. 15 Kilometer über eine einsame Landstraße. Sein Feind, der Adrian Arm (A), will ihn schon länger verprügeln, befürchtet jedoch, dass er in der Stadt 892
auf offener Straße nicht die Gelegenheit hat, lange genug mit R abzurechnen. Deswegen fasst A folgenden Plan:

A will kurz vor dem üblichen Fahrtantritt des R (Freitag gegen 17 Uhr) diesem einen Nagel in einen Reifen seines Wagens stechen. Nach den Berechnungen des A wird die langsam entweichende Luft mitten auf der Landstraße zu einer Reifenpanne führen. A will dem R mit seinem eigenen Auto in sicherem Abstand folgen. Er hofft, dass R wegen der Reifenpanne aus dem Auto aussteigen und deshalb seinem Zugriff ausgesetzt sein wird. Er will den R dann in aller Ruhe genüsslich verprügeln.

Am nächsten Freitag um 16.30 Uhr sticht A einen großen Nagel in ein Rad am Wagen des R, setzt sich in sein in der Nähe geparktes Auto und wartet ab. Er hofft, dass R auch heute die Fahrt antritt und er sich hinsichtlich des Zeitpunkts und des Orts der Reifenpanne nicht verrechnet hat. Schließlich hofft er, dass ihn der R mit seinem schnelleren Wagen nicht abhängen wird.

A kann seinen Plan jedoch nicht zu Ende führen, da er von einem Nachbarn beobachtet wird, der die Polizei verständigt. Diese verhaftet den in seinem Wagen sitzenden A.

Strafbarkeit des A? Eventuell erforderliche Strafanträge sind gestellt.

A. §§ 223 I, 22, 23 I StGB

LÖSUNG

Indem A dem R einen Nagel in einen Reifen seines Wagens gestochen hat, könnte er sich wegen versuchter Körperverletzung, §§ 223 I, 22, 23 I StGB, strafbar gemacht haben.

I. VORPRÜFUNG

Zum eigentlich geplanten Angriff des A auf R ist es nicht gekommen, sodass die Körperverletzung nicht vollendet ist.

Gem. § 223 II StGB ist die versuchte Körperverletzung strafbar.

II. TATENTSCHLUSS

A müsste Tatentschluss zur Begehung einer Körperverletzung gehabt haben. Der Tatentschluss entspricht dem Vorsatz bei den vollendeten Delikten zuzüglich besonderer Absichten oder sonstiger subjektiver Merkmale.
A müsste den Vorsatz gehabt haben, den R körperlich zu misshandeln und bzw. oder ihn an der Gesundheit zu schädigen. Ein Vorsatz zur körperlichen Misshandlung ist gegeben, wenn der Täter den Willen hat, einen Menschen übel und unangemessen zu behandeln und dadurch das körperliche Wohlbefinden des Opfers oder dessen körperliche Integrität nicht nur unerheblich zu beeinträchtigen. Da A den R verprügeln wollte, ist dies zu bejahen.
Der Vorsatz zur Gesundheitsschädigung ist gegeben, wenn der Täter bei dem Opfer einen krankhaften Zustand hervorrufen oder steigern will. Da A den R verprügeln wollte, ist davon auszugehen, dass er bei R Prellungen, Blutergüsse und ähnliche Schlagfolgen hervorrufen wollte.
A hatte somit grundsätzlich den Tatentschluss zur Körperverletzung.
Es stellt sich jedoch die Frage, wie es sich auswirkt, dass sich A selbst nicht sicher war, ob er seinen Tatplan auch würde ausführen können. Zwar hoffte er, dass R den Wagen benutzen und auf der Landstraße eine Reifenpanne haben werde, die ihn zum Anhalten und zum Aussteigen zwingen werde, er war sich dessen aber nicht sicher.
Für die Bejahung eines Tatentschlusses ist es notwendig, dass der Täter zur Tat unbedingt entschlossen ist. Das ist allerdings auch dann zu bejahen, wenn der Täter sein Handeln nur noch von äußeren, für ihn nicht zu beeinflussenden, objektiven Bedingungen abhängig macht.
A war fest entschlossen, seinen Plan in die Tat umzusetzen. Er konnte sich nur nicht sicher sein, ob sich für ihn auch tatsächlich die Gelegenheit bieten würde, den R auf der Landstraße zu verprügeln. Ob R die Fahrt antritt und ob der Nagel an der erhofften Stelle zu einer Reifenpanne führt, sind jedoch rein objektive Umstände, die den subjektiven Vollendungswillen des A unberührt lassen.
Der Tatentschluss zur Körperverletzung liegt vor.

III. UNMITTELBARES ANSETZEN

A müsste unmittelbar zur Tat angesetzt haben. Das ist der Fall, wenn er nach seiner Vorstellung unmittelbar zur Verwirklichung des Tatbestands ansetzt, § 22 StGB.
Der Täter setzt zur Verwirklichung des Tatbestands an, wenn er auf der Basis seines Tatplans subjektiv die Schwelle zum „jetzt geht es los“ überschritten hat und Handlungen vorgenommen hat, die nach seiner Vorstellung von der Tat ohne wesentliche Zwischenschritte in die Tatbestandsverwirklichung einmünden sollen und deshalb das geschützte Rechtsgut nach der Vorstellung des Täters bereits gefährdet ist.
A hat bereits den Nagel in einen Reifen gestochen und so die Schlüsselursache für das weitere Geschehen gesetzt. Allerdings sollte bis zum eigentlichen Angriff noch einige Zeit vergehen. Zunächst wollte A warten, bis R seine Fahrt antritt. Erst nach einer gewissen Strecke hätte der Nagel dann zu einem Platten am Wagen des R geführt. Weiterhin hätte R deswegen die Fahrt unterbrechen und sich so dem Zugriff des A aussetzen müssen. Es bedurfte also noch wesentlicher Zwischenschritte, bevor es zur eigentlichen Tatausführung der Körperverletzung gekommen wäre. Es fehlt somit an einem hinreichend engen zeitlichen und räumlichen

Zusammenhang zwischen der vorgenommenen Tathandlung und der eigentlichen Deliktsverwirklichung.
Außerdem müsste das Opfer aus der Sicht des Täters bereits konkret gefährdet sein. Auch das ist zweifelhaft, da sich A nicht sicher sein konnte, ob sein Plan funktionieren würde. R hätte genauso auf einer belebten Straße oder an einer Tankstelle anhalten können, wo A den von ihm geplanten Angriff nicht hätte durchführen können.[880]
Damit liegt kein unmittelbares Ansetzen vor.

IV. ERGEBNIS

A hat sich nicht wegen versuchter Körperverletzung gem. §§ 223 I, 22, 23 I StGB strafbar gemacht.

B. § 303 I StGB

A könnte sich wegen Sachbeschädigung gem. § 303 I StGB strafbar gemacht haben, indem er einen Nagel in einen Reifen des Wagens des R gestochen hat.

I. TATBESTAND

Dazu müsste A eine fremde Sache beschädigt oder zerstört haben.
Bei dem Reifen handelt es sich um einen körperlichen Gegenstand, der im Alleineigentum des R stand, und damit um eine für A fremde Sache.
Diese müsste A beschädigt oder zerstört haben. Beschädigen ist die nicht ganz unerhebliche Verletzung der Substanz, durch die die Brauchbarkeit der Sache beeinträchtigt wird. Unter einer Zerstörung versteht man die so weitgehende Beschädigung einer Sache, dass ihre Gebrauchsfähigkeit völlig aufgehoben wird.
Durch den Nagel im Reifen wird dieser völlig unbrauchbar. A hat den Reifen folglich zerstört. Gleichzeitig ist aber auch das Auto als solches betroffen, denn mit einem Platten kann es nicht mehr seinem Zweck entsprechend gebraucht werden. Bezüglich des Autos liegt also eine Beschädigung vor.
A handelte in Kenntnis aller Tatumstände mit dem Willen zur Tatbestandsverwirklichung, sodass er mit dem erforderlichen Vorsatz gehandelt hat.
Der Tatbestand des § 303 I StGB ist erfüllt.

II. RECHTSWIDRIGKEIT

A handelte rechtswidrig.

III. SCHULD

A handelte schuldhaft.

IV. ERGEBNIS

A hat sich, da der gem. § 303c StGB erforderliche Strafantrag gestellt ist, wegen Sachbeschädigung nach § 303 I StGB strafbar gemacht.

FALLENDE

880 *Anders im Originalfall BGH, NJW 1980, 1759, 1760; wie hier Kühl, AT, § 15 Rn 65; Roxin, AT II, § 29 Rn 165*

D. Systematik und Vertiefung

I. VORPRÜFUNG

893 Die Prüfung des Versuchs beginnt mit der sog. „**Vorprüfung**", die die Prüfungspunkte der Nichtvollendung und der Strafbarkeit des Versuchs beinhaltet.[881] Die in dieser Vorprüfung anzusprechenden Fragen gehören nicht zum eigentlichen Tatbestand des Versuchs.

894 **KLAUSURHINWEIS**

Die Vorprüfung ist, wie die folgenden Ausführungen zeigen werden, sinnvoll, wird aber teilweise als überflüssig angesehen.[882] Die Vorprüfung ist in der Klausurgliederung entweder mit „I." zu beziffern oder als eben bloße Vorprüfung aus der Gliederung völlig herauszunehmen. In diesem Fall erhält dann der Prüfungspunkt des Tatentschlusses die Gliederungsziffer „I.". Keinesfalls ist die Gliederungsziffer „0." zu vergeben.

1. Nichtvollendung

Vorweggenommene Konkurrenzüberlegung

895 Bei der Nichtvollendung handelt es sich in der Sache um eine vorweggenommene Konkurrenzüberlegung und nicht um ein Tatbestandsmerkmal. Wenn sich der Täter z.B. wegen eines Totschlags strafbar gemacht hat, dann liegen dennoch tatbestandlich auch die Voraussetzungen eines versuchten Totschlags vor. Dieser Versuch wird jedoch von dem verwirklichten vollendeten Delikt als notwendiges Durchgangsstadium verdrängt (sog. „**logische**" oder „**materielle Subsidiarität**").[883]

Rechtlicher Fall der Nichtvollendung

896 Dies ist jedoch dann nicht der Fall, wenn der tatbestandliche Erfolg zwar eingetreten ist, der Täter jedoch aus dem vollendeten Delikt nicht bestraft werden kann, weil ihm der Erfolg z.B. wegen eines atypischen Kausalverlaufs objektiv nicht zugerechnet werden kann. In diesem Fall liegt dann ein „rechtlicher Fall der Nichtvollendung" vor.

Formulierungsvorschlag

897 **KLAUSURHINWEIS**

Der Prüfungspunkt der Nichtvollendung ist nicht der Ort für breite rechtliche Ausführungen. Die mangelnde objektive Zurechenbarkeit des Erfolges beispielsweise ist im Rahmen der Prüfung des vorsätzlichen vollendeten Delikts festzustellen. Im Rahmen der Vorprüfung bei der nachfolgenden Versuchsprüfung ist nur kurz auf dieses Ergebnis Bezug zu nehmen.[884]

Formulierungsvorschlag: „Zwar ist der O tot, jedoch liegt aus oben genannten Gründen wegen der mangelnden objektiven Zurechenbarkeit des Erfolges ein rechtlicher Fall der Nichtvollendung vor."

2. Strafbarkeit des Versuchs

898 Gem. § 23 I StGB ist der Versuch eines Verbrechens stets strafbar, der Versuch eines Vergehens nur dann, wenn das Gesetz es ausdrücklich bestimmt.

Verbrechen oder Vergehen

Ob eine Tat ein Verbrechen oder ein Vergehen ist, bestimmt sich gem. § 12 StGB

---

881 *Kühl/Hinderer, JuS 2010, 697, 698; Rath, JuS 1999, 1006, 1009*

882 *So z.B. Putzke, JuS 2009, 894, 895*

883 *Kindhäuser, AT, § 46 Rn 10*

884 *Kühl, JuS 1980, 120, 122 f.*

nach der abstrakten Strafandrohung des Gesetzes und nicht nach der im konkreten Fall verhängten Strafe. Ein Verbrechen ist nach § 12 I StGB gegeben, wenn die Tat im Mindestmaß mit einer Freiheitsstrafe von einem Jahr oder darüber bedroht ist. Somit ist z.B. der Raub, § 249 StGB, ein Verbrechen, weil er eine „Freiheitsstrafe nicht unter einem Jahr" zur Folge hat. Demgegenüber ist z.B. der Diebstahl, § 242 StGB, ein Vergehen, weil er nur mit Freiheitsstrafe von einem Monat, vgl. § 38 II StGB, bis zu fünf Jahren oder mit Geldstrafe geahndet wird. Dennoch ist der versuchte Diebstahl strafbar, weil in § 242 II StGB ausdrücklich angeordnet ist, dass der Versuch strafbar ist.

Wichtig ist die Regelung des § 12 III StGB, die bestimmt, dass Schärfungen oder **899** Schärfungen oder Milderungen
Milderungen, die nach den Vorschriften des Allgemeinen Teils oder für besonders schwere oder minder schwere Fälle vorgesehen sind, bei der Einteilung als Verbrechen oder Vergehen außer Betracht bleiben.

BEISPIEL: T begeht im Zustand verminderter Schuldfähigkeit gem. § 21 StGB eine räuberische Erpressung. Hat er ein Verbrechen oder ein Vergehen begangen?

Die räuberische Erpressung wird gem. § 255 StGB gleich einem Raub bestraft. Der Raub weist einen Strafrahmen von „nicht unter einem Jahr" auf. Soweit die Strafe gem. § 21 StGB gemildert werden kann, ergibt sich gem. § 49 I Nr. 3, 3. Fall StGB ein Strafrahmen von nicht unter drei Monaten. Gem. § 12 III StGB bleibt diese Milderung jedoch bei der Einordnung als Verbrechen oder Vergehen außer Betracht. Folglich hat T ein Verbrechen begangen, welches auch als Versuch strafbar wäre.
Gleiches würde z.B. für den minder schweren Fall des Raubes gem. § 249 II StGB gelten.

KLAUSURHINWEIS **900** Keine Strafe ohne Gesetz

Dieser Prüfungspunkt dient in der Klausur vor allem dazu, sich nochmals darüber Gedanken zu machen, ob es die Strafbarkeit wegen Versuchs auch wirklich gibt. Sollte der Kandidat an dieser Stelle einen Fehler machen und einen Versuch bejahen, den es mangels Versuchsstrafbarkeit gar nicht gibt, droht eine Bewertung der Klausur als „ungenügend", weil der fundamentale Grundsatz „keine Strafe ohne Gesetz" verletzt wurde.

II. TATENTSCHLUSS

Der Tatentschluss und das unmittelbare Ansetzen zur Tatbestandsverwirklichung **901** Erstes Tatbestandsmerkmal des Versuchs
sind die beiden Komponenten des Tatbestands des Versuchs. Im Unterschied zum Prüfungsaufbau beim vorsätzlichen vollendeten Delikt wird hier mit dem subjektiven Tatbestand (dem Tatentschluss) begonnen. Dies hat seinen Grund darin, dass anderenfalls die Prüfung des unmittelbaren Ansetzens nicht vorgenommen werden könnte, da nicht klar ist, wozu der Täter eigentlich angesetzt haben soll.[885]

Dringt der Täter beispielsweise in das Haus des Opfers ein, kann ohne weitere Hin- **902**
weise zum Motiv nur das Vorliegen eines Hausfriedensbruchs, § 123 StGB, und u.U. einer Sachbeschädigung, § 303 StGB, konstatiert werden. Ob der Täter zu einem Raub oder gar einem Mord unmittelbar angesetzt hat, kann solange nicht erörtert werden, wie keine Informationen zum Tatentschluss des Täters gegeben sind.

885 *Heinrich, AT, Rn 650; Putzke, JuS 2009, 894, 896*

1. Grundlagen

Vorsatz und sonstige subjektive Merkmale

903 Im Tatentschluss wird geprüft, ob der Täter den Willen hatte, den gesetzlichen Tatbestand zu verwirklichen. Dies ist dann der Fall, wenn er den Vorsatz zur Verwirklichung des Tatbestands hatte und auch alle sonstigen subjektiven Tatbestandsmerkmale erfüllt. Genügt für das vollendete Delikt bloßer Eventualvorsatz, so genügt dies auch im Rahmen des Versuchs. Verlangt das vollendete Delikt eine besondere Vorsatzform (z.B. Absicht), so muss diese auch beim Versuch gegeben sein.[886]

904 **KLAUSURHINWEIS**
Vorsicht ist bei der Formulierung der Tatentschluss-Prüfung bei subjektiven Tatbestandsmerkmalen geboten. Keinesfalls darf geschrieben werden, dass sich der Täter vorgestellt haben müsse, habgierig zu sein oder Bereicherungsabsicht zu haben. Habgier oder eine spezielle Absicht stellt man sich nicht vor, vielmehr ist man habgierig bzw. hat die jeweilige Absicht.

Error in persona vel objecto

905 Unterschiedliche Begründungen werden zur Bejahung des Tatentschlusses im Fall eines error in persona vel objecto angeboten. Die h.M. greift auch hier auf § 16 I StGB zurück, dessen Voraussetzungen nicht vorliegen, weshalb der Tatentschluss zu bejahen ist.[887] Eine Mindermeinung behauptet eine Spezialität des § 22 StGB und will alleine auf die Vorstellung des Täters von seiner Tat abstellen, um den Tatentschluss zu bejahen.[888]

BEISPIEL 1: T schießt auf O, um ihn zu töten. Der Grund für diesen Schuss liegt darin, dass T den O mit seinem Feind F verwechselt hat. Der Schuss verfehlt O knapp.

Nach beiden Ansicht liegt an Tatentschluss des T zur Tötung des O vor, nur die Begründung variiert.

Teilweise Vollendung

906 An der strikt an der Tätervorstellung ausgerichteten Prüfung des Tatentschlusses ändert sich auch nichts in den Fällen, in denen der Täter einzelne Merkmale eines Straftatbestands schon verwirklicht hat.

BEISPIEL 2: T will den O berauben und hat ihm zu diesem Zweck einen schweren Faustschlag versetzt. Als er einen Streifenwagen sieht, flüchtet T.

Zwar hat T von den Merkmalen des objektiven Raubtatbestands schon dasjenige der Gewaltanwendung verwirklicht, jedoch wird im Rahmen einer Versuchsprüfung im Tatentschluss nur festgestellt, dass er Gewalt gegen eine Person (zum Zwecke der Wegnahme) anwenden wollte. Dass er dies bereits getan hat, bleibt im Tatentschluss unerwähnt. Dass er bereits Gewalt angewendet hat, ist nur von Bedeutung bei der Beantwortung der Frage, ob er bereits zur Begehung des Raubes unmittelbar angesetzt hat.

---

886 *Roxin, AT II, § 29 Rn 71*

887 *BGH, NStZ 1998, 294, 295; NK-Zaczyk, StGB, § 22 Rn 17; Kühl, AT, § 15 Rn 28*

888 *MK-Herzberg, StGB (1. Aufl.), § 22 Rn 40-42; Herzberg, JuS 1999, 224, 224; Putzke, JuS 2009, 894, 898*

MERKSATZ 907
Keinesfalls dürfen bereits verwirklichte Tatbestandsmerkmale im Rahmen des Tatentschlusses ausgelassen und erst im Rahmen des unmittelbaren Ansetzens geprüft werden.[889]

KLAUSURHINWEIS 908
Diesen Fehler wird jedoch schon derjenige vermeiden, der diesen Prüfungspunkt nicht „objektiven Tatbestand", sondern – wie sich aus § 22 StGB ergibt – „unmittelbares Ansetzen" nennt.

MERKSATZ 909 Kein Versuch bei Fahrlässigkeit
Der Tatentschluss entspricht stets dem vollständigen subjektiven Tatbestand des vorsätzlichen vollendeten Delikts. Folglich kann es weder einen „fahrlässigen Versuch" noch eine „versuchte Fahrlässigkeit" geben.[890]

KLAUSURHINWEIS 910
Im Gutachten ist stets sauber zwischen der Feststellung dessen, was der Täter wollte, und der Prüfung, ob das Gewollte auch einen Tatbestand verwirklichen würde, zu trennen.

Ob ein hinreichender Tatentschluss des Täters vorliegt, ist in einigen Konstellationen fraglich, so beim fehlenden Vollendungswillen, bei Tatgeneigtheit, bei Bedingungen und beim sog. Rücktrittsvorbehalt. 911 **Problemfälle**

Ein Tatentschluss des Täters kann nur angenommen werden, wenn er den Willen hatte, die Tat zu vollenden. 912 Vollendungswille

BEISPIEL 3: A will seinem Feind F einen gehörigen Schrecken einjagen, ihn aber nicht verletzen oder gar töten. Als F am nächsten Morgen in seinen Wagen steigt, schießt A durch die Frontscheibe in den Beifahrersitz. F leidet seitdem an Angstzuständen.

Eine Strafbarkeit des A wegen versuchten Totschlags oder gar Mordes scheitert schon daran, dass er die Tötung des F gar nicht wollte und ihm folglich der Tatentschluss zur Tötung fehlt.

MERKSATZ 913
Wer keinen Willen zur Vollendung der Tat hat, hat keinen Vorsatz und folglich auch keinen Tatentschluss.

Weiterhin muss der Täter subjektiv unbedingt zur Vollendung der Tat entschlossen sein. Dies ist dann nicht der Fall, wenn er nur geneigt ist, die Tat zu begehen.[891] 914 Bloße Tatgeneigtheit

---

889 Missverständlich Kühl, AT, § 15 Rn 24; hiergegen treffend Heinrich, AT, Rn 666
890 Kühl, AT, § 15 Rn 23
891 Zur Tatgeneigtheit RGSt 68, 339, 341; Kühl, AT, § 15 Rn 33 ff.

BEISPIEL 4: A ist knapp bei Kasse. Als er das Kaufhaus K betritt, fragt er sich, ob ihm ein Ladendiebstahl nicht aus der Misere helfen würde.

A spielt mit dem Gedanken, einen Diebstahl zu begehen. Das alleine genügt jedoch nicht, um einen Tatentschluss bejahen zu können, weil A noch nicht endgültig zur Tat entschlossen ist. Vielmehr befindet er sich noch in der Entscheidungsfindungsphase. Deshalb könnte er durch einen Dritten auch noch zur Tatbegehung angestiftet werden.[892]

BEISPIEL 5 (ähnlich RGSt 75, 25): Fälscher F setzt zur Fälschung einer Urkunde an. Dabei geht es ihm zunächst nur darum, in spielerischer Weise seine Geschicklichkeit zu erproben. Er behält sich aber vor, die Fälschung u.U. auch zu betrügerischen Zwecken zu verwenden.

F weiß noch gar nicht, ob er das Delikt des Betrugs begehen will. Er ist zwar geneigt, die Tat zu begehen, aber eben gerade noch nicht dazu entschlossen. Folglich fehlt es am Tatentschluss, weshalb ein versuchter Betrug ausscheidet.

915 **MERKSATZ**

Bei bloßer **Tatgeneigtheit** liegt kein Tatentschluss vor.

Bedingungen

916 Ein Tatentschluss liegt hingegen vor, wenn der Täter seine Tatbegehung nur noch von objektiven Bedingungen anhängig macht.

BEISPIEL 6: B will den Stall des O niederbrennen. Keinesfalls will er jedoch, dass unschuldige Tiere zu Schaden kommen. Als er alle Tiere auf der Weide vermutet, macht er sich mit Brandbeschleuniger und Streichhölzern auf den Weg zum Stall. Sollten entgegen seiner Erwartung die Tiere nicht auf der Weide sein, will er die Tat zu einem späteren Zeitpunkt begehen.

BEISPIEL 7 (nach BGH, MDR (D) 1953, 19): Der zum Schwangerschaftsabbruch entschlossene Täter D untersucht die Schwangere, um zu prüfen, ob der Eingriff noch gefahrlos durchführbar ist. Bei positivem Ausgang der Untersuchung will er die Tat unmittelbar anschließend durchführen.

Subjektiv sind B und D endgültig zur Tatbegehung entschlossen. Die tatsächliche Ausführung hängt nur noch von einer objektiven Bedingung ab, auf deren Eintritt sie keinerlei Einfluss mehr haben.[893] B hat folglich den Tatentschluss zur Brandstiftung und D denjenigen zum Schwangerschaftsabbruch gefasst.

Objektive und subjektive Bedingungen

917 **MERKSATZ**

Macht der Täter die Tatbegehung von subjektiven, in seiner Person liegenden Bedingungen abhängig, ist der Täter nur tatgeneigt, aber nicht zur Tat entschlossen. Demgegenüber liegt bei objektiven, nicht seiner Kontrolle unterliegenden Bedingungen ein Tatentschluss vor.

892 *Zum sog. „omnimodo facturus" vgl. das Kapitel „Täterschaft und Teilnahme" im Skript Strafrecht AT II*

893 *Hierzu BGHSt 21, 14, 17; Rath, JuS 1998, 1006, 1012*

Dass der Täter die Ausführung der Tat noch von objektiven Bedingungen abhängig macht, kann sich aber im Rahmen des unmittelbaren Ansetzens auswirken. Hierzu später mehr.

Der Tatentschluss ist ebenfalls zu bejahen, wenn der Täter sich unter bestimmten Voraussetzungen vorbehält, zurückzutreten. Dass der Täter unter bestimmten Umständen eine Umkehr einkalkuliert, ändert nichts am unbedingten Tatentschluss. Anderenfalls wäre schon die Rücktrittsregelung des § 24 StGB nur schwer zu erklären.[894] **918** Rücktrittsvorbehalt

BEISPIEL 8 (nach BGH, NStZ 1999, 395): Die Täter wollen Frau S aus ihrem Haus entführen. Es ist jedoch vereinbart, dass die Entführung abgebrochen wird, wenn S mit ihrem Säugling auf dem Arm die Tür öffnet. Auf das Klingeln der Täter hin öffnet S die Tür und hat dabei das Kind auf dem Arm. Die Täter entfernen sich daraufhin.

Der BGH hat das unmittelbare Ansetzen abgelehnt, weil es wegen des Kindes auf dem Arm der S „noch eines weiteren Willensimpulses" bedurft hätte.[895] Hiergegen spricht jedoch, dass mit dem Klingeln bereits auf die Opfersphäre eingewirkt wurde und ein weiterer „Willensimpuls" folglich gar nicht notwendig war. Das Beispiel stellt vielmehr einen Fall des Versuchs mit Rücktrittsvorbehalt dar.[896]

MERKSATZ **919**

Behält sich der Täter den Rücktritt von seiner Tat vor, so liegt dennoch ein hinreichender Tatentschluss vor.

Im Einzelfall ist es schwierig, die bloße Tatgeneigtheit von der objektiven Bedingung und vom Rücktrittsvorbehalt abzugrenzen. So mag sich beispielsweise B im obigen Brandstiftungsfall dahingehend einlassen, dass er nur tatgeneigt war, weil er zunächst nachschauen wollte, ob sich in dem Stall Tiere befinden. Erst wenn dies nicht der Fall gewesen wäre, habe er einen endgültigen Entschluss über die Tatbegehung fassen wollen. Diese Überlegung zeigt bereits, dass der bloßen Tatgeneigtheit kein „endgültiger" oder „felsenfester" Tatentschluss gegenübergestellt werden kann. Solche Entschlüsse sind kaum je in der Psyche eines Täters vorhanden. Folglich liegt ein ausreichender Tatentschluss schon unter folgenden Voraussetzungen vor: **920** Abgrenzungsprobleme

DEFINITION **921**

Der Täter hat Tatentschluss gefasst, wenn die zum Delikt hindrängenden Motive das Übergewicht über die Hemmungsvorstellungen erlangen, wenn der Täter die Tat also lieber begehen als lassen will.[897]

---

894 *Jäger, NStZ 2000, 415, 416; Rath, JuS 1998, 1006, 1012 f.*

895 *BGH, NStZ 1999, 395, 396; so wohl auch BGH, NStZ 2013, 579, 579*

896 *Roxin, AT II, § 29 Rn 154; Jäger, JA 2013, 949, 950; Jäger, NStZ 2000, 415, 416 f.*

897 *Roxin, AT II, § 29 Rn 86 ff.; dem folgend S/S-Eser/Bosch, StGB, § 22 Rn 18; Kühl, AT, § 15 Rn 36*

922 **KLAUSURHINWEIS**
In den meisten Fällen sind in einer Klausur keine Ausführungen zur Anforderung an die Vorstellung des Täters zur Bejahung des Tatentschlusses zu machen. Normalerweise beschreibt der Sachverhalt eindeutig, was der Täter sich vorstellt und was er will.

2. Der untaugliche Versuch

zur Tatbestandsverwirklichung

923 Einen Versuch begeht, wer „nach seiner Vorstellung von der Tat" unmittelbar zu ihrer Verwirklichung ansetzt. Das wirft die Frage auf, wie es sich auf den Tatentschluss auswirkt, wenn der Täter von unzutreffenden Vorstellungen ausgeht.

Tatbestands-irrtum

924 Im Kapitel „Irrtumslehre" wurde als Beispiel für einen den Vorsatz ausschließenden Tatbestandsirrtum i.S.d. § 16 I 1 StGB der Fall behandelt, dass A eine Schießübung machen will und nicht erkennt, dass sein Ziel kein Pappkamerad, sondern der Bauer B ist. Diesen Fall eines Sachverhaltsirrtums kann man „umkehren":

Umgekehrter Tatbestands-irrtum

BEISPIEL 1: A will den Bauern B erschießen. Er erkennt nicht, dass er einen Pappkameraden vor sich hat und schießt.

Untaugliches Objekt

Die Tatsache, dass A objektiv auf einen Pappkameraden schießt, lässt Zweifel an seinem Tötungsvorsatz aufkommen. Jedoch wusste A nicht, dass sein Zielobjekt kein Mensch ist. Nach „seiner Vorstellung von der Tat" schoss er auf den Menschen B. Wenn ein Mensch getötet werden soll, ist ein Pappkamerad zur Begehung dieser Tat ein untaugliches Objekt. Folglich liegt ein sog. untauglicher Versuch vor.[898]

Untauglicher Versuch

925 **DEFINITION**
Ein untauglicher Versuch liegt vor, wenn die nach der Vorstellung des Täters auf Verwirklichung eines Tatbestands gerichtete Handlung entgegen seiner Vorstellung aus rechtlichen oder tatsächlichen Gründen nicht zur Verwirklichung des objektiven Unrechtstatbestands führen kann.[899]

Rechtsfolge: Strafbarkeit

926 Der untaugliche Versuch ist strafbar. Dies ergibt sich aus einem Umkehrschluss aus § 23 III StGB.[900] Wenn dort für den Fall des groben Unverstands eine Strafmilderung oder gar ein Absehen von Strafe in Aussicht gestellt wird, so beinhaltet dies, dass die Tat grundsätzlich strafbar ist. Anderenfalls wäre es nämlich nicht möglich, von Strafe abzusehen. Handelt der Täter nun bei einem untauglichen Versuch nicht grob unverständig, so muss er erst recht strafbar sein.

927 **MERKSATZ**
Der untaugliche Versuch ist ein Unterfall eines Sachverhaltsirrtums. Er stellt einen sog. „**umgekehrten Tatbestandsirrtum**" dar.[901]

---

898 *Vg. Valerius, JA 2010, 113, 114*
899 *Heinrich, AT, Rn 668; Wessels/Beulke/Satzger, AT, Rn 980*
900 *Rath, JuS 1998, 1006, 1011; Valerius, JA 2010, 113, 113*
901 *S/S-Eser/Bosch, StGB, § 22, Rn 68*

Gleiches gilt gem. § 23 III StGB, wenn der Täter sich eines **untauglichen Mittels** zur Tatbegehung bedient. 928 Untaugliches Mittel

BEISPIEL 2: K schießt auf O. Jedoch verlässt keine Kugel den Lauf, weil K vergessen hat, die Waffe zu laden.

Weil die Waffe nach der Vorstellung des K von der Tat geladen war, hatte er Tötungsvorsatz. Es handelt sich um einen untauglichen Tötungsversuch mit einem untauglichen Mittel.

Streitig ist die Frage, ob es auch einen untauglichen Versuch begangen durch ein **untaugliches Subjekt** geben kann. Diese Frage stellt sich, weil in § 23 III StGB der Fall der Tatbegehung durch ein untaugliches Subjekt nicht erwähnt ist. Die Lösung führt auch hier über die grundlegende Unterscheidung zwischen Sachverhalts- und Wertungsirrtümern.[902] 929 Untaugliches Subjekt

Im Fall eines **Sachverhaltsirrtums** liegt eine Vergleichbarkeit mit den obigen Fällen zum untauglichen Versuch an einem untauglichen Objekt und mit einem untauglichen Mittel vor. Folglich bejaht auch hier die h.M. eine Strafbarkeit wegen eines untauglichen Versuchs.[903] Dem steht auch die Nichterwähnung des untauglichen Subjekts in § 23 III StGB nicht entgegen, weil diese Vorschrift kein Straftatbestand ist, sondern bloß eine Möglichkeit bietet, im Fall des groben Unverstands von Strafe abzusehen oder die Strafe zu mildern. Mithin liegt keine verbotene Analogie vor, wenn auch der untaugliche Versuch durch ein untaugliches Subjekt als strafbar angesehen wird.[904] 930 Sachverhaltsirrtum

Wegen eines untauglichen Versuchs kann der Täter jedoch nur bestraft werden, wenn er sich irrig ein tatsächliches strafbares Verhalten vorstellt. Stellt sich der Täter wegen einer falschen rechtlichen Wertung vor, dass ein tatsächlich nicht strafbares Verhalten dennoch strafbar sei, liegt bloß ein strafloses Wahndelikt vor.[905] 931 Wertungsirrtum

BEISPIEL 3: Die Ernennung des in der Baubehörde beschäftigten Beamten B ist wegen eines wesentlichen Formfehlers nichtig. B nimmt 1.000 € vom Antragsteller A an und erteilt eine rechtswidrige Baugenehmigung.

BEISPIEL 4: Der in der Baubehörde angestellte Pförtner P lässt für 50,- € noch einen Besucher ins Gebäude, obwohl eigentlich schon „Gebäudeschluss" ist. P denkt, weil er in den Räumen der Behörde arbeite, sei auch er Amtsträger und mache sich deshalb wegen Bestechlichkeit strafbar.

Eine Bestrafung von B und P wegen Bestechlichkeit, § 332 StGB, scheidet aus, weil beide (B wegen der Nichtigkeit seiner Beamtenernennung) objektiv keine Amtsträger sind. In Frage kommt jedoch eine Bestrafung wegen eines untauglichen Versuchs durch ein untaugliches Subjekt. B und P denken beide, sie seien Amtsträger. Beide Fälle unterscheiden sich jedoch in der Art des Irrtums. Die Fehlvorstellung des B basiert auf einem Sachverhaltsirrtum, weil er den Sachverhalt, der zur Nichtigkeit seiner Ernennung führt, nicht kennt. Die Fehlvorstellung des P demgegenüber 932

---

902 Hierzu ausführlich im Kapitel „Irrtumslehre" ab Rn 705

903 Wessels/Beulke/Satzger, AT, Rn 982

904 Heinrich, AT, Rn 672; a.A. Rath, JuS 1999, 32, 34

905 Roxin, AT II, § 29 Rn 351; Wessels/Beulke/Satzger, AT (44. Aufl.), Rn 623

basiert auf einem Wertungsirrtum, weil er meint, jeder, der in den Räumlichkeiten einer Behörde arbeite, sei selbst ebenfalls Amtsträger.

Untauglicher Versuch

Wahndelikt

933 Vor diesem Hintergrund ist B in Beispiel 3 wegen (untauglichen) Versuchs gem. §§ 332, 22, 23 I StGB zu bestrafen.
In Beispiel 4 geht P aufgrund einer falschen Wertung davon aus, dass ein objektiv nicht strafbares Verhalten als Bestechlichkeit strafbar sei. Dieser Straftatbestand (Bestechlichkeit durch einen angestellten Pförtner) existiert jedoch nur in der Vorstellungswelt des P. Es handelt sich in Beispiel 4 folglich um ein sog. „Wahndelikt", welches straflos bleibt.

3. Der grob unverständige Versuch

§ 23 III StGB

934 § 23 III StGB ermöglicht es dem Gericht, bei grobem Unverstand des Täters die Strafe zu mildern oder gar ganz von Strafe abzusehen.

935 **MERKSATZ**
Der grob unverständige Versuch ist ein Unterfall des untauglichen Versuchs mit einer besonderen Strafmilderungsmöglichkeit gem. § 23 III StGB.

Grober Unverstand

936 **DEFINITION**
Grober Unverstand liegt vor, wenn der Täter völlig abwegige Vorstellungen von gemeinhin bekannten Ursachenzusammenhängen hat.[906]

937 Der Grund für die Regelung des § 23 III StGB liegt in der über die bloße Untauglichkeit des Versuchs hinaus weiter verringerten Gefährlichkeit der Tat. Diese liegt darin, dass ein Erfolg nur vom Täter subjektiv für möglich gehalten wurde, obwohl das nach allgemeiner Vorstellung als abwegig anzusehen war.[907]

Insektengift-Fall

938 **BEISPIEL** (nach BGH, NJW 1995, 2176, „Insektengift-Fall"): F hatte das Insektengift „Detmol" aus einer Spraydose auf das Vesperbrot ihres Ehemannes gesprüht, um ihn zu töten. Der Sprühvorgang dauerte zweimal je etwa eine Sekunde. Der Ehemann verzichtete jedoch auf den Verzehr des Brotes, nachdem er einen ersten Bissen wegen des bitteren Geschmacks ausgespuckt hatte. Die 500 ml-Spraydose enthielt 0,17 % des Giftes Fenitrothion, mithin 0,85 ml dieses Wirkstoffes. Die für einen Menschen mit 70 kg Körpergewicht tödliche Dosis dieses Giftes beträgt nach Aussage des Sachverständigen bei oraler Einnahme 40 g.

Im Unterschied zu einem Abtreibungsversuch mit Aspirin, der in keiner Dosierung zum Erfolg führen kann und deshalb einen Fall groben Unverstandes darstellt, handelt es sich hier um einen Irrtum über die erforderliche Dosis. Ein solcher Irrtum erfüllt nicht die Voraussetzungen des § 23 III StGB, denn es handelt sich nicht um eine für jedermann ersichtlich abwegige Verkennung der Ursachenzusammenhänge. So hielt auch das LG im Insektengift-Fall zur Feststellung der benutzten

906 *Wessels/Beulke/Satzger, AT, Rn 983*
907 *BGH, NJW 1995, 2176, 2177*

Giftmenge und der zur Tötung geeigneten Dosis die Zuziehung eines Sachverständigen für erforderlich.[908]

Auch wenn § 23 III StGB von seinem Wortlaut den Fall des grob unverständigen Versuchs durch ein untaugliches Subjekt nicht erfasst, ist die Vorschrift auf diesen Fall (zum Vorteil des Täters) analog anzuwenden.[909] **939** Analog beim untauglichen Subjekt

KLAUSURHINWEIS **940** **Prüfungspunkt**: Strafzumessung

Bei § 23 III StGB handelt es sich um eine besondere Strafzumessungsregel für „extreme" Fälle des untauglichen Versuchs, die nach der Schuld (und nach einem eventuellen Rücktritt) anzusprechen ist. Daraus folgt, dass der Tatentschluss auf jeden Fall gegeben ist. Folglich ist im Gutachten im Tatentschluss nur festzustellen, dass ein untauglicher Versuch vorliegt. Ob sogar ein Fall des groben Unverstandes gegeben ist, wird erst im Prüfungspunkt Strafzumessung angesprochen.

4. Der irreale Versuch

Vom grob unverständigen (untauglichen) Versuch (bei dem jedenfalls der Bereich naturgesetzlicher Zusammenhänge noch nicht verlassen ist) ist nach ganz herrschender Ansicht der „abergläubische" oder „irreale Versuch" zu unterscheiden. **941**

DEFINITION **942** Irrealer Versuch

Beim **irrealen Versuch** vertraut der Täter auf die Wirksamkeit nicht existierender oder nach dem Stand der Wissenschaft jedenfalls nicht nachweisbarer magischer Kräfte (z. B. Teufelsbeschwörung, Totbeten).[910]

Der irreale Versuch bleibt nach allgemeiner Ansicht straflos. Unterschiedlich ist alleine die Begründung. Die h.M. verneint bereits den rechtlich relevanten Tatentschluss, da der „Verwirklichungswille" des Täters völlig außerhalb sowohl der physischen als auch der psychischen Realität liege.[911] Nach der Gegenauffassung liegt zwar grundsätzlich ein strafbarer untauglicher Versuch vor, jedoch müsse zwingend wegen groben Unverstands gem. § 23 III StGB von Strafe abgesehen werden.[912] Für die h.M. spricht, dass es schon am „rechtserschütternden Eindruck" und mithin am Strafgrund des Versuchs fehlt. **943** **Rechtsfolge**: Straflosigkeit

BEISPIEL (nach RGSt 33, 321, „Teufelsbeschwörungs-Fall"): Ehefrau E beabsichtigt, ihren Mann vom Teufel holen zu lassen. Dies gelingt trotz der Einhaltung des erforderlichen Rituals - Durchstechen des 7. Buches Mose, Vergraben eines Fotos von M auf einer ungeweihten Ecke des Friedhofes bei Neumond - mangels Erscheinens des Teufels nicht.

---

908 *BGH, NJW 1995, 2176, 2177; Roxin, JuS 1973, 329, 332*
909 *S/S-Eser/Bosch, StGB, § 23 Rn 16*
910 *Heinrich, AT, Rn 678; ausführlich Satzger, JURA 2013, 1025 ff.*
911 *RGSt 33, 321, 323; LK-Hillenkamp, StGB, § 22 Rn 190; Rengier, AT, § 35 Rn 13*
912 *Wessels/Beulke/Satzger, AT, Rn 989; Heinrich, JURA 1998, 393, 398; Valerius, JA 2010, 113, 116*

Prüfungspunkt: Tatentschluss

944 **KLAUSURHINWEIS**
Folgt man der h.M. ist beim irrealen Versuch bereits der Tatentschluss und somit die Strafbarkeit zu verneinen.

5. Das Wahndelikt

Umgekehrter Verbotsirrtum

945 Im Kapitel „Irrtumslehre" wurde der Verbotsirrtum behandelt. Dieser liegt vor, wenn der Täter objektiv Unrecht tut, dies aufgrund einer falschen Wertung jedoch nicht erkennt und folglich ohne Unrechtsbewusstsein handelt. Auch diese Konstellation kann man in der Weise „umkehren", dass der Täter objektiv kein Unrecht tut, aber dennoch mit Unrechtsbewusstsein handelt. Dass der Täter irrigerweise glaubt, Unrecht zu tun, kann seine Strafbarkeit nicht begründen, weil es schon an einem gesetzlichen Tatbestand fehlt, unter den sein Verhalten subsumiert werden könnte, vgl. Art. 103 II GG. Das Verhalten des Täters stellt somit bloß ein strafloses Wahndelikt dar.[913]

BEISPIEL 1: Ehemann E begeht einen Ehebruch und meint, dieser stünde unter Strafe.

Irrige Annahme eines Straftatbestandes

946 Es gibt keinen Straftatbestand „Ehebruch". Mithin verwirklicht E objektiv kein Unrecht. Das bloß „schlechte Gewissen" des E ist nicht justiziabel. Der „Ehebruch" des E stellt folglich ein bloßes strafloses Wahndelikt dar.[914]

947 **KLAUSURHINWEIS**
Die Prüfung dieses Falles in einem Gutachten fällt schon deshalb schwer, weil es keinen Straftatbestand gibt, den man prüfen könnte. Deshalb sollte ohne Zitierung einer Vorschrift kurz klargestellt werden, dass es einen entsprechenden Straftatbestand nicht gibt und folglich wegen Art. 103 II GG ein strafloses Wahndelikt vorliegt.

Umgekehrter Subsumtionsirrtum

948 Gleiches gilt, wenn der Täter die Grenzen eines existierenden Straftatbestands zu seinen Ungunsten zu weit zieht. Das ist z.B. der Fall, wenn der aus dem Gefängnis ausbrechende Täter meint, er begehe dadurch eine Gefangenenbefreiung i.S.d. § 120 StGB. Da § 120 StGB jedoch nur die Befreiung anderer Personen mit Strafe bedroht,[915] begeht der „Täter" ein strafloses Wahndelikt in Form des „**umgekehrten Subsumtionsirrtums**".[916]

949 **KLAUSURHINWEIS**
Hier fällt die Prüfung leichter. Im objektiven Tatbestand des § 120 StGB ist im Rahmen der Prüfung des Merkmals des „Gefangenen" darzulegen, dass hierunter nicht die Selbstbefreiung fällt. Dann ist darauf hinzuweisen, dass die abweichende Vorstellung des Häftlings wegen Art. 103 II GG daran nichts ändert. Die z.T. zusätzlich vorgenommene Versuchsprüfung ist eigentlich sinnlos, da der Täter zu einem nicht existenten Straftatbestand auch keinen rechtlich relevanten Tatentschluss haben kann.

---

913 *Putzke, JuS 2009, 894, 898; Valerius, JA 2010, 113, 113*
914 *Valerius, JA 2010, 113, 113*
915 *Näher Joecks/Jäger, StGB, § 120 Rn 22 ff.*
916 *Valerius, JA 2010, 113, 113 f.*

Schließlich kann es noch den Fall geben, dass der Täter die Grenzen eines existierenden Rechtfertigungsgrundes zu seinen Ungunsten zu eng auslegt. Diesen Fall nennt man auch einen „umgekehrten Erlaubnisirrtum". Im Fall des umgekehrten Erlaubnisirrtums ist der Täter gerechtfertigt und somit straflos, da er sich objektiv im Rahmen der Rechtsordnung bewegt und dies trotz des Irrtums auch will.[917] 950 Umgekehrter Erlaubnisirrtum

BEISPIEL 2: M wehrt sich gegen Einbrecher. Dabei denkt er, dass Notwehr nur zum Schutz von Leib und Leben und nicht auch zum Schutz von Sachwerten erlaubt sei.

M ist gerechtfertigt, da § 32 StGB auch die Verteidigung von Sachwerten erlaubt. Wenn M dennoch glaubt, er habe sich strafbar gemacht, so stellt auch dies ein strafloses Wahndelikt dar.

KLAUSURHINWEIS 951

Im Rahmen der Notwehrlage stellt sich im Beispiel 2 die Frage, ob ein Angriff vorliegt. Dies ist der Fall, da auch Sachwerte geschützt sind. Auch hier ist darzutun, dass die abweichende Vorstellung des M daran nichts ändert. Vor allem fehlt ihm nicht der Verteidigungswille, da er sein Eigentum durchaus verteidigen will.

MERKSATZ 952

Das straflose Wahndelikt ist ein Unterfall eines Wertungsirrtums. Es stellt einen sog. „**umgekehrten Verbotsirrtum**" dar.

6. Die Abgrenzung von untauglichem Versuch und Wahndelikt

Die Abgrenzung zwischen untauglichem Versuch und Wahndelikt scheint vor dem Hintergrund der oben dargestellten Unterscheidung zwischen Sachverhalts- und Wertungsirrtum einfach zu sein. 953

Dennoch treten häufig Probleme auf, wenn Tatbestandsmerkmale nicht der sinnlichen Wahrnehmung zugänglich sind, sondern auch und gerade auf rechtlichen Wertungen beruhen, sog. „normative Tatbestandsmerkmale". 954 Normative Tatbestandsmerkmale

BEISPIEL (nach OLG Düsseldorf, NJW 2001, 167): Der A stellt zur Täuschung im Rechtsverkehr durch mehre Fotokopiervorgänge eine sog. Fotomontage her. So entsteht der Anschein, diese sei die Kopie einer zusammenhängenden Textvorlage mit Unterschrift, also einer echten Urkunde.

Der Leitsatz der Entscheidung lautet: „Durch das Herstellen und Gebrauchen einer Fotokopie, die durch Zusammensetzen und Fotokopieren von Teilen mehrerer Schriftstücke erstellt worden ist, wird der Tatbestand der vollendeten Urkundenfälschung nicht erfüllt; eine solche Collage ist nämlich keine Urkunde im Rechtssinne. In einem solchen Fall liegt eine versuchte Urkundenfälschung vor, wenn der Täter glaubt oder für möglich hält und billigend in Kauf nimmt, dass es sich bei dem 955

917 *Valerius, JA 2010, 113, 114*

Produkt seiner Manipulation um eine Urkunde im Rechtssinne handelt."[918]

956 Diese Lösung kann nicht überzeugen. Wenn eine fotokopierte Collage keine Urkunde ist, der Täter aber irrig meint, eine solche unterfalle dem Urkundenbegriff, so subsumiert der Täter sein eigentlich nicht als Urkundenfälschung strafbares Verhalten unter den Straftatbestand des § 267 StGB. Dies ist der klassische Fall des umgekehrten Subsumtionsirrtums, der ein Wahndelikt darstellt.[919]

Auch hier hätte also die Antwort auf die grundlegende Frage nach der Art des Irrtums zur richtigen Lösung geführt: Bei richtiger Sachverhaltserkenntnis glaubt der Täter fälschlicher Weise, dass er einen Straftatbestand erfüllt. Folglich hält der Täter ein objektiv strafloses Verhalten aufgrund seiner subjektiv falschen Wertung dennoch für strafbar. Folglich begeht er ein Wahndelikt.

957 **MERKSATZ**

Die heftig diskutierte Frage nach der **Abgrenzung von untauglichem Versuch und Wahndelikt** bei normativen Tatbestandsmerkmalen und „Blankettmerkmalen"[920] führt in die Irre. Stets ist nur die Frage zu klären, ob der Täter den Lebenssachverhalt falsch erkennt, oder ob er bei völlig richtig erkanntem Sachverhalt hinsichtlich der Strafbarkeit seines Tuns (oder Unterlassens) falsch wertet. Im ersten Fall kommt ein strafbarer untauglicher Versuch in Betracht, im letzten nur ein strafloses Wahndelikt.

III. DAS UNMITTELBARE ANSETZEN

1. Grundlagen

Abgrenzung Versuch und Vorbereitungshandlung

958 Im Prüfungspunkt des unmittelbaren Ansetzens geht es um die Abgrenzung des strafbaren Versuchs von der noch straflosen Vorbereitungshandlung.

959 **KLAUSURHINWEIS**

Das unmittelbare Ansetzen folgt dem Tatentschluss im Prüfungsschema nach. Erst wenn feststeht, welches Delikt der Täter überhaupt begehen wollte, kann geklärt werden, ob er zu diesem Delikt durch seine bisher durchgeführten Handlungen (nach seiner Vorstellung von der Tat) unmittelbar angesetzt hat.

Subjektive und objektive Komponenten

960 Der Wortlaut von § 22 StGB zwingt zu der Erkenntnis, dass sich das unmittelbare Ansetzen aus zwei Teilkomponenten zusammensetzt. Die erste Komponente ist die „Vorstellung des Täters von seiner Tat". Hiernach kann das unmittelbare Ansetzen nicht nach rein objektiven Kriterien bestimmt werden, sondern das unmittelbare Ansetzen hat eine subjektive Komponente.[921] Die zweite Komponente ist das Merkmal „unmittelbar ansetzt". Hieran fehlt es, wenn sich der „Versuch" bisher

918 *OLG Düsseldorf, NJW 2001, 167, 167; im Ergebnis ebenso für den Fall der irrigen Vorstellung, der Rechtspfleger würde im Mahnverfahren eine Fehlvorstellung entwickeln OLG Celle, BeckRS 2011, 25862; im Ergebnis ebenso für den Fall der irrigen Vorstellung, der Fremdheit einer herrenlosen Sache („Zahngold-Fälle") OLG Hamburg, NJW 2012, 1601, 1604.*

919 *Puppe, AT II, § 35 Rn 20 f.; Erb NStZ 2001, 317, 318; Hotz, JuS 2016, 221 ff.; Sättele, StV 2001, 238, 240; richtig erkannt sowohl von BayObLG, JA 2020, 470 = RA-Telegramm 2020, 33, für die falsche Annahme, alleine die TÜV-Prüfplakette lasse den Aussteller erkennen, als auch von OLG Bamberg, NJW 2008, 1543, 1547, für einen „Zahngold-Fall"; vgl. auch Kudlich, JA 2016, 869, 871.*

920 *Z.B. Schmitz, JURA 2003, 593, 600 f.; ausführlich auch Hinderer, JA 2009, 864, 866 ff.*

921 *Geppert, JK 10/06, StGB § 22/24; Putzke, JuS 2009, 985, 985*

alleine in der Vorstellungswelt des Täters abspielt und noch nicht nach außen in Erscheinung getreten ist. Dass der böse Wille nach außen in Erscheinung getreten sein muss, ergibt sich auch aus den o.g. Strafgründen des Versuchs. Hiernach muss die rechtsfeindliche Gesinnung auch betätigt werden. Ebenso kann ein die Rechtstreue erschütternder Eindruck nur entstehen, wenn der Täter beginnt, seine böse Gesinnung in die Tat umzusetzen. Hierin kann man die objektive Komponente des unmittelbaren Ansetzens erblicken.

Grundlage für die Entscheidung, ob der Täter die Strafbarkeitsschwelle zwischen strafloser Vorbereitung und strafbarem Versuch überschritten hat, ist also die „Vorstellung des Täters von der Tat" als konkretem Tatplan. Es kommt mithin darauf an, welchen Tatablauf sich der Täter zum Tatzeitpunkt seiner Handlung vorstellt. **961** Konkreter Tatplan

BEISPIEL 1: T beginnt damit, mit einem Stemmeisen eine Wohnungstür aufzubrechen,
a) um alles Stehlenswerte aus der Wohnung mitzunehmen.
b) um danach den Tresor im Wohnzimmer aufzubrechen.

Nach der Vorstellung des Täters von der Tat liegt nur in Beispiel 1a) ein Ansetzen zum Wohnungseinbruchsdiebstahl (§ 244 I Nr. 3 StGB) vor. In Beispiel 1b) ist jedoch „nur" eine Wegnahme des Tresorinhalts geplant, wozu mit dem Aufhebeln der Wohnungstür gerade noch nicht angesetzt wird.[922]

Ein unmittelbares Ansetzen wird gemeinhin angenommen bei Handlungen des Täters, die nach dem Tatplan der Verwirklichung eines Tatbestandsmerkmals unmittelbar vorgelagert sind und im Falle ungestörten Fortgangs ohne wesentliche Zwischenakte in die Tatbestandshandlung unmittelbar einmünden sollen. Regelmäßig müssen insofern Gefährdungshandlungen vorliegen, die nach der Tätervorstellung in ungestörtem Fortgang unmittelbar zur Tatbestandserfüllung führen oder mit ihr in einem unmittelbaren räumlichen und zeitlichen Zusammenhang stehen.[923]

Die heute ganz herrschende gemischt objektiv-subjektive Theorie (auch „Kombinationsformel" genannt) bejaht hiernach ein unmittelbares Ansetzen unter den folgenden Voraussetzungen: **962** Kombinationsformel

DEFINITION **963** Unmittelbares Ansetzen

Der **Täter setzt zur Verwirklichung des Tatbestands an**, wenn er auf der Basis seines Tatplans subjektiv die Schwelle zum „jetzt geht es los" überschritten hat und Handlungen vorgenommen hat, die nach seiner Vorstellung von der Tat ohne wesentliche Zwischenschritte in die Tatbestandsverwirklichung einmünden sollen und deshalb das Rechtsgut nach der Vorstellung des Täters bereits gefährdet ist.[924]

---

922 *Vgl. BGH, JA 2017, 152, 154 f. = JuS 2017, 175, 176: Mit dem Eindringen in den Garten wird noch nicht zum Wohnungseinbruch angesetzt.*

923 *BGH, NStZ 2007, 336, 336*

924 *BGHSt 26, 201, 203 f.; BGH, NStZ 2007, 336, 336; Fischer, StGB, § 22 Rn 10*

964 **KLAUSURHINWEIS**

Diese „**Kombinationsformel**" kombiniert unterschiedliche rein objektive oder rein subjektive Ansätze, die heute kaum noch Bedeutung haben.[925] In einer Klausur genügt es deshalb, die h.M. zu nennen und auf den Fall anzuwenden.

Folglich vollzieht sich die Prüfung in zwei Schritten: Zunächst ist die Sicht der Situation durch den Täter festzustellen und sodann ist objektiv wertend zu beurteilen, ob aufgrund dieses Situationsbildes ein unmittelbares Ansetzen vorliegt.[926]

965 **BEISPIEL 2** (nach BGH, NStZ 2014, 447): T entschloss sich, N „durch anhaltendes Würgen zu quälen und sodann zu töten". T begann N unter Todesdrohungen zu würgen, bis N bewusstlos wurde, lockerte dann aber wieder seinen Griff. Durch den ständigen Wechsel von Bewusstsein und Bewusstlosigkeit wollte A der N besondere Leiden zufügen und „den Tötungsprozess hinauszögern".

Aufweichung des Erfordernisses des unmittelbaren zeitlichen Zusammenhangs

Der BGH bejahte das Ansetzen. Es sei auch bei Handlungen zu bejahen, die wegen ihrer notwendigen Zusammengehörigkeit mit der Tathandlung nach dem Plan des Täters als deren Bestandteil erscheinen und im Falle ihrer Ausführung eine natürliche Einheit mit dieser bilden, sofern sie keinen tatbestandsfremden Zwecken dienen. Die Besonderheit dieser Entscheidung liegt darin, dass der BGH ein unmittelbares Ansetzen zum Mord bejaht, obgleich die einzelnen Handlungen gerade nicht mit dem Ziel der unmittelbaren Herbeiführung des Todes des Opfers, sondern vielmehr ja gerade um letzteren hinauszuschieben begangen wurden. Der BGH hat mit dieser Entscheidung das Erfordernis des notwendigen unmittelbaren zeitlichen Zusammenhangs zur Tatbestandsverwirklichung aufgeweicht.

966 **KLAUSURHINWEIS**

Die genannte Entscheidung führt nicht zu einer Erleichterung, der ohnehin von Unsicherheiten geprägten Abgrenzung zwischen Vorbereitung und Versuch. Vielmehr verdeutlicht sie, dass es sich hierbei stets um eine Einzelfallentscheidung handelt, bei der je nach den konkreten Tatumständen das Kriterium der zeitlichen Abfolge unterschiedlich zu gewichten sein kann.

Teilverwirklichungsregel

967 Häufig wird für die Frage des unmittelbaren Ansetzens versucht, auf eine einfache „Grundregel" zurückzugreifen, die da lauten soll: „Hat der Täter ein Merkmal des Tatbestands verwirklicht, liegt immer eine Versuchstat vor, ohne dass es auf die besondere Problematik des § 22 StGB ankommt."[927] Dies mag zwar in vielen Fällen zutreffen, gilt aber nicht immer. Das zeigt schon das Beispiel des versuchten Meineids, § 154 StGB, bei dem der Täter nicht schon mit der falschen Aussage (ohne die es keinen Meineid geben kann), sondern erst mit dem Sprechen der Eidesformel in das Versuchsstadium eintritt.[928] Auch der BGH hält die „Teilverwirklichungsregel"

925 *Kurze Zusammenstellung bei Geppert, JK 10/06, StGB § 22/24*

926 *BGH, NStZ 1997, 83, 83; Kühl, AT, § 15 Rn 45; Otto, JK 85, StGB § 22/13*

927 *OLG Bamberg, NStZ 1982, 247, 247; Meyer, JuS 1977, 19, 22; ähnlich Kühl, AT, § 15 Rn 55*

928 *Roxin, AT II, § 29 Rn 110 ff., mit weiteren Beispielen; ebenso Putzke, JuS 2009, 985, 987*

zutreffend nur für ein Indiz. Entscheidend ist, dass dasjenige, was der Täter zur Verwirklichung seines Vorhabens getan hat, zu dem in Betracht kommenden Straftatbestand und dessen beabsichtigter Verwirklichung in Beziehung gesetzt wird.[929]

KLAUSURHINWEIS 968 Bloßes Indiz

Die „**Teilverwirklichungsregel**" kann in der Klausur nicht an die Stelle der obigen Definition des unmittelbaren Ansetzens treten. Dennoch gibt die Teilverwirklichung ein starkes Indiz dafür, dass ein unmittelbares Ansetzen vorliegt.

2. Problematische Fallgruppen

Die o.g. Definition des unmittelbaren Ansetzens liefert alleine noch keine hinreichende Sicherheit bei der „richtigen" Beurteilung von typischen Fallkonstellationen. Deshalb müssen einige Fallgruppen bekannt sein. Auch ist es hilfreich, sich gewisse Indizien bzw. Argumentationsmuster zu merken, die man zur Beurteilung des Falles heranziehen kann. Diese sind stets nur zur Ausfüllung der Definition des unmittelbaren Ansetzens heranzuziehen. Keinesfalls dürfen sie beziehungslos daneben gestellt werden. 969

KLAUSURHINWEIS 970 Indizien für das unmittelbare Ansetzen

Als in der Klausur gut handhabbare Indizien sollen hier zwei empfohlen werden, die beide vorliegen müssen, um das unmittelbare Ansetzen bejahen zu können.

Das **unmittelbare Ansetzen** ist zu bejahen, wenn

- es einen engen zeitlichen Zusammenhang zwischen der vorgenommenen Handlung des Täters und der „eigentlichen" Tathandlung gibt und
- der Täter auf die Opfer- bzw. Tatbestandssphäre eingewirkt hat.[930]

Es ist jedoch zu beachten, dass diese Kriterien keine konstituierenden Merkmale des Versuchs sind, sondern bloße Hilfsbegriffe zur Konkretisierung der Definition des unmittelbaren Ansetzens.[931] Keinen inhaltlichen Unterschied zum zweiten Kriterium dürfte es darstellen, wenn als „Hilfskriterium" die Prüfung vorgeschlagen wird, ob der Täter seine Angriffsmittel in eine „tätige Beziehung zum Angriffsgegenstand" gebracht hat.[932] Auch mit diesem Argument kann natürlich in einer Klausur operiert werden.

a) Die Annäherungsfälle

Bei den hier sog. „**Annäherungsfällen**" geht es um Konstellationen, in denen sich der Täter dem Tatort bzw. dem Opfer annähert. Das wirft die Frage auf, in welchem Zeitpunkt das unmittelbare Ansetzen zu bejahen ist. Typische bloße Vorbereitungshandlungen sind jedenfalls neben dem Aufsuchen des Tatorts das Auskundschaften des Tatorts sowie das Beschaffen der zur Tatbegehung notwendigen Werkzeuge und Mittel.[933] 971 Annäherung an Tatort oder Opfer

929 BGH, HRRS 2011 Nr. 222 Rn 7; vgl. auch OLG Hamm, BeckRS 2011, 26423
930 Roxin, AT II, § 29 Rn 139 ff.; dem folgend Lackner/Kühl, StGB, § 22 Rn 4; SK-Rudolphi, StGB, § 22 Rn 9
931 Roxin, AT II, § 29 Rn 203
932 Kühl, AT, § 15 Rn 72
933 Kühl, AT, § 15 Rn 62

972 **BEISPIEL 1:** Der Täter A betritt das Kaufhaus K während der Öffnungszeit, um dort zu stehlen.

BEISPIEL 2 (nach BGH, GA 1980, 24): Der Täter B betritt eine Postfiliale, die er berauben möchte. Im Schalterraum befinden sich einige Kunden, deren Verschwinden B abwarten möchte. Um die Zeit zu überbrücken, schreibt er auf eine Zahlkarte, die er später dem Schalterbeamten vorhalten möchte, die Worte „Geld her, oder ich schieße!" Da immer neue Kunden kommen und B glaubt, die Tat bei Anwesenheit so vieler Personen nicht durchführen zu können, verlässt er schließlich frustriert die Postfiliale.

973 In Beispiel 1 kommt ein versuchter Diebstahl, in Beispiel 2 ein versuchter Raub (bzw. eine versuchte räuberische Erpressung[934]) in Frage. In beiden Fällen stellt sich die Frage, ob es noch wesentliche Zwischenschritte gibt, bis es zur Tatbestandsverwirklichung kommt. Gleichermaßen stellt sich die Frage, ob das jeweils geschützte Rechtsgut bereits gefährdet ist. Sofern man diese Fragen versucht, unter Heranziehung obiger Indizien zu beantworten, ergibt sich Folgendes:

974 In Beispiel 1 fehlt es schon am engen zeitlichen Zusammenhang zwischen dem bloßen Betreten des Kaufhauses und einer späteren Wegnahmehandlung. Weiterhin fehlt es auch an einer Einwirkung auf die Opfersphäre, weil sich A noch unauffällig in dem jedermann zugänglichen Kaufhaus aufhält. Ein unmittelbares Ansetzen zu einem versuchten Diebstahl ist in Beispiel 1 abzulehnen, weil noch wesentliche Zwischenschritte fehlen und das Rechtsgut Eigentum noch nicht konkret gefährdet ist.

975 Die Behandlung von Beispiel 2 ist streitig. Nach einer Ansicht ist das unmittelbare Ansetzen zu bejahen, da es auf die Zwischenschritte Dritter, also der Kunden, auf deren Weggehen der Täter warte, nicht ankomme.[935] Die besseren Argumente und die obigen Indizien sprechen jedoch gegen die Annahme eines unmittelbaren Ansetzens.[936] Schon die Schwelle zum „jetzt geht es los" ist nicht überschritten, weil der Täter aus seiner Sicht darauf warten musste, dass die Kunden die Schalterhalle verlassen. Dass noch wesentliche Zwischenschritte fehlen, kann mit dem Indiz des fehlenden engen zeitlichen Zusammenhangs mit der „eigentlichen" Tathandlung begründet werden. Weiterhin liegt keine Einwirkung auf die Opfersphäre vor, womit die mangelnde konkrete Rechtsgutsgefährdung begründet werden kann. Beides wäre erst mit dem Vorhalt des Zettels am Schalter zu bejahen.

b) Die Auflauerungsfälle

Opfer erscheint nicht

976 Die hier sog. „**Auflauerungsfälle**" zeichnen sich dadurch aus, dass der angriffsbereite Täter auf das Erscheinen des Opfers wartet, um seinen Angriff zu beginnen, das Opfer jedoch nicht erscheint. Grundsätzlich kommt in den Auflauerungsfällen ein unmittelbares Ansetzen nur in Betracht, wenn sich das Opfer nach dem Vorstellungsbild des Täters in seinem (des Täters) Einwirkungsbereich befindet.[937]

---

934 Zu dieser Abgrenzung vgl. das Skript Strafrecht BT I.

935 BGH, GA 1980, 24, 25 f.; Kühl, AT, § 15 Rn 63

936 S/S-Eser/Bosch, StGB, § 22 Rn 44; Roxin, AT II, § 29 Rn 146 f. und BGH, NStZ 1996, 38, 38 f., in einem vergleichbaren Fall

937 BGHSt 26, 201, 202 ff.; S/S-Eser/Bosch, StGB, § 22 Rn 42

BEISPIEL 1 (nach BGH, NStZ 1984, 506, „Klingel-Fall"): Die Täter stehen in den Abendstunden vor dem Haus des Goldwarenhändlers G. Sie haben sich bewaffnet und maskiert und klingeln an der Wohnungstür, um G zu überfallen, sobald er die Tür öffnet. **977** Klingel-Fall

Das Opfer G befand sich nach Vorstellung der Täter in ihrem Einwirkungsbereich.

Die Täter gingen weiterhin davon aus, dass mit dem Öffnen der Tür durch G sofort der Überfall beginnen werde. Vor diesem Hintergrund ist nicht nur der enge zeitliche Zusammenhang zu bejahen, es liegt auch im Klingeln schon eine die Ausführung einleitende Einwirkung auf die Opfersphäre,[938] der sog. „Lockruf". Mit diesen Indizien kann begründet werden, dass es ohne wesentliche Zwischenschritte zur konkreten Rechtsgutsgefährdung kommen sollte und, dass das Rechtsgut aus Sicht der Täter konkret gefährdet war. **978** Lockruf

Das ist jedoch anders, wenn das Klingeln aus der Sicht des Täters zunächst nur dazu dienen soll, zunächst einmal die Anwesenheit des Tatopfers zu ermitteln,[939] oder wenn die Tatbegehung noch von weiteren Umständen abhängig sein soll (objektive Bedingung).[940] Anders wohl auch, wenn das Opfer durch vorherige Anrufe des Täters gewarnt ist und deshalb die Tür nicht öffnet.[941] Der Täter kann in diesem Fall nämlich schon gar nicht damit rechnen, dass die Tür geöffnet wird. **979**

BEISPIEL 2 (nach BGH, NStZ 2000, 422): Die Täter werfen „Molotow-Cocktails" vor das „Alternative Literaturcafé", um die sich dort aufhaltenden ausersehenen Tatopfer zum Verlassen des Hauses zu veranlassen. Dies geschieht, um die Besucher des Cafés auf der Straße verprügeln zu können. **980**

In diesem Fall hat der BGH das unmittelbare Ansetzen ohne Begründung bejaht und das Werfen der Brandflaschen damit im Ergebnis dem Klingeln in Beispiel 1 gleichgestellt. Teilweise wird dies abgelehnt, da beim Klingeln davon ausgegangen werden könne, dass der anwesende Bewohner die Tür öffne, wohingegen die Erwartung, dass die Besucher des Cafés sich in den Gefahrenbereich vor dem Café begeben würden, eher eine vage Hoffnung sei. Mithin fehle eine ausreichende Einwirkung auf die Opfersphäre.[942]

KLAUSURHINWEIS **981**

Lohnenswert ist stets ein Blick auf den Fall unter klausurtaktischen Aspekten. So stellt sich bei Bejahung des Ansetzens in Beispiel 2 die weitere Frage, ob die Täter zurückgetreten sind, was wegen eines Fehlschlags zu verneinen ist.[943] Diese Frage schneidet sich der Bearbeiter ab, der das Ansetzen verneint.

---

938 *BGH, NStZ 1984, 506, 506; Kühl, AT, § 15 Rn 64; so auch BGH, NStZ 2012, 85, 85; Kudlich, JA 2012, 310, 311*

939 *BGH, StV 1984, 420, 420 f.*

940 *BGH, NStZ 1999, 395, 396; Heinrich, AT, Rn 729 Fn 71*

941 *BGH, NStZ-RR 2004, 361, 362; kritisch Otto, JK 6/05, StGB § 211/42*

942 *Roxin, AT II, § 29 Rn 159*

943 *BGH, NStZ 2000, 422, 422; zum Fehlschlag gleich Näheres im Abschnitt „Rücktritt" ab Rn 1008*

c) Überprüfungsfälle

Untersuchung

982 Unter den hier sog. „**Überprüfungsfällen**" sind Konstellationen zu verstehen, in denen der Täter zunächst untersucht, ob die Tat für ihn durchführbar oder lohnend ist und er bereits bei dieser Untersuchung gestört wird.

BEISPIEL (nach BGH, MDR (D) 1953, 19): Der zum Schwangerschaftsabbruch entschlossene Täter D untersucht die Schwangere, um zu prüfen, ob der Eingriff noch gefahrlos durchführbar ist. Bei positivem Ausgang der Untersuchung will er die Tat unmittelbar anschließend durchführen.

983 Derartige Fälle werfen schon die Frage auf, ob bei einer Bedingung überhaupt ein Tatentschluss des Täters vorliegt.[944] Sofern dies zu bejahen ist, stellt sich die weitere Frage nach dem unmittelbaren Ansetzen. Anknüpfend an die Grunddefinition ist wiederum vor allem fraglich, ob es noch wesentliche Zwischenschritte gibt und ob das Rechtsgut bereits konkret gefährdet ist. Auch hier können die genannten Indizien hilfreich sein: Im obigen Beispiel liegt in der Untersuchung bereits die Einwirkung auf die Opfersphäre. Wenn die Tat nach der Untersuchung sogleich durchgeführt werden soll, ist auch der enge zeitliche Zusammenhang zu bejahen. Deshalb ist ein unmittelbares Ansetzen zu bejahen, wenn der Täter im unmittelbaren Anschluss an den erfolgreichen Ausgang der Überprüfung die Tat durchführen will.[945]

d) Schutzminderungsfälle

984 Bei den hier sog. „**Schutzminderungsfällen**" handelt es sich um Sachverhalte, bei denen der Täter den Schutz, mit dem das Opfer seine Sphäre umgeben hat, beseitigt oder beeinträchtigt. Diese Fälle stellen besonders intensive Einwirkungen in die Opfersphäre dar, die deshalb ein starkes Indiz für ein unmittelbares Ansetzen liefern. So wurde z.B. ein unmittelbares Ansetzen zum Diebstahl angenommen, wenn der Täter den das Gehöft schützenden Hund wegschafft, um sofort danach den Einbruch zu begehen.[946]

e) „Fallensteller"-Fälle

Falle für das Opfer / Distanzfälle

985 Die bisher behandelten Konstellationen zeichneten sich dadurch aus, dass der Täter meinte, noch nicht alles zur Herbeiführung des tatbestandlichen Erfolges Notwendige getan zu haben. Fraglich ist jedoch, wann der Täter ansetzt, wenn er dem Opfer eine Falle stellt, in die dieses nur noch hineintappen muss.

Diese Konstellation sollte in einer Klausur nicht als „beendeter Versuch" umschrieben werden.[947] Dies suggeriert nämlich, dass ein Versuch gegeben sei, was jedoch bei der Fallenstellung erst zu begründen ist.[948]

944 *Dazu bereits oben*
945 *Roxin, AT II, § 29 Rn 160 f.*
946 *RGSt 53, 218, 219 f.*
947 *So aber Roxin, AT II, § 29 Rn 192*
948 *Kühl, AT, § 15 Rn 85b; Böse, JA 1999, 342, 343 f.*

BEISPIEL (nach BGH, NStZ 2001, 475 = RA 2001, 540, „Steckdosen-Fall"): A, ein gelernter Elektriker, hat eine Wohnung von V gemietet. Er geriet mit V in Streit, sodass dieser einen rechtskräftigen Räumungstitel gegen ihn erstritt. Aus Verärgerung und um den Vermieter in Verruf zu bringen, nimmt A, bevor er auszieht, mehrere Veränderungen an der Elektroinstallation vor. Dadurch bewirkt er, dass beim späteren Anschluss eines mit einem Schutzleiter ausgestatteten Elektrogeräts an eine dieser Steckdosen sofort eine Spannung von 230 Volt auf das Gehäuse des angeschlossenen Geräts übertragen werden kann. Er will erreichen, dass ein nachfolgender Nutzer des Hauses, mit dem er am nächsten Tag rechnet, beim bestimmungsgemäßen Gebrauch der manipulierten Steckdosen einen Stromschlag erhält. Nach der Übergabe der Wohnung an den Vermieter fällt die Manipulation auf, bevor jemand geschädigt wird. **986** Steckdosen-Fall

A könnte sich wegen versuchten Mordes strafbar gemacht haben. Hinsichtlich des Tatentschlusses zur Tötung und zu den Mordmerkmalen wird auf die Ausführungen im Klausurfall „Ein spannungsgeladener Auszug" verwiesen, der dieses Kapitel abschließt. Fraglich ist, ob ein unmittelbares Ansetzen vorliegt.

KLAUSURHINWEIS **987** Kein Fall mittelbarer Täterschaft

Teilweise wird in Fällen, in denen das Opfer zum „**Werkzeug gegen sich selbst**" gemacht wird, weil das Opfer schließlich selbst in die Falle tappen muss, ein Fall mittelbarer Täterschaft angenommen.[949] Wenn auch eine der mittelbaren Täterschaft verwandte Struktur durchaus vorliegt,[950] so ist dennoch von schlichter Alleintäterschaft i.S.d. § 25 I 1. Fall StGB auszugehen. Die Annahme von mittelbarer Täterschaft stellt eine unnötige Verkomplizierung dar.[951]

Einerseits wird vertreten, dass ein unmittelbares Ansetzen mit Abschluss der aus Tätersicht letzten für die Erfolgsherbeiführung erforderlichen eigenen Handlung vorliege, wenn er dadurch den Geschehensablauf aus der Hand gibt. Behalte er ihn dagegen weiterhin in seinen Händen, so setze er dann unmittelbar an, wenn er das Opfer unmittelbar gefährdet und in einem engen räumlich-zeitlichen Zusammenhang auf dessen Sphäre einwirkt (hier sog. „**Herrschaftsbereichstheorie**").[952] Da A mit der Übergabe der Wohnung das Geschehen aus der Hand gab, liegt hiernach ein unmittelbares Ansetzen vor. **988** Herrschaftsbereichstheorie

Von einer anderen Ansicht wird das unmittelbare Ansetzen auf den Zeitpunkt verlagert, zu dem sich das Opfer so in den Wirkungskreis des Tatmittels begibt, dass seine weiteren Handlungen unmittelbar zur Tatbestandsverwirklichung führen, was anhand der tatsächlichen Vorkommnisse zu bemessen sei.[953] Nach dieser hier sog. „**Wirkungskreistheorie**" könnte ein unmittelbares Ansetzen erst angenommen werden, wenn sich das Opfer anschickt, die Steckdose zu benutzen, weshalb ein unmittelbares Ansetzen abzulehnen wäre. **989** Wirkungskreistheorie

---

949 S/S-Heine/Weißer, StGB, § 25 Rn 11; Engländer, JuS 2003, 330, 331
950 BGH, NJW 1997, 3453, 3453
951 Näher hierzu im Kapitel „Täterschaft und Teilnahme" im Skript Strafrecht AT II
952 Engländer, JuS 2003, 330, 335; Roxin, JuS 1979, 1, 9 f.
953 Wessels/Beulke/Satzger, AT, Rn 957; Baier, JA 1999, 771, 775; Otto, NStZ 1998, 243, 243 f.

Rspr.: Gefährdungstheorie

990 Vor allem von der Rechtsprechung wird das unmittelbare Ansetzen bejaht, wenn der Täter nach seiner Vorstellung alle erforderlichen eigenen Handlungen vollständig erbracht hat und für ihn der Eintritt des Erfolges feststeht oder er ihn für sehr wahrscheinlich hält,[954] er also zeitnah von einem Erfolgseintritt ausgeht (hier sog. „**Gefährdungstheorie**"). Es kommt, wendet man diese herrschende Ansicht an, somit darauf an, ob A davon ausging, dass in näherer Zeit ein weiterer Mieter einziehen wird. Da A mit dem Nachmieter alsbald rechnete, ist bereits ein unmittelbares Ansetzen zu bejahen.

Stellungnahme

991 Gegen die Wirkungskreistheorie spricht, dass sie für den Zeitpunkt des unmittelbaren Ansetzens auf das Opfer und nicht wie § 22 StGB es verlangt auf den Täter abstellt. Folglich ist im Steckdosen-Fall ein unmittelbares Ansetzen zu bejahen.[955] Sollte eine weitergehende Stellungnahme erforderlich sein, kann gegen die Gefährdungstheorie angeführt werden, dass sie im Ergebnis dazu führt, dass in Fällen in denen das Erscheinen des Opfers nicht sehr wahrscheinlich ist, das Ansetzen erst mit dem Erscheinen des Opfers zu bejahen ist, was im Ergebnis dazu führt, dass das Opfer selbst unmittelbar ansetzt und nicht mehr der Täter, wie es § 22 StGB eigentlich verlangt. Gegen die Herrschaftsbereichstheorie kann demgegenüber angeführt werden, dass sie auch dann zu einer Bejahung des Ansetzens führen kann, wenn noch wesentliche Zwischenschritte fehlen und das Rechtsgut noch gar nicht konkret gefährdet ist.

992 **KLAUSURHINWEIS**

Sofern eine Stellungnahme zwischen der Herrschaftsbereichstheorie und der Gefährdungstheorie notwendig wird, sollte sich der Bearbeiter durchaus von der Klausurtaktik leiten lassen. Sind z.B. im Sachverhalt offensichtlich **Rücktrittsprobleme** angelegt, so wäre es ungeschickt, sich diesem Problemkreis durch die Ablehnung des unmittelbaren Ansetzens zu entziehen.

3. Sonderfall: Das unmittelbare Ansetzen zum Versuch bei Mittäterschaft und mittelbarer Täterschaft

993 Die Frage, wann der Täter bei mittelbarer Täterschaft und bei Mittäterschaft ansetzt, kann nur beantwortet werden, wenn Kenntnisse zu diesen Formen der Täterschaft vorliegen. Deshalb wird auf diese Fragen im Skript AT II im Kapitel „Täterschaft und Teilnahme" eingegangen.

4. Sonderfall: Das unmittelbare Ansetzen zum a.l.i.c.-Versuch

994 Sofern man – was auch aus klausurtaktischen Gründen meist sinnvoll ist – dem modifizierten Tatbestandsmodell[956] folgt, stellt sich die Frage, wann der Täter zum a.l.i.c.-Versuch unmittelbar ansetzt.

Theorie vom ersten Schluck

995 Nach einer Auffassung beginnt der a.l.i.c.-Versuch bereits mit dem Beginn der Berauschung, sog. „**Theorie vom ersten Schluck**".[957] Bei der Berauschung z.B. mit Alkohol stelle der erste Schluck den Beginn der Ursachenkette dar, die letztendlich zur im schuldunfähigen Zustand begangenen Tat führe.

---

954 BGH, NStZ 2001, 475, 476; 1998, 294, 295 (Sprengfalle); 241, 242 (Giftfalle); Dornis, JURA 2001, 664, 667

955 Zum Steckdosen-Fall vgl. die Besprechung von Engländer, JuS 2003, 330 ff.; zur Giftfalle vgl. die Besprechungen von Baier, JA 1999, 771 ff.; Böse, JA 1999, 342 ff.; Kudlich, JuS 1998, 596 ff.

956 Hierzu ausführlich im Kapitel „Schuld" bei Rn 614 und 624

957 Fischer, StGB, § 22 Rn 30; SK-Rudolphi, StGB, § 22 Rn 21; Baumann/Weber/Mitsch, AT, § 19 Rn 49

Nach einer anderen Ansicht liegt das unmittelbare Ansetzen in dem Zeitpunkt vor, in dem beim Täter der Zustand der Schuldunfähigkeit eintritt, sog. „Theorie vom Eintritt der Schuldunfähigkeit".[958] Mit dem Eintritt der Schuldunfähigkeit gebe der Täter das Geschehen endgültig aus der Hand. **996** Theorie vom Eintritt der Schuldunfähigkeit

Schließlich bejaht eine Auffassung das unmittelbare Ansetzen erst in dem Zeitpunkt, in dem der Täter angesetzt hätte, wenn er schuldfähig gewesen wäre, also erst bei Beginn der „eigentlichen" tatbestandlichen Ausführungshandlung, sog. „**Theorie von der Ausführungshandlung**".[959] **997** Theorie von der Ausführungshandlung

Beiden auf die Berauschung abstellenden Theorien kann nicht gefolgt werden. Dies zeigt der Vergleich mit einem schuldfähigen Täter. Durch die Rechtsfigur der a.l.i.c. soll bloß verhindert werden, dass sich der schuldunfähige Täter im Vergleich zum Schuldfähigen durch seine vorsätzlich herbeigeführte Schuldunfähigkeit Vorteile verschafft. Keinesfalls geht es jedoch an, den schuldunfähigen Täter im Vergleich zum voll Schuldfähigen sogar schlechter zu stellen.[960] In der bloßen Berauschung kann also nicht das unmittelbare Ansetzen zur Tötung erblickt werden. Plastisch formuliert: „Wer trinkt, tötet noch nicht."[961] **998** Stellungnahme

BEISPIEL: T lauert seinem Feind F auf, um ihn zu töten. Seine gesicherte Waffe trägt T in seiner Manteltasche mit sich. T trinkt sich während er wartet mit zwei Flaschen Schnaps Mut an, weil er befürchtet, er werde nüchtern vor der Tat zurückschrecken. Als F auch nach der zweiten Flasche noch immer nicht aufgetaucht ist, wankt T enttäuscht im schuldunfähigen Zustand nach Hause. **999** Beispiel

Im Beispiel könnte ein a.l.i.c.-Mordversuch gegeben sein.

KLAUSURHINWEIS **1000**

In einer Klausur ist zuerst zu klären, ob die Rechtsfigur der a.l.i.c. überhaupt anzuerkennen ist.[962] Wird dies für das herrschende modifizierte Tatbestandsmodell bejaht, stellt sich nach der Prüfung des Tatentschlusses die Frage, wann beim a.l.i.c.-Versuch das unmittelbare Ansetzen zu bejahen ist.

Nach der hier sog. „Theorie vom ersten Schluck" hätte T bereits zum a.l.i.c.-Versuch angesetzt, da er bereits begonnen hatte, sich zu berauschen. Nach der hier sog. „Theorie vom Eintritt der Schuldunfähigkeit" läge ebenfalls ein Ansetzen zum Mordversuch vor, da T sich bis in das Stadium der Schuldunfähigkeit getrunken hatte. Nur die hier sog. „Theorie von der Ausführungshandlung" käme zur Ablehnung des Ansetzens, da ein schuldfähiger Täter in einem derartigen „Auflauerungsfall" noch nicht unmittelbar angesetzt hätte. T hatte seine Angriffsmittel weder in tätige Beziehung zum Opfer gesetzt, noch durch einen „Lockruf" auf die Opfersphäre eingewirkt.[963] **1001**

---

958 *Joecks/Jäger, StGB, § 323a Rn 40 f.; Roxin, AT I, § 20 Rn 60; Wessels/Beulke/Satzger, AT, Rn 673*
959 *S/S-Eser/Bosch, StGB, § 22 Rn 56; Rath, JuS 1999, 140, 143; Schweinberger, JuS 2006, 507, 509*
960 *Kühl, AT, § 11 Rn 13; ausführlich Schweinberger, JuS 2006, 507, 509*
961 *Kühl, AT, § 11 Rn 16; Hettinger, GA 1989, 1, 14; Schweinberger, JuS 2006, 507, 509*
962 *Ausführlich hierzu im Kapitel „Schuld" ab Rn 608*
963 *Näheres zum unmittelbaren Ansetzen bei Auflauerungsfällen oben Rn 976*

IV. RÜCKTRITT

Persönlicher Strafaufhebungsgrund

1002 Der Rücktritt, vgl. §§ 24, 31 StGB, ist ein **persönlicher Strafaufhebungsgrund** durch den der Täter, der zur Tatbestandsverwirklichung bereits unmittelbar angesetzt hat, Straffreiheit erlangen kann.[964]

Sinn und Zweck der §§ 24, 31 StGB

1003 Über die theoretische Begründung der Rücktrittsmöglichkeit herrscht keine Einigkeit. Während die einen hierin die Belohnung des Staates für eine honorierenswerte Verzichtsleistung des Täters erblicken (Gnadentheorie),[965] betonen andere, dass der Täter die „goldene Brücke" zurück auf den Boden der Rechtsordnung beschritten habe.[966] Die h.M. vertritt die sog. **„Strafzwecktheorie"**, nach der bei einem freiwilligen Rücktritt des Täters die Notwendigkeit einer Bestrafung entfalle, weil das Strafbedürfnis nicht mehr bestehe.[967] Der Täter habe durch seinen Rücktritt gezeigt, dass sein verbrecherischer Wille nicht stärker sei als der strafrechtliche Befehl, sich normgerecht zu verhalten.

Opferschutz

1004 Jenseits dieser Theorien ist stets wichtig, zu berücksichtigen, dass der Rücktritt insb. auch dem **Opferschutz** dienen soll.[968] So gesehen stellt das „Angebot" des strafbefreienden Rücktritts die Gegenleistung des Staates für die Verschonung des vom Täter zunächst angegriffenen Rechtsguts dar.

1005

KLAUSURHINWEIS

Der Streit über den Grund der Straflosigkeit beim Rücktritt ist in einer Klausur keinesfalls als Einleitung der Rücktrittsprüfung anzusprechen. Vielmehr taucht dieser Streit als Hintergrundproblem bei einzelnen problematischen Fallgruppen wieder auf.

Mangelnde Kausalität und tätige Reue

1006 Ein strafbefreiender Rücktritt vom vollendeten Delikt ist grundsätzlich nicht möglich. Anders ist dies jedoch ausnahmsweise, wenn zwar der tatbestandsmäßige Erfolg eintritt, dieser jedoch nicht kausal auf die Angriffshandlung des Täters zurückgeführt werden kann, der konkrete Erfolg also auch dann eingetreten wäre, wenn der Täter überhaupt nicht auf das Opfer eingewirkt hätte (sog. überholende oder abgebrochene Kausalität).[969] Zu beachten ist weiterhin, dass das Gesetz in einigen Fällen die Möglichkeit der „tätigen Reue" vorsieht (z.B. §§ 158, 306e StGB).

---

964 BGHSt 7, 296, 299; S/S-Eser/Bosch, StGB, § 24 Rn 4; a.A. Roxin, AT II, § 30 Rn 29 (Schuldminderung)

965 Jescheck/Weigend, AT, § 51 I; Wessels/Beulke/Satzger, AT, Rn 1005

966 RGSt 73, 52, 60; Kudlich, JuS 1999, 240, 241; Puppe, NStZ 1984, 488, 490

967 BGHSt 9, 48, 52; S/S/Eser/Bosch, StGB, § 24 Rn 2 f; Roxin, AT II, § 30 Rn 6; Rudolphi, NStZ 1989, 508, 512

968 BGHSt 39, 221, 232; BGH, NStZ 1989, 317, 317; Puppe, NStZ 1984, 488, 490

969 BGH, NStZ 2016, 664, 665; Kudlich, NStZ 2016, 656, 666

KLAUSURHINWEIS

Die Prüfung des Rücktritts sollte in drei Gedankenschritten erfolgen (siehe bereits oben das Prüfungsschema[970]). In einem ersten Schritt ist nach h.M. zu prüfen, ob ein Rücktritt vom Versuch überhaupt noch möglich ist. Dies ist nach h.M. nicht der Fall, wenn der Täter den Erfolg aus seiner Sicht nicht mehr herbeiführen kann, obwohl er dies noch will, sog. **fehlgeschlagener Versuch**. In einem zweiten Gedankenschritt ist zu prüfen, welches Rücktrittsverhalten der Täter an den Tag legen muss, um zurücktreten zu können. Meist geht es hierbei um die Frage, ob es genügt, bloß die weitere Ausführung der Tat aufzugeben, sog. **unbeendeter Versuch**, oder ob der Täter aktiv den Erfolgseintritt verhindern muss, sog. **beendeter Versuch**. Im dritten und letzten Gedankenschritt ist schließlich zu untersuchen, ob der Täter aus autonomen Motiven gehandelt hat, also den Erfolg nicht mehr herbeiführen wollte, obwohl er dies gekonnt hätte, sog. **freiwilliger Rücktritt**.

1007 Ablauf der Rücktrittsprüfung

1. Kein Fehlschlag

Ein strafbefreiender Rücktritt scheidet nach h.M. aus, wenn der Versuch bereits fehlgeschlagen ist.[971] **1008**

a) Grundlagen

DEFINITION

Fehlgeschlagen ist ein **Versuch**, wenn der Täter nach seiner Vorstellung von der Tat davon ausgeht, dass er mit den ihm zur Verfügung stehenden Mitteln den tatbestandsmäßigen Erfolg entweder gar nicht mehr oder zumindest nicht mehr ohne zeitlich relevante Zäsur herbeiführen kann.[972] **1009** Fehlgeschlagener Versuch

Zur Beurteilung eines möglichen Fehlschlags kommt es auf den Moment an, in welchem dem Täter noch alle Handlungsoptionen, nämlich die weitere Durchführung der Tat oder ihr Aufgeben, zur Verfügung standen. Es kommt nicht auf den Zeitpunkt an, in welchem der Täter diese selbst bereits aufgegeben hatte.[973] **1010** Beurteilungszeitpunkt

BEISPIEL 1: T lässt sich vom Opfer das Messer aus der Hand nehmen.

Hier liegt kein Fehlschlag vor, da sich T das Messer auch nicht hätte abnehmen lassen müssen.

Eine M.M. erkennt die Rechtsfigur des fehlgeschlagenen Versuchs nicht an, da der Begriff des Fehlschlags in § 24 StGB nicht enthalten sei.[974] Diese Auffassung kommt dann dazu, den Rücktritt des Täters mangels Freiwilligkeit abzulehnen.[975] Schon dies zeigt, dass der Streit um die Existenz der Rechtsfigur des fehlgeschlagenen Versuchs vor allem ein Streit um Begriffe und weniger ein Streit um das Ergebnis ist. Dennoch sollte das Problem kurz angesprochen und der h.M. gefolgt werden. **1011** Mindermeinung

970 *Rn 891*
971 *BGHSt 39, 221, 228; BGH, NStZ 2016, 207, 208; Roxin, AT II, § 30 Rn 77*
972 *BGH, NStZ 2016, 207, 208; 2009, 688, 689; Heinrich, AT, Rn 770; Roxin, NStZ 2009, 319, 319*
973 *BGH, NStZ 2013, 639, 650; vgl. auch NStZ 2016, 207, 208*
974 *MK-Herzberg, StGB (1. A.), § 24 Rn 58 ff.; Putzke, ZJS 2013, 620, 622; Scheinfeld, JuS 2002, 250, 251*
975 *Vgl. z.B. Fahl, JA 2003, 757, 762; Schroeder, NStZ 2009, 9, 12 (Fehlschlag als Ausschluss der Freiwilligkeit)*

Herrschende Meinung

1012 Nach § 24 I 1 1. Fall StGB muss der Täter für den Rücktritt die weitere Ausführung der Tat aufgeben. Das Merkmal des Aufgebens setzt schon sprachlich voraus, dass aus der Sicht des Täters noch die Möglichkeit besteht, den Erfolg herbeizuführen.[976] Aber auch inhaltlich ist es richtig, dem Täter, der den Erfolg nicht mehr herbeiführen kann, grundsätzlich den Rücktritt zu verweigern, da er im Sinne der o.g. Grundgedanken des Rücktritts weder eine honorierenswerte Verzichtsleistung erbringt, noch die „goldene Brücke" beschritten hat, noch ihn der Befehl, sich normgerecht zu verhalten, erreicht hat, noch ein ihm zu dankender Schutz des Opfers vorliegt.

Nicht das Prüfungsschema erklären

KLAUSURHINWEIS

1013 Keinesfalls darf das Prüfungsschema erklärt werden. Falsch sind daher Formulierungen wie: „Fraglich ist, ob der Prüfungspunkt des Fehlschlags anzuerkennen ist." Die Fragestellung ist deshalb auf die Voraussetzungen für einen Rücktritt zu beziehen. Hier liegt auch der richtige Kern der Kritik der M.M. an der h.M.: Es ist in einer Klausur stets am Gesetz zu argumentieren und nicht ein dogmatischer Begriff in den Mittelpunkt der Überlegungen zu rücken.[977] Vor diesem Hintergrund sollte der Fehlschlag als Ausschlussgrund des Rücktritts kurz aus dem Gesetzeswortlaut abgeleitet werden.

Wer den Streit (z.B. aus Zeitgründen) sehr kurz halten möchte, der kann am Ende der Prüfung des Fehlschlags formulieren: „Wollte man hierin ein Problem der Freiwilligkeit des Rücktritts erblicken, so ergäbe sich nichts anderes."

Subjektiver Bewertungsmaßstab

1014 Ob ein Fehlschlag vorliegt oder nicht, ist rein subjektiv aus der Sicht des Täters zu bestimmen. Wenn der Täter also keine Möglichkeit zur Erfolgsherbeiführung mehr sieht, liegt ein fehlgeschlagener Versuch vor, der den Rücktritt ausschließt. Dies gilt auch dann, wenn der Täter objektiv noch die Möglichkeit hat, den Erfolg herbeizuführen.[978]

Tatsächliche Gründe

1015 Ein Fehlschlag kann auf **tatsächlichen Gründen** beruhen.

BEISPIEL 2: T schießt aus dem 10. Stockwerk auf seinen auf der Straße spazierenden Feind. Er hat nur eine einzige Kugel Munition, was er auch weiß. Die Kugel verfehlt den Feind.

In diesem Fall macht sich T wegen versuchten Totschlags oder gar Mordes strafbar.

Erkannte Untauglichkeit

1016 Erkennt der Täter die **Untauglichkeit des Versuchs**, liegt ebenfalls ein Fehlschlag vor.

BEISPIEL 3: Im obigen Fall muss T erkennen, dass seine Waffe nicht geladen ist.

Unerkannte Untauglichkeit

1017 Solange der Täter jedoch die Untauglichkeit seines Versuchs noch nicht erkannt hat, ist der Versuch nicht fehlgeschlagen und der Täter kann noch zurücktreten.[979]

BEISPIEL 4: Im obigen Fall nimmt T irrig an, er habe noch mehrere Schuss Munition. Nach dem ersten Schuss besinnt er sich und will F nicht mehr töten.

---

976 *Roxin, AT II, § 30 Rn 78; Roxin, NStZ 2009, 319, 320*

977 *Insoweit zutreffend Otto, JURA 2001, 341, 342 f.; Scheinfeld, JuS 2002, 250, 251 f.; NStZ 2006, 375, 375*

978 *BGHSt 35, 90, 94; 34, 53, 56; BGH, NStZ 2016, 207, 208; Kühl, AT, § 16 Rn 11; Satzger, JK 5/07, StGB § 24/36*

979 *BGH, NJW 1958, 1051, 1052; S/S-Eser/Bosch, § 24 Rn 68*

Ein Fehlschlag kann aber auch auf **rechtlichen Gründen** beruhen. Dies ist z.B. der Fall, wenn das Vergewaltigungsopfer in die sexuelle Nötigung oder das Diebstahlsopfer in die Wegnahme einwilligt.[980] 1018 Rechtliche Gründe

Schließlich liegt ein Fehlschlag auch dann vor, wenn dem Täter die **weitere Ausführung der Tat** zwar noch möglich ist, sie jedoch **sinnlos** geworden ist. Das ist z.B. der Fall, wenn sich die vermeintliche Geldkarte als eine Visitenkarte herausstellt, wenn das Diebstahlsobjekt für den Täter wegen einer Beschädigung nicht mehr brauchbar ist oder wenn der Täter erkannt hat, dass er mit seinem Angriff das verfolgte Ziel bereits erreicht hat bzw. dass sich seine Handlung gegen ein Tatobjekt richtete, das er gar nicht treffen wollte.[981] Zum Teil wird hier davon gesprochen, dass für den Täter die „Geschäftsgrundlage" für seine Tat entfallen sei.[982] 1019 Sinnlosigkeit weiterer Tatausführung

b) Rücktritt vom mehraktigen Versuch

Fraglich ist, ob und unter welchen Voraussetzungen der Täter noch vom Versuch zurücktreten kann, wenn er bei einem (potenziell) mehraktigen Versuch bereits mindestens eine Tathandlung vorgenommen hat, die jedoch noch nicht zum Eintritt des tatbestandlichen Erfolges geführt hat. 1020

Nach einer Auffassung ist jede einzelne auf den Erfolg gerichtete und vom Täter als zur Erfolgsherbeiführung bereits für sich geeignet angesehene Handlung ein selbstständiger Versuch. Schlägt er fehl, sei ein Rücktritt durch bloßes Unterlassen weiterer geeigneter Handlungen nicht mehr möglich.[983] Für diese **Einzelaktstheorie** wird vorgebracht, dass der Zufall, ob es noch weitere Handlungsmöglichkeiten gibt, nicht über die Frage der Straffreiheit entscheiden könne. 1021 Einzelaktstheorie

Nach anderer Auffassung dürfe ein einheitlicher Lebenssachverhalt nicht künstlich in eine Vielzahl mehrerer selbstständiger Versuche aufgespalten werden (**kein „Sekundenstrafrecht"**). Selbst bei einer fünf Minuten dauernden Unterbrechung der Tat könne ein einheitliches Tötungsgeschehen vorliegen, wenn z.B. ein durchgängiges Tötungsmotiv vorhanden sei.[984] Damit ist jedoch noch keine Aussage über die Frage getroffen, unter welchen Voraussetzungen der Täter von diesem Gesamtgeschehen zurücktreten kann. Deshalb gibt es zur näheren Konkretisierung der Gesamtbetrachtungslehre zwei Untermeinungen: 1022 Gesamtbetrachtungslehren

1023

Nach einer Untermeinung soll allein die Tätervorstellung bei Tatbeginn entscheidend sein.[985] Habe der Täter seinen ursprünglichen Tatplan vollkommen umgesetzt und sein Ziel noch immer nicht erreicht, liege ein Fehlschlag vor. Diese sog. **Tatplantheorie** wird damit begründet, dass es beim Versuch gem. § 22 StGB stets auf die Vorstellung des Täters von der Tat ankomme. Tatplantheorie

---

980 S/S-Eser/Bosch, StGB, § 24 Rn 9; a.A. BGHSt 39, 244, 247
981 S/S-Eser/Bosch, StGB, § 24 Rn 11; Roxin, JuS 1981, 1, 3
982 S/S-Eser/Bosch, StGB, § 24 Rn 11
983 Frister, AT, 24/17; Bosch, JURA 2014, 395, 398 f.; Freund, NStZ 2004, 326, 327; Kühl, JuS 1981, 193, 195
984 BGH, NStZ 2009, 381, 382 = RA 2009, 319, 320
985 BGHSt 22, 330, 331; 10, 129, 131; LG Essen, zitiert nach BGH, NStZ 2007, 91, 91; LG Dessau, zitiert nach BGH, HRRS 2009 Nr. 971 Rn 12

H.M.: Lehre vom Rücktritthorizont

1024 Schließlich wird als Untermeinung der Gesamtbetrachtungslehren die Ansicht vertreten, dass ein Fehlschlag erst dann gegeben sei, wenn der Täter nach der Vornahme der letzten Ausführungshandlung subjektiv glaube, den Erfolg mit den ihm zur Verfügung stehenden Mitteln nicht mehr herbeiführen zu können. Gehe der Täter zu diesem Zeitpunkt davon aus, dass sein bisheriges Handeln (noch) nicht erfolgreich war und dass noch weitere Handlungen nötig und möglich sind, um den Erfolg herbeizuführen, liege immer noch ein unbeendeter Versuch vor, von dem durch bloßes Aufhören strafbefreiend zurückgetreten werden könne.[986] Ein Fehlschlag liege auch nicht bereits darin, dass der Täter davon ausgeht, er müsse, um den Erfolg herbeizuführen, von seinem Tatplan abweichen. Halte er die Vollendung der Tat im unmittelbaren Handlungsfortgang für möglich, sei ein Verzicht auf Weiterhandeln als Rücktritt vom Versuch zu werten.[987] Als Argument für diese herrschende **Lehre vom Rücktritthorizont** wird vorgebracht, dass der Täter nur nach Abschluss der letzten Ausführungshandlung eine Entscheidung über die Frage treffen könne, ob ein fehlgeschlagener, ein beendeter oder ein unbeendeter Versuch vorliege.

Stellungnahme

1025 Gegen die Tatplantheorie spricht, dass die Feststellung des Tatplans des Täters in der Praxis mit großen Unsicherheiten behaftet ist. Diese Theorie eröffnet somit dem Einlassungsgeschick des Täters Tür und Tor. Für die Einzelaktstheorie spricht der Umstand, dass die Lehre vom Rücktrittshorizont denjenigen Täter privilegiert, der sich von Anfang an die meisten Optionen zur Tatbegehung schafft. Der skrupellose Täter kann sich z.B. beliebig viele Fehlschüsse leisten und dennoch durch bloßes Aufhören strafbefreiend zurücktreten. Entscheidend für die Lehre vom Rücktritthorizont spricht jedoch trotz dieser Bedenken der Wortlaut des § 24 I 1 2. HS StGB. Dieser lässt mit dem Erfordernis der Verhinderung der Vollendung der Tat einen Rücktritt von einer bereits vorgenommenen und im Sinne der Einzelaktstheorie erfolgstauglichen Handlung zu. Das ist mit der Einzelaktstheorie nicht vereinbar. Ein weiteres Argument ergibt sich auf der Basis des Opferschutzgedankens.[988] Auch wenn der Täter bereits mehrfach zur Tatbestandsverwirklichung ausgeholt hat, ohne den Erfolg zu erreichen, gibt es immer noch ein zu schützendes Rechtsgut. Mithin muss die Rechtsordnung dem Täter ein Motiv schaffen, das Rechtsgut zu verschonen. Dieses Ziel wird verfehlt, wenn dem Täter durch die Einzelaktstheorie jede Rücktrittsmöglichkeit schon nach der ersten nicht erfolgreichen Ausführungshandlung genommen wird.

1026 **BEISPIEL** (nach BGH, NStZ 2007, 91 = RA 2007, 85): T will von O die Herausgabe eines Spielautomaten erpressen. Zunächst bedroht T den O mit einem Klappmesser. Als sich O nicht einschüchtern lässt, holt T eine Pumpgun hervor, die mit 6 Schuss Munition geladen ist und bedroht O mit dieser. Als sich O auch hiervon nicht beeindrucken lässt, entfernt sich T, ohne die Schusswaffe eingesetzt zu haben. Die Abgabe eines Schusses war von T weder geplant noch gewollt.

986 *BGHSt 40, 75, 78; 31, 170, 175; BGH, HRRS 2009 Nr. 971 Rn 11 f.; BGH, NStZ-RR 2013, 273, 274; Heinrich, AT, Rn 824; Kühl, AT, § 16 Rn 27, 33 ff.; Krey/Esser, AT, Rn 1277, 1285; Rengier, AT, § 37 Rn 34; Kudlich, JuS 1999, 349, 350; Scheinfeld, NStZ 2006, 375, 379; kritisch Wörner, NStZ 2010, 66, 67 ff.*

987 *BGH, HRRS 2009 Nr. 971 Rn 12; BGH, NStZ 2009, 688, 689*

988 *Otto, JURA 2001, 341, 343*

T hat eine versuchte schwere räuberische Erpressung, §§ 253, 255, 250 II Nr. 1 StGB begangen. Hiervon könnte er jedoch strafbefreiend zurückgetreten sein. Ein Rücktritt würde jedoch ausscheiden, wenn der Versuch bereits fehlgeschlagen wäre.

Nach der Einzelaktstheorie lägen in der Person des T zwei fehlgeschlagene Versuche **1027**
einer schweren räuberischen Erpressung vor, weil sowohl die Bedrohung mit dem Klappmesser als auch diejenige mit der Pumpgun nicht zum Erfolg führte. Ein Rücktritt scheidet folglich aus. Nach der Tatplantheorie wäre der Versuch des T fehlgeschlagen, da der scharfe Einsatz der Schusswaffe von diesem nicht geplant gewesen ist. Nach der Lehre vom Rücktrittshorizont hätte T gewusst, dass ihm als Erpressungsmittel noch die Möglichkeit verbleibt, bis zu sechs scharfe Schüsse abzugeben, um sein Ziel zu erreichen. Diese erkannte Möglichkeit nicht genutzt zu haben, führt zur Ablehnung eines Fehlschlags.

1028 Obersatzbildung nach Lehre vom Rücktrittshorizont

KLAUSURHINWEIS
Es wird empfohlen, der Lehre vom Rücktrittshorizont zu folgen. Dies hat dann Auswirkungen auf die Gliederung des Gutachtens. Mehrere Ausführungshandlungen des Täters sind im Rahmen der Prüfung z.B. eines versuchten Totschlags zusammenzufassen. Beispiel: „Indem T drei Schüsse auf O abgegeben hat, könnte er sich wegen versuchten Totschlags gem. §§ 212 I, 22, 23 I StGB strafbar gemacht haben." Dass mit diesem Obersatz schon deutlich wird, dass der Bearbeiter der Einzelaktstheorie keine Folge leistet, ist unschädlich, da das Gutachten nicht primär „spannend", sondern vor allem stringent und frei von Widersprüchen sein soll.

2. Rücktrittsverhalten

Sofern der Versuch nicht fehlgeschlagen ist, sind in einem zweiten Schritt die Anfor- **1029**
derungen an das Rücktrittsverhalten des Täters festzulegen.

Differenzierung nach Anzahl der Beteiligten

Dabei ist zunächst zwischen § 24 I und II StGB zu unterscheiden. § 24 I StGB regelt den Rücktritt des Alleintäters, § 24 II StGB den Rücktritt bei mehreren Tatbeteiligten.

a) Rücktritt beim Alleintäter, § 24 I 1 StGB

Im Rahmen des Rücktritts bei nur einem Tatbeteiligten unterscheidet § 24 I 1 StGB **1030** Alleintäter, § 24 I StGB
zwei Konstellationen. In der einen muss der Täter die weitere Ausführung der Tat aufgeben, § 24 I 1 1. HS StGB, in der anderen die Vollendung der Tat verhindern, § 24 I 1 2. HS 2 StGB. Die erste Konstellation wird unbeendeter, die zweite Konstellation beendeter Versuch genannt.

aa) Rücktritt vom unbeendeten Versuch, § 24 I 1 1. HS StGB

(1) Grundlagen

Die Aufgabe der weiteren Tatausführung i.S.d. § 24 I 1 1. HS StGB, bedeutet, dass **1031** Aufgabe der weiteren Tatausführung
der Täter weitere Tatausführungshandlungen unterlässt. Die bloße Nichtvornahme weiterer Tathandlungen kann jedoch nur dann zu einem Rücktritt von der Tat führen, wenn der Täter noch die Vorstellung hat, dass weitere Ausführungshandlungen überhaupt erforderlich sind. Für derartige Fallkonstellationen hat sich die Bezeichnung des unbeendeten Versuchs eingebürgert.

Unbeendeter Versuch

1032 **DEFINITION**

Ein **Versuch** ist **unbeendet**, wenn der Täter nach seiner Vorstellung von der Tat noch nicht alles zur Herbeiführung des Erfolgs Notwendige getan hat.[989]

1033 **MERKSATZ**

Vom unbeendeten Versuch kann der Täter durch die bloße Nichtvornahme weiterer Ausführungshandlungen zurücktreten.

sukzessiv = schrittweise

1034 **BEISPIEL:** T will O sukzessive vergiften. Hierfür hält er die Verabreichung von 7 Dosen Gift für erforderlich. Nachdem er dem O bereits 3 Dosen Gift verabreicht hat, besinnt er sich und verabreicht O kein weiteres Gift. O überlebt.

Im Beispiel genügt es für den Rücktritt, dass T die weiteren nach seiner Vorstellung von der Tat erforderlichen Tatausführungshandlungen unterlässt.

(2) Endgültige und vorübergehende Tataufgabe

1035 Umstritten ist, ob der Täter auch dann die weitere Ausführung der Tat i.S.d. § 24 I 1 1. HS StGB aufgegeben hat, wenn er nur vorübergehend von seiner Tat abgelassen hat.

M.M.: **Endgültige Aufgabe nötig**

1036 Es wird vertreten, dass ein Rücktritt vom Versuch nur dann möglich ist, wenn der Täter von seinem gesamten verbrecherischen Tatplan endgültig Abstand nimmt. Ein bloß vorübergehendes Aufschieben würde dann nicht genügen.[990]

H.M.: **Aufgabe konkreter Tat**

1037 Demgegenüber wird es von der h.M. als ausreichend ansehen, dass der Täter die vorsätzliche Tat im Sinne des materiellen Straftatbestands aufgibt.[991] Es reicht danach ein Abstandnehmen von der konkreten Tat, wie sie im Rahmen des einschlägigen Tatbestandes durch das Tatobjekt, die reale Tatsituation und das angestrebte Tatziel gekennzeichnet ist. Unbeachtlich ist danach, ob sich der Täter vorbehält, die Tat zu einem anderen Zeitpunkt erneut zu versuchen. Ein Rücktritt ist allerdings dann ausgeschlossen, wenn der Täter sich Fortsetzungsakte vorbehält, die mit der ursprünglichen Angriffsweise auf das geschützte Rechtsgut in einem einheitlichen Lebenszusammenhang stehen.

Stellungnahme

1038 Zwar spricht für die M.M., dass der Täter nicht auf den Boden der Rechtsordnung zurückkehrt, wenn er die Tat nur aufschiebt. Jedoch spricht entscheidend gegen diese Meinung, dass dem Täter, der sich einen erneuten Versuch vorbehält, nur vorgeworfen werden kann, eine neue Tat zu planen, nicht aber, dass er die aktuelle Tat nicht aufgegeben habe. Der reine Vorbehalt, zu einem späteren Zeitpunkt eine Tat zu begehen, ist noch kein strafbares Unrecht und hindert deshalb auch nicht den Rücktritt von der aktuellen Tat.

---

989 BGHSt 31, 170, 171

990 BGHSt, 21, 319, 321; 9, 48, 52; Hruschka, JZ 1969, 495, 498

991 BGHSt 39, 221, 230; 33, 142, 145; Fischer, StGB, § 24 Rn 26; Frister, AT, Rn 24/22

BEISPIEL: O, der eine Sammlung wertvoller Gemälde in seiner Wohnung hat, ist für mehrere Wochen in Urlaub gefahren. T hat davon erfahren und beabsichtigt, einige Gemälde zu entwenden. Am Samstagnachmittag versucht er, in die Wohnung des O einzubrechen. Dabei merkt er, dass seine Wahl des mitgebrachten Werkzeuges nicht eben glücklich war. Zwar könnte er damit die Wohnungstür öffnen, dies würde jedoch wesentlich mehr Zeit in Anspruch nehmen als mit dem richtigen Werkzeug. T packt seine Sachen zusammen und beschließt, sich in den nächsten Tagen nach geeignetem Werkzeug umzusehen und dann gegebenenfalls wiederzukommen. Hierzu kommt es jedoch nicht, da T zuvor verhaftet wird. **1039**

Nach der M.M. würde ein Rücktritt ausscheiden. Nach der h.M. würde ein mehrere Tage später erfolgender Einbruch mit dem Versuch des T am Samstag nicht mehr in einem einheitlichen Lebenszusammenhang stehen. Folglich wäre T strafbefreiend zurückgetreten.

(3) Erreichung des außertatbestandlichen Handlungsziels

Fraglich ist, ob ein Rücktritt vom unbeendeten Versuch, § 24 I 1 1. HS StGB, möglich **1040** Eventualvorsatz
ist, wenn der Täter durch seine bisherigen Aktionen den tatbestandlichen Erfolg zwar noch nicht herbeigeführt hat und auch davon absieht, diesen Erfolg durch andere mögliche Handlungen zu verwirklichen, dies für ihn aber auch nicht mehr sinnvoll ist, weil er sein eigentliches, aber außertatbestandliches Ziel bereits erreicht hat. Das außertatbestandliche Ziel kann z.B. darin liegen, einen anderen von der Flucht abzuhalten, ihn kampfunfähig zu machen oder ihm einen Denkzettel zu verpassen. Es kommt dem Täter in diesen Fällen nur darauf an, diese Ziele zu erreichen, bezüglich des tatbestandsmäßigen Erfolges handelt er dagegen nur mit Eventualvorsatz.

Nach der **Einzelaktstheorie** stellt sich die Frage nach einem Rücktritt gar nicht, weil **1041** Einzelaktstheorie
nach dieser Ansicht bereits nach dem (bzgl. der Tatbestandsverwirklichung erfolglosen) Einsatz des ersten Tatmittels ein fehlgeschlagener Versuch vorliegt.

Das Problem des Rücktritts nach Erreichung des außertatbestandlichen Handlungs- **1042** Gesamtbetrachtungslehren
ziels wird mithin nur innerhalb der **Gesamtbetrachtungslehren** relevant.

Teilweise wird in derartigen Fällen ein Rücktritt vom Versuch verneint, weil der Täter **1043** Zweckerreichungstheorie
nur deswegen von weiteren Ausführungshandlungen absehe, weil er sein Tatziel erreicht habe. Ihm könne nicht zugute gehalten werden, dass er etwas unterlassen habe, was er nie (primär) gewollt habe. Wer sich mit der Verwirklichung seiner Ziele begnüge, der trete von nichts zurück.[992]

Dem folgt die h.M. nicht.[993] Der Täter müsse gem. § 24 I 1 1. HS StGB bloß die weitere **1044** H.M.
Ausführung seiner Tat aufgeben. Auf außerhalb des gesetzlichen Tatbestands liegende Ziele komme es nicht an.

---

992 *Lackner/Kühl, StGB, § 24 Rn 12; Heinrich, AT, Rn 837; Roxin, AT II, § 30 Rn 58 ff.; Puppe, NStZ 1986, 14, 17*

993 *BGHSt (GrS) 39, 221, 230 ff.; BGH, NStZ 2014, 450, 451; Fischer, StGB, § 24 Rn 9; Krey/Esser, AT, Rn 1293; Rengier, AT, § 37 Rn 62; Wessels/Beulke/Satzger, AT, Rn 1048; Hecker, JuS 2020, 368, 370*

Stellungnahme

1045 Für die h.M. spricht zunächst, dass die primären Ziele des Täters (z.B. einen Denkzettel verpassen) keine Merkmale des mit bloßem Eventualvorsatz verwirklichten Delikts darstellen. Nur von diesem Delikt muss der Täter aber zurücktreten, um Straffreiheit zu erlangen. Weiterhin würde die M.M. zu dem unhaltbaren Ergebnis führen, dass derjenige Täter, der hinsichtlich des Primärziels ebenfalls mit Absicht handelt besser stehen würde als derjenige Täter, der nur mit Eventualvorsatz handelt. Für die Privilegierung des sogar mit Absicht handelnden Täters besteht jedoch keinerlei Anlass.

Denkzettel-Fälle

1046 **BEISPIEL:** B hat versucht, dem R die Freundin auszuspannen. Mit Eventualtötungsvorsatz schlägt R auf den körperlich unterlegenen B ein, um ihm eine Lektion zu erteilen. Als er dem B mehrere Zähne ausgeschlagen und die Nase gebrochen hat, meint R, dass B seine Lektion nun gelernt habe und lässt von B ab. B überlebt.

Nach der Zweckerreichungstheorie scheidet ein Rücktritt aus, weil R sein primäres Ziel, B einen Denkzettel zu verpassen, erreicht hat. Deshalb liege kein Aufgeben der weiteren Tatausführung vor. Nach der h.M. hat R die weitere Ausführung des Tötungsdelikts aufgegeben, weshalb ein Rücktritt vom versuchten Tötungsdelikt vorliegt.

1047 **KLAUSURHINWEIS**

Es bietet sich an, das Problem im Rahmen der Rücktrittsanforderungen zu prüfen. In der Regel wird (wie auch im Beispiel) ein unbeendeter (Tötungs-) Versuch vorliegen. Von diesem tritt der Täter gem. § 24 I 1 1. HS StGB zurück, indem er die weitere Ausführung der Tat aufgibt. Fraglich ist dann, ob der Täter seine Tat „aufgegeben" hat, weil man ja sagen könnte, dass er sein primäres Ziel erreicht hat.[994] Von einer nochmaligen Behandlung des gleichen Problems im Prüfungspunkt der Freiwilligkeit[995] ist abzuraten.

(4) Misslungener Rücktritt/Der „subjektiv unbeendete Versuch"

Subjektiv unbeendeter Versuch

1048 Sofern der Täter die aus seiner Sicht erforderliche Rücktrittshandlung vornimmt und der Erfolg in zurechenbarer Weise dennoch eintritt, ist streitig, ob ein strafbefreiender Rücktritt vorliegt. Nach h.M. liegt schon gar kein rücktrittsfähiger Versuch, sondern eine vollendete Tat vor, von der schon deshalb nicht mehr zurückgetreten werden könne.[996]

1049 Nach der Gegenauffassung hat der Wegfall des Tötungsvorsatzes vor Vollendungseintritt die Folge, dass sich die Tat noch im Stadium eines aus der Sicht des Täters (also subjektiv) unbeendeten Versuchs befunden habe. Von diesem könne der Täter durch schlichtes Abstandnehmen zurücktreten. In Betracht komme allerdings eine Strafbarkeit wegen fahrlässiger Tatbegehung.[997]

---

994 *Kühl, AT, § 16 Rn 41; Schall, JuS 1990, 623, 630; Klausur mit schöner Variante des Problems bei Brand/Zivanic, JA 2016, 667*

995 *So Beckemper, JA 2003, 203, 207*

996 *Roxin, AT II, § 30 Rn 116; Wessels/Beulke/Satzger, AT, Rn 1062; Otto, JURA 2001, 341, 344*

997 *S/S-Eser/Bosch, StGB, § 24 Rn 24 (bis zur 28. Aufl.); Jakobs, AT, 26/13*

Für die h.M. spricht, dass der Vorsatz nicht bei Erfolgseintritt, sondern bei Vornahme der Tathandlung vorliegen muss. Sofern der Erfolgseintritt nicht auf einem atypischen Kausalverlauf beruht, liegt eine vollendete Tat vor, von der es schon kraft Gesetzes keinen Rücktritt mehr geben kann. 1050 Stellungnahme

Hieraus folgt ein wichtiger Grundsatz:

MERKSATZ 1051 Risiko des Erfolgseintritts

Beim Begehungsdelikt trägt der Täter das **Risiko des Erfolgseintritts**.[998]

Erfolglose Rücktrittsbemühungen können allenfalls im Bereich der Strafzumessung zugunsten des Täters berücksichtigt werden. 1052

BEISPIEL: T will O mit einem Taschenmesser erstechen. Wegen der kleinen Klinge geht er davon aus, mehrfach zustechen zu müssen, um den Tod herbeizuführen. Schon nach dem ersten Stich besinnt sich T und lässt von O ab. Dabei meint er, sein Stich könne nicht tödlich gewesen sein. Zu seinem Entsetzen verstirbt O dennoch.

Nach der M.M. liegt ein subjektiv unbeendeter Versuch vor, von dem T durch die bloße Aufgabe der weiteren Tatausführung zurückgetreten ist. Möglich ist nach dieser Meinung nur eine Bestrafung wegen Körperverletzung mit Todesfolge, § 227 StGB. Nach h.M. ist T gem. §§ 212, 211 StGB zu bestrafen.

KLAUSURHINWEIS 1053

Es fällt überaus schwer, für dieses Problem einen Prüfungspunkt im Prüfungsschema vorzuschlagen. Man könnte an den Vorsatz denken, da die M.M. ja mit dem fehlenden Vorsatz im Vollendungszeitpunkt argumentiert. Jedoch dürfte es unzulässig sein, im Prüfungspunkt des Vorsatzes auf einen Rücktritt zu sprechen zu kommen. Deswegen wird empfohlen, das Problem im Rahmen einer Vollendungsprüfung nach der Schuld als „Rücktritt gem. § 24 I 1 1. Fall StGB analog" anzusprechen.

bb) Rücktritt vom beendeten Versuch, § 24 I 1 2. HS StGB

(1) Grundlagen

Vom unbeendeten Versuch kann der Täter durch bloßes Aufhören zurücktreten. 1054 Vollendungsverhinderung
Jedoch gibt es auch Fälle, in denen das bloße Aufgeben der weiteren Tatausführung für einen Rücktritt nicht ausreicht. Das Gesetz verlangt in diesem Fall, dass der Täter die Vollendung der Tat verhindert, § 24 I 1 2. HS StGB.

Für derartige Fälle ist die Bezeichnung als beendeter Versuch üblich. Beendeter Versuch

998 *Roxin, AT II, § 29 Rn 67; § 30 Rn 115 ff.; a.A. Gropp, AT, § 9 Rn 62 ff.*

1055 **DEFINITION**

Ein **Versuch** ist **beendet**, wenn der Täter nach seiner Vorstellung von der Tat bereits alles zur Herbeiführung des Erfolgs Notwendige getan hat.[999]

1056 **MERKSATZ**

Vom beendeten Versuch kann man nur durch aktive Gegenmaßnahmen zurücktreten. Das bloße Unterlassen weiterer Ausführungshandlungen genügt nicht.

1057 **BEISPIEL:** T will O durch ein langsam wirkendes Gift töten. Nachdem er dem O die für tödliche gehaltene Dosis verabreicht hat, besinnt sich T und will nun den Tod des O nicht mehr.

Im Beispiel kann es im Unterschied zum Fall des unbeendeten Versuchs nicht genügen, dass T die Verabreichung von Gift in der Zukunft unterlässt, da er dem O bereits die von ihm für tödlich gehaltene Dosis verabreicht hat. Einen Rücktritt kann es nunmehr nur geben, wenn der Täter z.B. durch die Verabreichung eines Gegengifts aktiv zur Erfolgsverhinderung beiträgt.

Sonderfälle des beendeten Versuchs

1058 Der Täter muss jedoch nicht stets die sichere Vorstellung haben, alles zur Herbeiführung des Erfolgseintritts Erforderliche getan zu haben. Mithin stellt sich die Frage, wie Fälle zu behandeln sind, in denen sich die Tätervorstellung in den Grauzonen der obigen Definitionen bewegt. So hat der BGH einen beendeten Versuch auch dann angenommen, wenn sich der Täter bei der Aufgabe der weiteren Tatausführung **keine Vorstellungen** über die Folgen seines Tuns macht, insoweit also eine „gedankliche Indifferenz“ (Gleichgültigkeit) des Täters vorliegt.[1000] Kann diese Indifferenz nicht festgestellt werden und gibt es Hinweise sowohl für einen beendeten als auch für einen unbeendeten Versuch, ist „in dubio pro reo“ von einem unbeendeten Versuch auszugehen.[1001] Weiterhin ist in den Fällen von einem schon beendeten Versuch auszugehen, in denen der Täter aufgrund der konkreten Tatsituation die reale Möglichkeit des Erfolgseintritts weder ausschließt noch ausschließen kann, er also die – nahe liegende – Möglichkeit des Erfolgseintritts erkannt hat.[1002]

Subjektiver Maßstab

1059 **MERKSATZ**

Wie beim Fehlschlag bestimmt sich die Frage nach dem Vorliegen eines beendeten oder unbeendeten Versuchs allein subjektiv nach der Vorstellung des Täters von der Tat.[1003]

Hat ein Täter sein Opfer zunächst mit Tötungsvorsatz und anschließend „lediglich“ noch mit Körperverletzungsvorsatz verletzt, bestimmt sich die Abgrenzung zwischen unbeendetem und beendetem Versuch des Tötungsdelikts nach dem Vorstellungsbild des Täters nach dem Abschluss der letzten von Tötungsvorsatz getragenen Ausführungshandlung (sog. **Rücktrittshorizont**).[1004]

---

999 S/S-Eser/Bosch, StGB, § 24 Rn 14; Roxin, AT II, § 29 Rn 98
1000 BGHSt 40, 304, 306; BGH, NStZ-RR 2018, 137, 138
1001 BGH, NStZ 2013, 703, 704
1002 BGHSt 39, 221, 227; BGH, StV 2005, 386, 387; Otto, JK 12/05, StGB § 24/34
1003 BGHSt 31, 170, 171; BGH, NStZ 2007, 634, 634 f.; S/S-Eser/Bosch, StGB, § 24 Rn 14
1004 BGH, JuS 2017, 696, 697 = RA 2017, 101, 102 f.

KLAUSURHINWEIS

Vor allem in der Rechtsprechung des BGH ist es üblich, direkt mit den Begriffen beendeter und unbeendeter Versuch zu arbeiten. Verbreitet wird von Prüfern jedoch verlangt, dass sich die Prüfung der Rücktrittsanforderungen im Gutachten am Wortlaut des Gesetzes zu orientieren habe und nicht an den Begriffen des (un-)beendeten Versuchs. Diese Bezeichnungen trügen keine unmittelbare Sachaussage in sich, sondern seien lediglich eine präzise Kennzeichnung der beiden gesetzlichen Rücktrittsmöglichkeiten.[1005] **1060**

(2) „Halbherziger" Rücktritt

Im Rahmen der Rücktrittsanforderungen des § 24 I 1 2. HS StGB stellt sich die Frage, ob der Täter unter mehreren Möglichkeiten der Erfolgsverhinderung die sicherste oder „optimale" wählen muss. **1061**

Nach einer Auffassung liegt eine Verhinderung der Vollendung nur dann vor, wenn der Täter die bestmöglichen Rettungsmaßnahmen ergreife und dadurch den Erfolgseintritt verhindere.[1006] Für diese **Bestleistungstheorie** wird ins Feld geführt, dass derjenige, der lediglich eine unsichere Rettungsmaßnahme ergreife, den Erfolgseintritt weiterhin für möglich halten und folglich auch billigend in Kauf nehmen müsse. Der mithin weiterhin vorliegende Eventualvorsatz könne nicht gleichzeitig eine Rücktrittshandlung darstellen. **1062** Bestleistungstheorie

Nach der Gegenauffassung ist eine Verhinderung der Vollendung bereits dann gegeben, wenn der Täter eine neue Kausalkette in Gang setze, die für die Nichtvollendung der Tat wenigstens mitursächlich werde. Ob der Täter bessere oder sicherere Maßnahmen zur Erfolgsabwendung hätte ergreifen können, sei ohne Belang.[1007] Diese **Chanceneröffnungstheorie** wird damit begründet, dass es für das Opfer günstiger sei, wenn der Täter wenigstens irgendwelche Rettungsmaßnahmen einleite, anstatt sie vollständig zu unterlassen. **1063** H.M.: Chanceneröffnungstheorie

Zwar spricht für die Bestleistungstheorie, dass der Täter nur dann vollends in die Legalität zurückkehrt, wenn er optimale Rettungsbemühungen unternimmt, jedoch kann dieses Erfordernis dem Gesetzeswortlaut nicht entnommen werden. Ein „ernsthaftes" Bemühen wird vom Alleintäter nur im Fall des § 24 I 2 StGB verlangt, also wenn die Tat ohne Zutun des Täters nicht vollendet wird. Im hier einschlägigen § 24 I 1 2. HS StGB wird vom Täter jedoch bloß die Verhinderung der Vollendung verlangt. Weitere Rücktrittsanforderungen aus § 24 I 2 StGB in § 24 I 1 StGB hineinzulesen liefe auf eine Analogie zu Lasten des Täters hinaus. **1064** Stellungnahme

In dieser unterschiedlichen Behandlung der Rücktrittsanforderungen von Satz 1 einerseits und Satz 2 andererseits liegt auch kein Wertungswiderspruch.[1008] Hat der „Realitätstest" gezeigt, dass der Täter den Erfolg verhindert hat, so muss dies stets für einen strafbefreienden Rücktritt genügen. So gesehen gibt die Verhinderung

---

1005 *Otto, JK 12/05, StGB § 24/34; Putzke, ZJS 2013, 620, 621 f.; a.A. Herzberg, NJW 1988, 1559, 1562 f.*

1006 *BGHSt 31, 46, 49; Frister, AT, Rn 24/45; Krey/Esser, AT, Rn 1314; Ladiges/Glückert, JURA 2011, 552, 557*

1007 *BGH, NJW 2019, 3659, 3661 = RA 2019, 661, 664 (Teilrücktritt vom Versuch der Erfolgsqualifikation); BGH, NStZ-RR 2019, 171, 172 = RA 2019, 325, 328: NJW 2018, 2908, 2909 = RA 2018, 553, 555; S/S-Eser/Bosch, StGB, § 24 Rn 59c; Wessels/Beulke/Satzger, AT, Rn 1059; Hoven, JuS 2013, 403, 405; Kühl/Kneba, JA 2011, 426, 428*

1008 *So aber Roxin, JR 1986, 424, 427*

des Erfolgs dem Täter Recht. Gibt es den „Test an der Realität" hingegen nicht, weil die Tathandlung untauglich oder die Rücktrittshandlung nicht ursächlich ist, so müssen normative Kriterien gefunden werden, nach denen dem Täter dennoch der Rücktritt gestattet werden kann. Dieses normative Kriterium ist dasjenige der „Ernsthaftigkeit".

Geisterfahrer-Fall

1065 **BEISPIEL** (nach BGH, NStZ 2006, 503, „Geisterfahrer-Fall"): T will Selbstmord begehen und fährt deshalb nachts entgegen der Fahrtrichtung auf die Autobahn, um als „Geisterfahrer" einen Frontalzusammenstoß mit einem anderen Fahrzeug zu verursachen. Dass dabei die Insassen des anderen Fahrzeugs getötet werden könnten, nimmt er billigend in Kauf. Um von entgegenkommenden Fahrzeugen nicht frühzeitig entdeckt zu werden, schaltet er zusätzlich die Scheinwerfer aus. Als ihm O in seinem Wagen entgegenkommt, gibt T seine Selbstmordabsicht auf und schaltet kurz vor der Kollision seine Scheinwerfer wieder ein, um O auf sich aufmerksam zu machen. O kann den Zusammenstoß nicht mehr verhindern, erreicht aber durch ein Lenkmanöver, dass der Zusammenstoß nur auf den Beifahrerseiten stattfindet. T und O überleben den Unfall mit schweren Verletzungen. Hätte T das Licht nicht eingeschaltet wäre O bei einem Frontalzusammenstoß ums Leben gekommen. Hätte T zusätzlich gebremst und Ausweichbewegungen gemacht, wäre der Unfall vollständig vermieden worden.

Fraglich ist, ob T i.S.d. § 24 I 1 2. HS StGB freiwillig die Vollendung der Tat verhindert hat. Nach der Bestleistungstheorie wäre das abzulehnen, weil T nicht die sicherste Rettungsmöglichkeit gewählt hat. Nach der Chanceneröffnungstheorie wäre T demgegenüber vom versuchten Mord[1009] zurückgetreten.

1066 **MERKSATZ**

Gelingt dem Täter die Verhinderung des Erfolges, so liegt nach h.M. auch dann ein Rücktritt vor, wenn er nicht die bestmögliche Rücktrittshandlung vorgenommen hat. Demgegenüber kann er in den Fällen des § 24 I 2 und des § 24 II 2 StGB nur durch die bestmöglichen Bemühungen (vgl. Wortlaut „ernsthaft") zurücktreten.

Rücktrittswille

1067 Dies gilt jedoch nur, wenn der Täter mit **Rücktrittswillen** gehandelt hat, er die in Gang gesetzte Kausalkette also bewusst und gewollt unterbrochen hat. Die rein zufällige Rettung des Opfers durch eine Handlung des Täters, die nicht von einem Rücktrittswillen getragen war, genügt also nicht.[1010]

antizipiert = vorweggenommen

(3) Antizipierter Rücktritt

1068 Es ist denkbar, dass der Täter bereits vor dem Versuchsbeginn Maßnahmen ergreift, die später die Vollendung der Tat verhindern. Fraglich ist, ob dies als Vollendungsverhinderung i.S.d. § 24 I 1 2. HS StGB und mithin als Rücktritt zu werten ist.

1009 *Zum Mordmerkmal der Heimtücke vgl. BGH, NStZ 2006, 503, 504*

1010 *S/S-Eser/Bosch, StGB, § 24 Rn 59. Weitergehend wohl BGH, 4 StR 514/18, RA 2019, 325, 328, wonach Verschleierungsbemühungen einen Rücktritt nur ausschließen sollen, wenn die Tatvollendung im Rahmen der Verschleierungshandlung lediglich aus Versehen verhindert werde; ablehnend Jäger, JA 2019, 629, 630.*

BEISPIEL (nach MK-Herzberg, StGB, § 24 Rn 165): A will bei einem Pistolenduell im Rahmen der vereinbarten Regeln seinen Gegner B mit einem einzigen Schuss töten. Er hat aber vorher dafür gesorgt, dass nach dem Schießen ein befreundeter Arzt auf dem Kampfplatz tödliche Folgen, wem immer sie drohen, möglichst abwendet. Sein Schuss verletzt B lebensgefährlich. Dem Arzt gelingt jedoch die Rettung des B. Ist A strafbefreiend vom Tötungsversuch zurückgetreten?

Zur Lösung des Beispiels ist es hilfreich, sich vor Augen zu führen, dass A zumindest **1069** nach den Gesamtbetrachtungslehren zurückgetreten wäre, wenn er den Arzt erst nach dem Schuss herbeigeholt hätte und dieser dann das Leben des B gerettet hätte. Es will nicht einleuchten, warum A im Beispiel dann schlechter stehen soll, da er die Rettungschancen durch das vorherige Herbeirufen des Arztes sogar noch erhöht hat.[1011] In einem vergleichbaren Fall hat der BGH deshalb im Ergebnis zutreffend einen strafbefreienden Rücktritt angenommen.[1012]

cc) Der korrigierte Rücktrittshorizont

Fraglich ist, wie die Fälle zu behandeln sind, in denen der Täter unmittelbar nach der **1070** Beendeter oder unbeendeter Versuch
Tatausführung den Versuch zunächst für beendet (oder unbeendet) hält und unmittelbar danach erkennt, dass er sich geirrt hat und der Versuch unbeendet (oder beendet) ist.
Nach der Einzelaktstheorie liegt in diesem Fall ein nicht mehr rücktrittsfähiger (u.U. fehlgeschlagener) Versuch vor. Nach der Tatplantheorie kommt es alleine darauf an, ob der Täter bei Tatbeginn vorhatte, weitere Tathandlungen vorzunehmen, oder nicht.

1071 Natürliche Handlungseinheit

Die herrschende Lehre vom Rücktrittshorizont stellt auch für die Frage, ob ein Versuch beendet oder unbeendet ist, auf die Vorstellung des Täters nach der letzten Ausführungshandlung ab.[1013] Sofern sich also weitere Tathandlungen des Täters in Verbindung mit den bisherigen Tathandlungen als natürliche Handlungseinheit darstellen würden, kann der Täter nach dieser Ansicht seine Einschätzung zur Frage, ob der Versuch beendet oder unbeendet ist, korrigieren.[1014]

BEISPIEL 1 (nach BGHSt 36, 224, „Ich-lebe-noch-Fall"): A hatte auf den Z mit einem Messer **1072** **Ich-lebe-noch-Fall**
eingestochen, um ihn zu töten. Schließlich ließ er von Z ab und rief: „Jetzt bist Du erledigt". Er war der Meinung, er habe Z tödlich verletzt. Z erwiderte jedoch: „Ich lebe noch, ich rufe die Polizei". Er wandte sich ab und lief davon. A verfolgte den Z nicht, obwohl er erkannte, dass dieser nicht lebensgefährlich verletzt war.

In Beispiel 1 liegt nach der Einzelaktstheorie ein Fehlschlag vor. Nach der Tatplantheorie ist ein Fehlschlag gegeben, falls A alle vorher geplanten Stiche ausgeführt hat. Nach der Lehre vom Rücktrittshorizont liegt ein einheitliches Gesamtgeschehen vor. Der erste Eindruck eines beendeten Versuchs („Jetzt bist Du erledigt!") sei zu einem unbeendeten Versuch korrigiert worden. Hiervon konnte A durch bloßes Aufhören zurücktreten.

1011 *Insoweit zutreffend Scheinfeld, JuS 2006, 397, 398*
1012 *BGH, NStZ 1999, 238, 238 f.; a.A. Scheinfeld, JuS 2006, 397, 400*
1013 *BGH, NStZ 2010, 146, 146; NStZ-RR 2009, 42, 42*
1014 *BGH, JuS 2020, 465, 466; 2 StR 312/18 = RA-Telegramm 2019, 58*

Flugsuizid-Fall

1073 **BEISPIEL 2** (nach BGH, NStZ 2015, 26, „Flugsuizid-Fall"): Flugschüler T greift den Fluglehrer O mit Schlägen gegen den Kopf mittels eines 1 kg schweren Amethysten an. T wollte O ausschalten, dann das Flugzeug mittels Sturzfluges zum Absturz bringen, um seinen Suizid als einen „aufsehenerregenden Flugunfall" zu inszenieren. Als das Flugzeug bereits im Sturzflug war, konnte O die Maschine gerade noch vor dem Boden wieder hochziehen und so den Absturz verhindern. T saß während der Rettungstat schweigend neben O, griff ihn nicht mehr mit dem Stein an und griff auch nicht mehr nach dem Steuerknüppel.

Nach der Einzelaktstheorie liegt sogar ein fehlgeschlagener Versuch vor, der den Rücktritt ausschließt. Nach der Tatplantheorie und nach der Lehre vom Rücktrittshorizont hätten die Schläge und der Absturzversuch insgesamt aufgrund natürlicher Handlungseinheit (bzw. aufgrund der vorherigen Planung) nur ein Tötungsdelikt dargestellt. Mithin konnte T nach der Lehre vom Rücktrittshorizont seine Vorstellung von der Tat vom beendeten zum unbeendeten korrigieren und durch das Absehen von weiterer Tatausführung strafbefreiend vom Versuch zurücktreten.[1015]

Korrektur zum Nachteil des Täters

1074 Diese **Korrektur des Rücktrittshorizonts** kann sich jedoch auch zum Nachteil des Täters auswirken, wenn er glaubt, noch nicht alles zur Tatbestandsverwirklichung Erforderliche getan zu haben, dann aber unmittelbar darauf in engstem räumlichen und zeitlichen Zusammenhang erkennt, dass dies doch der Fall ist. In diesem Fall liegt ein beendeter Versuch vor.[1016]

Mehrfache Korrektur des Rücktrittshorizonts

Inzwischen hat der BGH entschieden, dass auch eine mehrfache Korrektur des Rücktrittshorizonts in Betracht kommt. Auch in diesem Fall ist zur Bestimmung der notwendigen Rücktrittshandlung der letzte Eindruck des Täters maßgebend.[1017]

Enger zeitlicher Zusammenhang

1075 Es versteht sich von selbst, dass eine derartige Korrektur des Rücktrittshorizonts nur im engen zeitlichen Zusammenhang mit der letzten Ausführungshandlung möglich ist. Würde T im obigen Beispiel den Tatort verlassen und den O drei Stunden später treffen, als dieser das Krankenhaus verlässt, und erst jetzt erkennen, dass O nicht tödlich verletzt wurde, käme eine Korrektur seines Rücktrittshorizonts nicht in Frage.[1018]

1076 Hiervon zu unterscheiden ist der folgende Fall:

Erstmaliger Rücktrittshorizont

BEISPIEL 3 (nach BGH, HRRS 2011 Nr. 803): Täter T glaubt, er habe seine Frau F getötet und ruft die Polizei an, um sich zu stellen. Während des Telefonats bemerkt er, dass F noch lebt, und fordert, bald einen Arzt zu schicken, sonst werde F verbluten. Der Notarzt kann das Leben der F retten.

Hier darf begrifflich nicht von einem „korrigierten" Rücktrittshorizont gesprochen werden, da sich bei T im Zeitpunkt, als er erkennt, dass F noch lebt, erstmals ein Rücktrittshorizont bildet. Für die Prüfung des Rücktritts an sich begründet dies

---

1015 BGH, NStZ 2015, 26, 27 = RA 2015, 157, 160, verwies im Originalfall zur weiteren Sachverhaltsaufklärung an das Tatgericht zurück.

1016 BGH, JuS 2018, 914, 916; NStZ 2010, 146, 146; kritisch Otto, JURA 2001, 341, 345

1017 BGH, JuS 2012, 947, 949

1018 Weiteres Beispiel für den umgekehrten Fall bei Heinrich, AT, Rn 834. Insgesamt überaus sehr kritisch zu einer sehr täterfreundlichen Auslegung durch den BGH: Jäger, NStZ 2017, 460 ff.

aber keinen Unterschied; es muss lediglich in der Begriffsbildung aufgepasst werden. T ist gem. § 24 I 1 2. Alt. StGB zurückgetreten.

dd) Der Rücktritt nach § 24 I 2 StGB

1077 Beendeter Versuch

Über die genannten Fälle des Rücktritts nach § 24 I 1 StGB hinaus lässt § 24 I 2 StGB den Rücktritt vom beendeten Versuch zu, wenn die Tat „ohne Zutun des Zurücktretenden nicht vollendet" wird, er sich jedoch „freiwillig und ernsthaft bemüht" hat, die Vollendung zu verhindern.

1078 Ernsthaftes Bemühen

DEFINITION

Ein **ernsthaftes Bemühen** ist gegeben, wenn der Täter alles tut, was in seinen Kräften steht und nach seiner Überzeugung zur Erfolgsabwendung erforderlich ist, und wenn er die aus seiner Sicht ausreichenden Verhinderungsmöglichkeiten ausschöpft, wobei sich der Täter auch eines Dritten bedienen kann. Wenn ein Menschenleben auf dem Spiel steht, sind insoweit hohe Anforderungen zu stellen.[1019]

1079 In dubio pro reo

Dabei ist es grundsätzlich zulässig, auch hinsichtlich der Rücktrittsvoraussetzungen auf den Zweifelssatz zurückzugreifen. Dies setzt aber voraus, dass bei einer Gesamtbeurteilung der Beweistatsachen eindeutige Feststellungen nicht möglich sind, denn es ist weder im Hinblick auf den Zweifelssatz noch sonst geboten, zu Gunsten des Angeklagten Tatvarianten zu unterstellen, für deren Vorliegen keine konkreten Anhaltspunkte erbracht sind.

1080

BEISPIEL 1 (nach BGH, NStZ 2008, 508): T sticht seine Ehefrau E mit Tötungsvorsatz nieder. Danach geht er zur Polizei und gesteht die Tat. Dabei nennt er jedoch einen falschen Namen und macht keine weiteren Angaben zur Tat. E wurde in der Zwischenzeit durch den Notarzt gerettet, der von Nachbarn herbeigerufen wurde.

Selbst wenn T, wovon das Tatgericht im Originalfall zu seinen Gunsten ausgegangen ist, die Polizeiwache aufgesucht hat, um hierdurch auch die schnelle Hilfe für E zu veranlassen, liegt jedenfalls deshalb kein Rücktritt vor, weil er die Verhinderungsmöglichkeiten nicht ausgeschöpft hat. Die der Polizei mitgeteilten Informationen waren – auch aus der Sicht des Angeklagten – nicht geeignet, die sofortige Einleitung der notwendigen Rettungsmaßnahmen zu ermöglichen.[1020]

1081 Nicht kausale Rücktrittshandlung

§ 24 I 2 StGB erfasst zunächst die Fälle einer nicht kausalen Rücktrittshandlung, in denen der Erfolg ausbleibt.[1021] In diesem Fall könnte der Gesetzgeber das Risiko, dass die Rettungshandlung zu spät erfolgt, weil eine andere Rettungshandlung das Opfer früher erreicht, dem Täter aufbürden. Dies würde jedoch die Gefahr in sich bergen, dass der Täter eine Rettungshandlung unterlässt, weil er befürchtet, dass ihre Vornahme ihm keinen Nutzen mehr bringt. Dies würde jedoch dem intendierten Opferschutz zuwiderlaufen.

1019 BGHSt 33, 295, 302; 31, 46, 49; BGH, NStZ 2008, 508, 509; Wessels/Beulke/Satzger, AT, Rn 1061

1020 BGH, NStZ 2008, 508, 509

1021 Heinrich, AT, Rn 797, spricht vom „unerkannt fehlgeschlagenen Versuch"

1082 **BEISPIEL 2:** T hat auf O mit Tötungsvorsatz geschossen. O ist schwer verletzt. T besinnt sich und rennt zur nächsten Telefonzelle, um einen Notarzt zu verständigen. In der Zwischenzeit ruft O selbst mit letzter Kraft über sein Handy den Notarzt N herbei. N kann das Leben des O retten.

Der Anruf des T ist für die Rettung des O nicht ursächlich geworden, weil N durch den zeitlich früheren Anruf des O herbeigerufen wurde. Jedoch hat T mit dem Anruf des Notarztes die bestmögliche Rettungsmaßnahme ergriffen und sich deshalb i.S.d. § 24 I 2 StGB ernsthaft um die Vollendungsverhinderung bemüht. Folglich ist T im Beispiel strafbefreiend zurückgetreten.

Untauglicher Versuch

1083 § 24 I 2 StGB kommt darüber hinaus bei untauglichen Versuchen zur Anwendung.

BEISPIEL 3: S besorgt sich von seinem Bekannten B angeblich tödliches Gift und das entsprechende Gegengift. B gibt dem S jedoch nur rot und blau gefärbte Kochsalzlösung. In der Vorstellung, es handele sich um tödliches Gift, injiziert S dem P die rote Kochsalzlösung. Als ihm seine Tat plötzlich leidtut, injiziert er dem P die blaue Kochsalzlösung in der Vorstellung, es sei das Gegengift. P war niemals ernsthaft in Gefahr.

Die Injizierung der roten Kochsalzlösung stellt einen untauglichen Totschlagsversuch durch ein untaugliches Mittel dar. Da P niemals ernsthaft in Gefahr war, hat P „ohne Zutun" des S überlebt. Auch in diesem Fall kann S dennoch nach § 24 I 2 StGB zurücktreten, weil er sich durch die Injizierung des vermeintlichen Gegengiftes freiwillig und ernsthaft bemüht hat.

1084 **MERKSATZ**

Der Rücktritt nach § 24 I 2 StGB erfasst den Fall einer nicht ursächlichen Rettungshandlung und den Fall des Rücktritts vom untauglichen Versuch.[1022]

Erkannte Untauglichkeit

1085 Der Rücktritt scheidet aus, wenn der Täter die Untauglichkeit seines Versuchs erkannt hat. In diesem Fall ist der Versuch fehlgeschlagen[1023] (vgl. hierzu die obigen Ausführungen zum fehlgeschlagenen Versuch).

Nicht zurechenbarer Erfolgseintritt

1085a § 24 I 2 StGB ist jedoch nicht auf Fälle beschränkt, in denen die Vollendung mangels tatbestandsmäßigen Erfolges ausbleibt. Die Vorschrift ist vielmehr auch dann anwendbar, wenn zwar ein tatbestandsmäßiger Erfolg eintritt, dieser jedoch nicht kausal bzw. nicht objektiv zurechenbar auf die Angriffshandlung des Täters zurückgeführt werden kann.

BEISPIEL 4 (nach BGH, JA 2016, 950): E erleidet einen Herzinfarkt und liegt bewusstlos am Boden. F kommt hinzu und würgt E mit einem Schal, um ihn „sicher" zu töten. Schließlich besinnt sich F und rennt zu Nachbarn, um Hilfe zu holen. In dieser Zeit stirbt E. Das Würgen hat sich auf den Sterbeprozess nicht ausgewirkt.

1022 *Fischer, StGB, § 24 Rn 36*
1023 *S/S-Eser/Bosch, StGB, § 24 Rn 72*

Der Erfolg ist in einer F nicht zurechenbaren Weise eingetreten, sodass ihre Tat (Erwürgen) ohne ihr Zutun nicht vollendet wurde. Von diesem untauglichen Versuch ist ein Rücktritt nach § 24 I 2 StGB durch ernsthaftes Bemühen noch möglich.[1024]

b) Rücktritt bei mehreren Tatbeteiligten, § 24 II StGB

§ 24 II StGB regelt den Rücktritt bei mehreren Tatbeteiligten.[1025] Der Begriff des Beteiligten ist in § 28 II StGB definiert. Demnach ist ein Beteiligter ein Täter oder ein Teilnehmer. **1086** § 28 II StGB

aa) Verhinderung der Vollendung der Tat, § 24 II 1 StGB

Der Rücktritt bei mehreren Tatbeteiligten muss anderen Regeln folgen als der Rücktritt des Alleintäters. Dies erschließt sich vor allem, wenn man den Rücktritt als vom Gedanken des Opferschutzes beherrscht ansieht. Sofern nämlich bei mehreren Tatbeteiligten nur einer vom Opfer ablässt, die anderen aber weiter auf das Opfer eindringen, ist für das Opfer im Sinne der Schonung seiner Rechtsgüter wenig gewonnen. Deshalb reicht für einen Rücktritt bei mehreren Tatbeteiligten das bloße „Aufgeben" - anders als bei § 24 I 1 1. HS StGB – nicht aus, da durch das Aufgeben nur eines von mehreren Tatbeteiligten die Tat regelmäßig nicht verhindert wird. **1087** Kein bloßes „Aufgeben"

BEISPIEL: Die Trunkenbolde A, B, C und D wollen die F vergewaltigen. Als sie bereits dabei sind, der F die Kleider vom Leib zu reißen, besinnt sich A und geht weg. B, C und D führen die Vergewaltigung der F durch.

Indem A von F abgelassen hat, konnte er die Vollendung der Tat nicht verhindern, weil seine Mittäter B, C und D die Tat auch ohne seine Mitwirkungen vollenden konnten und vollendet haben. Mithin hat er selbst zwar „die goldene Brücke" beschritten und von F abgelassen. Dennoch versagt ihm § 24 II 1 StGB den Rücktritt, da er die Tat durch sein Verhalten nicht verhindert hat. Auch hieran zeigt sich, dass ein tragender Gedanke des Rücktritts, auch und gerade aus der Sicht des Gesetzgebers, der Opferschutz ist. **1088** Opferschutz

Anders kann dies nur in Fällen sein, in denen die Gefahr des Weiterhandelns weiterer Tatbeteiligter nicht besteht.[1026]

bb) Der Rücktritt nach § 24 II 2 StGB

§ 24 II 2 1. HS StGB ist identisch mit § 24 I 2 StGB. Insoweit kann auf die obigen Ausführungen verwiesen werden. **1089** § 24 II 2 1. HS StGB

In § 24 II 2 2. HS StGB wird der Fall geregelt, dass die Tat unabhängig vom früheren Tatbeitrag des Beteiligten begangen worden ist. Hiernach liegt ein Rücktritt vor, wenn es dem Beteiligten vollständig gelingt, seine bisher erbrachten Tatbeiträge zu neutralisieren. Fassen dann die (ehemaligen) Komplizen den Entschluss, die Tat auf völlig anderem Wege doch noch zu verwirklichen, ist der Zurücktretende hierfür nicht mehr verantwortlich.[1027] Gleiches gilt, wenn der geleistete Tatbeitrag von den übrigen Beteiligten nicht genutzt wird oder sich als überflüssig erweist.[1028] **1090** § 24 II 2 2. HS StGB

1024 *Jäger, JA 2016, 950, 952; Kudlich, NStZ 2016, 665, 666*
1025 *Übersichtsaufsatz bei Dorn-Haag, JA 2016, 674 ff.*
1026 *SSW-Kudlich/Schuhr, StGB, § 24 Rn 49; Dorn-Haag, JA 2016, 674, 676; hierzu gleich unter Rn 1091*
1027 *S/S-Eser/Bosch, StGB, § 24 Rn 97*
1028 *S/S- Eser/Bosch, StGB, § 24 Rn 97*

BEISPIEL: Im Rahmen eines Mordkomplotts fällt W die Aufgabe zu, die Schusswaffe zu besorgen. Mit dieser soll das in einen Hinterhalt gelockte Opfer erschossen werden. Nachdem er dies getan hat, will er die Tötung des Opfers nicht mehr. W lässt sich deshalb die Tatwaffe von seinen Komplizen zurückgeben. Diese erschlagen das Opfer, nachdem sie die Tat mangels Waffe zunächst aufgeben wollten, einer plötzlichen Eingebung folgend in dem Hinterhalt mit einem Knüppel.

W ist gem. § 24 II 2 StGB zurückgetreten, da er seinen Tatbeitrag vollständig neutralisiert hat. Dass seine bisherigen Komplizen einen neuen Tatplan umsetzen, fällt alleine in deren Verantwortungsbereich.

c) Rücktritt nach § 24 I StGB trotz mehrerer Tatbeteiligter

1091 Trotz eigentlich mehrerer Tatbeteiligter ist nach wohl h.L. § 24 I StGB anzuwenden, wenn sich die dem § 24 II StGB typische Gefahr, dass ein Täter aufhört und die anderen Täter dennoch die Tat vollenden, nicht verwirklichen kann. In solchen Fällen ist dann auch ein Rücktritt durch bloßes „Aufhören" gem. § 24 I 1 1. HS StGB möglich. Nach BGH bleibt es bei der Anwendung von § 24 II StGB, wobei die Vollendung dann schon durch bloßes „Aufhören" verhindert werden kann.[1029] Bei diesem – in der dogmatischen Herleitung eher theoretischen Problem – sind drei Fallgruppen denkbar:

Einvernehmlicher Rücktritt

1092 Zunächst geht es um Fälle, in denen sich die Tatbeteiligten insgesamt auf einen Rücktritt verständigen, also einvernehmlich („wie ein Mann") nicht mehr weiterhandeln, wobei es ausreicht, dass ein Tatbeteiligter mit dem die Tatvollendung verhindernden Rücktritt eines anderen Tatbeteiligten einverstanden ist.[1030]

BEISPIEL 1: Drei Täter sind zum Raub an O verabredet. Als sie schon mit der Gewaltanwendung begonnen haben, die die Wegnahme ermöglichen soll, beschließen sie, den „armen Schlucker" laufen zu lassen.

Tatortanwesenheit

1093 Ein weiterer Ausnahmefall sind Konstellationen, in denen nur ein Tatbeteiligter unmittelbar am Tatort anwesend ist. In derartigen Fällen genügt es für dessen Rücktritt, dass er die weitere Tatausführung einfach nur aufgibt, wenn und weil die anderen Tatbeteiligten mangels Anwesenheit am Tatort die Tat nicht fortführen können.

BEISPIEL 2: Gehilfe G hat dem Täter T zur Begehung eines von ihm geplanten Einbruchsdiebstahls ein Stemmeisen geliehen. Am Tatort kommen T Zweifel und er lässt von der weiteren Tatausführung ab.

Schlüsselfigur

1094 Schließlich ist an diejenigen Fälle zu denken, in denen eine für die gemeinsame Tatausführung entscheidende „**Schlüsselfigur**" ihre Tatbeteiligung aufgibt.

1029 BGH, JuS 2018, 81, 82; 2016, 656, 657

1030 BGH, JuS 2016, 656, 657; NStZ 2009, 688, 689; 2007, 91, 92; S/S-Eser/Bosch, StGB, § 24 Rn 73

BEISPIEL 3: X, Y und Z haben ein Mordkomplott geplant. Z ist der Scharfschütze, der das Opfer O letztlich erschießen soll. X und Y haben ihre Tatbeiträge vollständig erbracht, Z legt auf O an und lässt die Waffe sinken, weil ihm nun doch Skrupel kommen.

Z ist die „Schlüsselfigur" des Mordkomplotts, weil er die „eigentliche" Tathandlung ausführen soll und als einziger ausführen kann. Sein bloßes Aufhören führt für ihn persönlich zum Rücktritt unter Anwendung von § 24 I StGB.[1031]
Schließlich tritt auch das volldeliktisch handelnde „Werkzeug" (der Vordermann) bei mittelbarer Täterschaft („Täter hinter dem Täter") gem. § 24 I StGB zurück.[1032]
In allen Beispielen ist nicht ersichtlich, welche aktiven Gegenmaßnahmen die Täter in Beispiel 1 bzw. T bzw. Z ergreifen sollten. Es genügt zur Schonung des Rechtsguts, wenn weitere Tatausführungshandlungen einfach nur unterlassen werden. In Beispiel 2 und 3 richtet sich demgegenüber der Rücktritt des Gehilfen G bzw. der Komplizen X und Y natürlich nach § 24 II StGB.

d) Teilrücktritt von der Qualifikation

Hat der Täter zur Verwirklichung von Grunddelikt und Qualifikation angesetzt, **1095**
so stellt sich die Frage, ob er von der Qualifikation wieder zurücktreten kann. Im Zusammenhang mit der Frage des „Teilrücktritts" von der Qualifikation sind drei Grundkonstellationen denkbar.

Zunächst sind die Fälle zu behandeln, in denen weder Grunddelikt noch Qualifikation vollendet sind. **1096** Grunddelikt und Qualifikation versucht

BEISPIEL 1 (nach BGH, JA 2020, 64 = RA 2019, 661): T vergiftet Babynahrung und stellt diese in das Regal eines Supermarktes. Ohne von seiner Geldforderung abzulassen, warnt er den Betreiber vor der Vergiftung. Die vergifteten Gläser können rechtzeitig gefunden werden.

In Beispiel 1 ist T nicht von der versuchten räuberischen Erpressung, also dem Grunddelikt, zurückgetreten. Allerdings hat der BGH einen Teilrücktritt vom Versuch der Erfolgsqualifikation (also von der versuchten Todesfolge) angenommen.[1033]

Es kann daneben Fälle geben, in denen das Grunddelikt zwar vollendet, die Qualifikation aber nur versucht wurde. **1097** Grunddelikt vollendet, Qualifikation versucht

BEISPIEL 2: T holt mit einem Baseballschläger aus, um O niederzuschlagen. Dann besinnt er sich, legt den Baseballschläger zur Seite und schlägt bloß mit den Fäusten zu.

In Beispiel 2 hat T das Grunddelikt der Körperverletzung vollendet und nur die Qualifikation des § 224 I Nr. 2, 5 StGB versucht. In dem Weglegen des Baseballschlägers, bevor er zum Einsatz kam, liegt ein Teilrücktritt von der Qualifikation.[1034] T hat sich nur wegen Körperverletzung, § 223 I StGB, strafbar gemacht.

1031 *S/S-Eser/Bosch, StGB, § 24 Rn 73; Dorn-Haag, JA 2016, 674, 676; Kölbel/Seiter, JA 2012, 1, 2; a.A. z.B. Kudlich, JuS 1999, 449, 450*
1032 *S/S-Eser/Bosch, StGB, § 24 Rn 106; Dorn-Haag, JA 2016, 674, 676*
1033 *Konkret ging es hierbei um einen "halbherzigen" Rücktritt. Hierzu bereits oben ab Rn 1061.*
1034 *BGH, NStZ 2007, 468, 469 = RA 2007, 607, 609; Fischer, StGB, § 24 Rn 27*

Grunddelikt versucht, Qualifikation vollendet

1098 Streitig sind vor allem die Fälle, in denen der Täter im Zeitpunkt des unmittelbaren Ansetzens zum Grunddelikt den Qualifikationstatbestand bereits voll verwirklicht, die Qualifikation aber bei Vollendung des Grunddelikts bzw. bei Fehlschlag des Versuchs des Grunddelikts nicht mehr vorliegt.

BEISPIEL 3 (nach BGH, NStZ 1984, 216): A will E erpressen. Bei mehreren Telefonaten mit dem E führt A eine Waffe mit sich. Auch zum vereinbarten Treffpunkt zur Geldübergabe nimmt A seine Waffe mit. Als A den E kommen sieht, durchfährt ihn plötzlich ein „ekliges Gefühl" und er wirft die Waffe weg. Im Übrigen will er aber nach wie vor in den Besitz des Geldes gelangen. Nur mit der Waffe will er nichts mehr zu tun haben. Die Geldübergabe scheitert und A wird verhaftet.

A hat sich wegen versuchter räuberischer Erpressung, §§ 253 I, 255, 22, 23 I StGB, strafbar gemacht. Fraglich ist, ob A vom Qualifikationstatbestand des § 250 I Nr. 1a StGB noch strafbefreiend zurücktreten konnte.

H.L.

1099 Dies wird zum Teil, wenn auch mit unterschiedlicher Begründung, bejaht. So wird vorgebracht, dass § 250 I Nr. 1a StGB seine spezifische Gefährlichkeit für das Opfer nur entfalten könne, wenn die Schusswaffe mit der Sphäre des Opfers in Berührung komme. Daran fehle es jedoch, wenn die Waffe bloß bei Telefonaten mitgeführt werde.[1035] Andere stellen darauf ab, dass der Täter die Qualifikationsgefahr vor Vollendung des Grunddelikts (zu ergänzen wäre: oder vor Fehlschlag des Versuchs des Grunddelikts) beseitigt habe.[1036]

BGH und Teil der Lehre

1100 Demgegenüber wird ein Teilrücktritt in diesem Fall mit der Begründung verneint, dass von der bereits voll verwirklichten Qualifikation nur noch zurückgetreten werden könne, indem der Täter seinen Tatentschluss im Ganzen aufgebe.[1037] Nur dadurch werde der Qualifikation ihre Grundlage entzogen. Trete der Täter jedoch vom Grunddelikt gerade nicht zurück, könne es auch im Bereich der Qualifikation keinen Rücktritt von der Vollendung geben.

1101 **KLAUSURHINWEIS**

Das Problem sollte im Gutachten unter dem Prüfungspunkt „**Rücktrittsverhalten**" behandelt werden. Im Ergebnis sind beide Ansichten gut vertretbar. Die h.L. dürfte häufig klausurtaktisch sinnvoller sein, weil sie die Möglichkeit eröffnet, sich mit weiteren Rücktrittsproblemen, z.B. der Freiwilligkeit, zu beschäftigen.

3. Freiwilligkeit

a) Grundlagen

1102 Alle Varianten von § 24 StGB verlangen, dass der Rücktritt freiwillig erfolgt. Gibt der Täter die weitere Ausführung der Tat aus mehreren Beweggründen auf, so beurteilt sich die Freiwilligkeit nach dem Motiv, das für den Rücktritt bestimmend ist.[1038]

1035 Zaczyk, NStZ 1984, 217, 217

1036 MK-Herzberg, StGB (1. A.), § 24 Rn 110; Kühl, AT, § 16 Rn 48; Roxin, AT II, § 30 Rn 299

1037 BGH, NStZ 1984, 216, 217; Fischer, StGB, § 24 Rn 27

1038 BGH, NStZ 2007, 399, 400

Nach h.M. ist ein Rücktritt auf der Basis einer psychologisierenden Betrachtungsweise freiwillig, wenn der Täter aus autonomen Motiven von der Tat Abstand genommen hat.[1039] Autonom ist ein Entschluss, wenn er Ausdruck freier Selbstbestimmung des Täters ist. Nur in der Formulierung abweichend verlangt die Rechtsprechung für einen freiwilligen Rücktritt, dass der Täter noch Herr seiner Entschlüsse ist, er also weder durch eine äußere Zwangslage daran gehindert noch durch seelischen Druck unfähig geworden war, die Tat zu vollbringen.[1040] Folglich kann wie folgt definiert werden: 1103 Psychologisierende Betrachtungsweise

DEFINITION 1104

Freiwillig ist ein Entschluss, wenn er Ausdruck freier Selbstbestimmung des Täters ist, dieser also noch Herr seiner Entschlüsse ist.

In der Lehre wird die Freiwilligkeit verbreitet anhand normativer Kriterien ermittelt.[1041] Demnach muss sich der Rücktritt als Rückkehr zur Legalität darstellen, sodass eine Bestrafung des Täters weder aus general- noch aus spezialpräventiven Gründen geboten erscheint. Die Freiwilligkeit des Rücktritts ist danach zu bejahen, wenn die Rücktrittsmotive erkennen lassen, dass der Täter die im § 24 StGB vorgesehene Straffreiheit verdient, weil eine Bestrafung sinnlos wäre. Sie ist zu verneinen, wenn der Rücktritt alleine der Verbrechervernunft geschuldet ist. 1105 Normative Kriterien

Für die psychologisierende Sichtweise wird der Begriff der Freiwilligkeit an sich ins Feld geführt. Die Prüfung, ob der Wille frei gewesen sei, könne nicht normativ erfolgen. Für die normativen Kriterien wird vorgebracht, dass sich Strafe aus dem Zweck der Prävention rechtfertige. Wenn dies so sei, dann gebiete es die Logik, dass Straffreiheit nur erlangt werden könne, wenn und weil es kein Präventionsbedürfnis mehr gebe. 1106 Stellungnahme

Entscheidend für die h.M. spricht, dass die normative Sichtweise den Rücktritt über den Gesetzeswortlaut hinaus einschränkt.

KLAUSURHINWEIS 1107

Die sich theoretisch unterscheidenden Auffassungen kommen meist zu gleichen Ergebnissen. In der Klausur sollte deshalb der Streit nur näher dargelegt werden, wenn sich tatsächlich unterschiedliche Resultate ergeben würden. Ansonsten genügt es, die Freiwilligkeit anhand der obigen Definition zu prüfen.

b) Einzelfälle

Freiwillig handelt der Täter, wenn er sich z.B. aus Scham, Reue oder Mitleid zur Umkehr entschließt. Unschädlich ist, wenn der Anstoß zum Rücktritt z.B. von einem 1108 Scham, Reue oder Mitleid

1039 *BGH, JuS 2018, 391, 392; S/S-Eser/Bosch, StGB, § 24 Rn 43; Kühl, AT, § 16 Rn 54; Lackner, NStZ 1988, 405, 406*

1040 *BGH, JuS 2018, 391, 392; BGH, HRRS 2011 Nr. 536 Rn 6; Nr. 505 Rn 9; BGH, NStZ 2007, 399, 400*

1041 *Roxin, AT II, § 30 Rn 383 f.*

flehenden Opfer oder von einem auf den Täter einredenden oder ihn gar wegziehenden Dritten herrührt, weil der Täter immer noch selbst entscheiden kann, ob er dem Anstoß folge leistet oder nicht.[1042]

Kein billigenswertes Motiv nötig

1109 Nicht maßgebend ist, ob die Motive des Täters sittlich billigenswert sind.[1043] So liegt z.B. ein freiwilliger Rücktritt vor, wenn der Täter nur deshalb Abstand von der Tat nimmt, weil er sich an anderer Stelle eine höhere Beute verspricht, ihm die Begehung einer anderen Straftat also als „wichtiger" erscheint.[1044] Die dem Täter zur Schuld zurechenbare und folglich freiwillige Begehung der ihm wichtigeren zweiten Tat kann nämlich nicht gleichzeitig eine unfreiwillige Abstandnahme von der ersten Tat sein.[1045]

Zwingende heteronome Gründe

1110 **Unfreiwillig** handelt der Täter, wenn ihn zwingende heteronome Gründe dazu bewegen, von seiner Tat abzulassen. So z.B. wenn der Täter im Rahmen der Tatausführung in Panik gerät, keinen klaren Gedanken mehr fassen kann und aus diesem Grund nicht mehr Herr seiner Entschlüsse ist.[1046]

BEISPIEL (nach BGH, NStZ 1994, 428): M ist gerade dabei, mit Tötungsvorsatz auf seine Frau F einzustechen, da erscheinen plötzlich die beiden Söhne des Ehepaars in der Schlafzimmertür, die von dem Kampfgeschehen wach geworden sind. M lässt daraufhin, da er seine Tat vor den Augen seiner Kinder emotional und psychisch nicht weiter fortsetzen kann, von F ab und wirft eine Decke auf die blutend auf dem Boden liegende F, damit die Kinder seine schlimme und blutige Tat an der Mutter nicht sehen und erkennen. Er drängt dann die in panische Angst geratenen Kinder in den Flur und lässt von F ab, die überlebt.

Seelischer Zwang

1111 Zwar ist der Tötungsversuch des M nicht fehlgeschlagen, da er die tatsächliche Möglichkeit hatte, weiter auf F einzustechen und so die Tat zu vollenden. Jedoch war er aufgrund seines seelischen Zustands nicht mehr in der Lage, die Tat zu vollenden, weshalb er nach BGH nicht freiwillig zurückgetreten sein soll.[1047] Diese Lösung hat Kritik erfahren. Wenn Scham und Gewissensbisse zur Freiwilligkeit des Rücktritts führen, so wolle nicht einleuchten, warum dies nicht mehr der Fall sein soll, wenn diese Emotionen derart stark werden, dass der Täter sich ihrer nicht mehr erwehren kann.[1048] Dieser Täter stehe fester auf dem Boden der Rechtsordnung als der Täter, der durchaus in der Lage wäre, sein Gewissen noch auszuschalten.

Angst vor Entdeckung

1112 Wird der Täter von der abschreckenden Wirkung der Strafandrohungen des StGB erreicht und sieht er aus Angst vor Strafe von der weiteren Tatausführung ab, ist der Rücktritt ebenfalls freiwillig. Sieht sich der Täter nach Tatbeginn jedoch mit einer in Abgleichung mit der Tatplanung ungünstigen Risikoerhöhung konfrontiert, scheidet nach h.M. ein freiwilliger Rücktritt vom Versuch aus, wenn er das mit der Fortsetzung

---

1042 BGH, StV 2014, 336, 337; S/S-Eser/Bosch, StGB, § 24 Rn 44
1043 BGH, NStZ 2007, 91, 91; 2005, 150, 151; Satzger, JK 5/07, StGB § 24/36
1044 BGHSt 35, 184, 186; Jäger zu BGH, 2 StR 459/16, JA 2017, 473, 474
1045 Fahl, JA 2003, 757, 763; a.A. Kühl, AT, § 16 Rn 61
1046 BGH, NStZ-RR 2018, 169, 170 = RA-Telegramm 2018, 57; JA 2016, 232, 233
1047 BGH, NStZ 1994, 428, 429
1048 Fahl, JA 2003, 757, 764

der Tat verbundene Wagnis nunmehr als unvertretbar hoch einschätzt.[1049] Nach einer M.M. könne der Täter sich frei entscheiden, ob ihm die Begehung der Tat eine Haftstrafe wert sei. Dann müsse aber auch das Absehen von der Tat ein freiwilliger Rücktritt sein.[1050]

BEISPIEL: V ist in die Wohnung des G eingedrungen, um diesen zu töten, weil er die Tochter des V vergewaltigt hat. Weil G laut um Hilfe schreit, geht V davon aus, dass die Nachbarn alarmiert sind und ergreift deshalb die Flucht.

Nach h.M. ist der Rücktritt unfreiwillig, nach der M.M. käme demgegenüber ein freiwilliger Rücktritt in Betracht.

c) Rücktrittswille

Freiwillig handelt der Täter jedoch nur, wenn er mit **Rücktrittswillen** gehandelt **1112a**
hat, er die in Gang gesetzte Kausalkette also bewusst und gewollt unterbrochen Rücktrittswille
hat. Die rein zufällige Rettung des Opfers durch eine Handlung des Täters, die nicht von einem Rücktrittswillen getragen war, genügt also nicht. Denn § 24 StGB fordert, dass der Wille zur Umkehr frei gebildet sein muss. Damit wird aber deutlich, dass ein solcher Umkehr- bzw. Rettungswille vom Gesetzgeber vorausgesetzt wird. Man wird daher für sämtliche Varianten des Rücktritts (sei es die Aufgabe, die Verhinderung oder die Verhinderungsbemühung) stets einen Willen zur Umkehr mit Blick auf das zu schützende Rechtsgut verlangen müssen.[1051]

4. Rücktritt vom a.l.i.c.-Versuch

Im Rahmen der Rechtsfigur der a.l.i.c. stellt sich die Frage, ob der Täter vom a.l.i.c.- **1113**
Versuch zurücktreten kann, indem er im schuldunfähigen Zustand die weitere Ausführung der Tat aufgibt, oder die Vollendung der Tat verhindert.

Nach dem **Ausnahmemodell** ist dies zu bejahen, da dieses Modell den schuldun- **1114** Tatbestands-
fähigen Täter wie den schuldfähigen Täter behandelt. Probleme bereitet insoweit modell
jedoch das **Tatbestandsmodell**. Wenn das unmittelbare Ansetzen im Berauschen erblickt wird, so taucht bereits die Frage auf, warum der Täter im Zeitpunkt der Tatbegehung wegen seiner Schuldunfähigkeit seine Strafbarkeit nicht soll begründen können, seine Straffreiheit aber doch. Vor diesem Hintergrund erscheint es als durchaus konsequent, wenn vereinzelt die Rücktrittsmöglichkeit verneint wird.[1052] Die ganz h.M. lässt den Rücktritt des schuldunfähigen Täters dennoch zu.[1053] Ebenso wie beim Problem des unmittelbaren Ansetzens zum a.l.i.c.-Versuch ist auch hier der Vergleich mit dem schuldfähigen Täter entscheidend. Sofern ein schuldfähiger Täter zurückgetreten wäre, muss auch der nicht schuldfähige Täter zurückgetreten sein. Die Rechtsfigur der a.l.i.c. darf nicht dazu führen, dass der schuldunfähige Täter im Ergebnis sogar schlechter steht als der schuldfähige Täter.[1054]

1049 BGH, JuS 2018, 391, 392; 1 StR 646/18 = RA 2019, 381, 382; S/S-Eser/Bosch, StGB, § 24 Rn 49

1050 Fahl, JA 2003, 757, 763

1051 S/S-Eser/Bosch, StGB, § 24 Rn 59. Weitergehend wohl BGH, 4 StR 514/18, RA 2019, 325, 328, wonach Verschleierungsbemühungen einen Rücktritt nur ausschließen sollen, wenn die Tatvollendung im Rahmen der Verschleierungshandlung lediglich aus Versehen verhindert werde; ablehnend Jäger, JA 2019, 629, 630.

1052 NK-Zaczyk, StGB, § 24, Rn 76

1053 BGHSt 23, 356, 359; S/S-Eser/Bosch, StGB, § 24 Rn 46; Roxin, AT I, § 20 Rn 66

1054 Ausführlich Schweinberger, JuS 2006, 507, 510 f.

1115 **BEISPIEL:** T hat sich in den Zustand der Schuldunfähigkeit getrunken, um seine Hemmung, den F zu töten, zu überwinden. Als T bereits den F anvisiert, lässt er aus Mitleid die Waffe sinken.

Nach ganz h.M. ist T strafbefreiend zurückgetreten. Wäre T schuldfähig gewesen, hätte ein Rücktritt gem. § 24 I 1 1. HS StGB vorgelegen. Durch seine Schuldunfähigkeit kann er nicht schlechter gestellt werden.

E. Klausurfall: „Essstäbchen in der Hand"

SACHVERHALT

Frau F ist mit M verheiratet. Um das Sorgerecht für das Kind K gibt es einen Streit mit A, der davon überzeugt ist, der leibliche Vater von K zu sein. Um sich Genug-
1116 tuung zu verschaffen, entschließt sich A, M „eine Lektion" zu erteilen. A, der vom Amtsgericht in der Kindschaftssache als Zeuge geladen ist, geht davon aus, er werde M an diesem Tage im Gerichtsgebäude antreffen. Da er weiß, dass Besucher des Gerichts mit einem Metalldetektor darauf untersucht werden, ob sie metallische Gegenstände bei sich tragen, spitzt er zwei Paar Essstäbchen aus Bambus mit einem Messer an.

Am Tattag steckt A ein Paar dieser Essstäbchen in seine rechte Hosentasche. Damit will er M in den Bauch stechen, wobei er dessen Tod billigend in Kauf nimmt. Das andere Paar Essstäbchen steckt er in die linke Hosentasche. Diese Stäbchen will er nur einsetzen, um sich zu wehren, falls M ihn nach der Tat seinerseits angreift. In dem Gerichtsgebäude geht er auf M und F zu, die vor dem Verhandlungssaal auf einer Bank sitzen. Nach einem kurzen Gespräch mit F, die sich danach entfernt, greift A in die rechte Hosentasche, legt sich die Essstäbchen so in der Hand zurecht, dass die Handinnenfläche als Widerlager eine optimale Kraftübertragung gewährleistet, geht auf M zu und versucht, ihm die Stäbchen in den Bauch zu stoßen. M nimmt an, A wolle ihm die Hand geben, und hebt seine linke Hand. Eines der Stäbchen gleitet von einem Knochen der linken Hand ab, dringt in das Unterhautfettgewebe ein, tritt nach 2,5 cm wieder aus der Hand aus und bleibt im Handrücken stecken. Das andere Stäbchen wird durch die Handbewegung abgelenkt, rutscht vom Bauch des Tatopfers ab und fällt zu Boden.

Die Wut des A ist noch nicht erloschen. Er versetzt dem immer noch vor ihm sitzenden M mit weiter vorhandenem Tötungsvorsatz mit dem Knie einen Stoß gegen den Kopf und schlägt mit den Fäusten auf ihn ein, bis ihn nach wenigen Sekunden der körperlich unterlegene T wegzieht, der - wie zahlreiche andere Personen - wegen eines anderen Verfahrens auf dem Flur wartet und durch den Lärm auf das Geschehen aufmerksam wurde. A erkennt, dass T ihm unterlegen ist. In diesem Moment fällt jedoch die Spannung von A ab. Er sieht, dass das Stäbchen in der Hand des M steckt; das reicht ihm als Lektion aus. Er will noch einmal auf M zugehen, um ihm sein Handeln zu erklären, wird jedoch von T sanft zurückgehalten.[1055]

1055 Vgl. BGH, NStZ 2006, 685 ff. und Satzger, JK 5/07, StGB § 24/36

LÖSUNG

A. Strafbarkeit wegen versuchten Mordes gem. §§ 212 I, 211, 22, 23 I StGB

A könnte sich, indem er auf M eingestochen, ihn geschlagen und getreten hat, wegen versuchten Mordes gem. §§ 212 I, 211, 22, 23 I StGB strafbar gemacht haben.

I. VORPRÜFUNG

Der Mord ist ein Verbrechen, vgl. §§ 211 I, 12 I StGB, weshalb der Versuch gem. § 23 I 1. HS StGB strafbar ist.

M hat die Tat überlebt, sodass die Tat auch nicht vollendet ist.

II. TATENTSCHLUSS

A müsste zunächst den Tatentschluss zur Tötung eines Menschen gehabt haben. Der Tatentschluss entspricht dem Vorsatz bei den vollendeten Delikten zuzüglich besonderer Absichten oder sonstiger subjektiver Merkmale.
Bei dem Stich mit den Stäbchen nahm er den Tod des M billigend in Kauf. Damit handelte er in Kenntnis aller Tatumstände mit dem Willen zur Tatbestandsverwirklichung, also mit Tatentschluss.

KLAUSURHINWEIS
Auf die Streitfrage, ob es für den Eventualvorsatz überhaupt eines Wollenselements bedarf, kommt es mithin nicht an. Nur wenn das Wollenselement zweifelhaft ist, ist auf diesen Streit einzugehen.

Weiterhin müsste A Tatentschluss zur Verwirklichung von Mordmerkmalen gehabt haben.

In Frage kommt ein Tatentschluss zur heimtückischen Tötung, § 211 II 2. Gruppe StGB. Hierzu müsste A gewusst und gewollt haben, dass er die Arg- und Wehrlosigkeit seines Opfers in feindseliger Willensrichtung bewusst zur Tötung ausnutzt. Tatentschluss zur Arglosigkeit verlangt, dass der Täter weiß und will, dass sich sein Opfer im Zeitpunkt des Angriffs keines Angriffs auf sein Leben und seinen Leib versieht. Als A auf M einstach, wollte dieser ihm sogar zur Begrüßung die Hand geben. A hatte folglich den Tatentschluss zur Arglosigkeit des M. Der Tatentschluss zur Wehrlosigkeit verlangt das Wissen und Wollen, dass das Opfer aufgrund seiner Arglosigkeit in seinen Verteidigungsmöglichkeiten zumindest erheblich eingeschränkt ist. Dass M den Stich mit der Hand abwehren konnte lag alleine an dem Zufall, dass die Stichbewegung des A die zur Begrüßung ausgestreckte Hand des M traf. Eine bestehende Wehrhaftigkeit kann hieraus nicht abgeleitet werden. Dies war A auch bewusst, sodass er auch Tatentschluss zur Wehrlosigkeit des M hatte.

Weiterhin müsste A den Tatentschluss zur Ausnutzung der Arg- und Wehrlosigkeit gehabt haben. Dies ist der Fall, wenn er sein Vorgehen berechnend hierauf ausrichtet. A wusste, dass M im Gerichtsgebäude auf den Verhandlungstermin wartete. An diesem öffentlichen Ort (nach einer Sicherheitskontrolle am Eingang des Gebäudes) rechnete er nicht mit einem Angriff, was A ausnutzte. Dabei handelte er auch mit feindseliger Willensrichtung, also in keiner Weise zum vermeintlich Besten des Opfers.

Damit liegen eigentlich alle Voraussetzungen für einen Tatentschluss zur heimtückischen Tötung vor.

Wegen der für Mord angedrohten absoluten lebenslangen Freiheitsstrafe wird jedoch zum Teil über die genannten Kriterien hinaus verlangt, dass der Täter zusätzlich einen besonders verwerflichen Vertrauensbruch begeht. Hieran würde es fehlen, weil es zwischen A und M keine zu brechende Vertrauensbeziehung gab, was A auch bewusst war.

Gegen dieses zusätzliche Merkmal spricht jedoch, dass damit das Mordmerkmal vor allem in familiären Beziehungen greifen würde, wohingegen Auftragskiller und Meuchelmörder nicht mehr erfasst werden könnten. Unerträgliche Ergebnisse können mithin allenfalls auf der Rechtsfolgenseite unter analoger Anwendung der Milderungsvorschrift des § 49 I StGB vermieden werden. Somit ist ein Tatentschluss des A bzgl. eines besonders verwerflichen Vertrauensbruchs nicht erforderlich.
Folglich wies A den Tatentschluss zur Heimtücke auf.

In Frage kommt weiterhin das Mordmerkmal der niedrigen Beweggründe. Ein Beweggrund ist niedrig, wenn er sittlich und moralisch auf tiefster Stufe steht und geradezu verabscheuungswürdig ist.
Dafür mag zwar sprechen, dass A sich „Genugtuung" verschaffen wollte. Auf der anderen Seite ging es um eine Kindschaftssache. Gerade das Gefühl, man bekomme „sein Kind weggenommen", führt häufig zu großer Verzweiflung bei den betroffenen Personen. Mangels näherer Sachverhaltsangaben kann folglich nicht davon ausgegangen werden, dass das Motiv des A auf tiefster Stufe steht und verachtenswert ist. A hat somit nicht aus niedrigen Beweggründen gehandelt.

A hat jedoch mit Tatentschluss zur heimtückischen Tötung des M gehandelt, sodass er Tatentschluss zur Begehung eines Mordes hatte.

III. UNMITTELBARES ANSETZEN

Der Täter setzt zur Verwirklichung des Tatbestands an, wenn er auf der Basis seines Tatplans subjektiv die Schwelle zum „jetzt geht es los" überschritten hat und Handlungen vorgenommen hat, die nach seiner Vorstellung von der Tat ohne wesentliche Zwischenschritte in die Tatbestandsverwirklichung einmünden sollen und deshalb das Rechtsgut nach der Vorstellung des Täters bereits gefährdet ist. Da A bereits mit der Zielrichtung auf den Bauch des M zugestochen und somit schon die eigentliche Tötungshandlung vorgenommen hat, ist dies zu bejahen.

IV. RECHTSWIDRIGKEIT

A handelte rechtswidrig.

V. SCHULD

A handelte schuldhaft.

VI. RÜCKTRITT

A könnte von dem Totschlagsversuch an M strafbefreiend zurückgetreten sein, indem er von M abließ.

1. Kein Fehlschlag

Ein strafbefreiendes „Aufgeben“ der Tat setzt bereits sprachlich voraus, dass der Täter noch die Möglichkeit sieht, den tatbestandlichen Erfolg zu verwirklichen. Sofern es bereits hieran fehlt, ist von einem derartigen fehlgeschlagenen Versuch kein Rücktritt mehr möglich. Maßgebend für die Versuchsstrafbarkeit ist gem. § 22 StGB die Vorstellung des Täters von der Tat. Dieser subjektive Maßstab gilt auch im Rahmen des Rücktritts vom Versuch, solange der tatbestandliche Erfolg nicht eingetreten ist.

Mithin ist ein Versuch fehlgeschlagen und ein Rücktritt ausgeschlossen, wenn der Täter nach seiner Vorstellung von der Tat davon ausgeht, dass er mit den ihm zur Verfügung stehenden Mitteln den tatbestandsmäßigen Erfolg entweder gar nicht mehr oder zumindest nicht mehr ohne zeitlich relevante Zäsur herbeiführen kann.

Fraglich ist jedoch, wie es sich auswirkt, dass A den Erfolg mit mehreren Akten (Stich mit den Stäbchen, Schläge und Tritt) herbeizuführen versuchte.

Nach einer Auffassung ist jede einzelne auf den Erfolg gerichtete und vom Täter als zur Erfolgsherbeiführung bereits für sich geeignet angesehene Handlung ein selbstständiger Versuch. Schlägt er fehl, sei ein Rücktritt durch bloßes Unterlassen weiterer geeigneter Handlungen nicht mehr möglich. Nach dieser sog. Einzelaktstheorie wäre zumindest nach dem Stich mit den Stäbchen von einem fehlgeschlagenen Versuch auszugehen.

Demgegenüber wird die Auffassung vertreten, dass gem. § 22 StGB alleine die „Vorstellung des Täters von der Tat“, also die Tätervorstellung bei Tatbeginn entscheidend sei. A hatte den Plan, mit den Stäbchen aus der rechten Hosentasche zuzustechen und dadurch M zu töten. Weitere Stiche oder Schläge hatte A nicht geplant. Die Stäbchen in der linken Hosentasche hatte er nur für den Fall einer eventuellen Selbstverteidigung dabei. Nach dieser sog. Tatplantheorie würde folglich ebenfalls ein fehlgeschlagener Versuch vorliegen.

Schließlich wird die Ansicht vertreten, dass ein Fehlschlag erst dann gegeben sei, wenn der Täter nach der Vornahme der letzten Ausführungshandlung subjektiv glaube, den Erfolg mit den ihm zur Verfügung stehenden Mitteln nicht mehr herbeiführen zu können. Gehe der Täter zu diesem Zeitpunkt davon aus, dass sein bisheriges Handeln (noch) nicht erfolgreich war und dass noch weitere Handlungen nötig und möglich sind, um den Erfolg herbeizuführen, liege immer noch ein einheitlicher und insgesamt noch nicht fehlgeschlagener Versuch vor.

Nach dieser Lehre vom Rücktrittshorizont kommt es folglich nicht auf die Frage an, ob A objektiv noch in der Lage gewesen wäre, die Stäbchen aus seiner linken Hosentasche herauszuziehen und zum Stoß in der Hand zurechtzulegen. Auch ist nicht entscheidend, ob A objektiv in der Lage gewesen wäre, M mit Schlägen und Tritten zu töten. Maßgebend ist allein, dass A (zumindest in dubio pro reo) in keinem Augenblick dachte, dass er nicht mehr in der Lage sei, den Todeserfolg des M herbeizuführen. Vielmehr wusste er, dass er noch ein weiteres Paar Stäbchen bei sich führte und dem eingreifenden T körperlich überlegen war. Folglich wusste er, dass ihm weitere Möglichkeiten zur Tötung des M zur Verfügung standen. Diese ergriff er jedoch nicht, weshalb nach dieser Ansicht kein Fehlschlag vorliegen würde.

Gegen die Tatplantheorie spricht, dass die Feststellung des Tatplans des Täters in der Praxis mit großen Unsicherheiten behaftet ist. Diese Theorie eröffnet somit dem Einlassungsgeschick des Täters Tür und Tor. Für die Einzelaktstheorie spricht der Umstand, dass die Lehre vom Rücktrittshorizont denjenigen Täter privilegiert, der sich von Anfang an die meisten Optionen zur Tatbegehung schafft. Der skrupellose Täter kann sich z.B. beliebig viele fehlgehende Angriffe leisten und dennoch durch bloßes Aufhören strafbefreiend zurücktreten. Entscheidend für die Lehre vom Rücktritthorizont spricht jedoch trotz dieser Bedenken der Wortlaut des § 24 I 1 2. HS StGB. Dieser lässt mit dem Erfordernis der Verhinderung der Vollendung der Tat einen Rücktritt von einer bereits vorgenommenen und im Sinne der Einzelaktstheorie erfolgstauglichen Handlung zu. Das ist mit der Einzelaktstheorie nicht vereinbar.

Folglich ist ein Rücktritt des A nicht wegen eines Fehlschlags ausgeschlossen.

2. Rücktrittsverhalten

Damit stellt sich die Frage, welches Rücktrittsverhalten A an den Tag legen muss, um Straffreiheit zu erlangen. Da A Alleintäter ist, gilt für ihn § 24 I StGB. Das Opfer M hat den Anschlag aufgrund eines Umstandes überlebt, der durch den Täter gesetzt wurde, weshalb § 24 I 1 StGB einschlägig ist. Hat der Täter nach seiner Vorstellung noch nicht alles zur Herbeiführung des Erfolgs Notwendige getan, sog. unbeendeter Versuch, so genügt es, wenn er die weitere Ausführung der Tat aufgibt, § 24 I 1 1. HS StGB. Zwar hat A erkannt, dass er M bisher nur an der Hand verletzt hat, er also noch lange nicht alles zur Tötung Notwendige getan hat. Jedoch wollte er dem M eine „Lektion erteilen" und handelte hinsichtlich der Tötung nur mit Eventualvorsatz. Mithin könnte man sagen, dass A sein primäres Tatziel erreicht und schon deshalb seine Tat nicht „aufgegeben" hat. Fraglich ist somit, ob derjenige noch strafbefreiend von der Tat zurücktreten kann, der sein primäres aber außertatbestandliches Handlungsziel erreicht hat.

Es wird die Auffassung vertreten, dass dem Täter nicht zugute gehalten werden könne, dass er etwas unterlassen habe, was er nie (primär) gewollt habe. Wer sich mit der Verwirklichung seiner Ziele begnüge, der trete von nichts zurück. Nach dieser Sichtweise läge kein Rücktritt des A vor.

Demgegenüber vertreten andere die Ansicht, dass sich die Prüfung des Aufgebens der Tat alleine am gesetzlichen Straftatbestand orientieren müsse, hier also am Totschlag. Dass A sein außertatbestandliches Ziel, dem M eine Lektion zu erteilen, erreicht habe, ändere nicht daran, dass er die Tötung des M aufgegeben habe. Nach dieser Auffassung läge ein Aufgeben der Tat durch A vor.

Dieser letzten Auffassung gebührt schon nach dem Wortlaut des § 24 I 1 1. HS StGB der Vorzug. Dieser stellt auf die „Tat" ab, die der Täter aufgeben muss. Die Tat, die A zu begehen versucht, ist ein Mord. Nur von diesem muss er zurücktreten. Die Gegenauffassung führt zu dem unhaltbaren Ergebnis, dass derjenige Täter, der hinsichtlich der Tötung ebenfalls mit Absicht handelt, besser stehen würde als derjenige Täter, der nur mit Eventualtötungsvorsatz handelt. Wäre es also dem A gerade darauf angekommen, den M zu töten, wäre A auf jeden Fall strafbefreiend zurückgetreten. Für die Privilegierung des sogar mit Tötungsabsicht handelnden Täters besteht jedoch keinerlei Anlass.

Mithin hat A die weitere Ausführung der Tat i.S.d. § 24 I 1 1. HS StGB aufgegeben.

3. Freiwilligkeit

Schließlich müsste A gem. § 24 I 1 1. HS StGB freiwillig gehandelt haben.
Freiwillig ist ein Entschluss, wenn er Ausdruck freier Selbstbestimmung des Täters ist, dieser also noch Herr seiner Entschlüsse ist. A wäre noch in der Lage gewesen, seine Tat weiter auszuführen. Es gab keine heteronomen, von außen an ihn herandrängenden Motive, die ihn in seiner Entscheidungsfreiheit einschränkten. Der unbeteiligte T war A körperlich unterlegen. Sollte sein Eingreifen dazu geführt haben, dass A zur Besinnung kommt, so ändert auch ein äußerer Anstoß nichts daran, dass es alleine Sache des Täters ist, ob er einem äußeren Denkanstoß nachgibt, oder nicht.
Mithin ist A vom versuchten Mord mit strafbefreiender Wirkung zurückgetreten.
A hat sich nicht wegen versuchten Mordes strafbar gemacht.

B. Strafbarkeit wegen gefährlicher Körperverletzung gem. §§ 223 I, 224 I Nr. 2, 3, 5 StGB

A könnte sich, indem er auf M eingestochen, ihn geschlagen und getreten hat wegen gefährlicher Körperverletzung gem. §§ 223 I, 224 I Nr. 2, 3, 5 StGB strafbar gemacht haben.

I. TATBESTAND

Indem A auf M eingestochen, ihn geschlagen und getreten hat, hat er ihn übel und unangemessen behandelt und ihn folglich körperlich misshandelt. Durch die Verletzung an der Hand hat er bei M einen pathologischen Zustand hervorgerufen und M somit auch an der Gesundheit geschädigt. A hat folglich objektiv die Voraussetzungen einer Körperverletzung, § 223 I StGB, erfüllt.

Weiterhin könnte er das Qualifikationsmerkmal des § 224 I Nr. 2 StGB verwirklicht haben. Dazu müsste er die Körperverletzung mittels eines gefährlichen Werkzeugs begangen haben. Die Bambusstäbchen könnten ein solches gefährliches Werkzeug sein.

Ein gefährliches Werkzeug ist jeder körperliche Gegenstand, der nach seiner Beschaffenheit und der Art seiner Verwendung im Einzelfall geeignet ist, erhebliche Verletzungen hervorzurufen. Angespitzte Bambusstäbchen sind allgemein geeignet, erhebliche Körperverletzungen zu bewirken. Folglich hat A die Körperverletzung mittels eines gefährlichen Werkzeugs begangen.

Auch könnte das Qualifikationsmerkmal des hinterlistigen Überfalls verwirklicht sein, § 224 I Nr. 3 StGB. Ein Überfall ist ein plötzlicher Angriff auf einen Ahnungslosen. Der Überfall ist hinterlistig, wenn der Täter in einer seine wahren Absichten planmäßig verdeckenden Weise vorgeht, um dem Angegriffenen die Abwehr zu erschweren. Das Vorliegen dieser Voraussetzungen ergibt sich bereits aus den obigen Ausführungen zur Heimtücke.

Schließlich könnte die Qualifikation der das Leben gefährdenden Behandlung, § 224 I Nr. 5 StGB vorliegen. Fraglich ist, ob es ausreicht, dass die Begehungsweise nach den Umständen des konkreten Falles objektiv generell geeignet ist, ein Opfer in Lebensgefahr zu bringen, oder ob eine konkrete Lebensgefahr tatsächlich eingetreten sein muss. Eine Verletzung der Hand ist nicht geeignet, einen Menschen in Lebensgefahr zu bringen. Jedoch ist ein in Richtung Bauch geführter Stich mit einem angespitzten Bambusstäbchen bei objektiver Betrachtung grundsätzlich geeignet, ein Opfer in Lebensgefahr zu bringen. Gegen das Erfordernis einer konkreten Lebensgefahr spricht, dass die Tatbegehungsvarianten 1 bis 4 in § 224 I StGB alle abstrakte Gefahren beschreiben. Im Sinne einer systematischen Auslegung ergibt sich, dass folglich auch § 224 I Nr. 5 StGB eine bloß abstrakte Gefahr beschreibt.

A hat objektiv die Voraussetzungen einer gefährlichen Körperverletzung gem. §§ 223 I, 224 I Nr. 2, 3, 5 StGB verwirklicht.

Dabei handelte er auch in Kenntnis aller objektiven Tatumstände mit dem Willen zur Tatbestandsverwirklichung, also vorsätzlich.

II. RECHTSWIDRIGKEIT

A handelte rechtswidrig.

III. SCHULD

A handelte schuldhaft.

C. Ergebnis

FALLENDE

A hat sich wegen gefährlicher Körperverletzung gem. §§ 223 I, 224 I Nr. 2, 3, 5 StGB strafbar gemacht.

STICHWORTVERZEICHNIS

Die Zahlen beziehen sich auf die **Randnummern** der Abschnitte.

A

B

C

D

E

I

J

K

L

M

N

O

P

Q

R

S

T

U

V

W

Z